现代西方经济学原理

（第二版）

主　编　段文斌

副主编　刘大勇　陆晓召
　　　　杜晓芬　岳树帅
　　　　童　颖

南开大学出版社
天　津

图书在版编目(CIP)数据

现代西方经济学原理 / 段文斌主编. —2 版. —天津：南开大学出版社，2010.7(2012.8 重印)

ISBN 978-7-310-03450-5

Ⅰ.①现… Ⅱ.①段… Ⅲ.①现代资产阶级经济学 Ⅳ.①F091.3

中国版本图书馆 CIP 数据核字(2010)第 111061 号

南开大学出版社出版发行

出版人:孙克强

地址:天津市南开区卫津路 94 号 邮政编码:300071

营销部电话:(022)23508339 23500755

营销部传真:(022)23508542 邮购部电话:(022)23502200

*

天津市蓟县宏图印务有限公司印刷

全国各地新华书店经销

*

2010 年 7 月第 2 版 2012 年 8 月第 5 次印刷

880×1230 毫米 32 开本 16 印张 458 千字

定价:29.00 元

如遇图书印装质量问题,请与本社营销部联系调换,电话:(022)23507125

第二版前言

自2006年6月《现代西方经济学原理》一书出版以来，已经过去四年了。期间，南开大学出版社多次重印发行。现在呈献给读者的该书第二版，是在对第一版进行了全面修订后完成的。

本书包括十六章。前八章为微观经济学，后八章为宏观经济学。微观经济学的内容基本上是以效用价值论为基础的新古典经济学理论体系，核心是说明各种产品或要素价格是如何形成的，所以微观经济学又称为价格理论。宏观经济学的内容基本上是凯恩斯革命以来所形成和发展出来的理论体系，核心是解释经济增长和经济波动。

西方经济学课程是我国财经类各专业本科必修的基础课程和核心课程之一，因此，本书在结构上力求条理清晰，在内容上力求深入浅出，其目的是让学生对西方经济学形成较为全面、完整和系统的理解，为进一步深入学习和研究打下良好的基础。段文斌、刘大勇、陆晓召、杜晓芬和岳树帅，共同参加了《现代西方经济学原理（第二版）》的写作。由于作者本身水平的限制，书中可能存在着诸多不妥当之处，敬请各位读者批评指正。

前　言

西方经济学课程是国家教育部规定的高等院校财经类专业十一门核心课程之一，是财经类专业的必修课程。学习西方经济学的目的和要求是：使学生系统全面掌握西方经济学的总体内容、主要结论和应用条件，能运用马克思主义的基本立场、观点和方法正确地认识西方经济学，吸收西方经济学中科学的分析方法和对市场机制运行的某些正确看法，培养学生分析和解决我国社会主义市场经济问题的能力，为进一步学习其他专业知识打下一个坚实的基础。

本书定名为“现代西方经济学原理”。其中：（1）所谓西方经济学，是与马克思主义经济学相对应的一个称谓。主流的西方经济学，依照时间顺序可以分为古典经济学（起于亚当·斯密的《国富论》，由约翰·穆勒在《政治经济学原理》中进行了综合）、新古典经济学（起于1870年代的边际革命，由马歇尔在《经济学原理》中进行了综合）和现代经济学（起于凯恩斯革命，由萨缪尔森在《经济学》中进行了综合）。（2）所谓现代（西方）经济学，其体系架构包括以马歇尔的理论为基础的微观经济学和以凯恩斯的理论为基础的宏观经济学。（3）所谓原理，是与西方经济学流派或学派相对应的，将散现于各个流派或学派中的核心思想和内容在特定的框架中进行整合，进而形成基础性的理论体系。

本教材适用于大学本科层次的教学，同时可以作为研究生入学考试的参考书，以及本科为非财经类专业的研究生教材。为了适应高等教育自学考试的需要，编写组还配套编写了《现代西方经济学原理考试大纲及习题》。其中包括考试内容和考核知识点、考核目标和要求，每一章选编了习题并给出了答案。

目　录

第一章 导 论

本章介绍了关于经济学的基本概念及常识，包括什么是经济学，我们为什么要学习经济学，经济学的主要研究方法等。本章将引导经济学的初学者步入神奇而又真实的经济学殿堂。

第一节 为什么要学习经济学

一、为什么要学习经济学

在开始学习经济学这门科学之前，你必须搞清楚的一个问题是，作为21世纪的大学生为什么要学习经济学。主要有三个原因：

第一个原因是，学习经济学有助于了解你生活的世界。在日常生活中，有很多经济问题会引起你的好奇心：为什么北京和上海的房价这么高却还有那么多人买？为什么姚明能赚那么多钱？为什么很多国家的生活水平如此低？为什么有的国家通货膨胀率那么高？为什么有的年份工作好找，有的年份大学毕业生毕业就等于失业？诸如此类的问题恰好是经济学能帮你解答的。

第二个原因是，经济学能帮助你更好地作出自己的经济决策。人的一生，无论处在什么阶段都要作出很多的决策。当你是学生时，你要决定自己还准备在学校学习多少年；当你工作时，你要决定多少工资用于消费，多少用于储蓄；若你以后管理一家公司，你要决定投入多少生产要素，各种生产要素的比例是怎样的，生产的产品要价多少。学习经济学可能不会使你富有，但它会教给你一些更好的管理自己财富的方法和理念。

第三个原因是，它将使你更充分地理解经济决策。作为一个公民，你有必要了解政府作出各种宏观经济政策的理论依据。国家为什么要采取各种措施刺激消费？为什么我们国家开放资本市场要循序渐进？为什么有的国家鼓吹人民币升值？经济学将给出这些问题的答案。若是将来你坐在了决策者的位置上，经济学原理将辅助你更好地作出经济决策。

二、生活中经济学的例子

近年来，随着我国国民经济的发展和国民收入的增加，汽车消费在国民消费中的比重逐渐增加，成为“有车一族”变成了很多普通百姓“追求得起的”梦想。作为大学生的你是不是也开始自己的人生规划，是不是也将有车有房列为自己成功标准的一部分？也许你已经开始关注中国汽车行业的发展，也许你已经在期待家用轿车削减价格，也许你经常和朋友谈起自己喜欢的车型…… 那么，究竟价格是由什么因素决定的，价格的升降会由哪些因素引起，政府出台的一系列政策会如何影响汽车行业的发展，政府为什么要这么做，这又会如何影响你的消费抉择？这些问题，都属于经济学研究的范围，经济学会提供给你回答这些问题的理论基础和依据。到底什么是经济学呢？我们就从汽车行业入手具体地回答这个问题。

经济学的一个基本问题是我们生产什么。这个问题是容易回答的，在这里，我们的产品就是汽车。厂商利用一些专业技术，将各种零部件组合在一起来满足人们的生活生产需求。像其他根据市场原则组织起来的经营活动一样，厂商必须对市场需求作出反应。市场需求的两个最基本的因素是消费者的欲望和货币支付能力。汽车不是生活必需品，因此，在早期汽车价格较高而人民支付能力相对较低的时期，汽车作为一种奢侈品，其买者只局限于少数富有的人，也就是支付能力较强的人。随着生产成本降低和人民收入的提高，汽车的需求开始增长，普及率也相应升高了。经济学将分析产品效用、成本、价格、需求等变量之间通过市场的作用如何相互影响。

经济学的另一个基本问题就是如何生产。这个问题要回答的就是厂商通过什么样的生产方式和什么样的经营理念生产我们需要的产品。每个厂商对这个问题的回答是不同的。有的汽车厂家，如通用汽车公司，把触角伸向了全球的每一个角落，在国际化的背景下，利用国际市场，生产销售自己的产品；而有些汽车生产商，只是在国内运作；更多的中国汽车厂商则通过进口国外先进技术，利用国内廉价的劳动力来开展生产。为什么不同企业的生产方式会大相径庭？企业行为和制度环境有什么样的关系？经济学将系统地探讨这些问题。

我们经常听人说，中国没有国产车！这又是怎么回事呢？我们的中华、红旗难道不是吗？这要看怎么定义“国产”这个概念。绝大多数所谓国产车的核心技术都不是“国产”的，而是进口来的，或是买来的专利权。可以说，目前我国的汽车工业是无法与西方国家相抗衡的，但是，作为后起之秀的我们有我们的优势。经济学原理将说明，为什么先进与后进各有优势，穷国和富国各有优势，“洋”和“土”也各有优势。

技术创新和持续融资能力对于汽车工业来说是极其重要的，我们生产的汽车还依赖于国外的核心技术，这一现状更加凸现了技术创新的重要性。然而仅仅拥有技术还不行，还要有强大的资本市场的支持。国外很多汽车厂商都有自己的金融公司，为购车的消费者提供消费信贷，这为消费者买车提供了便利。显然在这方面，中国厂商是望尘莫及的，有人夸张地说中国落后的资本市场决定了汽车工业的命运，这是不是也不无道理呢？经济学将研究技术进步和创新对于经济增长的作用，分析资金融通对于企业和经济发展的重要意义，探讨资本市场与商品市场之间的相互作用。

在汽车行业里，厂商通过价格、广告、提升性能等不同方式展开竞争，然而在激烈的竞争中厂商间又产生了相互协调甚至串谋的动机。为什么一个有活力的经济体中不能缺少竞争？在什么情况下激烈的竞争会导致厂商间的相互协调和勾结？这种勾结为什么是不稳定的？什么条件下会形成垄断？经济学将系统分析这些问题。

我们购买汽车，最关心的问题，除了汽车性能，就是价格。汽车的价格会受到很多因素的影响，而不仅仅由成本来决定。例如，美国攻打伊拉克影响了汽车的价格，政府出台城市道路交通法也影响了汽车价格，经济学将研究价格到底由哪些因素共同决定，政府的行为如何影响价格，政府为什么干预经济，政府通过行政手段配置资源是否有效率，等等。

第二节 经济学的定义和基本问题

一、资源的稀缺性与选择

现在，我们要从这个具体问题中抽象出经济学的定义。究竟什么是经济学呢？一个比较适合的定义是，经济学是研究如何对具有不同用途的稀缺资源进行配置的一门社会科学，其目标是有效配置稀缺资源以生产商品和劳务，并把它们合理地分配给社会成员或集团以供消费之用。

资源的稀缺性是经济学分析的前提，没有资源的稀缺性就没有经济学。资源的稀缺性是相对资源的需求和供给而言的，而不是就资源本身的重要性而言的。比如清洁的空气对人体健康是非常重要的，但这并不足以说明其在经济学中的意义。工业革命以前，清洁的空气相对于人类的需求来说取之不尽，用之不竭，因此其没有受到经济学界的重视；工业革命之后，环境污染日益严重使得清洁的空气越来越变得稀缺。在这一背景下，如何获得清洁的空气，如何保护环境，便成为经济学家关注和研究的方向。

谈到稀缺资源，就不得不谈人的欲望。人的欲望是无限的，一种欲望满足了就会产生新的欲望，这山望着那山高，说的就是这个道理；欲望又是多层次的，人们在一定时期心中同时存在的欲望不是同等重要，而是有轻重缓急之分的。说到底，资源的稀缺性是就人类无止境的欲望而言的，用于满足这些欲望的资源总是不足的。一种资源可有多种用途，可以满足多种欲望。因此，当我们把资源用于一种用途时，就必须牺牲另一种用途。我们这里提到的满足欲望的稀缺资源，不仅指自然资源和资本资源，还包括时间资源和人力资源。生活中，我们经常会听人说，时间不够用。大学生们要利用时间学习知识，又想花点时间娱乐一下，去 KTV 唱歌，陪女朋友逛街……因此可以说，相对于人类无止境的欲望，时间这个资源变得稀缺了。

由于资源的稀缺性，我们时时刻刻面临着选择，你必须学会利用你的时间，一个国家必须选择将多少资源用在军事上，多少用在人民生活上。怎么进行选择呢？怎样才能最有效地配置稀缺资源呢？这些将在以后的篇章里系统研究。

二、机会成本和生产可能性边界

（一）机会成本

“成本”是会计学上的概念，简单地讲就是生产一种产品的投入，相信读者对这个概念是比较熟悉的，而机会成本却不为大多数人所知。什么是机会成本呢？前面我们谈到了资源的稀缺性，社会要增加某些东西，就必须减少其他东西。我们必须对不同的结果进行权衡以后再作决策。在经济学中，我们用商品的机会成本来表示：为了得到一定数量的某种商品而必须放弃的用同样的经济资源可以获得的其他商品。各种资源都是有机会成本的，例如时间资源，把时间用到做一件事情上的同时就放弃了将其用于其他用途所能带来的满足感，或者说给人带来的效用，这就是时间的机会成本。又如，你今天来上课了，那你就放弃了在寝室睡觉或打游戏能给你带来的效用。为什么有的同学选择上课，有的同学选择逃课呢？这是因为对于不同的个体来说，时间的机会成本是不同的。对于一些同学来说，在寝室睡觉可能给他带来的效用更大些，也就是说他来上课的机会成本比较高，上课带来的效用不能弥补他的机会成本，这样，他就会选择逃课。机会成本在经济学研究中的作用是举足轻重的。例如，如果厂商在计算成本时考虑到机会成本，就会影响他的决策。一个经营者准备将自己的一间房子用作生产用房，那么，当他在计算生产成本的时候就要加上这间房子的机会成本。也许有些人会有疑惑，毕竟机会成本不像实际成本那样显而易见。但是，在经营者决定将这间房子用于生产时，就选择放弃了这间房子的其他用途。比如，经营者可以将房子出租而得到一笔租金，也可以用作居住给自己带来更多的满足感。总之，其放弃的其他用途就是房子的机会成本，应该包含在生产成本之中。我们现在假设经营者每年的收益是 10 万元，工人工资、原材料等成本是 7 万元，如果不计算机会成本，那么我们认为经营者是盈利的；现在考虑了机会成本的问题，如果将房屋出租，每年的租金收入是 5 万元，这时，利润=10−7−5=−2（万元），可见，生产是亏损的。也就是说，如果盈利不足以弥补房子的机会成本，不如将房子租出去。

（二）生产可能性边界

资源的稀缺性使其存在了机会成本，现在我们将社会的全部资源看成一个整体。我们将这些资源所能生产出来的产品分为两大类：军用品和民用品。如果将一个单位资源用于生产民用品就等于放弃了其生产军用品带来的效用，反之亦然。现在我们首先要考虑的是在社会的生产资源和技术水平固定的前提下，什么样的组合是可能的。

如果全部资源都用于生产军用品，最多可生产出 5000 个单位，如果全部资源都用来生产民用品，最多可产出 6000 个单位；如果用既定的资源同时生产两种产品，可以得到其他各种组合，见表 1.1。

表 1.1 生产的各种组合

组合	军用品（单位/年）	民用品（单位/年）
A	5000	0
B	4800	1000
C	4400	2000
D	4000	3000
E	3300	4000
F	2250	5000
G	0	6000

在图 1.1 中，A、B、C、D、E、F、G 各点分别表示可能有的各

种生产产品组合，如果我们把这些点连成一条光滑的曲线，就可以得到社会生产可能性曲线，又称生产可能性边界。

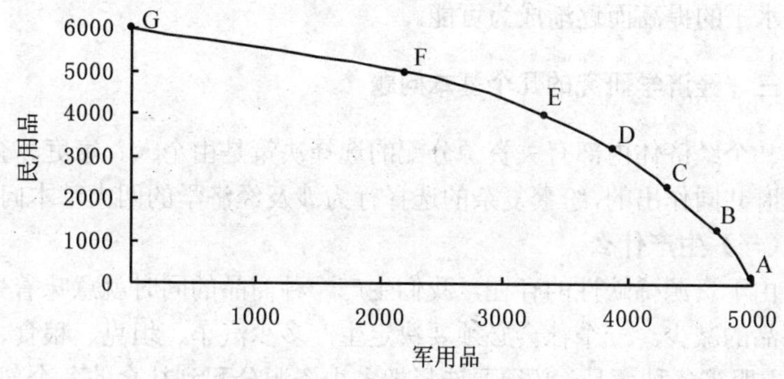

图 1-1　生产可能性边界

生产可能性曲线上的各点表明在既定的社会资源和生产技术条件下所能达到的最大产量的组合，位于生产可能性曲线左下方的点，也就是生产可能性曲线以内的点是现有条件下可以达到的，但不是最有效率的；位于生产可能性曲线右上方的点，也就是线以外的点是现有条件下不能达到的点。显而易见，如果一个经济体能在生产可能性曲线上生产，那么，这个经济体就是有效率的。现在我们可以用生产可能性边界再次阐述机会成本的概念。一个社会的总资源在一定时期内是既定不变的，当我们把资源用于一种产品生产的同时就放弃了将其用于其他产品的生产。比如，我们将一定的资源用于生产民用品，那么我们也就选择放弃这一部分资源用于生产军用品。假设现在社会上的总产品组合是军用品 4400 个单位，民用品 2000 个单位，如果现在要多生产 1000 个单位的民用品，也就是生产 3000 个民用品，那么军用品的产出只能是 4000（见表 1.1），我们说生产这 1000 个单位民用品的机会成本就是 400 个军用品的价值。

（三）生产可能性边界的移动

一个经济体的生产可能性边界是以一定的社会资源总量和技术水平为条件的，所以，社会的资源总量或技术水平的变化会引起生产可能性边界的移动。当资源总量增加或技术水平提高时，曲线向上移动。所以，在原先条件下不可能实现的产出会随着资源总量的增加或技术水平的提高而逐渐成为可能。

三、经济学研究的几个基本问题

一个经济体内部有关资源分配的选择决策是由个人、家庭、企业和政府共同作出的,纷繁复杂的选择行为涉及经济学的四大基本问题。

（一）生产什么

由于资源稀缺性的存在，我们生产一种商品的同时就意味着另一种商品的减少。一个社会必须要决定生产多少汽车、坦克、粮食、电脑、衣服等各种商品，必须要选择把多少资源分配到社会的各个部门。在计划经济时代，这种决策主要是通过政府部门的计划作出的，是通过各种行政指令来贯彻实施的。而改革开放后，在市场经济时代，上述问题越来越取决于企业和消费者通过市场来共同决策。在市场中，价格传递各种信息，这只看不见的手无时不在调控资源的配置。因而，经济学关注的是为什么有的商品比其他商品价格高，什么因素导致价格的上升和下降，价格因素是如何引导资源配置和人的消费行为，等等。

（二）如何生产

生产一种产品的途径可以是多种多样的，因为各种生产要素可以有多种用途，生产要素之间也存在一定的技术替代关系。比如，同样是生产小麦，可以采用集约型的耕作方式，即多用资本和劳动力，少用土地；也可以采用粗放型的耕作方式，即少用资本和劳动力，多用土地。厂家的生产方式也是多种多样的，它可以选择不同数量的资本和原材料，不同质量的劳动力，不同的生产场所，不同的运输方式和营销方式。经济学要研究的是为什么厂商的决策会大相径庭，厂商的这些决策行为是由什么因素决定的。

（三）为谁生产

经济学中为谁生产的问题就是分配问题。由于资源的有限性，不能保证每一个社会成员都能获得他们希望获得的所有商品和服务。所以，每个社会都要形成一套机制对生产出来的产品进行分配。在计划经济时代，我们实行的是平均主义的分配政策，这种分配方法显然是缺乏效率的。改革开放以来，收入分配和人的禀赋条件显著联系起来，收入差距也开始拉大。那么，在市场经济条件下什么因素决定收入高低？姚明的收入为什么是普通百姓收入的百倍甚至更多？如何在注重分配效率的同时控制收入差距过大？政府是不是应该保证最贫困的居民得到基本的生活资料？这些是经济学研究的另一组问题。

（四）谁作决策，依据是什么

在计划经济时代，经济的决策权高度集中在政府计划管理部门。而市场经济决策的一个基本特征就是分散化。个人与厂商依据对自身利益的判断和市场价格信号的把握，作出最有利于自身的经济决策，政府的作用仅限于维持市场秩序，使市场更有效地发挥资源配置的功能，提供公共产品和调节收入分配等。不同的国家在不同的时期为什么会有不同的决策体制？这也是经济学所要研究的基本问题之一。

第三节 经济学的划分：微观经济学和宏观经济学

许多学科是在不同层次上进行分类研究的，经济学也不例外。现代经济学根据考察的领域和角度的不同分为微观经济学和宏观经济学。

一、微观经济学

顾名思义，微观经济学研究的是单个经济决策单位的经济行为，也就是每个厂商、居民的行为。它所考察的内容包括：市场上商品的价格是由什么因素决定的，消费者的消费行为受到哪些因素的影响，单个生产者的成本、价格和产量是如何决定的，收入如何在各资源所有者之间分配。概括地说，微观经济学就是研究消费者对各种商品的需求和生产者对各种商品的供给怎样决定商品的数量和价格，以及各种生产要素的供给者和需求者怎样决定各生产要素的数量和价格。

由于微观经济学是研究单个消费者或生产者的行为，我们又称其为个量经济学或个体经济学。在以后的学习中我们会发现，微观经济学也包括考察整个社会经济活动的内容，比如福利经济学。福利经济学是以一个社会的经济福利为研究对象，但它是以单个厂商和消费者的行为为出发点，因此也归于微观经济的研究之中。

二、宏观经济学

宏观经济学以整个国民经济活动为研究对象，它的核心是国民收入决定理论。由于宏观经济学的视角是整体的经济运行，因此它所研究的领域包括：长期经济稳定和持续增长问题，短期的经济波动问题、就业问题、通货膨胀问题以及国家之间的经济往来，如贸易问题、国际收支问题和汇率问题等。由于宏观经济的研究已经超出了单个经济决策者的决策范围而进入了公共领域，政府的作用与其在微观领域中有很大的不同。为了保证整体经济的运行，关于政府的作用在宏观经济学中给予了很多的讨论：政府的政策有哪些，分别会起到哪些作用，政府到底应不应该干预经济，这些都是宏观经济学要研究的问题。宏观经济学正是有了对政策的研究，不仅带动了理论自身的发展，也增强了理论的实用性。

由于宏观经济学所考察的都是诸如国民生产总值、国民收入、总投资、总消费支出、银行信贷总额、货币发行量以及物价总水平等国民经济中总量的变动，所以，宏观经济分析又称为总量分析。

三、微观经济学与宏观经济学的关系

在微观经济学与宏观经济学关系的问题上首先要强调的一点是，微观经济学与宏观经济学是两门不同的学科，他们所考察的领域、所采用的分析方法有很大的不同。微观经济学考察的是个体行为，而宏观经济学考察的则是经济总体行为；微观经济学多采用逻辑推理的方法来刻画一个理性的行为人应该表现出来的行为，而宏观经济学多是依赖于各种经济变量之间的关系来解释经济运行的内在机理；微观经济学在研究单个商品的价格如何决定时，通常假定其他商品价格变动对其不产生影响，或是不考虑其他商品供求是否达到均衡，而宏观经济学所要探求的就是什么时候整个国民经济能达到均衡，这包括产品市场、货币市场的均衡，在开放经济的研究中还包括国际收支的平衡。

微观经济学与宏观经济学作为现代西方主流经济学体系的两大分支，又存在紧密的联系。宏观经济分析和微观经济分析是相互补充的。例如，宏观经济学在研究整个社会的就业问题时，关注的是社会总需求、总投资和总产量对就业的影响，而假定工人的工资、厂商的成本和利润是既定的。至于工人提供劳动力的要素收入和厂商成本、利润是如何决定的则属于微观经济学研究的范围。同样，微观经济学在研究收入分配时，着重研究的是单个厂商所使用的资本、劳动、土地的数量和价格是如何决定的，以及厂商的成本、利润和就业量的变动受什么因素影响，而假定社会总需求量和总就业量在一定时期内是固定不变的。这些被微观经济学假定固定不变的量恰恰是宏观经济学研究的重点。

由此可见，宏观经济学和微观经济学可以对同一经济现象从不同的角度进行观察，他们的研究是相互补充的。微观经济学是宏观经济学的基础。宏观分析总是以一定的微观分析为基础的。例如，作为宏观经济学重要组成部分的就业理论和通货膨胀理论，总是要涉及劳动的供求理论、工资决定理论和价格决定理论。宏观经济学中的充分就业理论，正是建立在微观经济学中以完全竞争为假设前提的价格理论和工资决定理论基础之上的。

本书将在前八章向读者介绍微观经济学理论，第九章到第十六章介绍宏观经济学理论。

第四节 经济学方法

任何一门科学都有它特定的研究方法，学习这门科学的过程也就是学习这门科学研究方法的过程。在了解了经济学的概念及其分类之后，我们将要在这一节中进一步了解经济学的研究方法。

一、实证分析与规范分析

经济学研究方法有实证分析和规范分析之分。顾名思义，实证就是要用实际数据分析验证，实证分析就是描述经济现象是什么，以及各种社会经济问题实际上是如何解决的。实证经济学家们收集各种经济数据，经过一定的数学方法的处理，寻找出各经济变量之间的关系。例如，2005 年我国的国民生产总值是多少，居民消费与物价和人均可支配收入之间的关系是什么样的，我国加入 WTO 以来，汽车行业受到了哪些因素的影响，日本对中国的经济依存度是什么样的，等等，这些都属于实证分析的范畴。而规范这个词中则隐含了标准的意思，因此，规范分析是以一定的价值判断作为出发点，提出经济行为的标准，并研究如何才能使经济行为及相应的后果符合这些标准。例如，人民币到底应不应该升值，是否应该增发 2000 亿国债实行扩张性财政政策，是否应该允许保险资金进入股市，对于这些问题的回答都属于规范分析的范畴。当然，同一个问题的答案可能不只一个。有关经济学家不同观点的笑话很多。例如，美国前总统里根就曾开玩笑地说，如果由经济学家来设计追逐游戏的话，他们就会设计 100 个问题而设计 3000 种答案。实证经济学家们会因为各种原因（如所收集的数据不同）对同一问题有不同的答案；而规范经济学在研究问题时涉及一定的评判标准，这一评判标准又较多受到立场、阶级、情感、信念等因素的影响，而正是这些潜在的因素影响了规范经济学家们对同一问题的回答，由此产生了分歧。他们之间的分歧是不能通过事实的检验来证明的。比如，有人认为应该对高收入阶层征重税，然后通过社会保障体系转移给低收入阶层，这就属于规范分析。它是在一定的道德准则下提出的，至于正确与否却无法用事实来检验。规范经济学的基础是主观的价值判断，而非对任何客观事实的研究。例如，教育投资和基础设施投资哪个更重要？此类问题的答案只是根据回答者本身的感受所作出的一个主观价值判断。如前所言，经济学不能用来判断某个规范分析结论的正误，而实证经济学则可用来分析各个选项，从而最终作出选择。总而言之，实证经济学要回答的问题是，世界是什么样子的；规范经济学研究的是，世界应该是什么样子的。

实证与规范之分并不仅局限于经济学的领域。例如在生物学领域，“人类没有办法克隆人类”这个命题可以用实证的方法来证明其真伪；而“人类不应该克隆人类”则是一个规范性的陈述，这其中涉及陈述者个人的价值判断准则。但是，由于经济学研究对象的特殊性，经济学家更加经常地需要对规范性问题进行回答和发表意见。

区分实证和规范问题是经济分析的前提，这样的区分有助于我们把关于世界应该是什么样子的问题，与实际上世界是如何存在和运行的问题相互分离开来。但是，这两个问题是同等重要的。如果我们只注重研究世界应该是什么样子的，而忽略了它的实际存在和运行规律，我们只会离真理越来越远。

实证和规范是相互渗透和联系的，经济学家在进行实证研究时，往往要受到规范性因素的影响。规范性因素不仅影响到他们对所研究经济现象意义的判断，还影响到对各种假设前提的选择，甚至是对经验数据的解释。因此，经济学家在进行实证研究时并不能做到完全或绝对的中立。区分实证和规范要求经济学家们虚心而诚实地对待各种经验数据和逻辑分析的结果，这对于减少主观随意性和提高科学分析水平有重要的意义。

另外，某种规范性结论的作出往往建立在一定的实证分析基础之上。例如，中国是不是应该完全放开资本市场，这是个规范性问题。在回答这个问题之前，我们需要对完全放开资本市场可能对中国经济社会所产生的影响进行实证分析，而非简单作出回答。

二、均衡分析

均衡原是物理学中的概念。如果一个物体同时受到两个大小相等，方向相反，作用在同一条直线上的力的作用，这个物体就没有加速度，处于静止或匀速直线运动状态，这个状态就是均衡。经济学中的均衡是指经济决策中，如厂商、居民，在决定或权衡资源配置方式时，发现重新调整资源配置方式或购买方式已不能获得任何额外利益，从而不再改变其经济行为的状态。或者仿照物理学中的概念，当经济中相互抗衡的力量势均力敌，所考察的经济现象不再发生变化时，也称为均衡状态。均衡分析是指当假设自变量为已知和不变的情况下，考察因变量达到均衡时出现的情况和达到均衡所需要的条件。

经济学中的均衡分析根据假设前提的不同分为一般均衡分析和局部均衡分析。一般均衡分析把经济学中的各个部分看作一个有机整体，从市场上所有商品的供给、需求、价格相互影响的前提出发，分析整个经济处于均衡时的情况和达到这种均衡的条件。而局部均衡分析则是将一般均衡分析中整体的各个部分分开来看，当考察一个商品的价格决定时，假定其他商品的供求关系和价格水平保持不变。这样，一种商品的价格就完全由这种商品的供求关系决定了。由此可见，“一般”就是整体，“局部”就是部分。

在分析过程中，一般均衡分析考虑到了经济中各个部分的联系和相互影响，是相对较全面的经济分析方法，但是局部均衡分析在将问题简化的同时也提供了一种更加细致入微的分析方法，使得各种因果关系更加简单明了。可见，这两种分析方法是相互补充的。

三、静态分析、比较静态分析和动态分析

顾名思义，静态分析研究的是经济现象的均衡状态和达到这种均衡所需要的条件，而不去研究达到这种均衡的过程和所经历的时间。应用这种分析方法的经济学称为静态经济学。比如把静态分析运用到研究商品的价格决定中，假设此种商品的需求状况和供给状况为已知，就可据此找到达到均衡时商品的价格和产量，我们称之为均衡价格和均衡产量。只要供求关系不发生变化，价格和产量就不会发生变化。可见，我们在进行静态分析时，并不关心这种均衡是怎么达到的，我们关心的只是达到均衡的状态是什么样子的，需要什么条件。

所谓比较静态分析，就是在原有的假设前提发生变化的情况下，考察或研究这些条件变化后均衡状态发生了什么相应的变化，但并不涉及这种均衡变化的过程和时间问题。应用这种分析方法的经济学称为比较静态经济学。比如，当人们对某种商品的消费偏好发生变化，导致这种商品的需求升高，在供给保持不变的情况下，达到新的均衡

时，均衡价格和均衡产量都有所增加。可见，比较静态分析仅仅是对经济现象一次变动的前后两个或多个均衡位置的分析和研究，抛开了对转变期间和变化过程的研究。因此，所谓的比较静态，就是比较一个变化过程的起点和落点。

与静态分析和比较静态分析不同的是，动态分析所研究的是经济变量的变化和调整过程。由于其研究的是一个过程量，动态分析把经济变量发生变化的过程分为各个“期间”进行研究。例如，把动态分析应用到市场供给量的分析中去，可以研究在各个“期间”市场供给量随着价格变化而调整。它强调的是整个调整过程，而不是前后的均衡状态。由于动态分析所研究的是与经济现象相联系的各个经济变量的变化过程，而处于失衡状况下的经济变量是不断变化的。因此，对于一个处于失衡的经济体系状况的分析，必须使用动态分析方法。

综上所述，静态分析本质上只涉及一个时期的均衡状态；比较静态分析本质上只涉及两个或两个以上的新旧均衡状态，而忽略前后均衡变化的过程；而动态分析则是研究经济变量从一个时期到另一个时期的变化过程，这种过程可能是由均衡到均衡，也可能是由均衡到不均衡，再到均衡。

四、归纳法和演绎法

归纳法与演绎法在科学分析中的作用可谓是举足轻重的，从哲学到数学，到物理学，再到生物学，归纳和演绎的方法无不起着极其重要的作用。所谓归纳法就是通过观察大量的事实，将其抽象出一般性的结论。社会经济体系中存在着各种各样纷繁复杂的现象，经济学家们通过对这些现象的观测、分析，抽象出其中的因果逻辑关系，得出一般的结论。例如，经济学家们发现猪肉的供给量增加总是伴随着价格的下降。对这个现象的多次观测，经济学家们得出结论：如果其他条件不变的话，供给量的增加会导致价格下降。归纳法的缺点是经济学家们无法确定这样得出的结论完全可靠。因此，他们又通常将得出的结论加以运用来证实其真伪。

如果说归纳法是从特殊到一般的过程，那么，演绎法就是从一般到特殊的过程。经济学家们从一定的假设前提出发，通过一系列的逻辑推理得出结论。这一方法，也就是我们后面要谈到的建立模型的方法。

第五节 假设与模型

关于经济学家有一个流传了很久的笑话。有三个人被困在一个荒岛上面，他们分别是物理学家、化学家和经济学家。这时，海上漂来一个罐头，他们急切地想打开罐头充饥。物理学家建议用岩石打开罐头，化学家建议生火把罐头加热，而经济学家却说“假设我们有一个罐头刀”。这个笑话可能会让人觉得经济学家如此的可笑和迂腐，可是它却揭示了假设在经济学中的重要地位。

其实，任何科学分析都离不开假设。在物理学中，我们经常会听到这样的假设，小球在光滑的桌面上作匀速直线运动，学过物理的同学都知道，要使小球作匀速直线运动，桌面必须是没有摩擦力的，可是现实中，再光滑的桌面也是有一定摩擦力的。假设也许并不是完全符合常理的，假设的条件也许是在实际生活中很难达到或是不可能达到的状态。可是假设不仅简化了我们研究的对象，而且使科学分析成为可能。例如，我们在研究国际贸易时，通常假设只有两个国家进行贸易。这样的假设显然是违背现实的，可是如果不作出假设，经济生活中太多的变数使得分析成为天方夜谭。同时，假设也使得分析结论具有条件性。总而言之，假设是经济学分析的前提和基础。

一、“理性人”假设

前面我们谈到，经济学是研究厂商、居民、政府等各经济主体的选择行为。大部分经济分析都基于“理性人”这样一个基本的假设。也就是说，每一个经济主体在一定的约束条件下，根据自己可以捕捉到的信息作出选择时，总是力图使自己的利益最大化。例如，一个烟草生产商总是只关心自己的利益，而不去考虑他的决策会不会影响到他人的利益；一个鸡蛋消费者不会考虑别人是不是也想要这个鸡蛋。以上例子说明，各经济主体总是被所谓的“自利性”驱使着。所谓的“自利性”，我们可以理解为人趋利避害的特点。在大多数情况下，多数人根据自己的利益作决定是毋庸置疑的，因此，对于一个范围更广的决策来说，这样的假设也是可以接受的。

同时，经济决策者在作出决策时是理性的，也就是说他会广泛搜集信息，进行成本—收益分析，从而最大化自身的利益。用更专业一点的语言来说就是，行为主体有一个目标函数，知道自己的目标是什么；决策时受到这一目标函数的支配，力图使选择行为与目标之间具有逻辑一致性。

但是，我们这里所说的“自利性”，并不一定就是自私自利。如果一个人在做有利于他人的事情时，会给自己带来很大的效用，也就是说他的目标函数里包含为他人服务，那么他的“自利性”中就包含有“利他性”的成分。关于这个“理性人”假设，还有几点值得注意：

（1）决策者的成本—收益分析完全是主观的。成本—收益分析完全由决策者自己作出，成本—收益的权衡不仅和决策者的偏好有关，还和其风险态度有关，也就是他所能承受风险的强度。在同样的约束条件下，不同的人可能会有不同的成本—收益分析结果。

（2）理性人假设强调决策人的选择行为与其目标具有逻辑一致性，但是这并不假设决策人总能如愿以偿地达到目的。由于现实世界充满了不确定性，而成本—收益分析有时对未来不确定的收益与支付进行估算，也就是说厂商、居民和政府通常在后果不明的情况下作出选择，预期的偏差和主客观条件的变化都会导致目标不成功的选择，甚者会导致自身利益受到损害。

（3）主观的成本—收益分析受到决策者所掌握信息的制约。因此，拥有不同信息的决策者对同一件事情的判断可能是大相径庭的，也就是说对同一个成本—收益分析会有不同的结果。

（4）理性是对人们行为动机的简化阐述。当然，支配人们行动的不仅仅有理性的因素，还包括情感、信仰和信念等。经济学家舍弃了这几方面因素的影响，并不是因为他们不重要，只是为了更好的对人们的经济行为进行科学分析。正因为经济学分析中舍弃了这些非理性因素的影响，经济学理论不能解释醉汉的行为，因为这些人的决策往往不受大脑的控制；经济学理论也不能解释正在热恋中的人和痴迷邪教的人的行为，因为这些人的行为更大程度上受到热烈情感的支配。这些人的行为可能需要专门的研究，经济学对此无能为力。

二、经济模型

如果说科学理论的本质是假设，那么它的表现形式通常是模型。一系列的假设和推理组合在一起就构成了模型，它为经济学家提供了分析变量之间相互依存关系的方法。经济学模型可以有多种不同的形式，有的用一句话表示，有的则通过数学模型和公式表示。在介绍经济模型之前，我们首先要了解什么是经济变量。

（一）经济变量

对各种经济现象的解释和预测都会同经济变量打交道。实证分析主要研究各种经济量之间的关系：投入和产出之间的关系，价格和产量之间的关系，成本和收益之间的关系等。

正如纷繁复杂的经济生活一样，经济量也是多种多样的。我们下面介绍几种基本的和常见的经济量。

1．常量和变量

在经济活动中，人们通常会观察到由一定的数值表现出来的经济现象。这些表现经济现象的数值中，有些数值在不同的时期或是不同情况下观察到的数值不同，我们把这些处于变化之中的经济量称为变量，英文为 variable，也就是变化的意思。

常量，英文为 constant，就是固定不变的意思。跟变量相对，常量是指在某段时间或某种情况下不发生变化的量。当然，这里的不变化是有条件的，指的仅仅在某一段时期和某种情况下。因此，经济学中的常量并不像物理学中重力加速度一样确定不变（处于不同的地理位置，重力加速度也有不同）。例如，在模型中经常会假设人们的消费倾向不变，也就是消费占收入的比例不变。显然，这种假设并非完全符合实际，这里的变与不变都是相对的。常量可以单独存在于模型中，也可以与变量相联系，后者就是我们通常说的系数或常数。

2. 内生变量和外生变量

内生变量与外生变量是按与经济模型的建立和分析有关的经济量划分的。一个经济模型中存在着很多经济变量，有的变量是由该模型中的其他经济量决定的，这些经济量成为该模型的内生变量，也就是模型内生成的；还有一些变量由该模型的经济变量之外的其他因素决定的，我们就称其为外生变量，也就是模型外生成的。例如，我们将要在宏观经济学的学习中接触到一个很重要的宏观模型，IS－LM模型。这个模型通过两条分别代表产品市场和货币市场均衡的曲线来决定利率和国民产出。显而易见，利率和国民产出是由模型中的两条曲线的位置决定的，也就是由模型中的经济量决定的，它们就称为内生变量。而这个模型的一个基本假设就是货币供给量是已知的，由央行决定。因此，在这个模型中，货币供给量就是一个外生变量，由模型以外的因素决定。

有一点要说明的是，变量是内生还是外生要在特定的模型中判断，同一个经济变量在一个模型中是内生，在其他模型中可能是外生，要具体问题具体分析。

3. 存量和流量

存量和流量是根据经济分析中“时期”和“时点”的概念对经济量的划分。存量是指在某一时点上存在的数值，例如在某一点上我国的人口数，在某一时刻室外地表温度，某天某个市场上鸡蛋的价格等都是在某个时点上可以直接观测到的。而流量则是在两个不同时点之间发生的数值，是个时期概念。比如，一个厂家某年的投资总额，我国2005年度对外贸易总额等都是流量的概念。可见，我们无法测量这些经济量在某个时点上的数值，它是一个连续发生的数值，我们只能说截止到某一时点上，该经济量的总数是什么样的。

（二）经济模型

经济学家在研究经济问题时，通常的方法就是建立模型。简单地说，模型是由一系列可以推出一定结论的假设构成的。以前我们接触过物理模型，例如，我们可以建立一个太阳系模型。首先，我们假设太阳系中的每个星球都是一个点，每个点的运动轨迹完全遵循一定的数学公式。这样，我们就可以知道在某一特定时刻，某个星球的位置，我们也就可以推算出发生日食和月食的时间，1997 年天空出现的十字架就是通过建立这样的模型被推算出来的。

经济学模型更抽象一些，它可以通过言语来表示，也可以通过数学公式或几何图形来表示。现在，经济学家们更趋向于用数学公式来建立模型。一个模型通常要包括定义、假设、假说和预测。与之相对应的建立模型的过程通常是：明确定义——作出假设——提出假说——进行预测并检验模型。下面我们就对这四个步骤进行进一步的说明。

1. 明确定义就是给出模型中各个经济变量的定义。在做各种经济分析之前，我们都要给出分析中所涉及的经济变量的精确定义，只有这样，才能使我们的研究更加真切地反映客观事实。如果模型中对变量的定义没有明确的规定，模型将无法建立。例如，在研究鸡蛋的需求量和供给量时，我们首先要弄清楚这里所说的供给量和需求量分别指的是什么，它们的度量标准又是什么。

2. 作出假设是指经济模型的前提条件。我们前面提到，经济模型就是由一系列可以推出一定的结论和作出预测的假定组成的。模型是对所要研究的经济现象的抽象再现。由于现实经济生活纷繁复杂，我们在分析问题时，一定要分清主次。如果在分析中把所有变量都考虑进去，就会使得实际研究成为一种奢望。因此，十分有必要舍掉一些因素或变量以限定研究范围。

3. 提出假说就是在一定的假设前提下，根据定义给出变量之间的关系。由于建立模型的目的就是揭示变量之间的关系，因此提出假说是经济模型中的核心部分。例如，现代西方经济学价格原理的重要假说认为，在其他条件不变的情况下（如人们的消费习惯、偏好、收入、其他商品的价格等因素不变），一种商品的价格由这种商品的供给和需求共同决定。用函数来表示就是 P=f(D,S)，这个函数表达式就是该模型的核心部分，即假说部分。

4. 预测是指根据模型提出的假说发表对未来的看法。预测不同于猜测，因为预测是从假说出发而得到的必然结论。用经济模型进行预测是建立模型的一个目的，同样也是对经济模型的优劣程度进行检验的方法。一个经济模型只有在能够对未来进行合理预测的情况下，才是一个好的模型。

第二章 需求、供给与均衡价格

从这一章开始，我们要进入系统的经济学理论的学习。首先要介绍的就是需求和供给理论，也就是经济学家常说的供求理论。对于需求和供给在经济学中的地位，一位著名的历史学家曾做过一个形象的说明：只要教鹦鹉学会说需求和供给，就能把它培养成经济学家。尽管这种说法未免过于夸张，但它却恰如其分地强调了需求和供给在经济学中的重要性。通过第一章的学习我们知道，经济学主要研究的是如何最有效地配置稀缺的资源。本章将向您介绍一个极其重要的市场机制——价格机制。价格作为信号传递着资源该向哪里流动的信息。经济学家把价格称作“看不见的手”，就是这只手在暗中指导着稀缺资源的配置。那么，价格又是怎么决定的呢？市场上除了这只看不见的手，还有什么因素影响资源的配置？政府又充当什么样的角色呢？

供给、需求和价格之间的关系是在一定的市场环境中表现的。在市场中，买方代表着需求方，卖方代表着供给方，市场价格的高低变化则体现了双方的力量对比。为了发掘需求、供给和价格的关系，本章在进行研究时作了一个基本的假定，即市场是完全竞争的。也就是说，企业是同质的，买卖双方都是价格的接受者，信息是完全的，所有的产品都是无差异的。

第一节 价 格

价格这个词，可以算是我们日常生活中使用频率较高的名词之一了。我们在未深知世事之前就对价格有了感性的认识。小朋友们第一次去买铅笔就接触了价格的概念。价格就是要得到市场上的某种商品所必须支付的货币数量。

以上对于价格的常识性认识是正确的，但是，经济学的研究中却赋予了价格更为深层次的意义：在市场经济中，价格和供给、需求之间的互动关系构成了指引资源配置的信号。由于经济学要研究的正是如何配置稀缺的资源，因此，经济学家非常重视价格变量及其影响。

在生活中我们往往会有这样的经历，当市场上某种商品供给量很少的时候，通俗一点说就是卖家相对于买家很少时，这种商品就会卖得很贵；当卖家增多时，价格可能就会随之下降。前几年，我们国家一直处于通货紧缩的阴影之中，通货紧缩的形成原因是极其复杂的，但是其表现却很简单，即市场上商品价格长时间连续下降。为什么价格会下降呢？简单地说就是卖家相对于买家过多了，商品积压，卖不出去，价格自然就降下来。阻止价格下降的最好的方法就是增加需求。近年来，我们国家从未放弃过这方面的努力。美国总统布什说过“消费是一种爱国的行为”，说的就是这个道理。

在市场上，不少商品的价格对比似乎让人感到不解。比如说钻石和水。钻石并不是人类生存的必需品，在生活中大部分用于装饰，却价值连城；而水是人类生存的必需品，离开了水，没有人可以活下去，可是水的价格却很低。看来商品的价格和它的用途并没有直接的关系。到底在这样鲜明而又令人不解的价格对比之后是什么样的因素在起作用呢？再比如，球星、歌星、影星为人们提供了娱乐性服务，但是他们为工作的付出和他们的收入并不十分匹配。我们知道，姚明的收入和那些种粮农民的收入相比，有天壤之别。又是什么样的因素使得人和人之间的收入如此悬殊呢？

物以稀为贵这句话可以很好地回答这些问题。在市场经济条件下，需求和供给两方面的因素决定了一种资源的相对稀缺程度。钻石相对价格较高是因为由于资源和开发技术的限制，它的供给不可能极大扩展；而粮食虽然对人类生存极其重要，但是，它的供给相对于需求来说却不是那么稀缺。可见，商品的相对价格是相对其稀缺程度的显示信号。同样的道理，作为一种生产要素，明星相对于农民的供给可以说是绝对稀少的。“明星”这个词本身就隐含有稀缺的意思，因此，姚明的工资，也就是其劳动的报酬，要远高于农民的辛劳所得。至于这种收入的悬殊是不是正常的，则属于福利经济学的内容，我们将在以后的章节中作介绍。

第二节　需求及其决定因素

一、需求的定义

我们在对价格进行讨论的时候已经涉及需求这个概念。在我们进行下一步系统研究之前，必须对需求下一个明确的定义。需求就是在每一个价格水平下，消费者愿意且有能力购买的商品和劳务的数量。经济学中的需求不同于我们生活中经常说的需要。首先，日常生活中的需要也包括对于物品和劳务以外东西的需要。比如，对爱的渴望，对宗教信仰的需要等。其次，生活中人们往往会向往自己没有能力购买的东西。漂亮的别墅、豪华的轿车是人们渴望得到的东西，但却不构成需求，因为经济学中的需求是以人们具有货币购买能力为前提的。由此可见，需求包含两方面的内容，一是有货币购买能力，即买得起；二是渴望购买，即愿意买。

需求分为个人需求和市场需求。顾名思义，个人需求是指单个消费者或家庭对某种商品或劳务的需求，而把某一商品的所有个人需求加总，即把与每一可能价格相对应的每个人的需求都加起来，就构成了这种商品的市场需求。如果不特别指出，需求一般指的是市场需求。

二、需求函数

我们对函数并不陌生，函数无非就是一个数学等式。需求函数的左边就是我们所要研究的对象——一种商品的市场需求，右边是可能影响需求的各种因素的组合。可见，我们首先要做的工作就是考察哪些因素可能会对需求产生影响。

我们来考虑一个现实生活中的例子。咖啡的需求量会受到哪些因素的影响呢？我们将答案归结为以下几点：对咖啡的喜好程度、咖啡的价格、收入水平、与咖啡相关的其他商品的价格、对以后收入和咖啡价格的预期等。

事实上，不仅咖啡的需求是由这几个因素决定的，其他商品的需求也同样受它们的影响。下面，我们来具体分析这几方面的因素。

（一）消费者的偏好

决定一种商品需求的比较重要的因素就是消费者对这种商品的偏好或嗜好。有的人不爱喝咖啡，所以，不管咖啡的价格多么便宜或是自己的收入水平多高也不去购买或只是少量购买；而有的人很喜欢喝咖啡，因此可以接受比较高的价格。不过，人们对某种商品的偏好可能会变的，当你对咖啡由喜欢到不喜欢，即使咖啡的价格不变，你也会减少对咖啡的购买量。

（二）商品的价格

我们在决定是否买一种商品之前，通常都会问价。一般的情况是：商品的价格上涨了，在其他因素不变的情况下，消费者会减少这种商品的购买量，即需求量降低；商品的价格下降了，消费者就会适当增加这种商品的需求。价格变动越大，需求量的变化越明显。但这也不是绝对的，有些商品的需求变化规律恰恰与此相反，这里我们暂且不作研究。

（三）消费者的收入

消费者的收入水平无疑会对商品的需求产生影响。一般来说，收入增加时，消费者会增加对某种商品的购买量；收入减少时，对某种商品的需求会相应地降低。但并不是所有的商品需求都和收入水平成正比。有些商品的需求与消费者的收入水平成反比，我们称其为劣等品。比较常见的例子就是人们对乘坐公交车的需求。当人们的消费水平较低时，往往会选择公交车作为交通工具，而当人们收入增加时，可能就会选择出租车，从而减少了乘坐公交车的次数。

（四）其他相关商品的价格

市场上充斥了各种各样的商品，不同的商品之间会存在着一定的替代关系，例如，茶和咖啡。消费者在购买一种商品时，不仅考虑到这种商品的价格，通常还会考虑其替代商品的价格。例如，对于小张来说，茶和咖啡同样起到提神的作用。如果咖啡的价格没有变化，而茶的价格降低的话，小张就会减少对咖啡的需求，而增加茶的购买量。也有一些商品存在着互补的关系，比如说汽车和汽油，如果市场上汽油的价格比较贵的话，汽车的销量也会受到一定的影响。由此可见，某种商品的需求不仅与自身的价格有关，还和其相关商品的价格有关。

（五）消费者的预期

上述四个因素可以解释生活中大部分与商品需求有关的现象。但有些现象只能用另一个因素来解释。北京的房价居高不下这是不争的事实，而且每次房价的提高都会引起一轮购房热。为什么房价升高了，消费者买房的热情也随之增加了呢？这就涉及影响需求的第五个因素，即消费者的预期。当消费者预期房价还会进一步提高时，往往就会增加对房产的需求。预期对需求的影响往往起到决定性的作用。如果你预期自己的收入会增加，那么你可能增加对咖啡的购买；如果你预期咖啡明天就降价，今天你可能就不会购买咖啡。

除了上述五大因素之外，商品的需求可能还和其他因素有关，如人口结构、传统、气候、时间等因素都有可能影响需求。但是，上述五大因素是基本因素。如果把影响需求的因素作为自变量，商品的需求作为因变量，就可以用函数来表示需求和这些因素的依存关系。由此得到的函数称为商品的需求函数，用如下形式表示：

$$Q_d=f(T,P,I,P_r,E,\cdots) \tag{2.1}$$

式中，Q_d 代表商品的需求量，T 表示消费者的偏好或嗜好，P 是商品本身的价格，I 代表消费者的收入水平，P_r 表示相关商品的价格，E 是消费者的预期，省略号是其他的因素。

然而，在经济学中，我们所研究的需求函数并没有这么复杂。由于影响一种商品需求的最重要的因素是商品本身的价格，因此在经济学分析中，通常采用抽象法，即假定其他因素不变，只单独研究商品的需求量和商品本身价格的关系。这样，需求函数可以简化为：

$$Q_d=f(P) \tag{2.2}$$

有时为了简化起见，我们假设需求曲线是线性的，也就是说需求和商品价格之间是线性关系，从而需求曲线又可表示为：

$$P=a-bQ_d \tag{2.3}$$

其中-b 表示需求曲线的斜率。下面，我们将重点研究需求曲线的形状和性质。

三、需求曲线

我们已经介绍过，线性的需求曲线的斜率是负的，换句话说，需求曲线是向右下方倾斜的。这就是经济学中的需求法则。

（一）需求法则

经济学家用需求法则来描述价格和需求之间的关系。所谓的需求法则是指，在其他因素不变的情况下，价格和需求之间呈反向变化的关系。

这个法则看似再简单不过了。但是，如何对人们的这种行为作出理论上的解释呢？经济学家用两种效应来解释这种反向的变化关系：收入效应和替代效应。

收入效应是指商品价格降低，相当于消费者的实际收入增加了，即使消费者的货币收入量不变，消费者由于这种实际收入的增加也会增加正常商品的需求。这就是所谓的收入效应。

替代效应显然和可替代商品有关，是指当某种商品的价格降低了，与之可替代的商品价格不变的情况下，人们会把对相关商品的购买转向价格降低的商品。因此，由于这种替代效应，商品价格下降也会引起此种商品的需求量增加。

（二）需求表

如果把一种商品对应于每个价格的需求量用表格的形式表现出来，就构成了需求表。和需求类似，需求表也分为个人需求表和市场需求表。个人需求表描述的是每个价格下个人的需求量，而市场需求表则描述每个价格下整个市场的需求量。表 2.1 列出了在某一段时间内，对应于每个价格的个人的需求量和整个市场的需求量。

表 2.1 需求表

某种商品的价格（元/千克）	小张的需求（千克）	小李的需求（千克）	市场需求（万吨）
2	60	18	500
4	50	11	400
6	40	8	300
8	30	7	200
10	20	5	100

通过阅读表 2.1 的数据，我们可以发现，小张、小李和整个市场的需求都和价格存在着反向的变化关系。表格使用起来很方便，其最大的优点是可以直接观察到具体的数据。可是，经济学的研究重点并不是单个的、具体的数据，而是变量变化的内在规律。而要观察到变化规律最有效的方法就是使用曲线。

（三）需求曲线

要得到需求曲线，首先要建立一个简单的平面直角坐标系。横轴表示需求量，纵轴表示价格，并用与我们讨论对象相适应的数量单位定义计量单位。如图 2-1 所示，纵轴表示某种商品的价格，单位是元/千克；横轴表示的是小张的需求，计量单位是千克。这样，我们就得到了小张需求函数的几何表达，即他对这种商品的需求曲线。

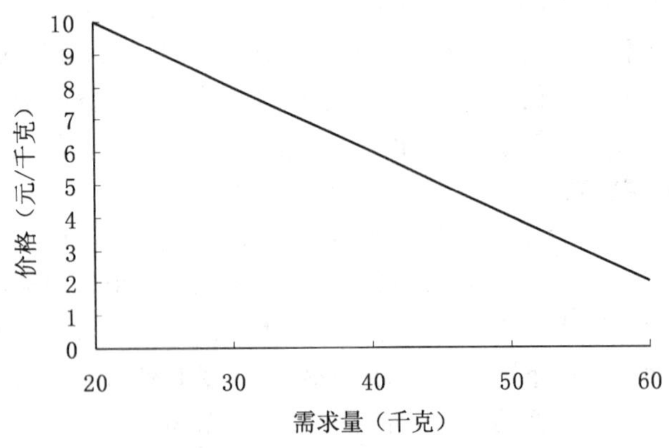

图 2-1 个人需求曲线

需求量和价格之间反向变化的关系通过需求曲线一目了然地展现在我们面前。同样的道理，我们可以画出小李的需求曲线。当我们把市场上所有消费者的需求曲线合并时，就可以得到这种商品的市场需求曲线。当然，我们不需这么麻烦，只要把与每一价格对应的需求量改为整个市场的需求量，就可以得出市场需求曲线，如图 2-2。

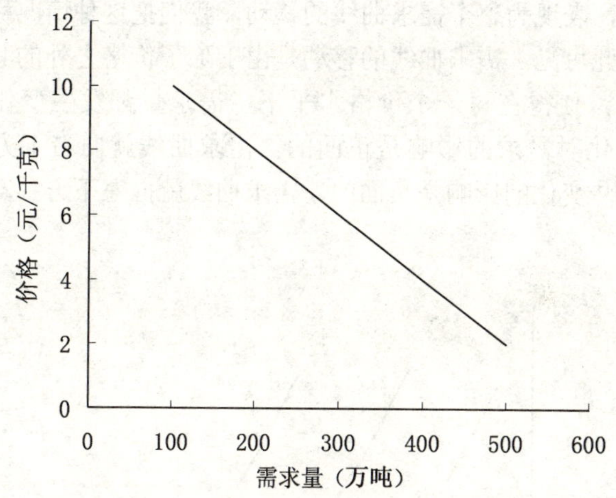

图 2-2　市场需求曲线

关于市场需求曲线，要注意以下两点：

第一，需求曲线是向右下倾斜的，也就是说需求和价格是反方向变化的，这就是所谓的需求法则。关于这一法则，应该指出两点：首先，只有在其他因素，即消费者的收入水平、消费者的偏好、相关商品的价格和消费者的预期等保持不变的情况下，此法则才成立；其次，这一需求定理对于市场上的大多数商品都适用，但有些商品则不适用。这些比较特殊的商品在以后有关章节中将作详细介绍。

第二，需求曲线有时间依赖性。时间依赖性是指各个时期的市场需求曲线是不一样的，有时会陡峭，有时则略显平坦。需求曲线的形状还和研究时期的长短有关，季节性的需求曲线和年度需求曲线显著不同。这种不同又和“弹性”有关，这个概念将在第三节介绍。

（四）需求曲线的移动

在讨论需求曲线移动之前，我们要分清楚两个极容易混淆的概念——需求变动和需求量变动。除了价格之外，在影响需求的其他因素不变的情况下，需求量沿着需求曲线的变动，叫做需求量的变动；而需求的变动则是指影响需求的其他因素发生了变化使得需求曲线变化了位置，表现为整个需求曲线的移动，我们把这种情况称为需求的变动。由此可见，需求曲线的移动是由于除了价格之外的其他因素发生了变化，使得在每一个价格水平下，需求量都发生变化。当这些因素的变化对需求的影响是正面的，需求曲线就向右上方移动；反之，当这些变化的影响是负面的，需求曲线就向左下方移动（参见图2-3）。

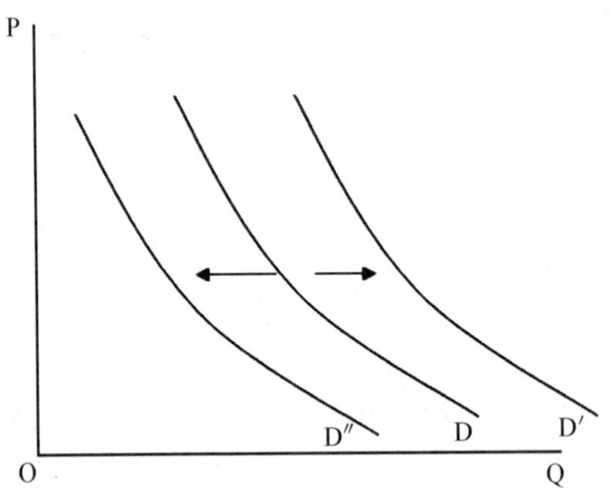

图 2-3　需求曲线的移动

第三节　供给及其决定因素

上一节我们讨论了需求的一般原理。在这一节中，我们将沿着同样的思路讨论厂商和市场的供给。

一、供给的定义

供给是指在每一价格水平下，厂商或生产者愿意且有能力提供的商品和劳务的数量。和需求的定义类似，供给也包括两层含义，一是有供给的意愿，二是有可以提供的产品。

供给也分为个人供给和市场供给。个人供给是指在每一可能的价格下，单个厂商愿意而且有能力提供的商品或者劳务的数量；市场供给则是指在每一可能的价格下，整个市场愿意且有能力提供的商品或劳务的数量。可见，市场供给可由每一价格下所有单个厂商的供给进行加总而得到。所以说，个人供给是市场供给的基础，市场供给是所有个人供给的总和。

二、供给函数

假设你是一个咖啡生产商，什么因素决定你对咖啡的供给量呢？答案也许是以下几种：咖啡的价格、生产咖啡的成本、可采用的技术和对未来的预期等。和咖啡的供给类似，其他商品的供给也受这几方面因素的影响。

（一）商品的价格

价格无疑是影响商品供给量的最重要的因素。当商品的价格上升时，作为供给商的你觉得有利可图，必然会增加工作时间，购买更多的设备，雇用更多的工人，从而增加商品的供给；当商品的价格降低时，你会觉得无利可图，自然会减少供给量，当价格降到一定的极限时，你可能还会选择停止营业，因为继续营业只能亏得更多。

由于商品的供给量随着这种商品价格的升高而增加，随着价格的下降而减少，所以商品的供给量和价格是正相关的。供给量和价格之间这种关系称作供给法则。在其他条件不变时，价格升高，供给量就会增加。

（二）生产成本

生产一种商品要投入各种生产要素，当生产要素中的一种或几种价格升高时，生产这种商品可以给生产商带来的利润就会降低，厂商自然会减少供给量。例如，工人的工资增加了，原材料的价格上升了等。如果生产成本提高带来的影响是巨大的，还可能会使厂商停止营业。反过来，当某种或几种生产要素价格降低导致生产成本降低时，厂商可能会选择增加商品的供给，从而赚得更多的利润。可见，某种商品的供给量和这种商品生产成本负相关。

（三）技术和管理水平

商品供给是在一定的技术和管理水平下进行的。技术越好，管理水平越高，在同样的价格水平下，商品的供给量越多。例如，咖啡豆研磨技术的提高可以在总成本不变的情况下生产更多的咖啡，运输加快可以减少咖啡浪费，管理水平的提高会提高生产效率，降低生产成本。可见，在其他因素不变的情况下，技术进步和管理水平的提高能增加商品的供给量。

（四）厂商对未来的预期

如果厂商预期商品价格会上升，他可能会把现在生产的产品储存起来，以期在未来以更高的价格卖出，从而减少了商品在此时的供给量；反之，当厂商预期产品价格会下降时，他会将储存的产品卖出，从而增加了商品在此时的供给量，以获取更多利润。

除上述影响商品供给最重要的四个因素之外，还有其他一些因素也会影响商品的供给，如劳动力市场上工人的数量、气候、相关商品的价格、生产同一种商品的厂商的数量等。

如果把商品的供给量当作因变量，影响商品供给量的因素作为自变量，则可以用函数来表示它们之间的关系。我们把这样的函数称为供给函数，记作：

$$Q_s=f(P,P_i,V,E) \tag{2.4}$$

其中，Q_s代表某商品的供给量，P 是此商品的价格，P_i是生产要素的价格，V 表示技术水平，E 代表厂商的预期。

在经济学研究中，往往会采用抽象方法，只单独研究商品价格与供给量之间的关系。这样，供给函数可以简化为：

$$Q_s=f(P) \tag{2.5}$$

为了使问题变得更加简单明了，我们假设这种函数关系是线性的，因此，函数关系可以表示为：

$$P=a+bQ_s \tag{2.6}$$

式中，b 代表供给曲线的斜率。

三、供给曲线

当我们假设商品的供给量只与其价格有关，而其他因素保持不变时，就得到了供给函数 $Q_s=f(P)$。其中，价格和供给量之间是同方向变化的关系。下面，我们把这一函数用更加具体的形式表现出来。

（一）供给法则

所谓供给法则是指供给量与价格之间的关系。在其他因素不变的情况下，价格与供给量之间呈同方向变化的关系。也就是说，价格升高，供给量增加；价格下降，供给量减少。主要有两个原因可以解释：

1．递增的边际成本。边际成本是指每增加一单位的产品所需要增加的成本。当生产规模超过一定的关键点之后，边际成本会增加，也就是说每增加一个产品的供给，厂商的投入也会增加。因此，只有在商品价格提高时，厂商才会增加供给。

2．利润增加。商品价格升高，而其他因素不变，这意味着生产者的利润增加了，有利可图使得生产者的供给意愿增加，他们会提供更多的产品，从而市场供给量增加。

（二）供给表

我们可以使用像表示需求量和价格之间关系的方式来描述供给量和价格的关系。供给表就是将市场上观察到的每一可能的价格和与其对应的单个生产者或整个市场的供给量用列表的方式表现出来。表 2.2 列出了在一定时期内，商品的价格与供给量之间的关系。

通过阅读表 2.2 的数据，我们也可以发现供给量与价格之间呈正方向变化的关系。供给表最大的优点就是可以具体观察到每一价格下的实际供给量。但表格可以列出的数据毕竟是有限的，而且经济分析要研究的是价格和供给量之间的变化趋势。为了使这种变化趋势更显而易见地展现在读者面前，经济学家使用作图的方式，即画出供给曲线来分析问题。

表 2.2 供给表

价格（元/千克）	张三公司的供给量（吨）	李四公司的供给量（吨）	市场的总供给量（万吨）
2	50	20	100
4	70	30	200
6	100	40	350
8	120	50	530
10	130	60	700

（三）供给曲线

在一个简单的平面直角坐标系中，横轴表示供给量，纵轴表示价格，并选取合适的计量单位。如图 2-4 所示，横轴表示供给量，单位是吨；纵轴表示价格，单位是元/千克，这样，我们可以绘出张三公司的供给曲线。

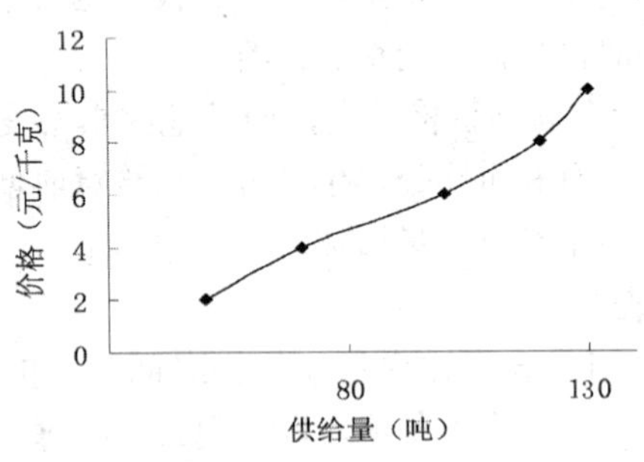

图 2-4 厂商供给曲线

这样，需求量随着价格升高而增加的趋势一目了然。我们可以利用同样的方法画出李四公司的供给曲线和整个市场的供给曲线，如图 2-5 所示。

关于市场供给曲线应该注意两点：

第一，市场供给曲线是向右上方倾斜的，它的斜率为正。也就是说价格增加时，市场供给量会增加。但是，这种正方向变化的关系是有条件的，必须是在其他影响供给的因素不变的前提下才能成立。另外，大部分商品的供给量都和价格正相关，但也有特殊情况，如劳动力的供给则有些不同。我们将在有关章节中介绍这一特殊商品的供给。

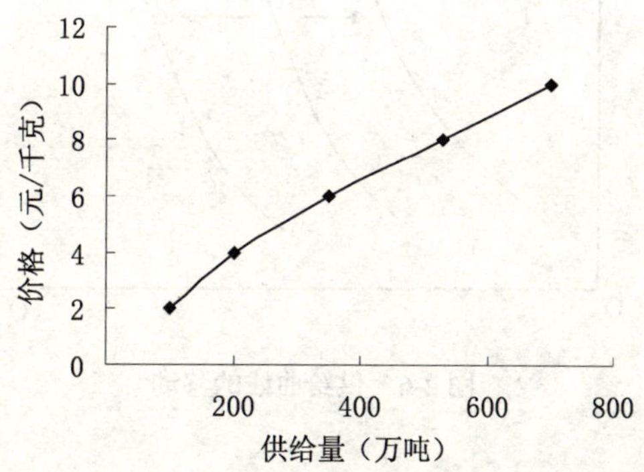

图 2-5　市场供给曲线

第二，和需求曲线类似，任何市场供给曲线都具有时间依赖性，也就是都只适用于某一特定的时期，而且曲线的形状和位置取决于该时间段的长短和其他一些因素。例如，某产品长期的供给曲线可能会比短期的供给曲线平坦一些，因为生产者在长期内可以调整其机器设备等投入要素，能够对商品的供给作出更好调整。

（四）供给曲线的移动

商品的供给量可以随着价格的变动沿着供给曲线上下移动。当价格不变时，由于其他在模型中假定不变的因素发生变化，供给量也会发生变化，这就是整个供给曲线的移动。例如，当技术进步时，整个供给曲线就会向右移动，或者当生产成本升高时，供给曲线会向左移动。可见，当影响供给的因素发生变化并对供给产生积极作用时，供给曲线会向右移动；反之，当这些因素发生变化并对供给产生消极作用时，供给曲线会向左移动（参见图 2-6）。

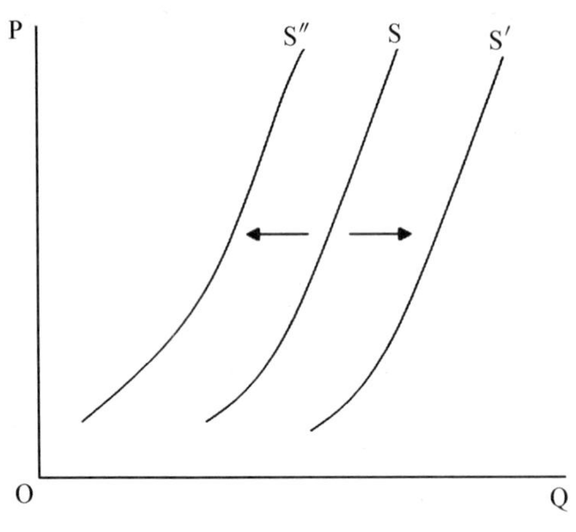

图 2-6 供给曲线的移动

第四节 均衡价格的决定

一、均衡价格的决定

前面讨论了需求和供给的决定因素，也提到了价格是由需求和供给两方面决定的。说明价格和供给之间关系的最简单的方法就是将需求和供给曲线放在同一个平面直角坐标系中，两条曲线的交点决定了需求和供给双方都可以接受的价格。在图 2-7 中，供求曲线的交点 E 就成为均衡点，其对应的价格称作均衡价格。

均衡是经济学中很重要的一个概念。均衡是一种状态，当经济变量达到这种状态时，就不存在导致变动的因素或力量。如图 2-7 中，供求曲线相交于 E 点，这一点就是均衡点，此时，如果没有外生变量的变化使得需求或供给曲线发生移动，市场均衡就永远处于这一点，我们称作市场出清，也就是说厂商愿意卖的都能卖掉，消费者愿意买的都能买得到。经济学中的均衡和物理学的受力均衡相类似，就比如一个放在桌子上静止的石块，向下受到重力的作用，而在反方向上又受到同样大小的支持力的作用，从而处于静止不动的均衡状态。

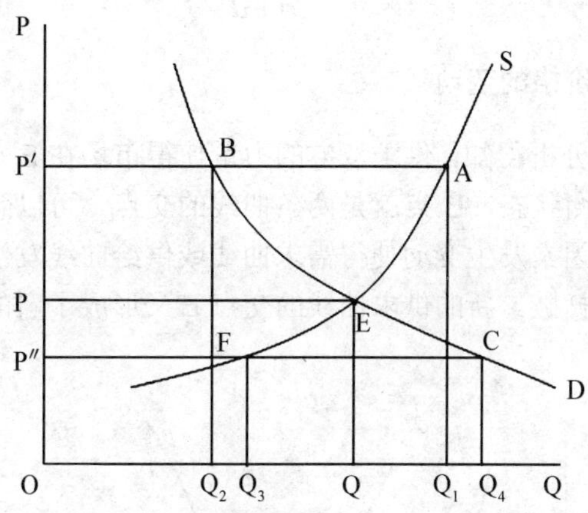

图 2-7 均衡价格的决定

根据前面的讨论，在均衡点 E 上，消费者刚好在那个价格上购买到他们愿意购买的商品数量，生产者也刚好在那个价格上卖出了他们愿意卖出的商品数量。而且这两个数量相等，对应于图中的 Q 点。在图 2-7 中的其他位置上，需求和供给都不再相等。不是存在着超额供给，即生产者愿意卖出的超过了消费者愿意购买的商品数量，就是存在超额需求，即消费者愿意购买的超过了生产者愿意卖出的商品数量，因而都属于非均衡状态。

我们也可以用数学方法来求解均衡点。在均衡价格下，供给量和需求量是相等的。所以，在均衡点有 $Q_s=Q_d$。因为 Q_s、Q_d 都只和价格有关，只要求解这个简单的一元方程就可以得到均衡价格。举个简单的例子，我们假设供求函数都是线性的，而且 $Q_s=c+dP$，$Q_d=a-bP$，$Q_s=Q_d$。

解得：

$$P=P_e=\frac{a-c}{b+d} \tag{2.7}$$

$$Q=Q_e=\frac{bc+ad}{b+d} \tag{2.8}$$

二、均衡价格的变动

由前面的分析得知，供求双方的力量使得市场在 E 点出清，也就是供求达到均衡状态，E 点就是两条曲线的交点。可以想象，当影响需求或供给的因素发生变动使得需求曲线或供给曲线发生移动时，此时的均衡就被打破。新的供求曲线的交点 E'又形成了新的均衡点，如图 2-8 所示。

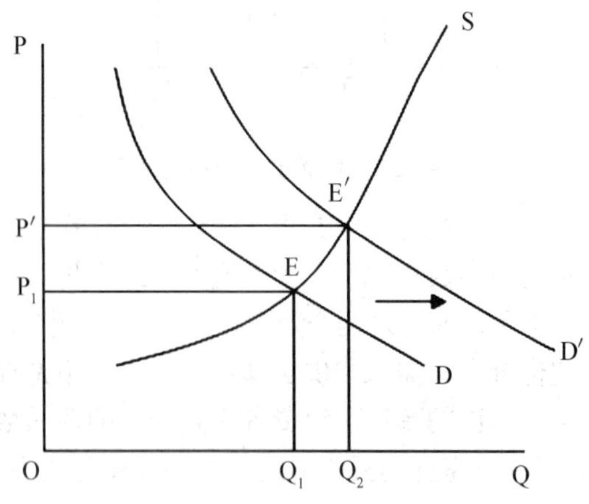

图 2-8 均衡价格的变动

由于某种原因，比如消费者收入增加，需求曲线由原来的 D 移到 D'。新的需求曲线和原来的供给曲线相交于点 E'，点 E'就是新的均衡点，其对应的价格是在新的供求关系下的均衡价格。同样的道理，我们可以假设需求不变而供给发生变化，或是两者均发生变化，从而得到新的均衡价格。

三、市场供求规律

市场每时每刻都处于均衡状态的说法显然是不对的。但是，竞争性市场经济中，商品价格自发存在向均衡价格方向变动和调整的趋势，这一机制我们称之为市场供求规律。

由于某种原因，价格由原来的均衡价格 P 点升高到了 P'点。我们从图 2-7 中可以看出，对应高于均衡价格的价格 P'，生产者愿意供给的数量是 Q_1，而消费者愿意购买的数量仅是 Q_2。这就是我们常说的供过于求的状况。这时，生产者中的一部分担心产品会卖不出去，就降低价格，以便多卖出一些产品。其他厂商也纷纷仿效，这样，商品价格下降了。根据需求法则，当商品价格下降时，消费者愿意购买的商品数量会增加；同时，由于价格下降，一些厂商则选择减少商品的供给量。这种需求增加而供给减少的趋势会一直进行到市场回到均衡点 E 为止。

我们再来看看价格低于均衡价格的情况。由于某种原因，商品价格处于低于均衡价格的 P"点，这时，生产者愿意供给的产品数量是 Q_3，而消费者愿意在此价格购买的产品数量则是 Q_4。由图 2-7 可见，Q_4 远大于 Q_3，这就是常说的供不应求的状况。在这种情况下，有些消费者为了满足自己的消费欲望，即想要购买到更多的商品，就会把价格稍微抬高一些，其他一些不能满足需求数量的消费者也会做同样的事情，这样，价格升高了。价格升高又会刺激供给，从而逐步弥补供给缺口，使市场重新回到均衡点上。

上述讨论表明，供求规律包含两方面的含义：第一，价格是由供求两方面因素决定的，供求函数包含的因素变化会导致价格变化。第二，价格对供求有调节作用，调节的结果是实际上不均衡的供求关系趋于均衡。这样，市场通过其供求规律来配置资源。

还应当说明的是，供求规律是对现实经济现象变化规律的概括，具有理论抽象性。实际生活中价格并不是时时都处于均衡位置的，商品的价格可能在均衡价格水平上下波动。供求规律强调的是，在一个竞争的市场环境中，当供求和价格关系显著的偏离均衡状态时，市场就会自发地出现一种力量使之趋于均衡。

第五节 弹性理论

根据需求和供给理论，价格下降会引起需求上升和供给下降。可是我们如何衡量需求和供给对价格变化的敏感度呢？这就是弹性理论要解决的问题。经济学家们不仅仅止于对供求和价格关系定性的研究，他们还采用了一种方法来量化价格变化对供求的影响程度。

例如，计算机的价格从 10000 元降到 9000 元，结果是某地的年需求量由原来的 5000 台上升到 7000 台；一种国产轿车的价格由原来的 50000 元降低到 40000 元，某地的年需求量由原来的 200 辆升高到 300 辆。可见，对这两种商品来说，价格降低需求量都有所上升。因此，它们在定性意义上都符合需求函数的表达式。但是，究竟哪一种商品的需求量对价格更加敏感呢？要想在定量意义上衡量这个问题，我们必须首先解决一个问题，那就是计算机、轿车和其他一些商品的计量单位是不同的，直接衡量它们需求量的变化是没有意义的。因此，经济学家们就引入了弹性的概念，也就是用百分比来衡量它们各自变化的程度。用公式表示为：

$$弹性(e)=\frac{因变量变化的比例\ (\%)}{自变量变化的比例\ (\%)}$$

一、价格弹性

所谓价格弹性就是指在其他因素不变的情况下，价格改变一定比例之后，需求或供给对此变化作出的反应程度。可以用公式表示如下：

$$e=\frac{Q_2-Q_1}{Q_1}\div\frac{P_2-P_1}{P_1} \tag{2.9}$$

（一）需求价格弹性

1．弹性的计算

上面的例子实际上就是需求价格弹性的例子。现在我们可以根据公式（2.9）来分别计算计算机和轿车的需求价格弹性（参见表 2.3）。

表 2.3　需求价格弹性

需求的价格弹性=需求量变化的百分比/价格变化的百分比
$$计算机需求弹性=\frac{(7000-5000)/5000}{(9000-10000)/10000}=-4$$ $$轿车需求弹性=\frac{(300-200)/200}{(40000-50000)/50000}=-2.5$$

这里有两点需要说明，第一，经济学家在谈到价格弹性时，往往省略价格两个字。如在上例中，我们在计算计算机和轿车的需求价格弹性时，就直接省略为计算机和轿车的需求弹性。因此，以后再看到需求弹性或是供给弹性时，就知道这是在说需求和供给的价格弹性。第二，由上面的计算发现，两种商品的弹性都为负值。这是因为当价格降低时，分母为负值，而根据需求理论，此时需求量增加，因此分子为正值。正是由于价格和需求这种反向变化的关系使得需求弹性一般为负。为了便于研究，通常给通过计算得出的弹性加上绝对值符号，这样，弹性就变成了正值，计算机和轿车的需求弹性就变成了 4 和 2.5。可见，计算机的需求弹性大于轿车的需求弹性，换句话说，价格变动对计算机的影响程度要大于对轿车的影响程度。

2．弹性系数值大小的意义

就其绝对值来说，弹性系数值变化的范围可以为［0，∞)。经济学家把弹性系数分为几个取值范围来研究（参见表 2.4）。

表 2.4　弹性取值范围

弹性值	表述用语	需求量变动（价格上升 1%）
0	完全无弹性（需求曲线垂直）	0
0～1	缺少弹性	下降少于 1%
1	单位弹性	下降等于 1%
>1	富有弹性	下降大于 1%
∞	完全弹性	下降到 0

3．影响弹性的几个因素

影响需求弹性最重要的因素要归结于长期和短期的问题。这里的长短期并不是通常意义上的用时间长短来衡量的概念，而是和调整经济变量受限制程度有关的概念。举个例子来说，20 世纪 70 年代，中东主要的石油输出国组成的卡特尔 OPEC 集团，限制石油出口，使石油的价格迅速上升。可是在短期内，消费者发现他们很难大量减少对石油的消费。据统计，短期内石油的需求弹性很低，只有 0.2，也就是说，价格上升 10%，需求量只减少 2%。可是，在长期内，消费者会有更多的措施来减少对石油能源的依赖程度。他们在购车时会选择经济节油型；在购建房屋时，他们会选择更好的保温材料，增加其他可供选择的能源的消费等。因此，石油的长期需求弹性较高。据统计，美国的长期石油需求弹性达到 0.7，大大高于 0.2 的短期需求弹性。

商品可替代品的数量和替代的程度也影响商品的需求弹性。可以想象，当一种商品的替代品很多，而且替代的程度也很高时，这种商品价格的变化，会使它的需求量有很大的变化。当价格升高时，由于有很多可替代的商品，大部分消费者会选择其他可替代的商品；价格降低时，消费者会放弃可替代商品从而使得需求量迅速增加。例如，对于生活必需品粮食来说，基本上不存在什么替代品，它的需求弹性非常小；对于某种品牌的香烟来说，由于存在着很多替代品，所以它的需求弹性就相对大得多。

人们对某种商品价格变化的反应和商品支出占收入的比重有很大的关系。一般来说，该商品支出占收入的比重大，弹性就相对较大。比如，一瓶矿泉水和一台彩电的价格都上涨 30%，两种商品需求量变化的百分比就相差很大。

4．计算弹性的具体方法

细心的读者可能会发现我们在前面计算计算机价格弹性时，如果是价格由 9000 涨到 10000，需求量由 7000 降到 5000，这种完全相反的情况计算出来的弹性并不是 4，而是 2.57。这显然是不符合常理的。为此，经济学家们定义出新的计算需求弹性的方法来弥补这一缺憾。

（1）弧弹性法：所谓的弧弹性法就是在计算价格弹性时，用价格和需求量变化区间的中间值，或者平均值作为计算价格和需求量变化率的分母。这样，价格弹性的公式就变为：

$$e=\frac{Q_2-Q_1}{(Q_1+Q_2)/2}\div\frac{P_2-P_1}{(P_1+P_2)/2} \tag{2.10}$$

（2）点弹性法：如果说弧弹性法计算的是一个区间上价格变化对需求的影响，那么点弹性法计算的就是在某个价格点上，当价格发生微小变化时，人们的需求量对价格变化的反应程度。也就是计算在某一个具体的价格水平周围价格发生微小变化时的弹性。用公式表示为：

$$e=\frac{dQ}{Q}\div\frac{dP}{P}=\frac{dQ}{dP}\times\frac{P}{Q} \tag{2.11}$$

点弹性法由于其计算的精确性，被更广泛地应用于弹性计算中。

5．需求曲线与弹性

从点弹性的计算公式可以看出，$\frac{dQ}{dP}$就是那一点曲线斜率的倒数。这样，我们就自然而然地想到把弹性放到需求曲线中去分析。

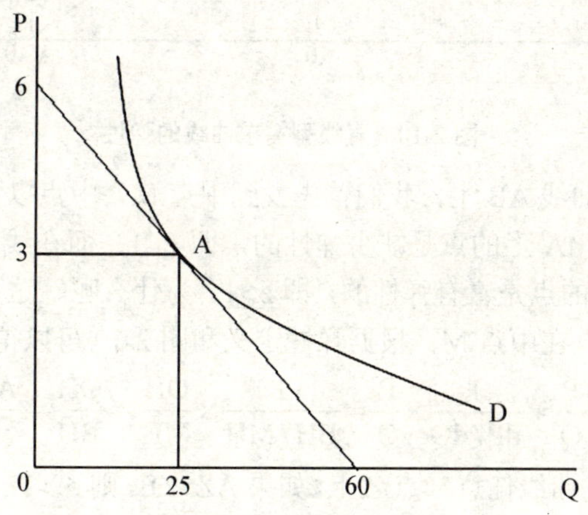

图 2-9　弹性的几何表达

在图 2-9 中，A 点的斜率是 0.1。根据点弹性的计算公式，我们可以计算出 A 点的弹性为：

$$e_A = \frac{1}{0.1} \times \frac{3}{25} = 1.2$$

如果假设需求曲线是线性的，那么在这条需求曲线上各点的斜率是相等的。在这种情况下，需求曲线上的各点的弹性大小如何判断呢？是不是可以从图中直接看出呢？我们以图 2-10 来分析直线型需求曲线上各点的需求弹性。

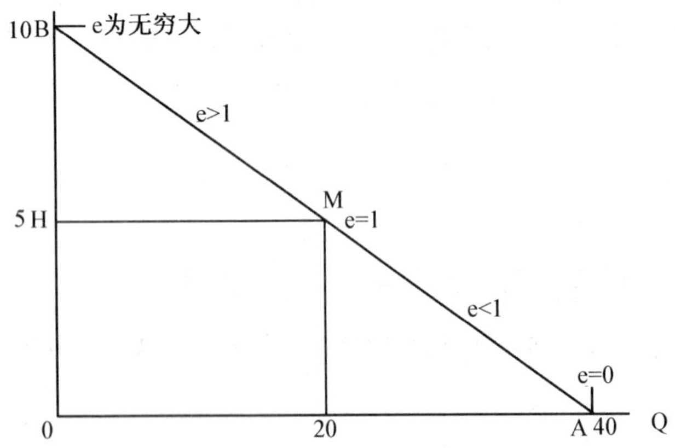

图 2-10 直线型需求曲线的弹性

在需求曲线 AB 上，我们首先找到中点 M，中点以下的部分，也就是在线段 MA 上的点是缺少弹性的，即 e<1；而在线段 MB，也就是 M 点以上的点是富有弹性的，即 e>1。为什么呢？这可以用几何的方法来证明。在中点 M，根据弹性定义和图 2-10 可以得到：

$$\frac{dQ}{dP} \times \frac{P}{Q} = \frac{1}{dP/dQ} \times \frac{P}{Q} = \frac{1}{BH/MH} \times \frac{OH}{MH} = \frac{OH}{BH} = \frac{AM}{MB} = 1$$

同理，在曲线任意一点 Z 上，如果 AZ>ZB，则 $e_Z>1$；如果 AZ<ZB，则 $e_Z<1$；AZ=ZB，则 $e_Z=1$。

这样，如果知道了点在需求曲线上相对于中点的位置，我们就可以推断出这一点的需求是富有弹性的还是缺乏弹性的了。

现在，我们可以对弹性公式的另一部分 $\frac{P}{Q}$ 做文章了。设想如果很多条需求曲线同时通过一点，如图 2-11 所示。

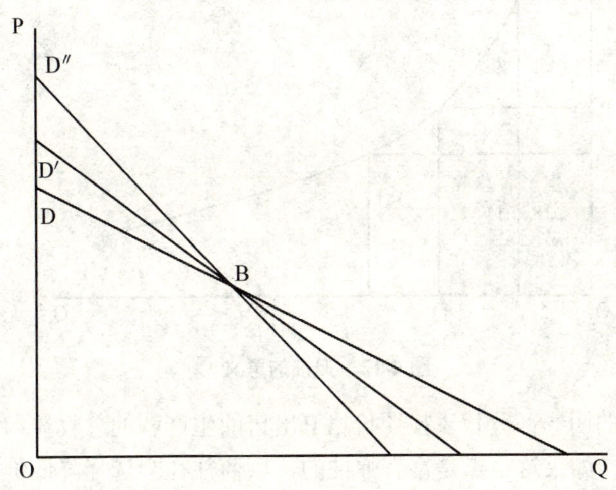

图 2-11 同一点上弹性大小的比较

在图中 B 点，$\frac{P}{Q}$ 相同。要比较在不同需求曲线上的弹性，根据弹性公式，只需要比较三条需求曲线的斜率。斜率绝对值最大的弹性最小。根据图 2-11，我们可以判断，需求曲线 D"的弹性最小，而 D 的弹性最大。也就是说，在同一价格点上，需求曲线越平坦，弹性就越大；需求曲线越陡峭，弹性就越小。

6．需求弹性与生产者收益

生产者总收益是指生产者按照一定的价格出售一定数量商品的收益总额。这也是消费者购买该种商品的总支出。熟悉弹性的概念，可以帮助企业作出降价或是提价的决定。我们结合图 2-12 来分析这个问题。

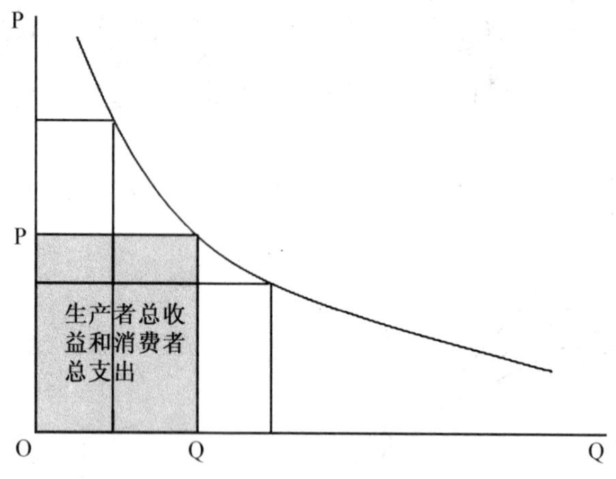

图 2-12 弹性的意义

图中的阴影部分代表按照价格P出售的生产者的总收益和消费者的总支出。如果这一点是富有弹性的，厂商往往会选择降低价格。简单地说，因为价格降低使得商品需求量增加的幅度较大，大大超过了价格降低给生产者带来的损失。如果这一点是缺乏弹性的，生产者往往会选择提高价格。由于需求缺乏弹性，价格上升，需求量不会大幅度降低，因此，这种提价的策略是有利可图的。图形上均表现为新的矩形面积大于原来的矩形面积。如果弹性是1，也就是单位弹性，那么提价和降价都不会影响生产者的总收益，矩形面积保持不变。

（二）供给价格弹性

供给价格弹性和需求价格弹性非常类似，它是指价格升高或降低一个百分比，供给量增加或减少的百分比。由于供给量的变化和价格变化是同方向的，供给的价格弹性系数本身就是正值，因此不涉及绝对值的问题。和需求弹性类似，供给弹性 $e>1$ 时，称之为供给富有弹性；当 $e<1$ 时，称之为供给缺乏弹性；当 $e=1$ 时，是单位弹性；当 $e=0$ 时，称为供给完全缺乏弹性；当 e 为∞时，称之为供给完全弹性。

1．供给价格弹性的影响因素

和需求弹性类似，影响供给弹性最重要的因素也归结为长短期的问题。同样，举石油的例子来说明。在 OPEC 提高石油价格之后，短期内世界其他产油国很难迅速增加石油供给，因而，短期内石油的供给价格弹性很低。石油价格飙升促使采油公司增加石油勘探和开发投资。美国、加拿大等国家石油产量迅速上升。可见，长期的石油供给弹性要相对大得多。和需求曲线类似，供给曲线越是平坦，弹性越大。所以，长期的石油供给曲线是比较平坦的。

供给弹性的大小还和物品的特性有关。有的商品的供给量是无法迅速增加的，如古董，它的供给弹性就很低；而其他一些产品，特别是很多工业制成品，像玩具、汽车等供给弹性就相对大得多。

2．供给弹性的计算公式

和需求弹性一样，供给弹性也分为弧弹性和点弹性。计算公式是类似的，只不过把分子中的需求变化量改成供给变化量。

弧弹性：$$e=\frac{Q_2-Q_1}{(Q_1+Q_2)/2}\div\frac{P_2-P_1}{(P_1+P_2)/2} \tag{2.12}$$

点弹性：$$e=\frac{dQ}{Q}\div\frac{dP}{P}=\frac{dQ}{dP}\times\frac{P}{Q} \tag{2.13}$$

3．供给曲线与弹性

仿照需求弹性的研究方法，我们同样可以用几何的方法表示供给弹性。

在图 2-13 中作 E 点的切线，与横轴相交于点 M。根据点弹性公式，可以得到：

$$\frac{dQ}{dP}\times\frac{P}{Q}=\frac{MH}{EH}\times\frac{EH}{OH}=\frac{MH}{OH} \tag{2.14}$$

采用几何法得到的供给曲线弹性为我们判断点弹性提供了方法。如果所作的切线与横轴交于原点的左边，弹性大于 1，此时，供给是富有弹性的；如果切线与横轴交于原点右边，弹性小于 1，供给缺乏弹性；刚好交于原点时，供给是单位弹性。

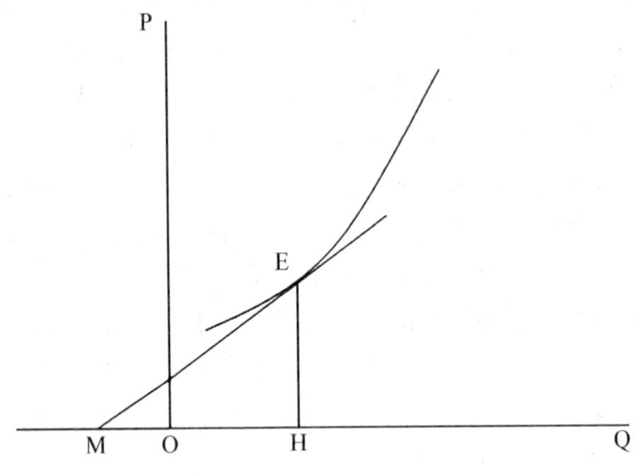

图 2-13 供给弹性

二、其他弹性

（一）收入弹性

收入弹性是指在其他因素不变的情况下，市场需求对收入变化的反应程度。也就是在收入提高一个百分比时，市场需求变化的百分比数。用公式表示为：

$$m=\frac{Q_2-Q_1}{Q_1}\div\frac{M_2-M_1}{M_1} \tag{2.15}$$

其中，m 表示收入弹性系数，Q_1、Q_2 代表收入变化前后的需求量，M_1、M_2 代表变化前后的收入水平。在具体到每一个点的弹性时，我们可以用微分的形式写出收入的弹性公式：

$$m=\frac{dQ}{Q}\div\frac{dM}{M} \tag{2.16}$$

前文提到，收入增加时，有些商品的需求量会随之增加，我们称之为正常品；而有的商品需求量则随着收入的增加而减少，我们称之为劣等品。由弹性公式可以看出，当需求量和收入同方向变化时，也就是当商品属于正常品时，弹性系数是大于零的；当需求量和收入反方向变化时，即商品属于劣等品时，弹性系数小于零。可见，我们可以通过观察弹性系数正负号的方法来判定商品的属性。而且在正常品中，弹性系数大于 1 的商品一般被称为奢侈品，而小于 1 的则被称为必需品。

在介绍了收入弹性的概念之后，我们就可以对著名的恩格尔系数作出理论解释了。恩格尔系数是指在一定时期内，一国国民的食品支出占其总收入的比例。恩格尔定律是指这一系数是递减的。由于食品属于必需品，它的收入弹性小于 1，换句话说，当国民收入增加一定比例时，比如 1%，食品支出增加的比例应该小于 1%。所以，随着国民收入的增加，一国国民用于食品消费的支出是递减的。因此，我们可以根据这个系数来衡量一个国家的富裕程度。

（二）交叉价格弹性

所谓交叉价格弹性是指，相关商品的价格发生一定的变化之后，在其他因素不变的情况下，讨论商品的反应程度。用公式表示为：

$$e_{xy}=\frac{dQ^x}{Q^x}\div\frac{dP^y}{P^y} \tag{2.17}$$

其中，e_{xy} 是交叉价格弹性，Q^x 指商品 X 的需求量，P^y 指商品 Y 的价格。

交叉价格弹性也会有不同的符号，我们也可以通过交叉价格弹性的符号来判断两种商品的关系。当符号为正时，一种商品的价格和另一种商品的需求量同方向变化，两者之间是相互替代的关系；当符号为负时，一种商品的价格和另一种商品的需求量反方向变化，两者之间是互补的关系。当系数为零时，两者之间没有直接的关系。

三、蛛网模型

蛛网模型是一种动态模型，它所要考察的是，由于某种原因，价格偏离了均衡价格之后市场的调整过程。但是，最终的调整结果能否达到均衡状态还取决于需求和供给的弹性。蛛网理论有一个重要的假设条件——适应性预期，也就是厂商根据上一期的市场情况来决定本期的供给。而且，本期产品必须在本期出清，也就是厂商在每一期都没有剩余产品。具体地说，本期产量决定本期价格，本期价格决定下期产量。

（一）收敛型蛛网

当需求价格弹性大于供给价格弹性时，就绝对值而言，需求曲线的斜率小于供给曲线的斜率，如图 2-14。根据本期价格 P_1，厂商决定下期产量为 Q_1。由于当期产品必须出清,根据需求状况，价格降低到 P_2。厂商再根据 P_2 决定再下一期产量 Q_2，市场要求当期出清，这时价格上涨到 P_3，这又成为生产者下一期生产决议的依据。调整的结果是价格最终收敛于一点，因此，这种蛛网称为收敛型蛛网。

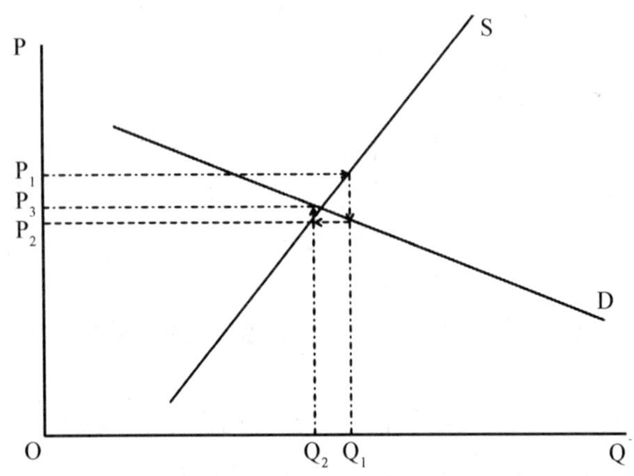

图 2-14 收敛型蛛网

（二）发散型蛛网

当需求价格弹性小于供给价格弹性时，需求曲线的斜率大于供给曲线的斜率，表现为供给曲线较需求曲线更为平坦，如图 2-15。

从图中可以看出，同样的调整方式，由于需求弹性小于供给弹性，摆动幅度越来越大，这种蛛网因而被称为发散型蛛网。

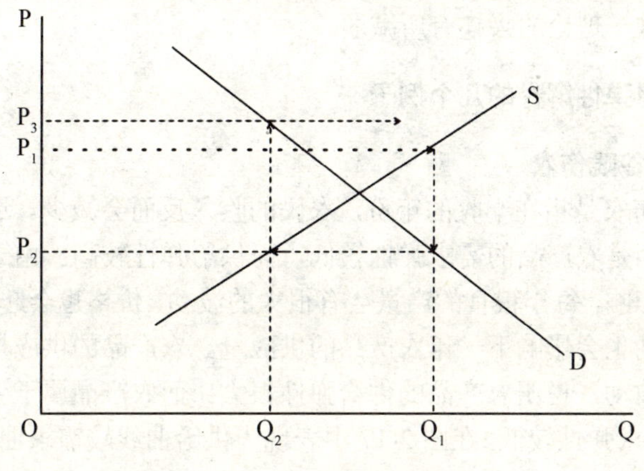

图 2-15　收散型蛛网

（三）封闭型蛛网

当需求和供给的价格弹性相等时，也就是需求曲线和供给曲线的斜率一样时，调整的过程如图 2-16。

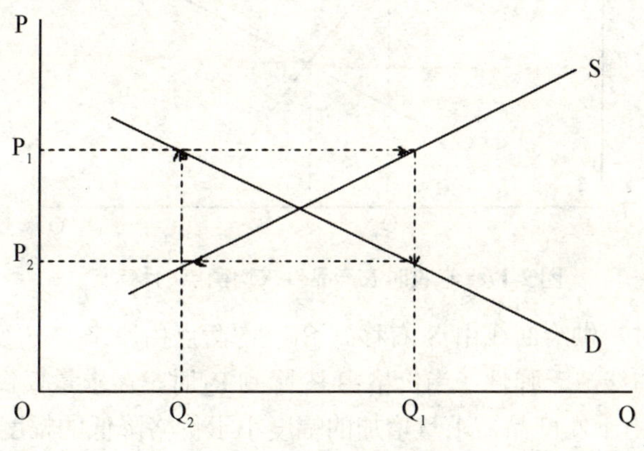

图 2-16　封闭型蛛网

可见，调整过程保持一个不变的幅度，既不收敛也不发散。因此被称为封闭式蛛网。

前面提到，蛛网模型的一个重要假设条件就是适应性预期。也正因为如此，随着理性预期的理论越来越被经济学界所接受，近年来研究者们对这一理论的兴趣有所减弱。

四、用弹性解释的几个例子

（一）谷贱伤农

谷贱伤农是指在丰收的年份，农民的收入反而会减少。造成这一结果的原因是农产品的需求弹性较低，而供给弹性较高。由于受气候等因素的影响，每年粮食的产量会有很大的波动，价格也会起伏不定。价格的波动也会影响下一年农产品的供应量。农产品的供应量和价格经常起伏波动，说明农产品的供给弹性很大；而农产品属于生活必需品，它的需求弹性较低。在图 2-17 中表现为供给曲线较需求曲线平坦。

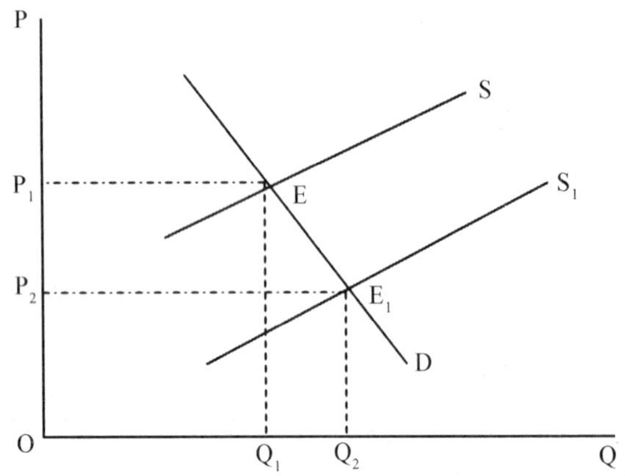

图 2-17 丰收时农产品供求均衡点的移动

丰收时，供给曲线由 S 右移到 S_1，均衡点由原来的 E 变成 E_1。由于需求曲线缺乏弹性，当价格由 P_1 降到 P_2 时，需求量仅仅由 Q_1 升高到 Q_2。由于农产品需求量增加的幅度小于价格降低的幅度，因此，在丰收的年份，农民的收入是减少的。在图中表现为矩形 $OQ_2E_1P_2$ 的面积小于矩形 OQ_1EP_1 的面积。

（二）石油的例子

有关石油供给和需求弹性的例子在上文中提过，现在我们要用图示的方法来分析这一问题。

20 世纪 70 年代，石油输出国组织 OPEC 决定提高石油价格来增加收入，这些国家想通过共同减少石油的供给量来达到这个目的。可是他们发现，短期内可以通过减产提高油价增加收入，而长期却是不可行的。这又是为什么呢？其实这也与石油的需求和供给弹性有关。

前文提到过，短期内石油的供给和需求的价格弹性都很低，需求和供给曲线都很陡峭，如图 2-18 所示。

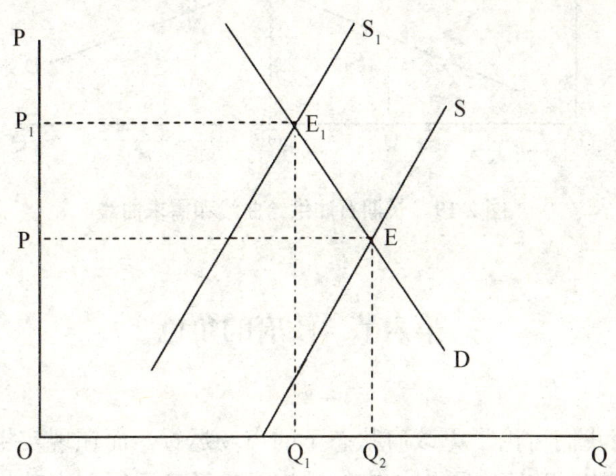

图 2-18　短期石油供给曲线和需求曲线

当石油减产时，供给曲线由原来的 S 左移到 S_1。由于需求弹性很低，价格大大提高了，而需求量却没有很大度幅度降低。这样，石油输出国组织就达到了他们的目的。而在长期，石油的供给和需求弹性都会变大，也就是两条曲线都变得平坦，如图 2-19 所示。

这样，当供给曲线由原来的 S 左移到 S_1，价格只由原来的 P 升高到 P_1，而需求量则大幅降低，由原来的 Q 降低到 Q_1。可见，从长期来看，这种试图通过减产而提价并最终使得收入增加的策略是不可行的。

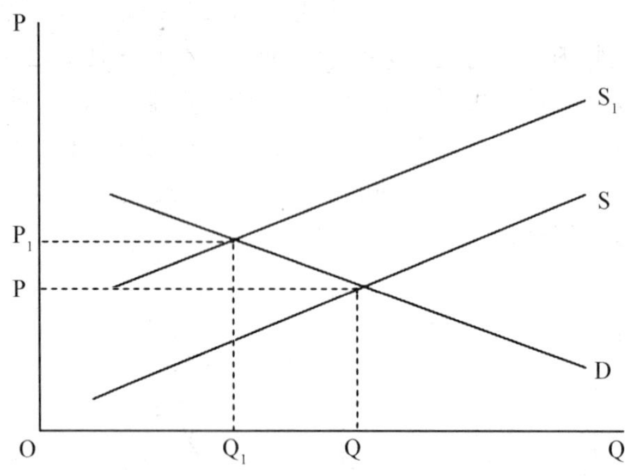

图 2-19 长期石油供给曲线和需求曲线

第六节 政府的角色

以上我们讨论了无政府状态下的市场运行。而在现实生活中，出于各种目的，政府会采取一定的措施干预经济运行。本节将讨论其中的两个比较常见的措施——价格控制和税收。

一、效率和福利

（一）市场效率

所谓经济效率就是在资源配置时，社会总福利达到最大的一种状态。以竞争性市场为例，在供求达到均衡时，均衡点为 E，如图 2-20。需求曲线代表的是在每一商品数量下消费者可以接受的最高价格轨迹，供给曲线代表的是每一商品数量下生产者可以接受的最低价格轨迹。在均衡点 E 两者的意愿相符。如果由于某种原因价格上升到 P_2，一部分消费者由于价格过高而退出市场，而此时生产商会有很多商品卖不出去，这样就没有达到市场出清的状态。如果市场是完全竞争的，即信息是完全流通的，经济活动参与者是完全理性的，又不存在外部的影响，市场最终会自动调整到均衡状态。我们说这样的市场是有效率的。在这样的市场中，完全理性的经济活动的参与者，在一只“看不见的手”的作用下促进了整个社会福利的增加。

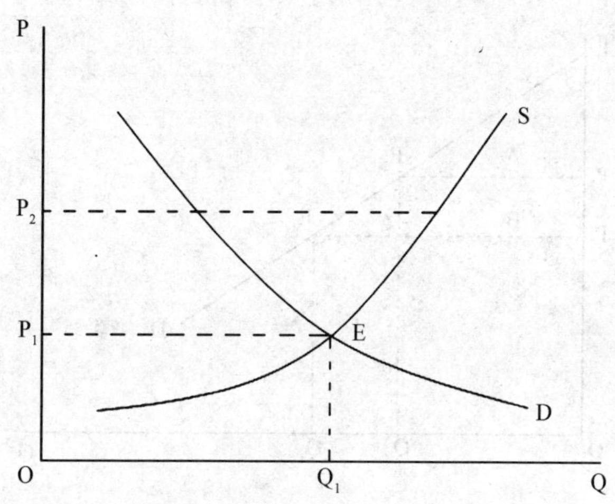

图 2-20　有效率的市场自动调节均衡

但是，现实中的市场并非完美，很多因素使得市场机制不能很好地发挥作用。就算市场是完全有效的，社会的伦理道德也使得我们有时需要采取一定的措施改变市场机制运行的结果。这样，政府的作用就凸现出来了。

（二）消费者剩余和生产者剩余

1．消费者剩余

消费者剩余衡量的是消费者愿意支付的价格和实际支付价格之间的差额。前面我们提到过，需求曲线是消费者在每一商品数量下愿意支付的最高价格的轨迹。例如，消费者在购买第一个商品时，由于此时商品给自己带来的效用比较大，他愿意支付 9 元；而在购买第二个商品时，他只愿意支付 8 元，购买第三个商品愿意支付 7 元。如果他最终买了三个单位的商品，则他愿意支付的货币是 9+8+7=24（元），而他实际支付的货币量是 7×3=21（元），那么消费者的剩余就是 24−21=3（元）。在图形上表示为需求曲线以下、购买价格以下和实际价格以上的那一部分面积，如图 2-21。

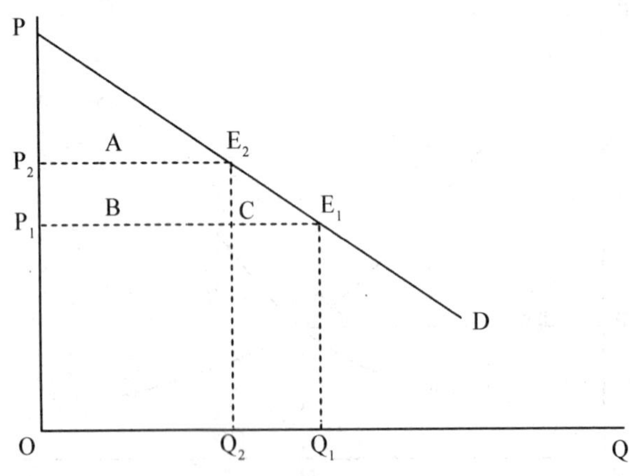

图 2-21 消费者剩余

当价格是 P_1 时，消费者剩余是 A+B+C（A、B、C 分别代表矩形和三角形的面积）。当价格升高至 P_2 时，消费者剩余为 A。可见，由于价格升高，消费者剩余减少 B+C。反之，如果价格下降，消费者剩余增加。

2．生产者剩余

生产者剩余衡量的是生产者总的净效益。它的含义和消费者剩余极其类似。因为供给曲线是生产者在每一单位商品下可以接受的最低价格的轨迹，生产者剩余就是生产者的收益与预期最低可接受价格之间的差额。当价格为 P_1 时，如图 2-22，生产者剩余为面积 A，当价格升高至 P_2 时，生产者剩余增加为面积 A+C。

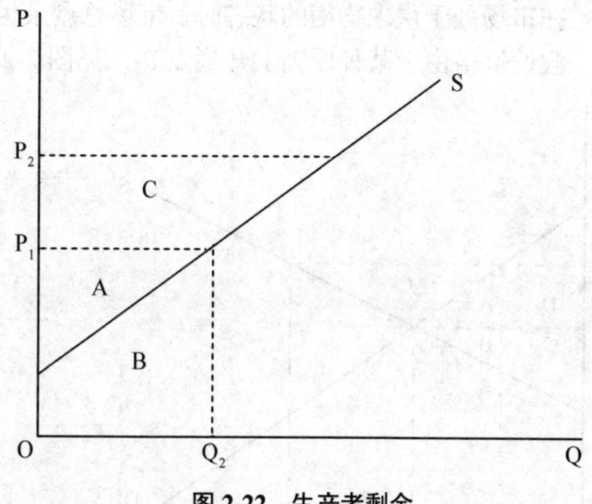

图 2-22 生产者剩余

3．社会总剩余

当市场上只存在供求双方时，消费者和生产者的福利之和称为社会总福利。当社会总福利最大时，经济效率提高，当福利减少时，经济效率降低。

在图 2-23 中，需求曲线和供给曲线相交于点 E，由前面的分析可以看出，由消费者剩余和生产者剩余组成的社会总剩余为面积 A+B。

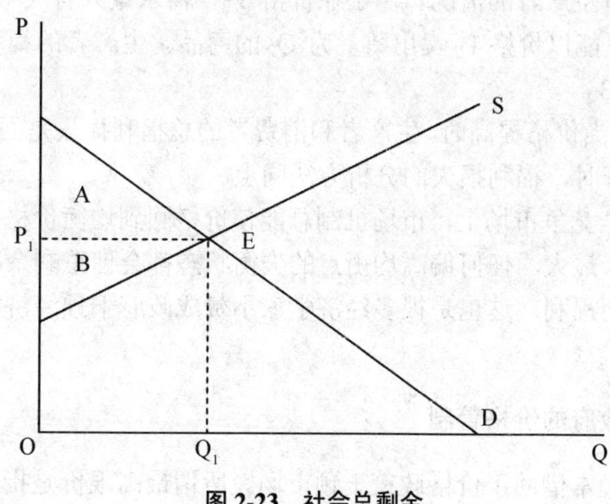

图 2-23 社会总剩余

实际上，在市场处于供求均衡的状态时，市场总剩余也就是社会总剩余最大。假设价格由于某种原因上升到点 P_2，见图 2-24。

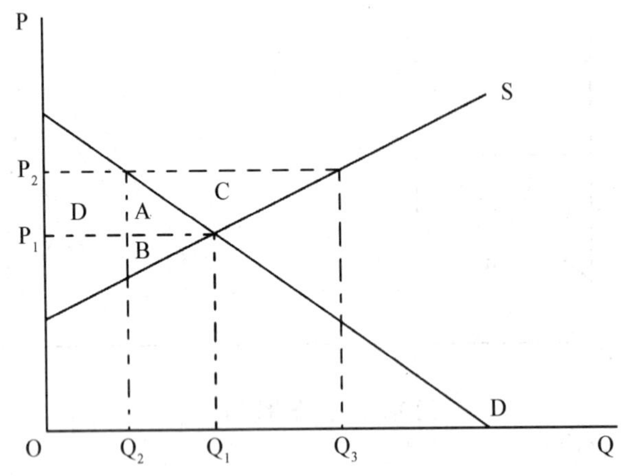

图 2-24 福利变化

此时，消费者的总福利损失为面积 A+D，其中，A 是由于有一部分消费者无力购买造成的损失；D 是由于剩下的消费者要支付更高的价格购买同样的商品造成的损失。

再来看生产者的情况。由于在价格 P_2，需求量只有 Q_2，也就是说生产者只能以价格 P_2 卖出数量为 Q_2 的商品。生产者的福利变化量为面积 D−B。

因此，当价格提高时，生产者和消费者的总福利损失是面积 A+B。当价格下降时，福利损失的分析方法同上。

在完全竞争市场上，市场机制总能使价格回到均衡价格，从而使社会总剩余最大。任何偏离均衡点的失衡状态都会使总剩余减少，从而降低社会福利。这也是很多经济学家不赞成政府干预经济的原因所在。

二、政府的价格管制

政府经常借助于价格政策干预市场。所谓最高限价是指政府规定某种商品的价格不超过某一价格，通常这一限定价格低于完全竞争市场形成的均衡价格；最低限价则是指政府规定某商品的价格不低于某一价格，这一限定价格一般是高于完全竞争市场形成的均衡价格。

（一）最高限价

政府为了限制某一行业的发展，或是保障需求方的利益，以求做到公平，一般会采取最高限价的策略。例如，“非典”时期口罩价格飞速上涨，政府为了保护消费者的利益，则采取了最高限价的措施。我们可以用图 2-25 来解释最高限价的政策效应。

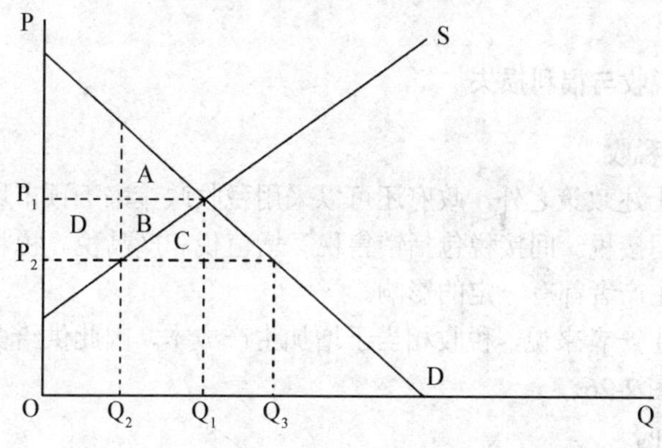

图 2-25　最高限价

当政府规定的最高价格为 P_2 时，仿照前面的分析，我们可以得出，消费者和生产者剩余都是减少的，社会的总剩余减少面积为 A+B。最高限价降低了生产者剩余，自然会对产品的生产起到一定的抑制作用。而对于消费者的影响，却不能一概而论。政府采取最高限价的策略一般都是以保护消费者的利益为目的的。可是最高限价一般都伴随着产品的短缺，由短缺相伴而来的就是排队、抢购、配给、黑市等现象的产生。因此，政府采取最高限价的策略会引起社会总福利的降低。世界上不存在一种万无一失的策略，无政府干扰的市场机制可以调节失衡的供求，最终消除短缺达到均衡。价格控制不仅会产生一系列的社会问题，也带来了社会福利的损失。因此，最高限价不宜大规模使用。

（二）最低限价

政府为了保护供给方的利益，往往会采取最低限价的政策，即限定一个高于均衡价格的商品价格。由前面的分析得知，当价格高于均衡价格时，也会造成社会总福利的损失。

实行这一政策，必然会产生一部分剩余产品。在这种情况下，政府要维持最低限价，必须要处理这部分剩余产品或是限制产出。长期以来，美国政府对主要的粮食产品实行最低限价，如玉米、小麦。政府由此面临着新的任务，即处理剩余产品，将它们用于储备、出口、外界援助等。

三、税收与福利损失

（一）税收

除了上述政策之外，政府还可以采用税收政策来干预市场，即对商品征收间接税。间接税包括销售税、增值税和产品税。税收政策对消费者和生产者都有一定的影响。

对于生产者来说，税收相当于增加生产成本，因此供给曲线向左移动，如图 2-26。

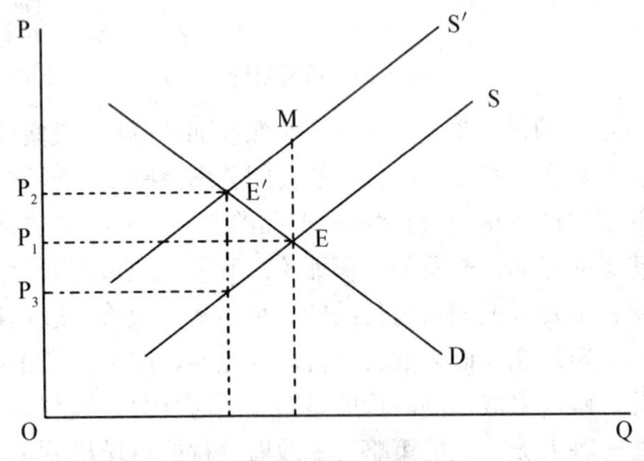

图 2-26 赋税影响

供给曲线向上移动线段 ME，也即单位数量增收的税额 T。当均衡点由点 E 移动到 E'时，均衡价格由 P_1 上升到 P_2，消费者购买商品的价格增加了。我们可以用线段 P_1P_2 的长度来表示由消费者承担的税收，那么，生产者承担的税收应该是 $ME-P_1P_2=P_1P_3$。

税收对供求双方的影响程度还取决于需求和供给的弹性。当需求缺乏弹性而供给富有弹性时，消费者承担的税收较大；当需求富有弹性而供给缺乏弹性时，生产者承担的税收较大。因此，对于生活必需品、替代品少、用途也狭窄的产品而言，需求弹性较小，政府增税后，税额将较大程度的转嫁到消费者身上。反之，对一些奢侈品、替代品较多、用途较为广泛的产品来说，生产者将承担较大部分的税收。

（二）福利损失

和政府限价的政策效应一样，税收也会带来社会福利的损失。如图 2-27，均衡点由 E 上升到 E'时，消费者剩余净损失为面积 A+a，生产者剩余净损失为面积 B+b，政府收入为 A+B。可见，由于政府的税收政策，使得整个社会福利减少 A+a+B+b−A−B=a+b。

税收造成的福利损失和供求弹性、税收规模也有紧密联系。需求和供给弹性越大，社会福利损失越大；税收规模越大，则社会福利损失也越大。

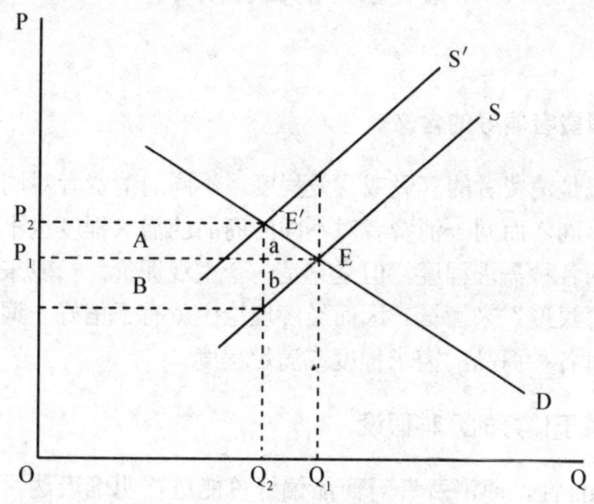

图 2-27　税收与福利损失

第三章　需求曲线的背后：消费者行为理论

我们已知道了需求与价格之间具有反向变动关系，需求曲线的斜率是负的，那么需求曲线是怎么形成，又是由什么决定的呢？我们知道，需求曲线是由消费者行为决定的，而消费者都是“理性人”，他们总是追求效用最大化。所以，本章我们首先介绍效用理论，包括基数效用和序数效用，在此基础上我们介绍在确定性情况下和不确定性情况下的消费者均衡原理。

第一节　消费者偏好

一、消费者偏好的含义

偏好就是消费者的喜爱或喜爱程度。不同的消费者对同一商品的需求程度不同，而同一消费者对不同的商品的需求程度也不一样。我们需要判明各种需求程度，但是它是一个主观评价，一般来说，很难以用某种“尺度”来衡量，因而经济理论中就有了偏好一词，用以描述消费者对各种商品的需求程度或满足程度。

二、关于偏好的几种假设

1．完备性，即消费者对商品偏好总能进行明确表达，能依据自己的偏好对两种商品进行比较和排列。这种比较排列有三种情况：对A的偏好大于对B的偏好，对B的偏好大于对A的偏好，对A、B有相同的偏好（即A、B无差异）。

2．传递性，偏好的传递性是完备性在多种商品比较排列中的推广，保证了消费者偏好是一致的。如果消费者对A的偏好大于B，对B的偏好大于C，那么必定有对A的偏好大于C，这就是偏好的传递性。只要消费者是理性的，从逻辑上讲这一公理就是无可挑剔的。违背了这一公理的消费者行为都是不可理解的。

3．反身性，偏好的反身性指任何一组商品至少和自身一样好，对于理性消费者而言，反身性公理是不言而喻的。

此外，在对消费者行为的严格数学证明还用到连续性假设、强单调性假设、非饱和假设等，详细地讨论这些假设超过了本书的要求，感兴趣的同学可以参看一些高深的微观经济学教材。

第二节　边际效用分析

一、效用理论和基数效用

（一）基数效用

消费者之所以购买商品，因为商品能满足消费者的欲望，所以欲望成了研究消费者理论的出发点。欲望是消费者想要得到而又没有得到某种东西的一种心理状态。效用是消费者在消费某商品或商品组合所获得的满意程度，是一种纯粹主观感受。与此相反的一个概念是负效用，即某种东西如污水，具有引起人的不舒服感或痛苦的能力。

商品能满足人的欲望或需要就具有效用，这和欲望或需要的好坏无关，即使是毒品，因为能满足一些人的欲望，它也是有效用的。还应该注意的是，效用与价值是有区别的。商品的效用大小，不仅仅取决于商品本身具有的满足人们欲望的客观物质属性，还取决于消费者的主观感受。

既然效用大小可以比较，那么比较效用大小的标准是什么？19世纪的经济学家，包括杰文斯、门格尔和瓦尔拉斯等认为，效用如长度、重量一样，可以具体衡量和加总求和，具体效用之间的比较是有意义的。表示效用大小的计量单位被称作效用单位。例如，张三消费一定量A的效用是40个效用单位，消费一定量B的效用是20个效用单位，我们就可以说A的效用是B的两倍。又如，李四消费这两种商品的效用都是10个效用单位，我们就可以比较张三和李四的效用。这被称为基数效用论，本节要讨论的就是基数效用，下节讨论序数效用与无差异曲线。

（二）边际效用及其递减规律

总效用是指消费者从消费某一定量的商品或劳务中所获得的总满足程度，而边际效用是指每增加一单位某种商品或劳务的消费所增加的满足程度。假定消费者对一种商品的消费数量为Q，则总效用函数为：

$$TU=f(Q) \tag{3.1}$$

相应的边际效用函数是：

$$MU=\frac{\Delta TU(Q)}{\Delta Q} \tag{3.2}$$

当商品的增加量趋于无穷小即$\Delta Q\to 0$时，有：

$$MU=\lim_{\Delta Q\to 0}\frac{\Delta TU(Q)}{\Delta Q}=\frac{dTU(Q)}{dQ} \tag{3.3}$$

表3.1用一个任取的例子描述了总效用、边际效用与所消费的X商品组合之间的关系。

表3.1 总效用和边际效用

商品数量（X）	总效用（TU）	边际效用（MU）
0	0	
1	8	8
2	14	6
3	18	4
4	20	2
5	20	0
6	18	–2

效用是所有消费商品的增函数，随着所消费的商品量的增加，总效用是增加的，即 $f'(Q)>0$ 。但是总效用增加的速率（边际效用）是递减的，消费者从连续消费某一特定商品中所得到的满足程度将随着这种商品消费量的增加而递减，即 $f(Q)''=MU<0$ 。这种趋势就是边际效用递减规律。

为什么会有边际效用递减？有两个方面的原因：第一，人的生理或心理的原因。人的欲望是无穷的，欲望的满足也是没有止境的，但是就每一个具体的欲望而言，出于生理方面的限制，它的满足是有限的。欲望最初很大，消费第一个单位商品得到的满足也是最大的，随着消费的增加，欲望也随着减少，从而感觉上的满足程度也会减少。甚至当欲望消失而继续增加消费时，反而会引起讨厌的感觉。第二，商品的用途总是多样的，并且重要程度也是不同的，人们会用商品首先满足最重要的用途，然后才是次要的用途，所以后一单位的商品给消费者带来的满足或提供的效用一定小于前一单位。

我们可以用表 3.1 来对此进行说明。假设消费者吃包子，他对第一个包子的评价是 8 个效用单位，再吃一个包子时，他对第二个包子的评价（边际效用）是 6 个效用单位，但总效用是 8＋6＝14 个效用单位，以此类推，他吃第三个包子时，对第三个包子的评价（边际效用）是 4 个效用单位，此时总效用是 18 个效用单位，直到他吃第五个包子时，边际效用递减为零，总效用达最大值 20 个效用单位，而继续吃第六个包子时，边际效用递减为－2 个效用单位，总效用开始下降为 18 个效用单位。

二、消费者均衡

消费者均衡是指建立在消费者追求效用最大化基础之上，在现行价格和不变的消费者收入条件下，消费者不愿意再变动购买量的状态。如何才能使花费一定量的货币所买的各种数量的商品的总效用达到效用最大值呢？为此，我们作出如下假设：

1. 消费者的偏好是既定的，即消费者对各种商品效用和边际效用的评价是既定不变的。

2．消费者的收入是既定的。

3．商品的价格是既定的。

消费者均衡条件是：消费者用全部收入购买的各种商品所带来的边际效用，与其购买这些商品所支付的价格的比例相等，或者说，消费者应使自己花费在各种商品购买上的最后一元钱所带来的边际效用相等。

假设消费者用既定收入 M 购买 n 种商品，P_1，P_2，…，P_n 分别为 n 种商品的既定价格，λ 为不变的货币边际效用。X_1，X_2，…，X_n 分别为 n 种商品的数量，MU_1，MU_2，…，MU_n 分别表示 n 种商品最后一个单位的边际效用，则上述的消费者效用最大化的均衡条件可以用公式表示为：

$$P_1X_1+P_2X_2+\cdots+P_nX_n=M \tag{3.4}$$

$$\frac{MU_1}{P_1}=\frac{MU_2}{P_2}=\cdots=\frac{MU_n}{P_n}=\lambda \tag{3.5}$$

（3.4）式是限制性条件，（3.5）式是在限制性条件下消费者实现效用最大化的均衡条件，它表示消费者应选择最优化的商品组合，使得自己花费在各种商品上的最后一元钱所带来的边际效用相等，并且等于货币的边际效用。

若消费者所购买的是两种商品，则消费者达到效用最大化的条件是：

$$\frac{MU_x}{P_x}=\frac{MU_y}{P_y}=\lambda \tag{3.6}$$

上式也可以表示为：

$$\frac{MU_x}{MU_y}=\frac{P_x}{P_y} \tag{3.7}$$

（3.7）式的左端为消费者的主观评价，右端为市场的客观评价。要达到效用最大化，消费者必须使自己的主观评价和市场的客观评价相一致。

例如，假定消费者收入既定，且只购买两种商品 X 和 Y，这两种

商品的价格分别为 $P_X=2$ 和 $P_Y=1$。X 和 Y 给消费者所带来的效用与边际效用如表 3.2 所示。

表 3.2 消费商品 X 和 Y 的消费效用表

Q	0	1	2	3	4	5	6	7	8	9	10	11
U_x	0	16	30	42	52	60	66	70	72			
MU_x		16	14	12	10	8	6	4	2			
U_Y	0	11	21	30	38	45	51	56	60	63	65	66
MU_Y		11	10	9	8	7	6	5	4	3	2	1

从表 3.2 可以看出，购买 4 个单位 X 时，X 的边际效用为 10 个效用单位，则每一元购买 X 时买到的边际效用为 5 个效用单位。再假定购买 5 个单位 Y 时，Y 的边际效用为 7 个效用单位，则每一元购买 Y 时买到的边际效用为 7 个效用单位。这时消费者一定会感到与其买 X 不如多买点 Y，因为买 X 时每一元可买到的边际效用只有 5 个效用单位，而买 Y 时有 7 个效用单位，很明显 $\frac{10}{2}<\frac{7}{1}$。假定他逐渐多买 Y 到 6 个单位时，Y 的边际效用降为 6 个效用单位，而逐渐减少购买 X 到只买 3 个单位时，X 的边际效用增加为 12 个效用单位，则消费者就会决定买 6 个单位 Y 和 3 个单位 X，因为这时他用每一元无论买 Y 还是买 X 都会买到数量为 6 个效用单位的边际效用，即 $\frac{12}{2}=\frac{6}{1}$。如果这时他再多买 Y 少买 X，则 Y 的边际效用会进一步减少，X 的边际效用会进一步增加，从而使他每一元再买 Y 和 X 时所获得的边际效用不相等，于是使总效用减少。

均衡所讲的是每一元钱所得到的边际效用相等，而不是每一种商品的边际效用相等。每一种商品的边际效用相等并不能保证消费者获得最大效用，因为各种商品的价格是不相同的。另外，消费者获得了最大效用并不是指消费者的欲望得到完全满足，而是指在货币收入和商品价格既定的条件下得到了能够实现的最大效用。

三、由消费者均衡条件导出需求曲线

消费者均衡是在消费者收入与商品价格既定的条件下达到的，如果收入或商品价格发生变化，将会改变消费者均衡，为了研究由消费者行为导出的需求量与价格之间的关系，我们以基数效用分析为基础推导消费者的需求曲线。

我们仍以消费者购买两种商品 X 和 Y 为例。假定在 X 和 Y 两种商品上的支出总额不变，两种商品的原价格为 $P_x=2$ 和 $P_y=1$。达到消费者效用最大化的均衡是购买 3 个单位的 X 与 6 个单位的 Y。进一步假设 Y 的价格不变而 X 的价格发生了变化。我们看如何导出 X 的需求曲线。由 $P_x=2$、$Q_x=3$，我们得到图 3-1 中的 A 点。如果 X 的价格由两元下降到一元，消费者将购买多少单位的 X？由表 3.1 可知，消费者购买 6 个单位的 X（购买 Y 仍是 6 个单位）将会使消费者的总效用达到最大化。因为这种购买符合效用最大化的条件：$\frac{MU_x}{P_x}=\frac{MU_y}{P_y}=6$。由 $P_x=1$、$Q_x=6$，我们得到图 3-1 中的 B 点。通过连续变动 X 的价格，用同样的方法，可以得到类似于 B 点的其他一些点。连接这些点便得到一条向右下方倾斜的需求曲线。图中我们只给出了 A、B 两个点，需求曲线是通过连接 A、B 两个点而得到的。

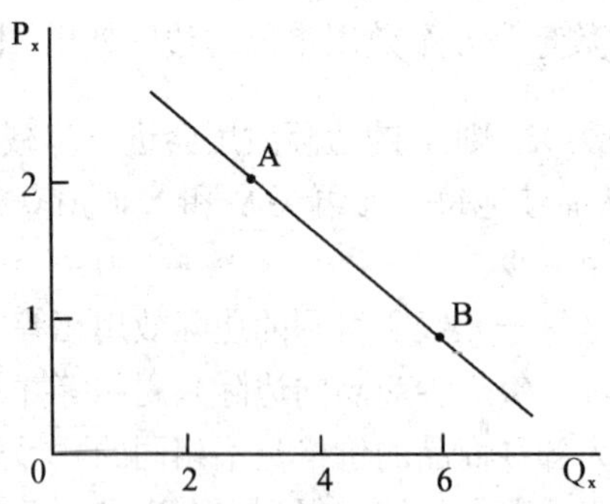

图 3-1　由消费者均衡条件导出的需求曲线

在图 3-1 中，横轴表示商品数量，纵轴表示商品价格，需求曲线是向右下方倾斜的。它表示：商品需求量随商品价格的上升而减少，随着商品价格的下降而增加，即商品需求量与商品价格呈反方向的变动关系。

这样，从基数效用分析中，应用边际效用递减规律的假定和消费者效用最大化的均衡条件，我们推导出单个消费者的需求曲线。同时，解释了需求曲线向右下方倾斜的原因，而且说明了需求曲线上的每一点都是满足消费者效用最大化均衡条件的商品的价格－需求量组合点。

四、消费者剩余

消费者剩余是消费者为消费某种商品而愿意付出的总价值与他购买商品时实际支出的差额。根据边际效用价值论，消费者对不同数量的商品，愿意支付不同的价格。对边际效用高的商品，愿意支付的价格高，反之则低，而市场上商品的价格是定在某一个价格水平上，并不会根据消费者的边际效用取价。这样，消费者根据其边际效用大小而愿意付出的价格总和同实际付出的价格总和之间便出现差额，即消费者剩余。

举例来说，假设消费者欲购买的商品是 A，购买第一斤 A 时消费者愿意支付的价格是 2.50 元，为了购买第二斤 A 消费者愿意支付的价格是 2.00 元，如果 A 的市场价格是 1.50 元一斤，消费者购买第一斤 A 获得的消费者剩余是 1.00 元，购买第二斤获得的消费者剩余是 0.50 元，两斤 A 共获得消费者剩余 1.50 元。消费者获得剩余数量取决于所购买商品的市场价格与所购商品数量，商品的市场价格越低，消费者购买的数量越多，他所获得的消费者剩余也越多。

在表 3.3 中，消费者愿意支付的价格代表消费者对所购商品的边际评价，在 A 的价格为每斤 1.5 元的情况下，消费者的最优购买量是五斤，因为此时消费者的边际评价与市场价格相等，消费者获得的消费者剩余总量最大。

表 3.3 消费者剩余表

购买 A 的数量（斤）	消费者愿意支付的价格	消费者实际支付的价格	消费者剩余
第一斤	2.50	1.50	1.00
第二斤	2.00	1.50	0.50
第三斤	1.80	1.50	0.30
第四斤	1.60	1.50	0.10
第五斤	1.50	1.50	0.00

用几何图形表示为图 3-2，我们可以看到图中的阴影部分全部都是消费者剩余。

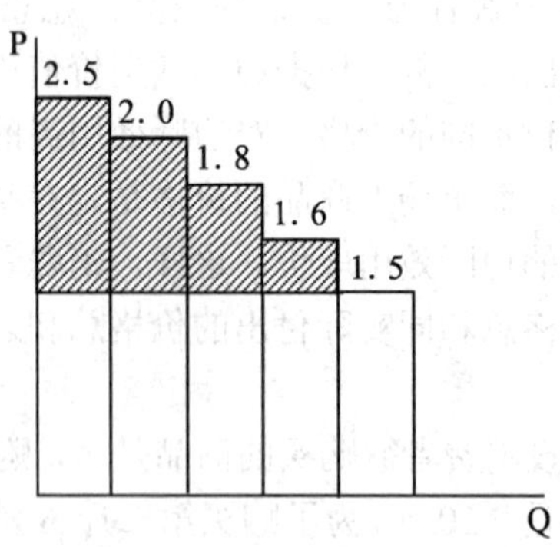

图 3-2 消费者剩余

如果消费者的购买是连续的时候，假设需求函数为 P=f(Q)，当市场价格为 $P=P_0=f(Q_0)$时，图 3-3 中的阴影部分定位为消费者剩余（$R(Q_0)$），即：

$$R(Q_0)=\int_0^{Q_0} f(Q)dQ-P_0Q_0 \tag{3.8}$$

必须指出的是，消费者剩余不是消费者从市场上获得的实际收入，而是一种心理感受和主观评价。它只是微观经济学理论抽象的概念。消费者在自己的日常购买行为中很少想到它，但是当大量购买而

受到优惠时，一般能明显感觉到自己得到了消费者剩余。

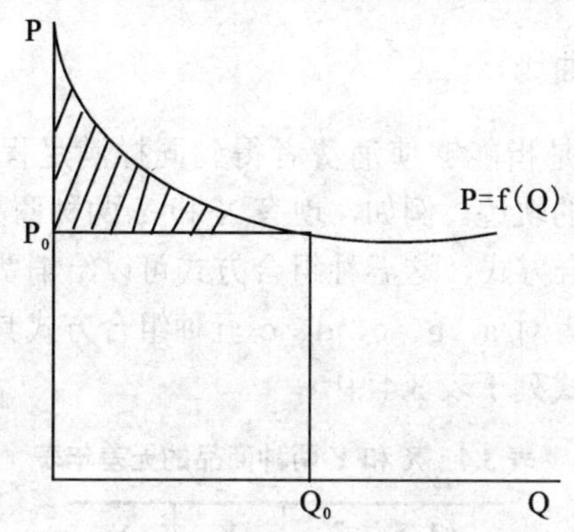

图 3-3　购买连续时消费者剩余

消费者剩余概念常常被用来研究消费者福利状况的变化，以及评价政府的公共支出与税收政策等。

第三节　无差异曲线分析

一、序数效用

基数效用论认为可以把各种不同的商品以效用为统一计数单位，来衡量不同商品效用的大小，从而采用边际效用分析法来分析消费者行为。但是，后来连西方经济学家们也认为这种分析方法未免牵强了些，因为谁也无法确定效用计数单位的标准，谁也说不出效用的计数单位究竟是什么东西。于是，西方经济学家又提出了序数效用的概念，来代替基数效用的分析方法。

所谓序数效用，是指按消费者个人偏好程度排列出大小或先后顺序，并不涉及满足程度的单位有多少。序数效用论认为，效用是一个抽象的难以具体衡量的概念，效用之间的比较只能通过顺序或等级来表示。序数效用论采用无差异曲线分析法来说明消费者行为，避免了因无法直接计算带来的困难。

二、无差异曲线

无差异曲线是指能够使消费者得到同样满足程度的两种商品不同组合点所形成的轨迹。例如，现有 X 和 Y 两种商品，它们有 a、b、c、d、e 五种组合方式，这五种组合方式可以给消费者带来同样的满足程度，即消费者对 a、b、c、d、e 五种组合方式具有相同的偏好程度。五种组合方式列于表 3.4 中。

表 3.4　X 和 Y 两种商品的无差年表

组合方式	X	Y
a	25	4
b	20	5
c	10	10
d	5	20
e	4	25

据此，我们通过描点可以画出一条平滑的曲线，即无差异曲线，如图 3-4 所示。在图中，横轴 OX 代表商品 X 的数量，纵轴 OY 代表商品 Y 的数量。L 为无差异曲线，这条无差异曲线上的点代表无差异的消费组合。

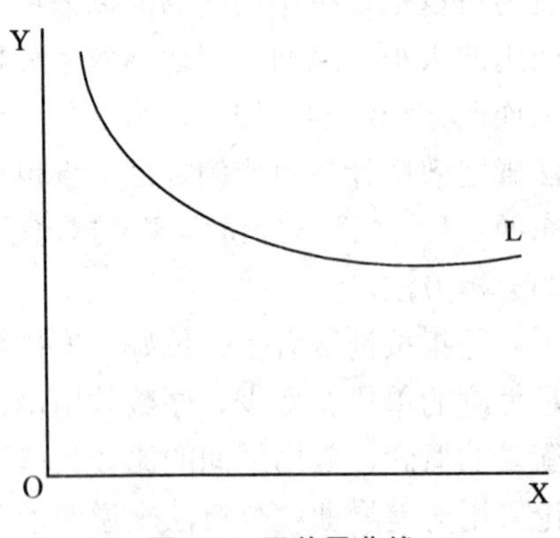

图 3-4　无差异曲线

通常的无差异曲线具有如下特性：

1．无差异曲线具有负斜率。就产品 X、Y 来说，消费者无差异曲线的斜率可用 $\frac{\Delta Y}{\Delta X}$ 来表示。为了保持相同的满足程度，当消费者增加 X 的消费量时就必须减少 Y 的消费量，两种商品之间的这种相互替代此消彼长，就使得坐标系上无差异曲线向右下方倾斜。从数学分析的角度讲，负斜率表示为 $\frac{dY}{dX}<0$。

2．任意两条无差异曲线不能相交。假如两条无差异曲线如图 3-5 相交于 A 点，分别再取 B 和 C 点。因为 A 和 C 在同一条无差异曲线上，所以消费者对 A 和 C 具有相同的偏好。而 A 和 B 也在同一条无差异曲线上，消费者对 A 和 B 也应该具有相同的偏好，因此消费者对 B 和 C 具有相同的偏好，B 和 C 应该在同一条无差异曲线上，这与图 3-5 相矛盾，所以一旦两条无差异曲线相交，便违背了消费者偏好的公理。

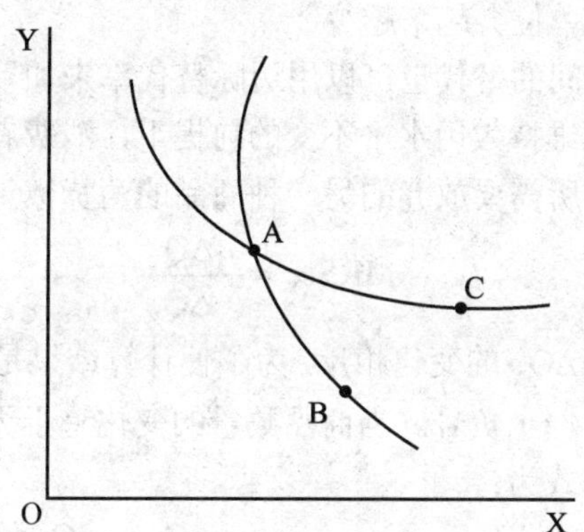

图 3-5　假定无差异曲线相交而产生的矛盾

3．离原点越远的无差异曲线表示的效用水平越高。这是因为效用函数具有单调性，即效用水平是所消费的商品的单调递增函数。在图 3-6 中，U_3 的效用水平高于 U_2，U_2 的效用水平高于 U_1。

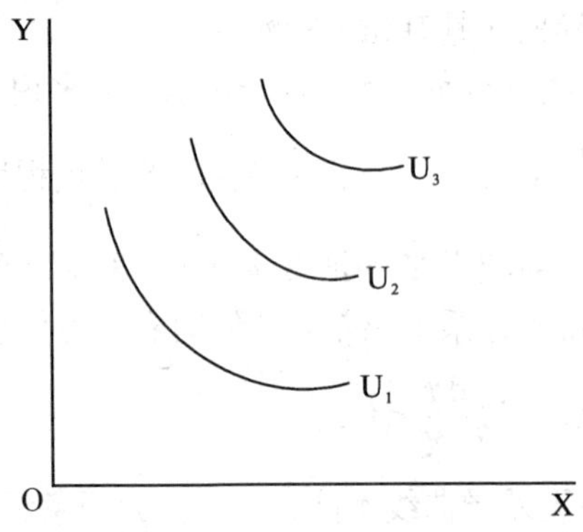

图 3-6 不同效用水平的无差异曲线

4．无差异曲线是凸向原点的。“凸”向原点的含义是，当无差异曲线下移时，曲线的斜率会增加（即负值越来越小）。由于前面所讲的边际效用递减规律，随着一种商品消费量的增加，消费者想要更多这种商品的愿望便会递减，因此为了获得这种商品的额外单位而愿意放弃第二种商品的单位会越来越少。

两种商品之间的替代也可以用边际替代率来加以描述。边际替代率（MRS）是在维持效用水平不变的前提下，消费者增加 1 单位某商品的消费数量时所需要放弃的另一种商品的消费数量。用公式表示为：

$$MRS_{XY} = -\frac{\Delta Q_Y}{\Delta Q_X} \tag{3.9}$$

由于 ΔQ_X、ΔQ_Y 的变化相反，为了使计算结果是正值，便于比较，就在公式中加了一个负号。当商品数量的变化趋于无穷小时，则商品的边际替代率公式为：

$$MRS_{XY} = \lim_{\Delta X_1 \to 0} -\frac{\Delta Q_Y}{\Delta Q_X} = \frac{dQ_Y}{dQ_X} \tag{3.10}$$

显然无差异曲线上某一点的边际替代率就是无差异曲线在该点的斜率的绝对值。

根据无差异曲线总效用不变的原则，增加 X 的消费所增加的效用必须等于减少 Y 的消费所减少的效用，否则总效用不可能不变，即：

$$\Delta Q_X \times MU_X = \Delta Q_Y \times MU_Y$$

这个等式变形得：$\dfrac{\Delta Q_Y}{\Delta Q_X}=\dfrac{MU_X}{MU_Y}$ (3.11)

由于边际效用递减规律的作用，随着 Y 的减少，它的边际效用递增，因而每增加一定量的 X，所能代替的 Y 的数量便越来越少。由此可见，若 X 以同样的数量增加时，所减少的 Y 越来越少，因而 MRS_{XY} 也就必然是递减的，这样就得出边际替代率递减。因此，无差异曲线向原点“凸”，也可以说是因为边际替代率递减。

要注意的是，一般情况下商品的边际替代率是递减的，无差异曲线是凸向原点的。但是有两种情况则不然：第一，两种商品完全替代，这时商品的边际替代率是常数，无差异曲线是一条不变的直线，如图 3-7(a)；第二，两种商品完全互补，这时无差异曲线为直角形状，与横轴平行的无差异曲线部分的商品的边际替代率是零，与纵轴平行部分的替代率为无穷大，如图 3-7(b)。

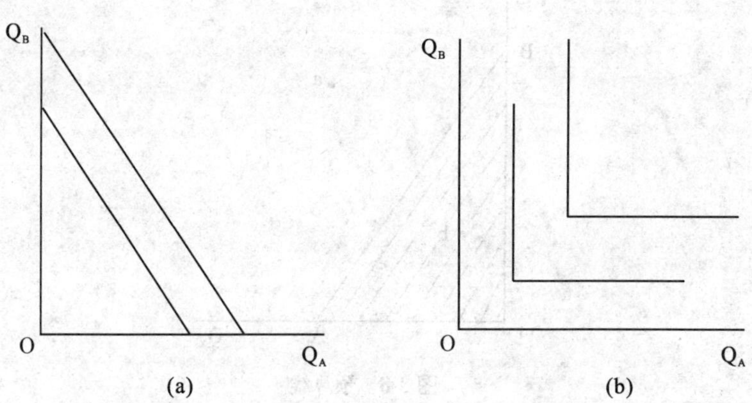

图 3-7 完全替代和完全互补情况下的无差异曲线

三、预算线

一幅无差异曲线图描绘了一个人对商品和服务的不同组合的偏好和选择，但是这不足以说明消费者的一切。对某一个消费者来说，一定时期内收入水平和所面对的商品价格是固定不变的，不可能摆脱收入和价格的制约任意提高自己的消费水平，我们引入预算线来解释这一问题。

预算线又称为消费者可能性线或价格线。假定消费者将其全部货币收入用于购买商品，预算线是消费者花费其全部货币收入后所能购买的商品量的集合。

假定 M 代表收入，P_X、P_Y 分别为商品 X、Y 的价格，Q_X、Q_Y 分别表示购买量，则预算线可以表示为：

$$M=P_XQ_X+P_YQ_Y \tag{3.12}$$

如图 3-8 所示。斜率为 $\frac{P_Y}{P_X}$，即商品 X 和 Y 的价格之比，度量了 X 和 Y 的相对成本，表示要得到 1 单位 X 就得放弃 Y 的数量。在纵轴上的截距是 $\frac{M}{P_Y}$。

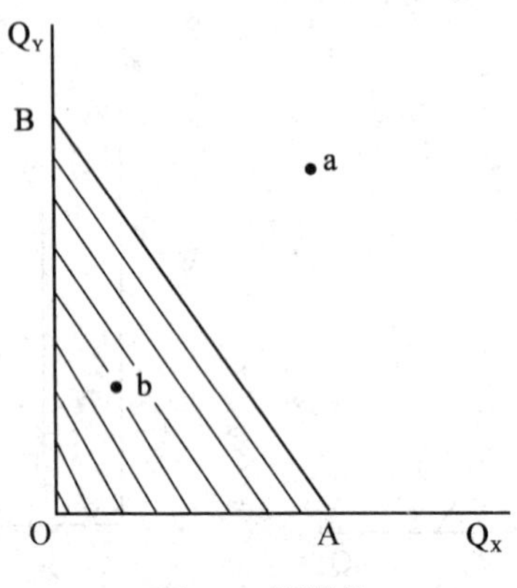

图 3-8 预算线

从图中我们还可以看到，预算线 AB 把平面坐标图划分为三个区域：AB 以外的区域，如 a 点，表示消费者利用全部收入都不可能实现的商品购买的组合点；AB 以内的区域，如 b 点，表示消费者的全部收入在购买该点所代表的商品组合以后还有剩余；唯有 AB 上的点，才是消费者的全部收入刚好花完所能购买到的商品组合点。图中的阴影部分（包括直角三角形的三条边），被称为消费者的预算可行集或预算空间。

由于预算线的形状由商品价格与消费者的货币收入决定，因此，消费者货币收入的变化或商品价格的变化都将改变预算线的形状。若X和Y两商品的价格发生变化，将会改变预算线的斜率，如图3-9(a)；若商品的相对价格不变，而消费者的货币收入发生变化，将会使预算线发生平行移动，如图3-9(b)。货币收入增加会使预算线向外平行移动，货币收入减少会使预算线向内平行移动。

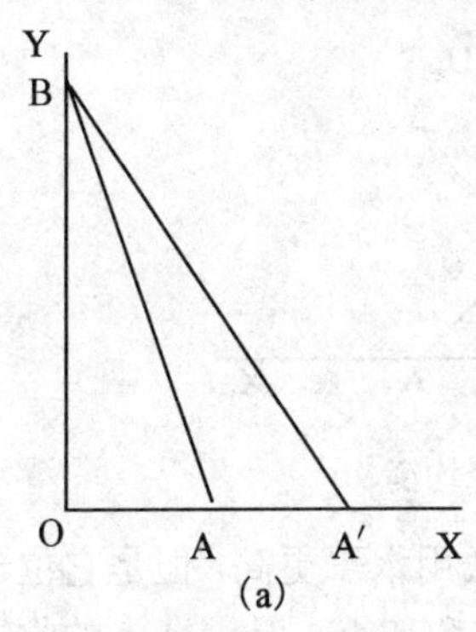

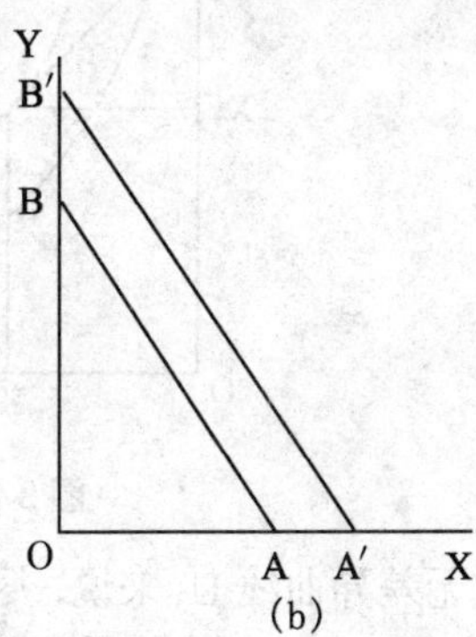

图3-9　预算线的移动

四、消费者均衡

在消费者的主观偏好和客观的预算线约束已知的情况下，就可以分析消费者对最优商品组合的选择。具体做法是，把前面考察过的消费者无差异曲线和预算线结合在一起，分析消费者追求效用最大化的购买选择行为。

消费者的最优购买行为必须满足两个条件：第一，消费者最需要的，即最优购买的商品组合必须是能给消费者带来最大效用的商品组合；第二，最优商品组合必须位于给定的预算线上。也就是说，预算线左边的区域中任何一个商品组合都是不可取的，因为消费者的收入未花完，消费者应该将其全部收入都用于实现效用最大化的目标上。

而预算线右边的区域中任何一个商品组合对于消费者来说都是不现实的，因为无力购买。所以消费者最优购买组合只能出现在预算线上。

只有无差异曲线与预算线相切时，消费者达到最大效用。在图3-10中，在预算线AB和无差异曲线U_2相切的E点便是消费者效用最大化的均衡点。

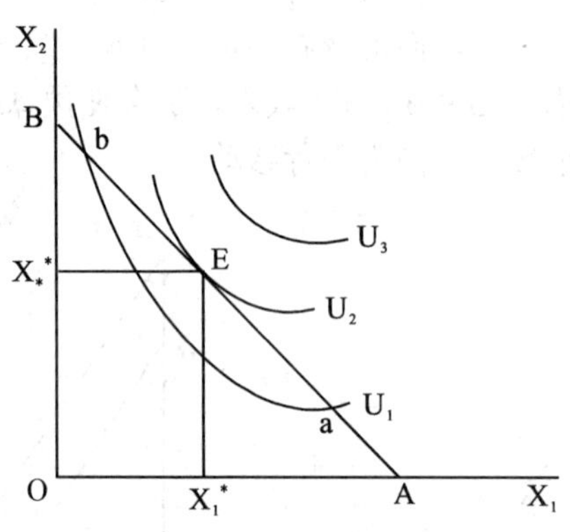

图 3-10 消费者均衡

就无差异曲线U_3来说，尽管代表效用水平更高，但是它位于预算线AB的右边，和预算线没有任何交点和切点，是消费者的收入不可能支付得起的；就无差异曲线U_1来说，虽然它与预算线AB相交于a、b两点，但是只要消费者选择a点左边，b点右边的任何一点所代表的商品组合，都可以达到比 U_1 效用水平更高的无差异曲线，这种沿着AB线段由a点向左和由b点向右的运动，最后必定在E点达到均衡。显然只有当既定的预算线AB和无差异曲线U_2相切于E点时，消费者才在既定的预算约束下获得最大的满足。故E点就是消费者实现效用最大化的均衡点。

在切点E，无差异曲线和预算线两者的斜率相等，即：

$$MRS_{XY}=\frac{MU_X}{MU_Y}=\frac{dQ_Y}{dQ_X}=\frac{P_X}{P_Y} \tag{3.13}$$

这就是消费者均衡条件。如果我们把商品的价格之比看作是市场对商品的客观评价，而边际效用之比看作是消费者对商品的主观评价，那么客观评价与主观评价正好相符时，消费者达到了效用最大化。

对比基数效用理论的均衡条件式（3.6）和序数效用理论的均衡条件式（3.13）可以看出，这两种理论是在不同的假设条件下以不同的方法来分析消费者行为，得出的消费者效用最大化的均衡条件在形式上是不同的，然而，二者的均衡条件在本质上是相同的。

第四节　消费者选择

一、价格和收入变化对消费者均衡的影响

（一）价格变化和消费者选择

假定消费者的货币收入不变，商品的相对价格发生变化，这将会导致商品相对购买量的变化。这一变化改变了消费者的均衡点。分析因商品价格变化而引起的消费者均衡点的变化可以导出价格－消费线，或称为价格提供曲线。价格－消费线是商品空间中表示货币收入不变，由于商品相对价格发生变化而导致的各种不同商品组合均衡点的轨迹。

图 3-11（a）显示了 X 商品价格的变化对其消费量的影响。在 Y 商品价格和收入不变的情况下，一开始价格水平为 P_1，预算线是 AB，均衡点是 E；当价格下降到 P_2，预算线变化 AB'，均衡点是 E'，如果价格进一步下降到 P_3，预算线绕 A 点转移到 AB"，均衡点也变化为 E"。可以设想，如果价格连续变化，我们将得到众多的均衡点。连接这些均衡点便得到一条价格－消费线，简称 P-C 线。

图 3-11（b）表明，当 X 商品的价格是 P_1 时，对 X 的需求量为 X_1，得到图中的 E 点；当 X 的价格降为 P_2 时，对 X 的需求量是 X_2，得到图中的 E'；当价格为 P_3 时，对 X 的需求量是 X_3，得到图中 E"，依此类推，得到多个与 E、E'、E"等点相类似的数量－价格对应关系点。将 E、E'、E"等点连接起来，便得到一条需求曲线。

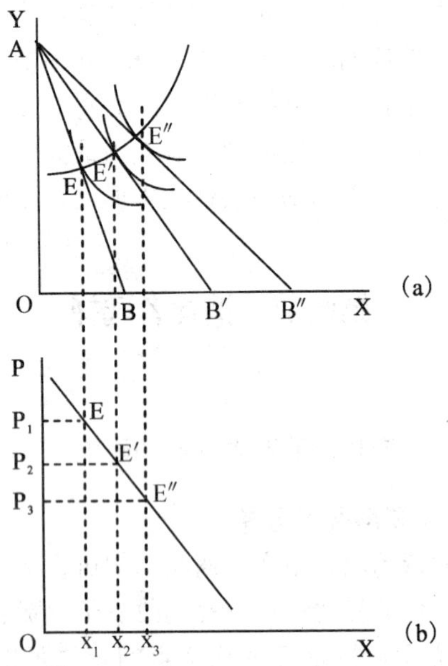

图 3-11 价格－消费线的推导

需求曲线由左向右下倾斜，表明随着商品价格的降低，消费者愿意购买的商品数量增加。需求曲线的产生实际上是消费者最优选择的结果，因为在需求曲线上的每一点，都代表着消费者在预算约束条件下达到了效用最大化，所以需求曲线反映了在一定价格水平下消费者所愿意购买的商品数量。

（二）收入变化和消费者选择

收入－消费线或称为收入提供曲线，是商品空间中商品货币价格不变的条件下与货币收入变化相关联的商品组合均衡点的轨迹。假定所讨论的商品是正常品而不是劣等品，那么收入的增加将引起商品购买量的增加，收入的减少将引起商品购买量的减少。在商品价格不变的情况下，收入的变化将导致预算线的平行移动。我们可以设想，保持商品的价格不变而让消费者的收入连续发生变化，这样可以得到许多相互平行的预算线。这些预算线分别与多条无差异曲线相切，得到若干个切点，连接这些切点得到一条收入－消费线（见图 3-12（a））。

在图 3-12（a）中，随着收入水平的不断提高，预算线由 AB 移至 A'B',再移至 A"B"，于是形成了不同收入水平下的消费者效用最大化均衡点 E、E'、E"，连接这些均衡点便是 3-12（b）中的收入－消费曲线。该收入－消费曲线是向右上方倾斜的，它表示：随着收入水平的提高，消费者对 X 和 Y 的需求量都是上升的。

利用收入－消费曲线可以导出恩格尔曲线，即描述某种商品均衡购买量与货币收入水平之间关系的曲线，它是以 19 世纪德国统计学家厄恩斯特·恩格尔的名字命名的。在图 3-12（a）中，收入－消费曲线上三个均衡点 E、E'、E"，每一点都表示消费者收入 M 和商品 X 的需求量之间的一一对应关系，并分别对应着以 X 为横轴、M 为纵轴的平面中的坐标点，当这些点变得无穷多时，连接这些点的直线就是恩格尔曲线，如图 3-12（b）所示。

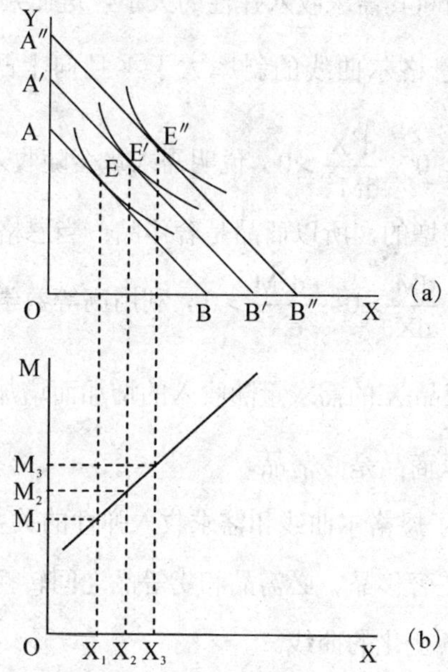

图 3-12　收入－消费线的推导

下面要讨论的是需求收入弹性。在实际生活中，随着消费者收入的变化，消费者对某种商品的需求量与这种商品的需求收入弹性有关。对正常商品来说，其收入弹性大于零，即需求量随收入增加而增加；对劣等品来说，其收入弹性小于零，即需求量随收入增加而减少。因此，收入－消费曲线和恩格尔曲线就可能具有各种不同的形状。

需求弹性$E=\frac{dX}{dM}\times\frac{M}{X}$，其中$\frac{dX}{dM}$是恩格尔曲线切线斜率的倒数，所以恩格尔曲线和需求收入弹性的正负号是一致的。也就是说，当恩格尔曲线的切线斜率大于零时，需求收入弹性也大于零，商品是正常品；当恩格尔曲线的切线斜率小于零时，需求收入弹性也小于零，商品为劣等品。

对于正常品来说，我们还可以观察恩格尔曲线的形状是上凸型还是下凹型，以此判断其需求收入弹性的大小，进而判断商品是必需品还是奢侈品。当恩格尔曲线的斜率大于零且向上凸，由$\frac{dM}{dX}>0$，$\frac{d^2M}{dX^2}<0$，得$\frac{dM}{dX}>0$，$\frac{d^2X}{dM^2}>0$，说明需求量会随收入的增加而增加，其增加的速度是递增的，所以商品是奢侈品；当恩格尔曲线的斜率大于零且向下凹，有$\frac{dM}{dX}>0$，$\frac{d^2M}{dX^2}>0$，利用高等数学知识得$\frac{dM}{dX}>0$，$\frac{d^2X}{dM^2}<0$，说明商品X的需求量随收入的增加而增加，但其增加的速度是递减的，所以商品是必需品。

图3-13反映了恩格尔曲线和需求收入弹性的关系。随着时间的变化，有些商品是在奢侈品、必需品和劣等品之间转换的。这样，恩格尔曲线可能是一条变化的曲线。

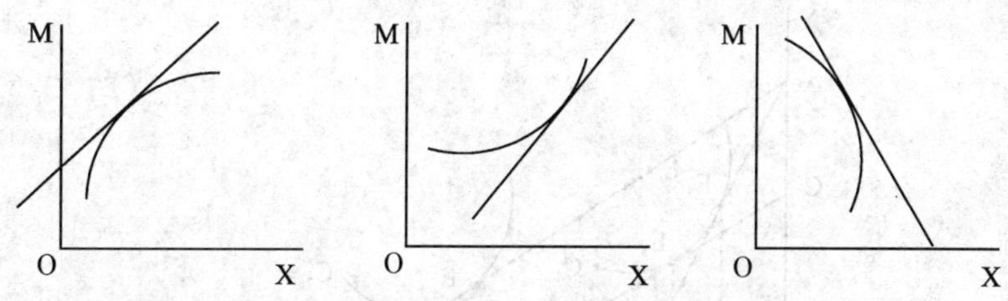

图 3-13　恩格尔曲线形状与需求收入弹性的关系

二、替代效应和收入效应

下面进一步讨论商品价格变化所引起的消费者选择行为的变化。

假如消费者收入和 Y 商品价格不变，X 商品价格的下降对消费者有两方面的作用：一方面，尽管名义收入不变，但是消费者能购买的商品总量增加了，消费者实际收入或购买力增加了，这种由于消费者实际购买力发生变化而导致的需求变化便是收入效应；另一方面，两种商品的相对价格发生变化，理性的消费者都会用便宜的商品替代贵的商品，即增加消费 X 商品减少消费 Y 商品，这种由于两种商品之间的交换比率变化所引起的需求变化便是替代效应，又叫希克斯替代效应（以经济学家希克斯的名字命名）。可见，一种商品价格变动所引起的该商品需求量变动的总效应可以被分解为替代效应和收入效应两部分，即总效应＝替代效应＋收入效应。但是不同类别商品的收入效应会有所不同，所以最终商品的总效应也会有所不同，我们将分别来分析正常品和劣等品的不同情况。

（一）正常品的替代效应和收入效应

我们结合图 3-14 分析正常品。在图中，横轴和纵轴分别表示商品 X 和 Y 的消费量，其中 X 是正常品，在 X 价格变化之前，消费者的预算线是 AB 和无差异曲线 C_1 相切于均衡点 E_1，X 的需求量是 OX_1。当 X 价格降低时，消费者的预算线移至 AB'，和无差异曲线 C_2 相切于均衡点 E_2，X 的需求量增加到 OX_2，即增加了 X_1X_2，这就是 X 价格变化对需求量产生的总效应，它可以分解为替代效应和收入效应。

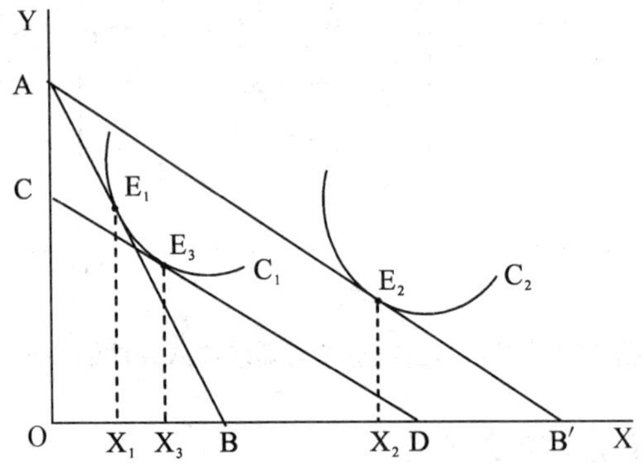

图 3-14　正常品的替代效应和收入效应

1．替代效应。替代效应是在实际购买力不变的情况下，由于商品的相对价格变化而引起的需求量变化，所以首先应该定义实际购买力。购买力是指使消费者在价格变化前后保持在同一条无差异曲线上。当商品 X 价格下降时，消费者均衡点从 E_1 移至 E_2，而所对应的无差异曲线也变化了。为了得到替代效应，剔除实际收入水平提高带来的影响，我们做一条与预算线 AB'平行且与无差异曲线相切的补偿预算线 CD，以维持原来的无差异曲线所对应的效用水平（即原有的实际收入水平），AC 就是为维持原有效用水平而必须剔除的货币收入。补偿预算线是通过假定消费者货币收入的增减来剔除商品价格变动对实际收入水平的影响，保持消费者实际收入水平不变的分析工具。通过作补偿线 CD，我们看到，仅仅由于商品相对价格发生变化，预算线从 AB 移到 CD，相应的均衡点从 E_1 移至 E_3，对商品 X 的需求量从 OX_1 增至 OX_3，增加了 X_1X_3。增加的需求量 X_1X_3 就是替代效应。在此，替代效应 X_1X_3 是正值，说明正常品的替代效应（需求量增加）与价格（下降）反方向变动。

2．收入效应。现在将预算从 CD 恢复到 AB'，相应的均衡点从 E_3 移至 E_2，商品 X 的需求量从 OX_3 增至 OX_2，增加了 X_3X_2，增加的这个量就是由于实际收入增加而发生的收入效应。因为在分析替代效应时，为了剔除实际收入水平的影响，才将预算线从 AB'移到补偿线

CD，所以当预算线从 CD 恢复到 AB'时，相应的需求量增加 X_3X_2 必然是收入效应。这里的收入效应 X_3X_2 是正值，因为 X 商品是正常品，当价格下降使实际收入水平增加时，消费者必然会增加对正常品 X 的消费量。所以正常品的收入效应（需求量的增加）与价格（下降）反方向变动。

综上所述，对于正常品来说，替代效应和收入效应都与价格成反方向变动，在它们共同作用下，总效应必定与价格成反方向变动，这也就是为什么正常品的需求曲线是向右下方倾斜的。

（二）劣等品的替代效应和收入效应

如图 3-15 所示，在 X 商品变化前，预算线是 AB，均衡点是 E_1，对应的 X 需求量是 OX_1，当 X 商品价格下降，预算线从 AB 移至 AB'，均衡点也从 E_1 移至 E_2，X 的需求量增加到 OX_2，增加量 X_1X_2 就是需求量的总变化，即总效应。它也可以分解为替代效应和收入效应。

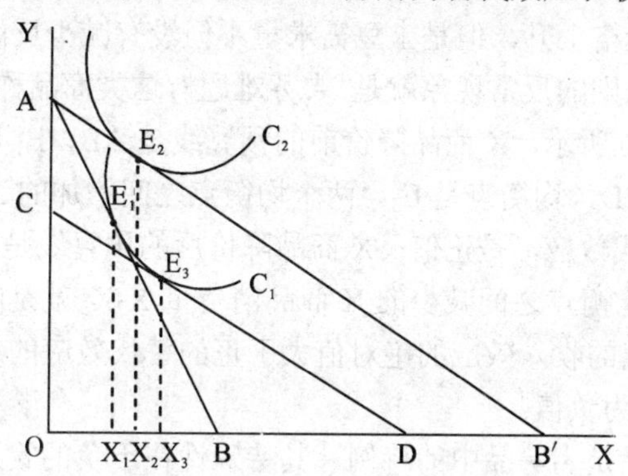

图 3-15　劣等品的替代效应和收入效应

1．替代效应。运用前面的方法做补偿预算线 CD 以保持消费者的效用水平不变。AC 就是为维持原有效用水平而必须剔除的货币收入。这样，仅仅由于商品价格的相对变化，预算线从 AB 移到 CD，相应的均衡点也从 E_1 移至 E_3，对商品 X 的需求量从 OX_1 增至 OX_3，增加了 X_1X_3，这就是替代效应。这里替代效应 X_1X_3 是正值，说明劣等品的替代效应（需求量增加）与价格（下降）反方向变动。

2．收入效应。把预算补偿线 CD 恢复到 AB'，相应的均衡点从 E_3 移至 E_2，商品 X 的需求量也从 OX_3 减少至 OX_2，减少了 X_2X_3，这个减少量就是收入效应。它是一个负值，因为商品 X 是劣等品，当商品价格下降使实际收入水平提高时，消费者必然会减少对劣等品 X 的消费，因此劣等品的收入效应（需求量减少）与价格（下降）同方向变动。收入效应为负值使得总效应小于替代效应。尽管收入效应与替代效应的作用相反，由于在绝对值上替代效应大于收入效应，所以总效应是该商品需求量增加了。劣等品的需求曲线也是向右下方倾斜的，符合需求法则。

在绝对值上替代效应总是大于收入效应吗？劣等品的需求曲线总是符合需求法则吗？接下来我们讨论吉芬商品。

（三）吉芬商品的替代效应和收入效应

吉芬商品是英国经济学家吉芬于 19 世纪发现的。当时爱尔兰发生灾荒，土豆价格上升，但是土豆需求量不但没有减少反而增加了，这种违反需求法则的反常现象就是“吉芬难题”，这类商品称为吉芬商品。

如图 3-16 所示，X 商品降价前的预算线是 AB，E_1 是均衡点，作补偿预算线 CD，均衡点是 E_3，两个均衡点之间增加的 X 商品消费量 X_1X_3 就是替代效应，是正值；X 商品降价后的预算线是 AB'，均衡点是 E_2，两个均衡点之间减少的 X 商品消费量 X_2X_3 就是收入效应，是负值。因为负的收入效应的绝对值大于正的替代效应的绝对值，所以总效应 X_1X_2 为负值。

吉芬商品是劣等品中的特例，其特殊性在于负的收入效应的绝对值大于正的替代效应的绝对值，最终使总效应为负值，使得吉芬商品的需求量与价格同方向变动，需求曲线向右上方倾斜。

吉芬商品在现实中很难找到。土豆之所以成为吉芬商品，在于当时的爱尔兰，人们很穷，土豆在人们的生活开支中占据了很大的比重。当土豆降价，人们的实际收入会增加很多，为了改善生活，人们会减少对土豆的购买而去购买质量较高的商品，如面包。所以，吉芬商品的两个必备条件：第一，它是劣等品，这样需求量才会随收入增加而下降；第二，它在人们支出中占据很大的比例，才能使收入效应大到足以抵消替代效应。但劣等品一般是定义范围很窄的商品，很容易找到替代品，因此替代效应比较大。同时，这类商品不可能在总支出总占很大比重，收入效用不太可能超过替代效应。我们有理由相信，需求法则是普遍成立的。

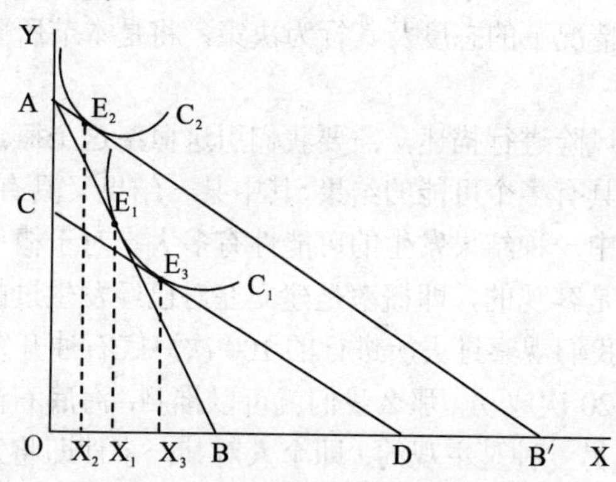

图 3-16　吉芬商品的替代效应和收入效应

现将各种不同类型商品的替代效应、收入效应和价格效应情况总结如表 3.5 所示。

表 3.5　不同商品价格分解情况

	所有商品		
	正常商品	劣等商品	
		普通劣等品	吉芬商品
替代效应	>0	>0	>0
收入效应	>0	<0	<0
价格效应	>0	>0	<0

第五节　不确定情况下的消费者选择

一、风险及测度

以上所讨论的消费者选择都是在确定性假设情况下作出的，例如假设商品的价格和消费者的收入等因素是确知的，但是现实生活中，消费者所面临的环境总是不确定的：商品价格可能会因为通货膨胀而上涨，消费者收入可能因为单位效益不好而下降，所购买的商品也可能质量不合格等，消费者所面临的许多选择都包含一定的不确定性。消费者在风险情况下的态度及其行为决策，将是本节所要介绍的主要内容。

首先，对风险进行描述，需要我们引进概率这个概念。某一种行为或某个事件具有多个可能的结果，其中某一结果又具有多种可能性，概率就是指其中一种结果发生的可能性有多大。对于概率可以作出两种解释，一种是客观的，即概率是建立在对已经发生过的事件观察的基础上。如果我们观察过去所进行的 100 次海底石油开发，发现有 80 次失败，只有 20 次成功，那么我们就可以推测，海底石油开发成功的概率是 20%。另一种是主观的，即个人对某一事件即将发生的结果的主观推测。因为有些事情可能是过去从来没有发生过的，我们不可能依据过去的数据和观察来推测事情发生的概率，所以只能利用主观测度方法。既然是主观推测，那么每个人推测的结果可能不同。以海底石油开发为例。某个海域以前可能从来没有进行过石油勘探与开发，所以潜在的投资者只能主观推测海底石油开发成功的可能性，并决定是否投资以及投资多少。

其次，对风险进行测度和比较，这便是期望值和方差。期望值是对不确定事件的所有可能性结果的一个加权平均，而其中的权数就是每种结果发生的概率。期望值反映的是时间结果的几种趋势，也就是平均数。这种期望值并不是几种结果的简单算术平均，而是加权平均。如果事件 X 有 n 种结果，即 $X_1, X_2, X_3, \cdots, X_n$,它们的概率分别是 $P_1, P_2, P_3, \ldots, P_n$,则事件 X 的期望值表示为：

$$E(X)=P_1X_1+P_2X_2+P_3X_3+\cdots+P_nX_n \tag{3.14}$$

其中，$P_1+P_2+P_3+\cdots+P_n=1$。

如果某公司进行海底石油开发成功的概率是 80%，成功的话股价就会上涨 10 元；海底开发失败的概率是 20%，失败的话股价就是下跌 5 元，那么根据定义，我们可以得出此项投资的期望收益：

E＝0.8×10+0.2×(−5)=7(元)

离差也称偏差，是实际值与期望值之间的差额，用来度量风险程度的大小。因为在一些情况下离差可能负值，这就给运算带来了麻烦。在统计学中，人们通常用方差和标准差这两个指标来测度。方差是离差平方的期望值（用σ^2表示），而标准差是方差的平方根（用σ表示）。对于某个不确定性事件的 n 个可能的结果 X_1(i=1,2,…,n)而言，其方差为：

$$\sigma^2 = P_1 \times (X_1 - E(X))^2 + P_2 \times (X_2 - E(X))^2 + \cdots + P_n \times (X_n - E(X))^2 \tag{3.15}$$

其中，P_i (i=1,2,…,n)表示结果 X_i 发生的概率。

例如，假设你正面临就业的选择，有两家销售公司可供选择，他们的期望收入都是 1500 元/月。第一家公司工作的收入取决于你的销售业绩，如果业绩好可能每月工资 2000 元，否则就是 1000 元。第二家公司给你固定工资 1510 元，但是在整个公司处于困境时，月收入是 510 元。表 3.6 给出了所有不同结果中，你的收入及相应的概率。

表 3.6　不同工作所获收入的概率

	结果 1		结果 2	
	收入	概率	收入	概率
第一家公司	2000	0.5	1000	0.5
第二家公司	1510	0.99	510	0.01

虽然这两份工作的期望收入相同，但是所可能取得收入的变异性（离差）不同。表 3.7 给出了离差及其概率分布。

表 3.7　不同工作的收入离差和概率分布

	结果 1		结果 2	
	离差	概率	离差	概率
第一家公司	500	0.5	500	0.5
第二家公司	10	0.99	990	0.01

根据表 3.7，我们可以分别算出在两家公司工作所获得收入的方差与标准差。

对于第一家公司，方差是：

$$\sigma^2 = 500^2 \times 0.5 + 500^2 \times 0.5 = 250000\text{（元）} \qquad (3.16)$$

标准差是：$\sigma = 500$（元） (3.17)

对于第二家公司，方差是：

$$\sigma^2 = 10^2 \times 0.99 + 990^2 \times 0.01 = 9900\text{（元）} \qquad (3.18)$$

标准差是：$\sigma = 99.5$（元） (3.19)

若用方差或标准差刻画风险，那么方差或标准差越大，风险越大。在我们所列举的例子中，在第一家公司工作所获收入的方差或标准差都大于第二家公司工作所获收入的方差或标准差，因而，在第一家公司工作的风险大于第二家公司。在这个例子中，究竟选择哪一份工作呢？在风险不确定性情况下，消费者的选择行为与消费者对风险的态度有关。喜欢冒风险的人可能会选择去第一家公司工作，不喜欢冒风险的则可能去第二家公司工作。为了进一步探讨风险与不确定性条件下的消费者选择行为，我们需要讨论人们对风险的态度，即风险偏好。

二、风险偏好

（一）风险与效用

在风险选择的情况下，任一商品对消费者的效用取决于消费者所消费的商品数量。总效用随消费商品数量的增加而增加，边际效用随消费商品数量的增加而减少。每一个确定的商品数量组合都与一个确定的效用值相对应。下面讨论在不确定情况下，消费者如何确定自己的效用。

为了便于分析，我们简单假设消费者是厌恶风险的，且其效用只和他获得的收入有关。我们用图 3-17 来考察消费者在面对风险时的效用状况。图中横轴 M 表示消费者的收入，纵轴 U 表示消费者的效用。曲线 U 表示对应每一种确定收入水平所获得的效用。我们可以假定当收入是 500 元时，消费者的效用是 8；当消费者的收入是 1000 元时，

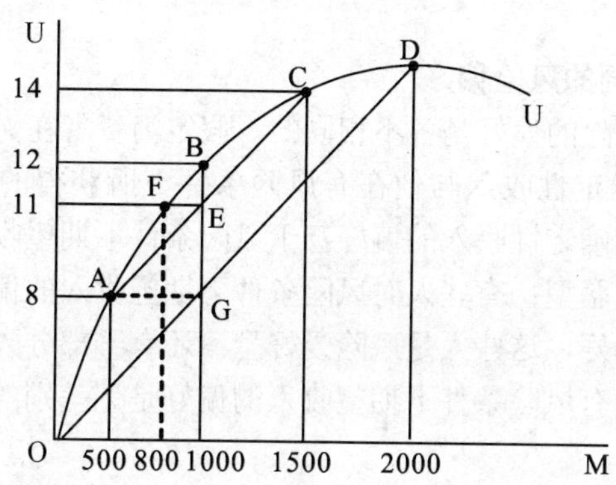

图 3-17 有风险情况下消费者的效用

效用是 12；而消费者的收入是 1500 元时，消费者的效用是 14。该效用曲线与通常的效用曲线没有什么两样，但是借助这条效用曲线，我们可以分析在收入不确定情况下，消费者获得的效用状况。进一步地讲，我们假定消费者有一半的概率获得 500 元，另一半则获得 1500 元，消费者收入的期望值是 1000 元，但是为了区别于无风险条件下确定性收入所产生的效用，我们引入期望效用 E(U)来表示期望收入所获得的效用。期望效用的一般表达式如下：

$$E(U) = P_1 \times U(X_1) + P_2 \times U(X_2) + \cdots + P_n \times U(X_n) \quad (3.20)$$

其中，$P_1 + P_2 + \cdots + P_n = 1$，$X_i$ (i=1,2,…,n)表示各种可能的收入，$U(X_i)$是对应于每一种确定性收入下的效用，P_i 是获得某种收入的概率。

就上面的例子而言，消费者的期望效用为：

$$E(U)=0.5\times U(500\text{ 元})+0.5\times U(1500\text{ 元})=0.5\times 8+0.5\times 14=11$$

这一效用值恰好位于 AC 的中点 E，与 1000 元的期望收入相对应，A 点是与确定性收入 500 元相对应的效用水平，C 点是与确定性收入 1500 元相对应的效用水平。如果消费者获得 500 元和 1500 元的概率不相等，则期望收入不是 1000 元，期望效用也不是 11，但是只要有获得这两种收入的机会，不管获得的概率是多少，期望收入只能在 500 元和 1500 元之间，与这些期望收入相对的期望效用只能在

AC 上。

（二）不同的风险偏好

人们对风险的偏好是各不相同的，假定消费者在无风险条件下所能够获得的确定性收入与他在有风险条件下所获得的期望收入值相等，有些人对确定性收入的偏好甚于风险条件下期望收入的偏好，这些人是风险厌恶型；有些人对风险条件下期望收入的偏好甚于对于确定性收入的偏好，这些人是风险爱好型；还有一部分人对确定性收入的偏好与对于有风险条件下期望收入的偏好是无差别的，他们则是风险中性型的。

1．风险厌恶型。由于这种消费者更偏好于确定性条件下的收入，所以确定性收入的效用高于期望收入的效用。如图 3-17 所显示的效用曲线 U 就是风险厌恶者的效用状况。接上面的例子进行分析，对风险厌恶者而言，如果他有 0.5 的可能性获得 1500 元的收入，0.5 的可能性得 500 元收入，虽然也获得了 1000 元的期望收入，但是他获得的期望效用更低。用前面讨论过的期望值和方差的概念来解释，就是在期望值相等的情况下，方差大的事件风险大。很明显，各以 0.5 的概率获得 1500 元的收入与 500 元收入，尽管也产生 1000 元的期望收入，但其产生的方差却小于各以 0.5 的概率获得 2000 元的收入与 0 元的收入所产生的方差。

2．风险爱好型。其效用曲线的形状(图 3-18a)与厌恶者的完全不同。在图中效用曲线 U 是以递增的速率增加的，连接曲线上任意两点的弦位于这两点间曲线的上端，表明有风险条件下的期望收入所产生的效用高于无风险条件下的确定性收入所产生的效用。各以 0.5 的概率获得 2000 元的收入与 0 元收入，比 1000 元确定性收入所产生效用大。

3．风险中性型。其效用曲线的形状如图 3-18b。由于无风险条件下的确定性收入与有风险条件下的期望收入对风险中性者产生同等的效用水平，因此风险中性者的效用曲线是一条从原点出发的射线。不管是各以 0.5 的概率获得 1500 元收入与 500 元收入，从而产生 1000 元的期望收入，还是有 100%的把握获得 1000 元的收入，所产生的效用水平是完全相同的。

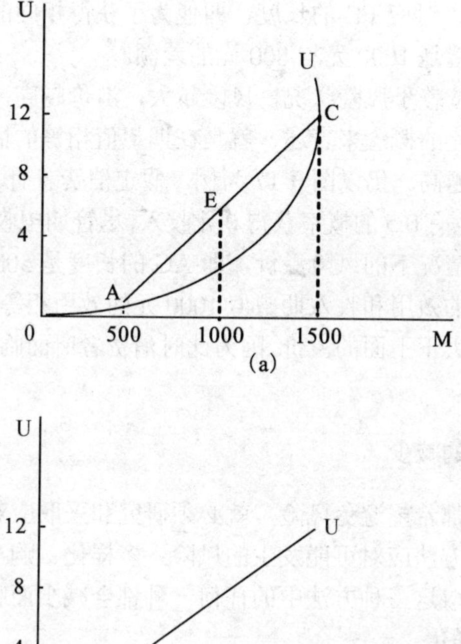

图 3-18　风险爱好型和风险中性型的效用曲线

现实生活中，大多数人在大多数时间是厌恶风险者，人们会以各种方式规避风险，但是某些人在某种情况下却喜欢冒风险，如赌博和买彩票等。真正的风险中性者可能并不多见。

（三）风险溢价

风险溢价是风险厌恶者为了躲避风险而愿意支出的货币数量，又叫做风险贴水。如图 3-17，当消费者选择期望收入为 1000 元的不确定工作时，根据前面的计算可知，其期望效用为 11，在图中用 E 点表示，E 点平均分割线段 AC。从图中还可以看出，如果消费者选择收入为 800 元的确定性工作，他同样可以获得 11 单位的效用。这时风险溢价是 200 元，对应 FE 的长度，即他为了获得相同的效用而愿意放弃的收入，也就是 1000 元与 800 元的差额。

风险溢价依赖于风险状况，风险越大，溢价越高，反之就越低。用期望值和方差的概念来表述，就是在期望值相等的情况下，方差越大，风险溢价越高。仍以图 3-17 为例。假定消费者有 0.5 的概率获得 2000 元收入，也有 0.5 的概率获得 0 元收入，尽管期望收入值也是 1000 元，但是这种情况下的风险溢价，即 AG 的长度是 500 元，确定性收入 500 元获得的效用和收入期望值 1000 元的效用相等。这种情况下风险溢价之所以大于上面的溢价，因为此时消费者所面临的风险较大（方差大）。

三、风险的减少

既然人们都希望避免风险，就必须研究和采取应对风险的策略。有三种常用的方法应对可能发生的风险：多样化、购买保险和获取更多的信息。采取这三种方法中的任何一种都会减少面临的风险。

（一）多样化

多样化是指在所从事的活动将要面临风险的情况下，人们可以采取多样化的行动，以便降低风险。“不要把所有的鸡蛋放在一个篮子里面”说的就是这个道理。例如，消费者可以多种形式持有资产，以免仅持有单一的资产发生风险；商品推销人员为了保证销售收入，可以同时推销多种商品，以免在只推销一种商品的情况下，一旦产品推销不出去，发生一点儿收入也得不到的风险。

假设你计划从事一项销售电器的工作，你可以决定只销售空调或只销售加热器，或一半时间销售空调，一半时间销售加热器。为了降低风险，你可以把时间分配到两样或更多的产品销售上，而不是只销售一种产品。假定明年气候变热或变冷的概率都是 0.5，表 3.8 列出了你销售空调和加热器的可能收入。

表 3.8 销售空调和加热器的收入

	热天	冷天
空调	30000 元	12000 元
加热器	12000 元	30000 元

如果你只销售空调或加热器，你的可能收入为 30000 元或 12000 元，期望收入将是 21000 元。但是假设你各用一半时间销售空调和加热器，那不管气候如何变化，你的收入将固定为 21000 元。如果气候炎热，你的空调销售收入是 15000 元，加热器销售收入 6000 元；如果气候变冷，空调销售将使你获益 6000 元，加热器销售带来的收入是 15000 元。因而通过多样化，减少了风险。

只要经济活动可能出现的几种结果之间不具有密切的正相关关系，多样化策略就能产生降低风险的效果。生活中人们的许多做法都是通过多样化达到规避风险的目的。比如许多企业家实行多样化经营，使得当经济发生波动时各个领域的收益可以相互交叉补充，这也可以看作是该策略的运用。

（二）购买保险

购买保险是另一种减少风险的方法。在前面我们知道，风险厌恶者为了规避风险愿意放弃一部分收入。事实上，如果保险的价格正好等于期望损失，风险规避者将会购买足够的保险，以便补偿他们可能遭受到的任何损失。因为保险使消费者的期望收入确定化了，对于风险厌恶者而言，确定收入给他带来的效用要大于高风险高收入带来的效用。

以家庭财产保险为例。假定某消费者拥有 W_0 财富，万一发生盗窃将会损失财富 L，发生这种风险的概率是 P，如果消费者购买保险，他所要支付的保险费是 H。在购买保险之后，不管是否发生风险，消费者的财富都是固定不变的，为 W_0-H。如果不购买保险，消费者的财富是不确定的，不发生风险时拥有 W_0，一旦发生风险，他所持有的财富就减少为 W_0-L。表 3.9 描述了消费者在各种情况下所持有的财产状况。

表 3.9　不同风险情况下消费者财富持有状况

	发生风险	不发生风险
购买保险	W_0-H	W_0-H
不购买保险	W_0-L	W_0
概率	P	1-P

如果投保人与保险公司之间是公平交易，那么该消费者应该使自己所支付的保险费等于自己财富的期望损失，所以有:

$$H = P\times L + (1-P)\times 0 = PL \tag{3.21}$$

其中，H 是消费者支付的保险费，PL 是消费者财富的期望损失。由于消费者支付的财产保险费等于财富的期望损失，所以消费者在保险后的确定性财富等于他在不购买保险时所持有的财富期望值，即：

$$W_0 - H = P\times(W_0 - L) + (1-P)\times W_0 \tag{3.22}$$

等式左边是购买保险情况下的确定性财富，右边是不购买保险情况下，消费者持有的财富期望值。尽管二者相等，但是对风险厌恶者来说，前者的效用大于后者的效用。

我们假定消费者拥有 50000 元财富，家中被盗窃的概率是 10%，如果被盗窃将发生损失 10000。考虑到发生盗窃的概率与一旦发生风险所损失的财产数额，消费者愿意支付 1000（10000×10%）元保险费，以便获得与不购买保险情况下所获得的财产期望值相等的财产额。表 3.10 概括了这些情况。

表 3.10　发生风险与购买保险对消费者财富的影响

	发生风险	不发生风险	财产期望值
购买保险	49000 元	49000 元	49000 元
不购买保险	40000 元	50000 元	49000 元
概率	0.1	0.9	

在现实中，保险公司收取的保险费要超过它提供的预期补偿，以弥补它的管理经营费用。因此有些人选择自保，而不是从保险公司购买保险，譬如说购买共同互助基金，使资产组合多样化的同时将一部分钱存放在基金，以弥补将来可能出现的损失；或者可以通过将钱放入个人养老金账户的形式实现自保，以抵消未来收入的降低。

（三）获取更多信息

在不确定性情况下，消费者的决策是建立在有限信息基础之上的。如果消费者可以获得更多信息，将会降低决策的风险。自己进行调研需要花费费用，而他人的信息也要购买才能获得，所以信息的取得是有代价的，信息是有价值的。微观经济学中，经常研究的是完全信息的价值，它对应的是信息完全时进行选择的期望收益与信息不完全时进行选择的期望收益之间的差额。

假定某商场经理，要对下个月某服装订货数量进行决策。如果进货 100 套，进货价格为每套 150 元；若进货 60 套，每套进货价格是 160 元。假定商场按每套 200 元的价格出售。在信息不完全的情况下，经理预测，若进货 60 套，可以按照每套 200 元的价格全部销售完毕，销售预期利润是 2400 元（60×（200－160））；若进货 100 套，只有 0.5 的概率按照 200 元的价格出售 100 套，另有 0.5 的概率是按照 200 元出售其中 60 套，因为马上要换季节了，所以剩下的 40 套只能按照单价 70 元打折处理了，预期利润是 2400 元（0.5×100×（200－150）＋0.5×[60×（200－150）＋40×（70－150）]。商场销售商品的销售利润情况如表 3.11 所示。

表 3.11　风险与销售收入

单位：元

	销售收入		期望利润
	0≤Q≤100, P=200	0≤Q≤60, P=200，若 Q>60, P＝70	
进货 60 套	12000	12000	2400
进货 100 套	20000	14800	2400

如果经理是风险厌恶者，他会选择进货 60 套，尽管这与进货 100 套的期望利润一样多。因为如果商场进货 100 套，按照 200 元的价格出售完 100 套，他可以获得 5000 元的利润，但是如果只能按照 200 元的价格出售其中 60 套，剩下的按照 70 元的价格处理，则会净亏损 200 元。

如果经理有完全的信息，他可以作出正确的订货选择，如果销量是 100 套，商场将进货 100 套，利润是 5000 元，如果销量是 60 套，商场将进货 60 套，利润是 2400 元。由于两种情况都可能出现，所以完全信息下的期望利润是 3700 元（0.5×2400+0.5×5000）。完全信息的价值可以计算为:完全信息下的期望利润−不确定下的期望利润。在这里是 1300 元。因此，为取得对销量的准确预测而支付 1300 元是值得的，即使预测也不是 100%准确无误，但对信息的投资将使以后的销售预测更为准确。

第四章　供给曲线的背后：生产者行为理论

我们已从消费者的角度分析了需求曲线和消费者行为。本章我们将分析另外一个微观主体——生产者，考察生产者行为。我们会发现生产者行为和消费者行为有着惊人的相似，都是理性的追求最优。鉴于生产者行为要考虑生产多少和生产成本两个方面的问题，所以本章也将从这两方面进行讨论。

第一节　厂商及生产函数

一、厂商

厂商是指对生产和销售作出统一决策的经济单位。厂商可以是生产产品的企业，也可以是提供服务的企业。厂商可以是指工厂、农场、银行，甚至指医院和学校等。作为一种经济决策单位，除了消费者与政府以外，其余的经济组织都是厂商。因为企业是厂商的主要形态，所以在本书中，我们统一用企业这一概念来代表。

企业是生产的主体，是指把投入转化为产出的生产经营性组织。市场和企业都是资源配置的方式：市场交易通过不同经济单位之间的合同实现，由价格机制从外部调节；企业则把市场交易活动变成经济单位内部的活动，由企业家统筹和组织，提高了交易活动的效率。企业按照其法律组织形式分为如下四种：

1. 个人独资企业又称个人业主制或业主制，它是人类历史上最早出现的也是最简单的企业形式。其主要特征是：企业的投资主体是单一的自然人，个人业主是企业的唯一投资者，享有生产决策和经营管理的全部权利以及全部的企业经营所得，同时对企业负债承担无限责任。无限责任意味着投资者要以自己的全部财产对公司债务承担责任。个人独资企业现在的数量依然庞大，即使在发达国家，也要占到企业总数的70%以上，但其营业额只占全社会总营业额的10%左右。

2．合伙制企业。这种企业是以两个或两个以上业主的财产为基础建立起来的企业。出资者又称合伙人，对企业债务承担无限连带责任。合伙人必须在适当的管理体制和分享利润方面达成一致意见。在现代市场经济中，合伙制企业数量比较少，在美国全部企业形式中，合伙企业约占7%。在一些企业信誉极为重要的行业，如律师事务所、会计师事务所、广告事务所、私人诊所和股票经纪商等，一般要求必须实行合伙制。

3．有限责任公司。它是两个以上股东共同出资，每个股东以其认缴的出资额对公司行为承担有限责任，公司是以其全部资产对债务承担责任的企业法人。有限责任公司设立程序简单，公司内部机构设置灵活，中小企业一般都采用这种形式。

4．股份有限公司。它是指注册资本划分为等额股份，通过发行股票来筹资建立的，以其全部资产对公司债务承担责任的企业法人。股份有限公司可以上市交易，其股份具有良好的流通性，并且可以具有大规模融资的能力，因而在现代市场经济中，大中型企业普遍采用这种组织形式。

二、生产函数

（一）生产要素

厂商进行生产的过程就是从资源的投入转化为产品的过程。我们把投入的生产性资源称为生产要素或经济资源。现实生产活动中所用的经济资源种类很多，但是在西方经济学中，生产要素一般划分为四类：劳动，即人类在生产过程中提供的体力和智力的总和，劳动的数量和质量是劳动率的决定因素；土地，指生产中所使用的各种自然资源，包括土地本身以及地上和地下的一切自然资源；资本，包括货币资本和厂房、设备、原材料等实物资本；企业家才能，指企业家组织建立和经营管理企业的才能，没有企业家的参与，企业是不会运作的，而不同的企业家所经营的效率和成果也是相差很大的。

（二）生产函数的具体形式

生产函数表示在一定时期内，在技术水平不变的情况下，生产中所使用的各种生产要素的数量与所能生产的最大产量之间的关系。它的一般数学表达式可以记为：

$$Q=f(X_1,X_2,\cdots,X_n) \tag{4.1}$$

式（4.1）中 Q 代表产出量，$X_1,X_2,\cdots,X_n$ 代表各种投入的生产要素的数量。为了简化分析，我们只讨论使用两种生产要素、生产单一产品的情况，所以生产函数为：

$$Q=f(L,K) \tag{4.2}$$

其中，L 代表劳动投入量，K 代表资本投入量。下面介绍另外几种常见的生产函数：

1．柯布－道格拉斯生产函数，其形式是 $Q=AL^{\alpha}K^{\beta}$，A、α、β为三个参数，α，β∈（0，1）。大致说来，参数 A 代表生产规模，即表示当每种要素投入都增加一单位时产出将增加多少。α和β分别表示劳动和资本在生产中的相对重要性。α是劳动所得在总产量中所占的份额，β是资本所得在总产量中所占的份额。根据α、β之和还可以判断规模报酬的情况：若$\alpha+\beta<1$，则为规模报酬递减；若$\alpha+\beta>1$，则为规模报酬递增；若$\alpha+\beta=1$，则规模报酬不变。

这个函数是以柯布和道格拉斯两位经济学家的名字命名的。由于柯布－道格拉斯函数具有许多经济学上所需要的良好性质，因此经济分析中使用得比较多。

2．固定投入比例生产函数。为了生产某一单位产品，需要把各种生产要素按照一定的配合比例投入到生产过程中去。这种不同生产要素的配合比例叫做技术系数。固定投入比例生产函数是指每一个产量水平上任何一对要素投入量之间的比例都是固定的生产函数，即它的技术系数是固定的，生产中的各种生产要素不能互相替代，只能按照这个固定的比例投入到生产中去，超出这个比例的那部分生产要素不能在生产中发挥作用。其表达式是：f(L,K)=min{L,K}。这种生产函数具有图 4-1 所示的形状，看上去很像消费者理论中的完全互补品的无差异曲线形状。

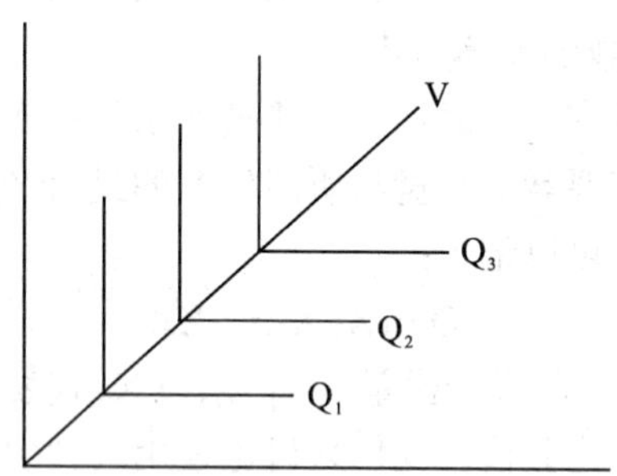

图 4-1 固定投入比例生产函数的图形

（三）短期和长期

在对生产函数深入分析之前，有必要对短期和长期进行区分。这里以厂商调整生产规模（固定的生产要素和生产能力）所需要的时间长度来划分。短期是指时间短到厂商来不及调整生产规模以达到调整产量的目的，只能在原有的厂房、机器和设备条件下调整产量，这些要素的投入是不变要素投入，而剩下的在短期内可以进行数量调整的要素投入是可变要素投入，如劳动力、原材料和燃料等；长期是指时间长到足可以使厂商调整规模以达到调整产量的目的，在长期内，厂商可以调整全部的要素投入。简言之，短期内至少有一种生产要素投入量是固定的，而长期内所有的生产要素投入量都是可变的。

长短期的划分不是绝对的，由于调整规模的能力和所需要的时间不一样，所以不同的厂商长短期划分也是不同的。对于一个小厂商来说三年是长期，但是对一个大型厂商来说这只能算短期了。

明确了长短期的概念之后，我们将对生产函数进行类似的区分，在短期内，假设资本数量不变，只有劳动随产量变化，则生产函数可表示为 $Q = f(L, \overline{K}) = f(L)$。这种生产函数可以称为短期生产函数。在长期，资本和劳动都可变，则生产函数可表示为 Q=f(L,K)。

第二节　短期生产函数

一、总产量曲线、平均产量曲线和边际产量曲线

（一）总产量、平均产量和边际产量

根据短期生产函数 $Q=f(L,\overline{K})=f(L)$，随着劳动投入量 L 的变化会引起最大产量 Q 的变化。由此我们可以得到劳动的总产量、平均产量和边际产量的概念。

总产量用 TP 表示。它是指在某一给定时期生产要素所能生产的全部产量。它的公式是：

$$TP_L=f(L,\overline{K}) \tag{4.3}$$

平均产量用 AP 表示。一种要素的平均产量是以总产量除以该要素的投入量。平均产量是指变动要素的平均产量。劳动的平均产量又称为产出－劳动比率。它的公式是：

$$AP_L=\frac{TP_L}{L} \tag{4.4}$$

边际产量用 MP 表示。一种要素的边际产量是指该要素的增量所引起的总产量的增量。由边际产量的定义知道，只有变动要素才会有边际产量。劳动的边际产量可以表示为：

$$MP_L=\frac{\Delta TP_L}{\Delta L} \tag{4.5}$$

或

$$MP_L=\lim_{\Delta L\to 0}\frac{\Delta TP_L}{\Delta L}=\frac{dTP_L}{dL} \tag{4.6}$$

为了说明这几个概念，我们假设劳动投入量从 0 个单位逐渐增加到 8 个单位，则相应的总产量、平均产量和边际产量见表 4.1。

我们利用表 4.1 中的数据绘成图 4-2 的总产量曲线、平均产量曲线和边际产量曲线。下面结合表 4.1 和图 4-2 来进行讨论。

表 4.1 劳动的总产量、平均产量和边际产量

	劳动投入量	劳动总产量	劳动平均产量	劳动边际产量
	0	0	—	—
A	1	10	10	10
B	2	30	15	20
C	3	60	20	30
D	4	80	20	20
E	5	95	19	15
F	6	108	18	13
G	7	112	16	4
H	8	112	14	0
I	9	108	12	−4
J	10	100	10	−8

我们看到随着劳动投入的变化，总产量随之变化。直到劳动投入为 7 个单位之前，总产量一直是上升的。当劳动的投入从 7 个单位增加到 8 个单位时，总产量保持不变。当劳动投入增加到 9 个单位后，若再增加劳动投入，总产量不仅不会增加，反而会下降。例如，当劳动投入从 8 个单位增加到 9 个单位时，总产量从 112 个单位下降到 108 个单位。这说明在生产中，当某种要素投入增加到一定点以后，不能再继续增加该要素的投入，否则，不仅不会使总产量增加，反而会使总产量减少。就平均产量来说，随着劳动投入的增加，其数值先上升，后下降。与此同时，边际产量也是先上升，后下降，达到某一点后，边际产量为负值。

而图 4-2 显示了总产量曲线、平均产量曲线和边际产量曲线之间存在的密切联系。

1．总产量和平均产量。因为 $AP_L=\frac{TP_L}{L}$，所以如果我们过坐标原点和总产量 TP 曲线上的任一点作一条射线，则这条射线的斜率就相当于总产量为这一点时的平均产量。

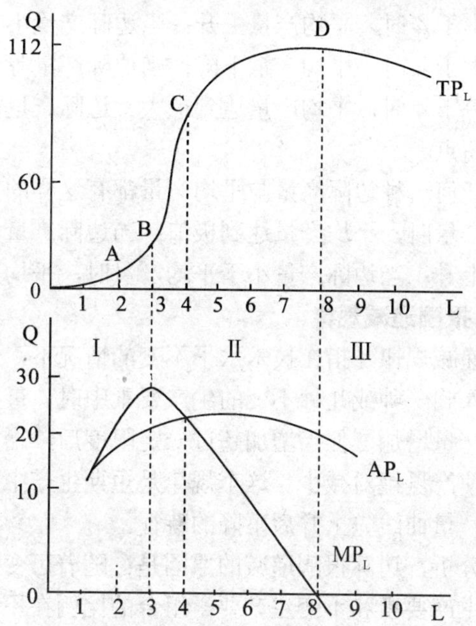

图 4-2　劳动的总产量、平均产量和边际产量

2. 总产量和边际产量。因为 $MP_L = \frac{dTP_L}{dL}$，所以过总产量曲线上任何一点的切线的斜率，都可以表示为该点上的边际产量。从图 4-2 中可以看到，总产量曲线在 B 点切线的斜率最大，这时边际产量达到最大。在 B 点左边，总产量曲线快速上升，即其斜率递增，边际产量曲线上升；在 B 点右边，总产量曲线上升的速度放慢，即斜率是递减的，边际产量曲线下降；当总产量最大时，边际产量是零；当劳动投入继续增加，总产量随着劳动投入量的增加而减少时，总产量曲线的斜率为负，相应地，边际产量也是负值。在边际产量为零时，总产量之所以达到最大，是因为边际产量函数是总产量函数的一阶导数，在使其一阶导数等于零的 L 值上，即边际产量曲线和横轴相交的 L 值上，必定对应着总产量函数的极大值。

3. 平均产量和边际产量。在图 4-2 中，当边际产量大于平均产量，即劳动投入量小于 4 时，平均产量上升；当边际产量小于平均产量，即劳动投入量大于 4 时，平均产量下降；当边际产量等于平均产量，即劳动投入量等于 4 时，平均产量达到最大。边际产量曲线穿过平均产量曲线的最高点。

事实上，任何一种边际产量与平均产量都有这样的关系：当边际产量等于平均产量时，平均产量达到极值；当边际产量大于平均产量时，平均产量上升；当边际产量小于平均产量时，平均产量下降。

（二）边际报酬递减规律

边际报酬递减规律是指在技术水平不变的情况下，当把一种可变的生产要素投入到一种或几种不变的生产要素中时，最初这种生产要素的增加会使产量增加，但当增加超过一定限度后，增加的产量会递减，最终还会使产量绝对减少。这个规律是短期生产中的基本规律，它决定了边际产量曲线先上升后下降的特征。

从理论上分析，边际报酬递减的原因是：随着可变生产要素投入的增加，可变生产要素和不变生产要素组合的比例在不断变化，最开始投入可变生产要素时，不变生产要素相对过多，以至于生产效率不能有效发挥，当可变生产要素继续增加，两种要素的组合比例逐渐趋于合理，使得不变生产要素被充分利用，生产效率不断提高，可变生产要素的边际产量增加，当可变生产要素继续增加时，可变生产要素相对过多，要素组合再次变得不合理，所以生产效率必然下降，边际产量也就下降。

关于边际报酬递减规律，需要注意以下几点：

1．它是以其他生产要素固定不变，只有一种生产要素变动为前提的。如果不是一种要素的投入可变，而是各种生产要素的投入都可变，由此引出的产量变化情况就不属于边际报酬的概念，而是属于规模报酬的概念。

2．它是在可变要素增加到一定程度才出现，在此之前，当固定要素相对过多，即可变要素相对不足时，增加可变要素将出现边际报酬递增的现象。也可能出现这样一种情况，即继续增加可变要素时，在一定范围内要素的边际产量处于恒等不变的状态，超过这个范围再继续追加可变要素时，才进入报酬递减阶段。

3．它假定所有的可变投入要素都是同质的，即所有劳动者在操作技术、劳动积极性等各个方面都没有差异，所以边际报酬递减不是由劳动者的素质下降造成的，而是由于其他固定投入品的使用限制造成的。

4．以技术不变为前提，如果生产技术在要素投入变动的同时也得到改进，总产量曲线会上移，劳动生产率也可能会提高。这种总产量曲线的移动容易掩盖报酬递减规律。在历史上，英国经济学家马尔萨斯正是没有考虑到长期的技术进步，错误地估计了人口增加带来的后果，使很多国家的农业增长超过了人口的增长。

二、生产的三个阶段

边际报酬递减规律告诉我们，一种可变要素的投入不是越多越好，在有些情况下投入多了，反而使产量下降，所以应该确定最佳的要素投入量，这便是下面所要讨论的可变要素投入的三个阶段。划分的标准是可变要素的投入根据其边际产量变化的情况。

第一阶段，相当于图 4-2 中总产量曲线上 C 点以前的部分。在该阶段，边际产量先是增加，达到最大，然后递减，但是边际产量始终大于平均产量，从而总产量和平均产量都是递增的。在这个阶段，可变生产要素投入过少，不变生产要素投入过多，要素的组合比例不合理，只要继续增加可变要素的投入，就能提高生产效率，因而是有利可图的，任何理性的厂商都不会在这个阶段停止生产，而是会将生产扩大到第二阶段。

第二阶段，相当于总产量曲线上 C 点与 D 点之间的部分。在该阶段，边际产量是递减的，但仍大于零，而且边际产量小于平均产量，平均产量下降，但总产量还在继续上升。尽管边际产量和平均产量开始下降，可变要素的生产效率下降，但是总产量呈上升趋势，因而不变生产要素的平均产量呈上升趋势，其效率继续得到提高。

第三阶段，相当于总产量曲线上 D 点以后的部分。在该阶段，平均产量和总产量不断下降，边际产量小于零且继续下降。可变生产要素投入太多，要素的组合比例严重失调，新增加的可变生产要素不但不能增加总产量，反而对生产秩序造成干扰，降低了生产效率，可变要素的边际产量为负，而且不变生产要素的平均产量也开始下降，所以理性的厂商会退回到第二阶段。

由此看来第二阶段是生产的均衡区，具体的均衡点取决于投入生产要素的价格。如果可变生产要素的价格相对较低，其投入量靠近 D 点对厂商比较有利；反之，则投入量应该靠近 C 点。

还要注意的是，许多行业产品的生产不存在上述三个阶段的划分。这些行业可能不存在边际产量递增阶段，边际产量一直是递减的；也可能不存在边际产量为负值的阶段。

由于生产只能选择在第二阶段进行，所以我们在以后的讨论中只涉及这个阶段，比如平均产量曲线和边际产量曲线往往只画出在这个阶段的图形。

第三节 长期生产函数

一、等产量曲线

和短期不一样，在实际生活中，特别是在长期规划中，多种投入要素之间往往是可以相互替代的，于是就有了一个最优组合的问题：在成本一定的条件下，投入要素之间如何组合，才能使产量最大；在产量一定的情况下，投入要素之间如何组合，才能使成本最低。为了寻找投入要素的最优组合，需要利用等产量曲线和等成本曲线，下面首先介绍等产量曲线。

等产量曲线是在技术水平不变的条件下生产同一产量的两种要素投入量的所有不同组合的轨迹。在资本和劳动可以相互替代的情况下，不同的资本劳动组合可以生产出相同的产量。假如企业能估计到生产 100 个单位产量的所有可能的要素组合，表 4.2 列出了部分组合。

表 4.2　生产 100 个单位产量的各种资本和劳动组合

	a	b	c	d	e
资本	50	30	20	12	10
劳动	10	20	30	40	50

可以看到，在 a 组合，投入 50 个单位资本和 10 个单位劳动生产 100 个单位产量，然后资本投入量逐渐减少，劳动投入量逐渐增加，但是都能生产出 100 个单位产量，到 e 组合时，生产同样的产量所需资本的投入量是 10 个单位，劳动的投入量是 50 个单位。生产一定的产量，既可以多使用资本少使用劳动，也可以多使用劳动少使用资本，前面的生产方式被称作资本密集型生产，后面的生产方式被称作劳动密集型生产。其实还有很多组合可以生产 100 个单位的产量，我们将这些组合用一条光滑的曲线连接起来，如图 4-3，这条曲线就是等产量曲线。

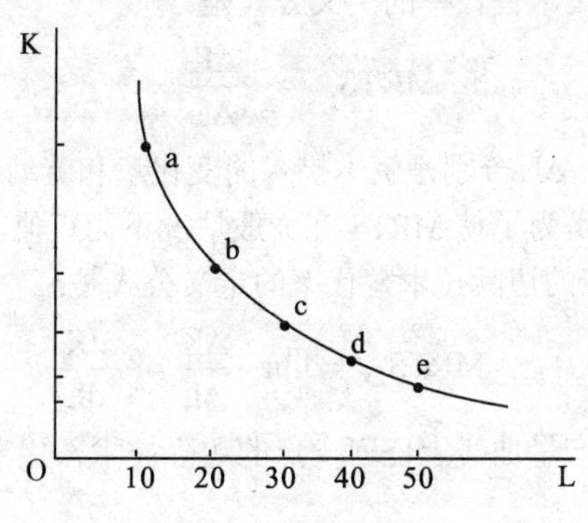

图 4-3　等产量曲线

等产量曲线和无差异曲线具有很相似的特征：

1．离原点越近的等产量曲线代表的产量水平越低。

2．同一等产量曲线图上，任意两条曲线不能相交。因为两条等产量曲线的交点代表两种投入要素的同一种组合，而同一种组合的投入要素不可能对应两个不同的产量。

3．等产量曲线通常向右下方倾斜，其斜率为负。因为曲线上的每一个点通常都代表着能生产同一产量的两种要素投入量的组合，这意味着增加一单位某种要素的投入，要保持产量不变，就必须相应地减少另一种要素的投入，否则就是缺乏效率的。

4．等产量曲线凸向原点。这是由边际技术替代率递减规律所决定的。后面的部分我们再介绍这个规律。

但二者也是有区别的。等产量曲线表示两种要素可以相互替代，不同的要素组合生产出同样的产量，代表两种生产要素的不同组合与产量之间的技术联系；而无差异曲线表示的是两种商品可以相互替代，不同的商品组合可以产生同样的效用，代表的是消费者对两种商品不同组合的主观评价。

上面提到的边际技术替代率是用来测度在维持产出水平不变的条件下，增加一单位某种要素投入所能够减少的另一要素投入量。劳动对资本的边际技术替代率的定义公式是：

$$MRTS_{LK} = -\frac{\Delta K}{\Delta L} \tag{4.7}$$

其中，ΔK、ΔL 分别是资本投入的变化量和劳动投入的变化量。公式中加一负号是为了使 MRTS 在一般情况下为正值，便于比较。当 $\Delta L \to 0$ 时，相应的边际技术替代率的定义公式是：

$$MRTS_{LK} = \lim_{\Delta L \to 0} -\frac{\Delta K}{\Delta L} = -\frac{dK}{dL} \tag{4.8}$$

很明显，等产量曲线上任何一点的边际技术替代率等于该点切线斜率的绝对值。

边际技术替代率还可以表示为两种生产要素的边际产量之比。因为根据定义，总产量要维持不变，增加劳动的使用而造成总产量的增加（$MP_l \times \Delta L$），必须恰好由减少资本的使用量而使总产量减少（$-MP_K \times \Delta K$）所抵消，所以：

$$MP_L \times \Delta L = -MP_K \times \Delta K \tag{4.9}$$

将该式重新整理可得：$\frac{MP_L}{MP_K}=-\frac{\Delta K}{\Delta L}=MRTS_{LK}$　　(4.10)

可见，边际技术替代率的绝对值可以用两种生产要素的边际产量之比来表示。

知道了什么是边际技术替代率之后，我们开始介绍边际技术替代率递减规律。边际技术替代率递减规律是在维持产量不变的前提下，当一种生产要素的投入量不断增加时，每一单位的这种生产要素所能替代的另一种生产要素的数量是递减的。以图 4-3 为例，我们能清楚地看到，在维持 100 个单位产量不变的情况下，从 a 点（10 个单位劳动和 50 个单位资本的组合）开始增加劳动投入，当劳动投入增加到 20 个单位时，资本减少为 30 个单位（b 点），增加的 10 个单位劳动可以替代 20 个单位资本，劳动的边际技术替代率是 2。当劳动继续增加到 30 个单位时，资本降到 20 个单位（c 点），10 个单位劳动可以替代 10 个单位资本，劳动的边际替代率降为 1。劳动投入再进一步增加到 40 个单位（d 点）和 50 个单位（e 点）时，资本投入减少到 12 单位和 10 个单位，劳动的边际技术替代率继续降低到 0.8 和 0.2。

为什么会有边际技术替代率递减规律呢？由(4.10)式可以看出，由于边际报酬递减规律，随着劳动投入量的增加，劳动的边际产量（MP_L）是递减的，而资本投入量的减少，使资本的边际产量（MP_K）递增，所以 $MRTS_{LK}$ 是递减的。我们从等产量曲线来解释，随着劳动投入的增加，资本投入不断减少，劳动的边际产量会下降，而资本的边际产量会增加，这使得要维持一定的产量，只能用更多的劳动来替代一定量的资本，即等产量曲线斜率的绝对值递减。当劳动投入增加到一定程度，便不会使资本减少，如果再继续增加劳动投入，只会造成无效率生产状态。所以一种生产要素投入的增加，它所能替代的另一种生产要素的数量是不断减少的，即边际技术替代率是递减的。

二、等成本线

等成本线是在既定的成本和既定的要素价格条件下厂商可以购买的两种要素的各种不同的最大数量组合的轨迹，因为它有既定的成本，限制着厂商对两种生产要素的购买，所以也成为厂商的预算约束线。假定市场上生产要素的价格既定，单个厂商是生产要素价格的接受者，用ω代表劳动的价格，r 代表资本的价格，厂商购买劳动和资本的总费用是 C，在这种情况下，厂商对两种要素的购买选择由下列方程给出：

$$C = rK + \omega L \tag{4.11}$$

这是成本方程，经过整理可以得到等成本线：

$$K = \frac{C}{r} - \frac{\omega}{r} \times L \tag{4.12}$$

如图 4-4 所示，以 L 为横坐标，K 为纵坐标，斜率 $\frac{\omega}{r}$ 是劳动与资本的价格比率，其大小取决于资本与劳动两要素相对价格的高低，横轴上的点 $\frac{C}{\omega}$ 表示全部成本都用于购买劳动所能买到的劳动数量，同样，纵轴上的点 $\frac{C}{r}$ 表示全部成本都用于购买资本所能买到的资本数量。连接这两个点的线段就是等成本线，线上的各点表示既定成本所能购买到的资本和劳动的各种组合。

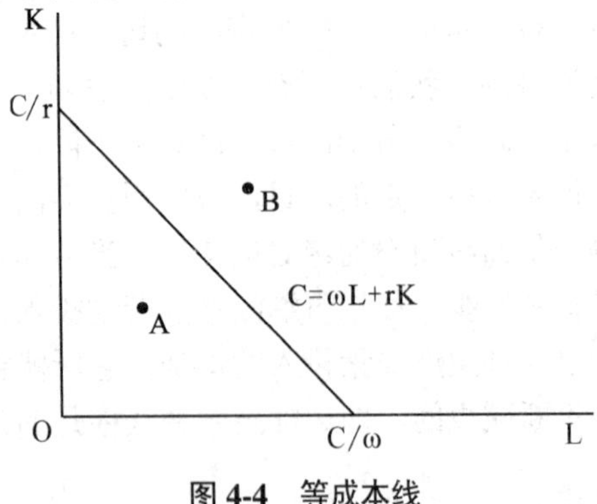

图 4-4 等成本线

当劳动与资本的价格比率固定时，厂商总成本的增加会使等成本线向上移动，如图 4-5(a)，从 AB 移动到 A'B'；反之，总成本的减少会使等成本线向下移动。当总成本固定，劳动与资本的价格比率发生变化时，等成本线的斜率会改变，如果资本价格不变，劳动价格上升，厂商全部成本所能购买到的劳动数量将减少，等成本线 AB 会绕 A 点顺时针旋转到 AB'，反之，等成本线会逆时针旋转；如果劳动价格不变，资本价格上升，厂商全部成本所能购买到的资本数量也将减少，等成本线 AB 会绕 B 点逆时针旋转到 A'B，反之，等成本线会顺时针旋转。

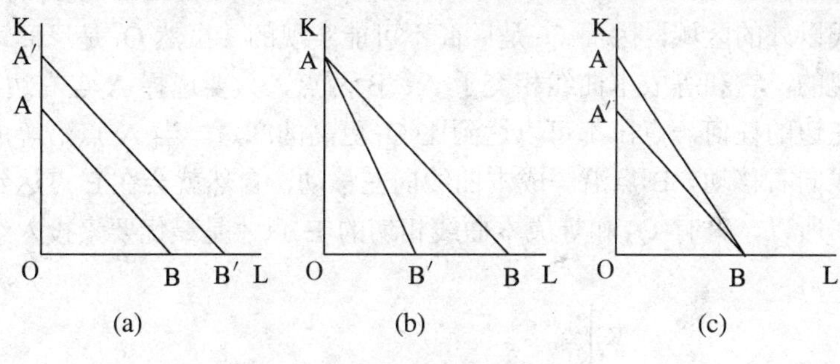

图 4-5　等成本线的移动

三、最优要素投入组合

了解了生产函数与成本函数以后，很容易求解最优要素投入组合的均衡点。所谓最优要素投入组合是指在成本既定的情况下使产出最大的要素组合，或者，在产出既定的情况下使成本最小的组合。根据这样的理解，最优要素投入组合点必须满足两个条件：

1．要素投入的最优组合应处在等成本线上。

2．要素投入的最优组合发生在等产量曲线和等成本线相切之点上，即要求等产量曲线的切线斜率与等成本线的斜率相等。

第一个条件很好理解，以图 4-4 为例，等成本线把坐标平面划分为三个区域，在等成本线以外的任何一点，如 B 点，表示用既定的全部成本购买该点所代表的劳动和资本的数量组合是不可能的，超出了厂商的预算，是购买不到的；在等成本线以内的任何一点，如 A 点，表示既定的全部成本用来购买该点所代表的劳动和资本的数量组合以后还有剩余，厂商可以继续购买生产要素增加生产，因为根据本书中的假设，增加生产对厂商是有利可图的。唯有等成本线上的任何一点，才表示用既定的全部成本能购买到的劳动和资本的最大数量组合。

至于第二个条件，我们用图 4-6 加以证明。从图中可以看到三条等产量曲线 Q_1、Q_2、Q_3，其中 Q_2 和等成本曲线相切于 E 点，在该点等产量曲线的切线斜率与等成本线的斜率相等，所以 E 就是厂商的最优要素投入组合点。尽管 Q_3 代表了更高的产量，但是由于它在等成本曲线以外的区域，因而 Q_3 是厂商不可能实现的；虽然 Q_1 是厂商可以实现的，它和等成本曲线相交于 A、B 两点，只要选择 A 点右边、B 点左边的任何一点，都可以达到比 Q_1 更高的产量。当 A 点沿等成本曲线向右移动，B 点沿等成本曲线向左移动，自然就会在 E 点达到均衡。所以，只有 Q_2 和等成本曲线相切的 E 点才是最优要素投入组合点。

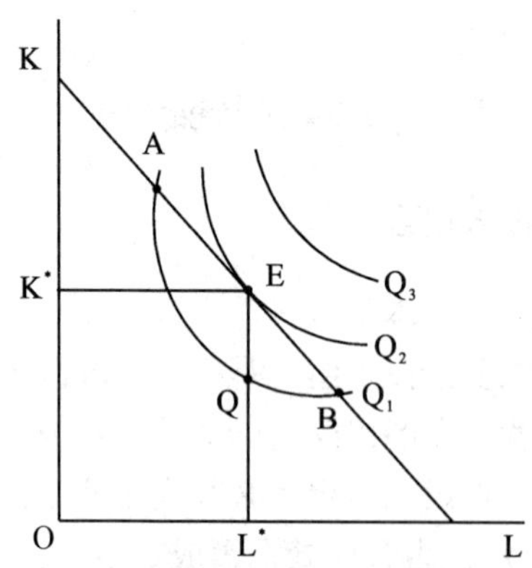

图 4-6 最优要素投入组合

我们已经知道，等产量曲线的斜率的绝对值等于边际技术替代率 MRTS，等成本线的斜率是要素价格之比的负数，因此，第二个条件可表述为：

$$|MRTS_{LK}| = \frac{MP_L}{MP_K} = \frac{\omega}{r} \tag{4.13}$$

即达到最优要素投入组合均衡的必要条件是资本与劳动两种要

素的边际技术替代率等于这两种要素的价格比率。

通过以上分析，我们看到关于厂商最优要素投入组合均衡点的分析类似于消费者效用最大化均衡点的分析。这里厂商的等产量曲线类似于消费者的无差异曲线，厂商的等成本曲线类似于消费者的家庭预算线。

四、扩展线与规模报酬

当产量和成本发生变化时，厂商如何在变化了的产量条件下实现最小成本，或在变化了的成本条件下实现最大的产量。为此我们将介绍扩展线。

（一）等斜线

等斜线是一组等产量曲线中两要素的边际技术替代率相等的点的轨迹。如图 4-7，Q_1、Q_2、Q_3 分别是根据某种生产函数构造的三条等产量曲线，C_1、C_2、C_3 是三条相互平行且分别与三条等产量曲线相切的直线。切点 A、B、C 上两种生产要素的边际技术替代率相等。连接这些切点以及原点的曲线 OS 就是等斜线。

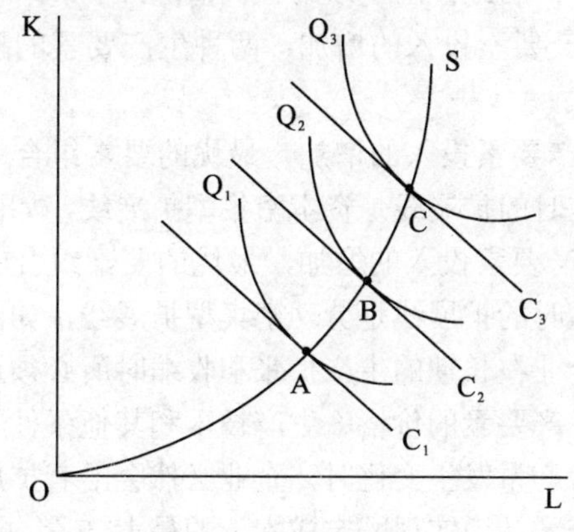

图 4-7　等斜线

（二）扩展线

下面介绍等斜线的特例——扩展线。在要素价格、生产技术和其他条件不变时，如果企业改变成本，等成本线会发生平移；如果企业改变产量，等产量线就会发生变化，由此形成一系列等成本线和等产量线相切的点，在这些生产均衡点上，边际技术替代率都是相等的，所有切点的连线就是生产扩展线，如图 4-8 所示。所以扩展线是在假定生产要素价格不变的条件下，厂商的成本支出扩张或产出扩张所导致的结果。

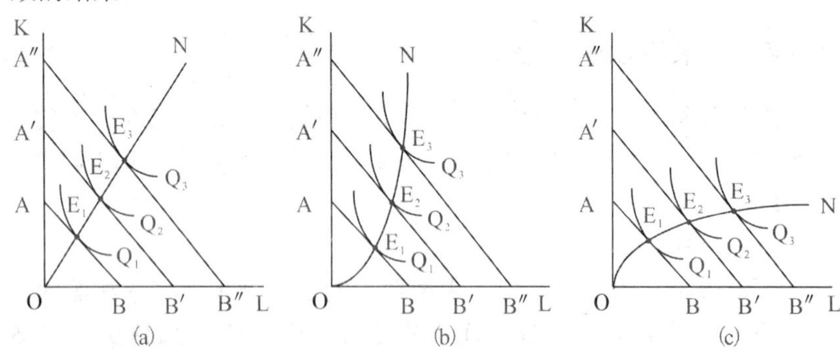

图 4-8 扩展线的三种情况

扩展线只是要求生产要素的价格不变，当生产要素投入的组合比例发生变化时，扩展线会出现以下三种情况：

1. 随着生产要素投入的增加，两种生产要素的配合比例保持不变，如图 4-8(a)。

2. 随着生产要素投入的增加，最优的要素组合中资本所占的比重越来越大，这时的扩展线是资本密集型扩展线，如图 4-8(b)。

3. 随着生产要素投入的增加，最优的要素组合中劳动所占的比重越来越大，这时的扩展线是劳动密集型扩展线，如图 4-8(c)。

扩展线是企业在长期的生产扩张和收缩时所必须遵循的路线。扩展线表示，在生产要素的价格、生产技术和其他条件不变的情况下，当生产的成本和产量发生变化时，企业必然会沿着扩展线来选择最优的生产要素组合，从而实现既定成本下的最大产量，或既定产量下的最小成本。

（三）规模报酬

一般来说，按全部的生产要素都以相同的比例发生变化来定义厂商生产规模的变化。规模报酬研究的是当厂商生产规模扩大时，其产量以何比例增加，即分析厂商的生产规模变化与所引起的产量变化之间的关系。厂商的规模报酬变化存在三种情况：

1．规模报酬递增，即当各种生产要素按某一倍数增加时，产量增加的倍数要超过生产要素增加的倍数。例如，当全部的生产要素投入都增加 100%时，产量的增加大于 100%。

2．规模报酬不变，即当各种生产要素按某一倍数增加时，产量也按这一倍数增加。例如当全部生产要素投入增加 100%时，产量的增加等于 100%。

3．规模报酬递减，即当各种生产要素按某一倍数增加时，产量增加的倍数要小于生产要素增加的倍数。例如，当全部生产要素投入增加 100%时，产量的增加小于 100%。

以上三种情况还可以用数学公式来表示。

对于生产函数 $Q=f(L,K)$，如果劳动 L 和资本 K 分别增加到 aL 和 aK，其中 $a>1$，那么，产出将由 $f(L,K)$增加到 $f(aL,aK)$，则：

1．当 $f(aL,aK)>af(L,K)$，生产函数具有规模报酬递增的性质；

2．当 $f(aL,aK)=af(L,K)$，生产函数具有规模报酬不变的性质；

3．当 $f(aL,aK)<af(L,K)$，生产函数具有规模报酬递减的性质。

对于柯布－道格拉斯生产函数 $Q=AL^{\alpha}K^{\beta}$，如果两种投入要素都增加为原来的 λ 倍，会使产量增加到原来的 h 倍，则 $hQ=A(\lambda K)^{\alpha}(\lambda L)^{\beta}=\lambda^{(\alpha+\beta)}AK^{\alpha}L^{\beta}=\lambda^{(\alpha+\beta)}Q$，即：

1．当$\alpha+\beta>1$ 时，生产函数的规模报酬递增；

2．当$\alpha+\beta=1$ 时，生产函数的规模报酬不变；

3．当$\alpha+\beta<1$ 时，生产函数的规模报酬递减。

还可以用图来表示规模报酬的不同情况，如图 4-9 所示。

1．图 4-9(a)表示规模报酬递增，从 A 到 B，要素投入增加了一倍，产量增加超过一倍。

2．图 4-9(b)表示规模报酬不变，从 A'到 B'，要素投入增加了一倍，产量也增加一倍。

3．图 4-9(c)表示规模报酬递减，从 A"到 B"，要素投入增加了一倍，产量增加少于一倍。

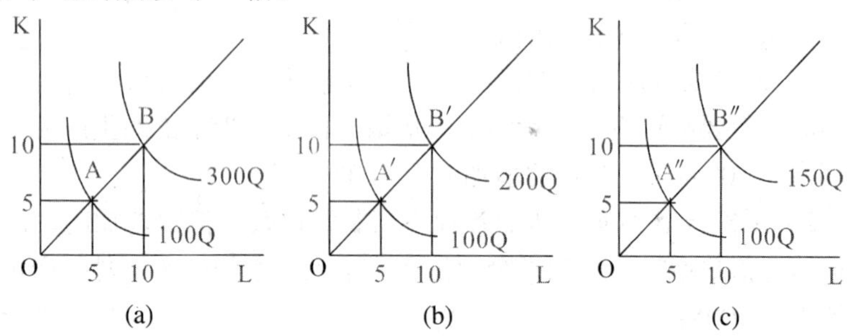

图 4-9 规模报酬递增、规模报酬不变和规模报酬递减

为什么会有边际规模报酬的变化呢？

规模报酬递增，主要是因为生产规模扩大所带来的生产效率的提高。例如，工人可以进行更有效的协作，每个人专门从事某项工作的效率要大于每个人从头到尾完成每一道工序；厂商可以采用一些只有大规模生产才能有效使用的技术和工艺(如电脑管理、流水化作业等)。这种由于生产规模扩大而带来的经济上的好处称为规模经济。

规模报酬不变，因为生产规模达到一定程度后，大规模生产的优势得到了充分发挥，再进一步扩大规模已不能使生产报酬进一步提高。

规模报酬递减，因为厂商生产规模过大，使得生产的各个方面难以得到协调，从而降低了生产效率。它可以表现为管理层次过多、信息在上下传递过程中容易丢失或被扭曲、内部沟通和联系日益困难、决策和实施的时滞过长等。这种由于生产规模超过客观条件允许的范围而造成的经济效率下降称为规模不经济。

一般来说，厂商在规模扩张的开始阶段是规模报酬递增阶段，在厂商得到了由规模扩大所带来的产量递增的全部好处之后，若继续扩大生产规模，就会进入规模报酬不变阶段，之后，如果厂商还扩大生产规模，则进入规模报酬递减阶段。由于各个部门的自然条件和技术状况不同，所以规模经济在各个部门的分布也是不同的。在资本和劳动很难集中管理的行业，规模经济效果不明显；在资本和劳动容易集中管理的行业，规模经济效果显著。

第四节　成本概念

一、成本种类

所谓成本，就是为了达到某种目的或获得某种成果而付出的代价，对于厂商而言，其生产成本就是厂商为了获得各种投入的生产要素所付出的代价。但是，经济学中的成本和日常生活中所理解的成本有所不同，因此有必要加以明确。

（一）机会成本和经济成本

机会成本是指利用既定资源得到某种收入时而放弃的该资源的其他可能利用机会的最高收入。如果你上大学，你或你家长会为此支付学费、旅行费和书费等成本，这是上大学实际的开销，但若考虑机会成本，则还应包括在这段时间里放弃的如果参加工作可获得的收入。

严格地说，机会成本虽然通常不是实际发生的成本，而是在选择资源用途时所产生的观念上的成本，但是这种观念上的成本不仅影响着厂商的决策，而且影响着个人的决策。比如说，我们应该考虑和权衡上大学的机会成本，当上大学的预期收入，即大学毕业后能够获得的预期工资水平小于上大学的机会成本时，这名学生就会放弃上大学的机会。

以上考虑的是每一种单项资源的机会成本，而一个厂商的经营往往需要使用多种资源，由于每一项资源都有机会成本，都会有其他不同的选择，所以，厂商经营的总成本就是实际使用的所有资源的机会成本的总和。为了明确起见，我们把如此计算出来的总成本称为厂商经营的机会成本或经济成本。

（二）显性成本和隐性成本

显性成本是指厂商在生产要素市场上购买或租用所需要的生产要素的实际支出。比如，某厂雇用一定数量的工人所支付的工资，从银行取得一定数量的贷款所支付的利息，租用一定数量的土地所支付的地租，因为这些都是厂商支付货币给本厂商以外的个人或厂商，是一种很明显的货币支出，所以是显性成本。

隐性成本是指厂商本身所拥有的且被用于该厂商生产过程的那些生产要素的价格。为了生产除了雇用工人、向银行贷款和租用一定数量的土地之外，厂商还得动用自有资金和管理才能亲自管理企业。既然雇用工人应该支付工资，取得贷款应该支付利息，租用土地应该支付地租，那么动用自己的资金和管理才能并亲自管理也应该取得报酬，并且应该计入成本，因为它们在生产中发挥的作用与从市场上购买来的那些生产要素并无不同。由于这些报酬不是支付到厂商外部去的，其支出不如显性成本那么明显，故称为隐性成本。显性成本和隐性成本之和构成厂商的总成本。

（三）私人成本和社会成本

私人成本是指私人厂商在生产中为全部投入要素所支付的成本。私人成本＝厂商的总成本＝显性成本＋隐性成本。

社会成本是指整个社会为厂商的生产所支付的成本。例如，厂商将工业废水排放进河流，对厂商而言，处理废水的成本可能就仅仅是将废水排入河流所要支出的金额，这就是厂商的私人成本；由于河流受到污染，危害着周围居民的健康和生态的平衡，这种损失以及社会治理污染所支付的费用，构成了社会外在成本。社会成本＝私人成本＋社会外在成本。如果市场是完全竞争的市场，并且私人经济活动不产生外部性，则私人成本与社会成本完全一致；若市场不完善和存在外部性，则私人成本与社会成本就不一致了。

（四）沉没成本

沉没成本是指已经发生且无法收回的成本。由于它是无法收回的，所以不列入机会成本，不影响厂商的决策。我们用一个生活中的例子来说明什么是沉没成本。假如你花 7 美元买了一张电影票，你怀疑这个电影是否值 7 美元。看了半小时后，你最担心的事被证实了：影片糟透了。你应该离开影院吗？在做这个决定时，你应当忽视那 7 美元。它是沉没成本，无论你离开影院与否，钱都不会再收回。

二、利润

利润可以分为会计利润、正常利润和经济利润。

会计利润是指将厂商的总收益减去会计成本（显性成本）之后的余额。

正常利润是指厂商对自己提供的生产要素所支付的报酬，也即隐性成本。它是厂商维持经营生产所必需的最低成本。如果厂商不能获得正常利润，那么该厂商就会把自有要素转为他用，以获得好处，所以理所当然要求得到这一份报酬。对生产经营过程来说，这部分报酬是生产成本；对要素的所有者来说，就表现为利润，即正常利润。

经济利润是指将厂商的总收益减去总机会成本后的余额，也称为超额利润。经济利润是资源配置和重新配置的信号。如果某一行业的经济利润是正，说明该行业的厂商总收益超过了总成本，这将吸引生产资源的所有者进入该行业；如果经济利润是负，将会导致生产资源从这个行业撤出，进入别的行业；只有当经济利润是零的时候，才不会有生产资源的进出。要注意的是，即使没有经济利润，厂商仍然获得正常利润。

上面三个利润之间的关系可以归结为如下等式：

会计利润＝总收入－会计成本

正常利润＝厂商投入的自有生产要素的机会成本＝隐性成本

经济利润＝总收益－总机会成本

　　　　＝总收益－显性成本－隐性成本

　　　　＝会计利润－隐性成本

　　　　＝会计利润－正常利润

第五节　短期成本

一、短期总成本

短期总成本（STC）包括固定成本（SFC）和可变成本（SVC）

两个部分，即 STC=SFC+SVC。

1．固定成本是指购买不变要素的费用支出，它不随产量可变而可变，因而是常数。即使厂商停产，也要照样支付。例如厂商资本的收益、借贷资金的利息、建筑物和设备的折旧费、地租以及财产税等项目。

2．可变成本是指购买可变要素的费用支出，它随产量的可变而可变，是产量的函数。主要有原材料、燃料费、电费、运输费、直接生产工人工资、随产量可变的租金等。

3．总成本是指短期内生产一定数量的产品的成本总额，等于固定成本与可变成本之和。

由上可知，短期总成本 STC 可表示为：

$$STC(Q)=\omega\times L(Q)+r\times\overline{K} \tag{4.14}$$

其中，$\omega\times L(Q)$ 是可变成本部分，$r\times\overline{K}$ 是固定成本部分。我们以短期总产量曲线图为例来推导固定成本曲线、短期可变成本曲线和短期总成本曲线。在总产量 TP 曲线上，找到与每一个总产量相对应的可变生产要素劳动的投入量 L，再用 L 乘以已知的劳动价格 ω，便得到每一产量水平所对应的可变成本 SVC，将产量 Q 与可变成本 SVC 的关系描绘在平面坐标图上，便可得到短期可变成本曲线，如图 4-10 所示。图中横轴 Q 代表产量，纵轴 C 代表成本，从原点出发向右上倾斜的曲线就是短期可变成本曲线 SVC。由于 $r\times\overline{K}$ 固定不变，所以短期固定成本线是一条水平线。将短期可变成本曲线垂直向上平移 $r\times\overline{K}$ 个单位，就得到短期总成本曲线 STC。

可变成本曲线和总成本曲线的形状之所以如此，是因为在生产的开始阶段，机器设备的供给固定时，随着雇用工人数的增加，工人可以做更多的专业工作，更充分地利用资本、设备，额外可变要素的额外产量越来越多，所以生产额外单位产量的可变要素的成本增加的速度较慢，SVC 对应部分比较平坦。当产量进一步增加时，边际报酬开始递减，额外可变生产要素的额外产量越来越少，所以生产额外单位产量的可变要素的成本增加得越来越快，SVC 对应部分则比较陡直。

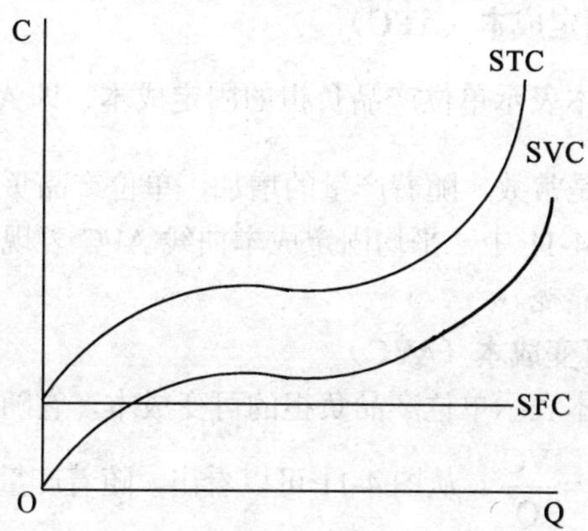

图 4-10　短期总成本、可变成本和固定成本

二、短期平均成本和短期边际成本

平均成本 AC 是指平均每一单位产量所分摊的成本，可表示为 $AC=\frac{TC}{Q}$。短期平均成本 SAC 是平均固定成本 AFC 和平均可变成本 AVC 之和，即 $SAC=\frac{TC}{Q}=\frac{FC+VC}{Q}=\frac{FC}{Q}+\frac{VC}{Q}=AFC+AVC$。三种成本的曲线如图 4-11 所示。

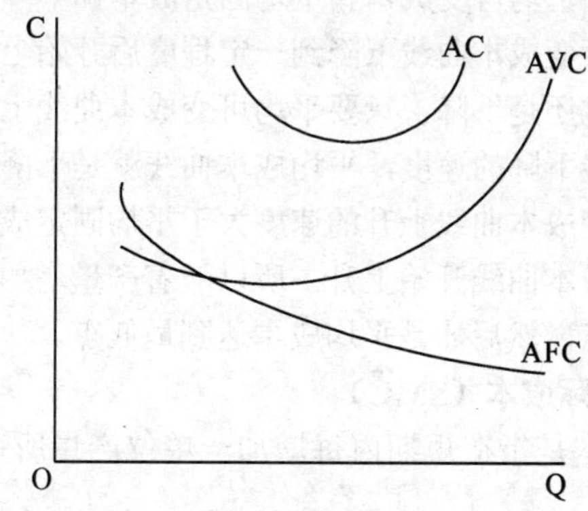

图 4-11　短期平均成本、平均可变成本和平均固定成本

（一）平均固定成本（AFC）

平均固定成本表示单位产品负担的固定成本，即 $AFC=\frac{FC}{Q}$。在短期，固定成本是常数，随着产量的增加，单位产品负担的固定成本逐渐减少。在图 4-11 中，平均固定成本曲线 AFC 表现为向右下方倾斜，逐渐向横轴靠拢。

（二）平均可变成本（AVC）

平均可变成本表示单位产品负担的可变成本，它随着产量的可变而可变，即 $AVC=\frac{VC}{Q}$。从图 4-11 可以看出，随着产量的增加，平均可变成本先下降后上升。

（三）平均总成本（AC）

平均总成本表示单位产品负担的总成本，也就是平均可变成本与平均固定成本之和。显然，平均成本曲线 AC 在平均可变成本曲线 AVC 与平均固定成本曲线 AFC 之上，平均成本曲线 AC 与平均可变成本曲线 AVC 之间的垂直距离是平均固定成本 AFC 的值。由于平均固定成本随产量的增加而不断减少，故平均成本曲线与平均可变成本曲线随着产量的增加而逐渐靠拢。

平均成本曲线和可变成本曲线很相似，都是先下降再上升。因为随着产量的增加，平均可变成本和平均固定成本都下降，平均成本必然下降。当平均可变成本曲线下降到一定程度后开始上升，但是此时平均固定成本曲线还是下降，只要平均可变成本曲线上升的速度小于平均固定成本曲线下降的速度，平均成本曲线就是下降的；当产量继续增加，平均可变成本曲线上升的速度大于平均固定成本曲线下降的速度以后，平均成本曲线开始上升。所以随着产量增加，先是平均可变成本达到最低点，然后才是平均成本达到最低点。

（四）短期边际成本（SMC）

短期边际成本是指在短期内每增加一单位产量所增加的总成本，即 $SMC=\frac{\Delta STC}{\Delta Q}$，当 STC 是 Q 的连续可导函数时，有：

$$SMC=\lim_{\Delta Q\to 0}\frac{\Delta STC}{\Delta Q}=\frac{dSTC}{dQ}=\frac{d(TFC+TVC)}{dQ}=\frac{dTVC}{dQ}$$

知道了产量变化与成本变化的关系就可以推导出边际成本。和图4-11 相比，图 4-12 只是多了一条和其余三条曲线相交的边际成本曲线SMC。从图中可以看出，随着产量的增加，边际成本曲线也是先下降后上升，但是它上升的比较早，而且速度快，呈现出 U 形特征。边际成本的下降阶段对应着总产量曲线快速上升的阶段，边际成本的上升阶段对应着总产量曲线缓慢上升的阶段，因此，边际成本的最低点对应着总产量曲线的拐点。

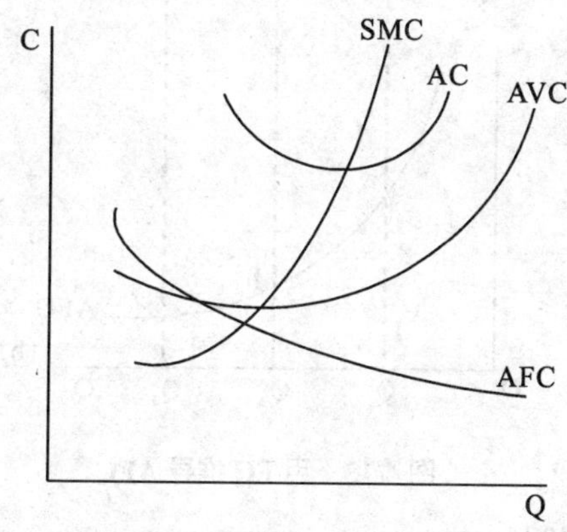

图 4-12　短期边际成本

三、各种成本曲线之间的关系

（一）总成本曲线和平均成本曲线之间的关系

1．用 FC 推导 AFC。我们用图 4-13 加以说明。

因为 $AFC=\frac{FC}{Q}$，所以根据(a)图，固定成本曲线上点 a、b、c 对应的平均成本分别是：

$$AFC_1=\frac{aQ_1}{Q_1}，\ AFC_2=\frac{bQ_2}{Q_2}，\ AFC_3=\frac{cQ_3}{Q_3}$$

因为 $aQ_1=bQ_2=cQ_3$，$OQ_1<OQ_2<OQ_3$，所以平均固定成本是不断

下降的。把众多平均固定成本点所对应的产量和成本关系描绘出来就是(b)图的 AFC 曲线。

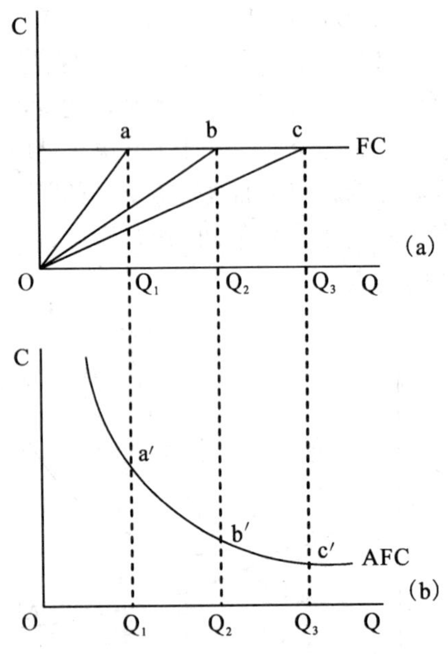

图 4-13 用 FC 推导 AFC

2. 用 VC 推导 AVC

由于 $AVC=\dfrac{VC}{Q}$，所以如图 4-14 所示，任何产量水平上的 AVC 值都是由 VC 曲线上相对应点与原点连线的斜率给出。

在产量水平 Q_1、Q_2、Q_3 上的 AVC 值分别由线段 Oa、Ob、Oc 和斜率给出。在 Q_2 产量点，Ob 的斜率刚好等于切线斜率，这条连线是 TVC 中对应的点与原点连线中最平坦的一条，它的斜率最小。在 Q_2 之前，TVC 对应点和原点的连线斜率随产量增加不断减少，在 Q_2 之后斜率不断增加，所以 AVC 是先减少后增加。把众多类似于 a、b、c 的点所对应的斜率和产量描绘出来并连接成一条光滑的曲线则得到 AVC 曲线。

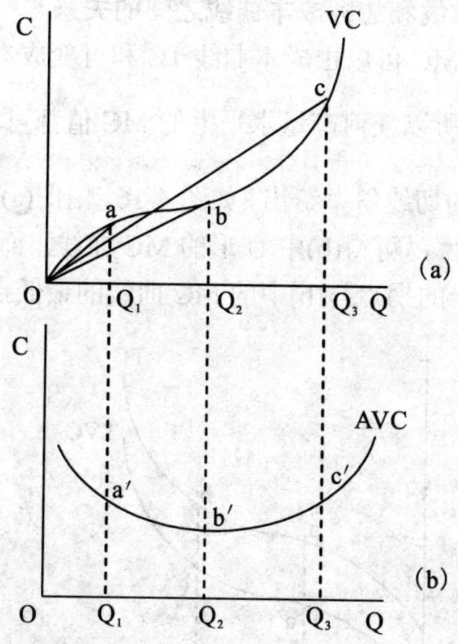

图 4-14　用 VC 推导 AVC

3．用 TC 推导 AC

与上面推导方法相类似，我们可以将 TC 曲线上任何一点所对应的斜率和产量关系描述出来，于是得到 AC 曲线。如图 4-15 所示。

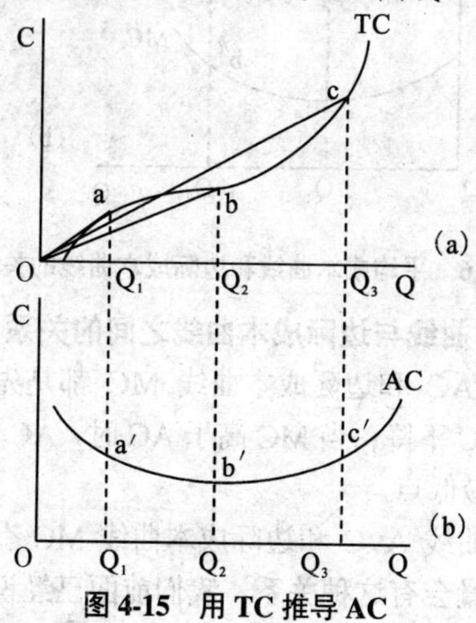

图 4-15　用 TC 推导 AC

（二）总成本曲线和边际成本曲线之间的关系

边际成本曲线 MC 可以由成本曲线 TC 和可变成本 VC 推导出来，由于 $MC=\dfrac{\Delta TC}{\Delta Q}$，所以任何产量水平上的 MC 值都可以由 TC 曲线或 VC 曲线上对应点的切线斜率给出。如图 4-16。由图(a)TC 曲线和 TVC 曲线先降后升的斜率，可得(b)中 U 形的 MC 曲线，而且图(a)中的 TC 曲线和 TVC 曲线上的拐点与(b)中的 MC 曲线的最低点对应。

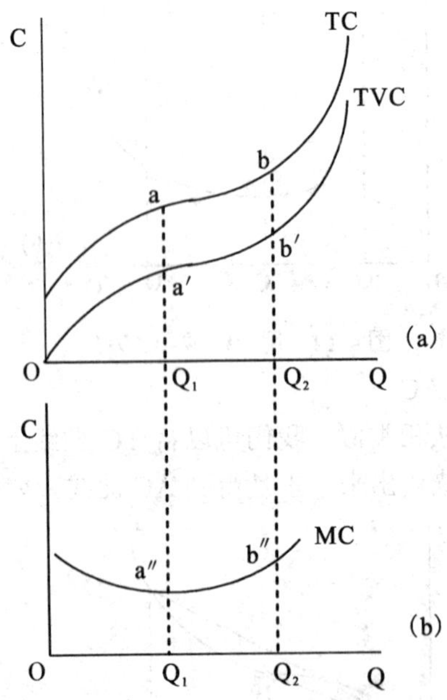

图 4-16　平均成本曲线和边际成本曲线的关系

（三）平均成本曲线与边际成本曲线之间的关系

平均成本曲线 AC 和边际成本曲线 MC 都是先下降后上升，当 MC 低于 AC 时，AC 下降；当 MC 高于 AC 时，AC 上升；MC 与 AC 相交于 AC 曲线的最低点。

平均可变成本曲线 AVC 和边际成本曲线 MC 有同样的关系。为什么平均量和边际量会有这种关系，我们前面已经说明过。这里我们再用数学的方法来加以证明。

首先将平均成本 AC 对 Q 求导，得出：

$$\frac{d(AC)}{dQ}=\frac{d\left(\frac{TC}{Q}\right)}{dQ}=\frac{Q\frac{d(TC)}{dQ}-TC}{Q^2}=\frac{1}{Q}\left(\frac{d(TC)}{dQ}-\frac{TC}{Q}\right)=\frac{1}{Q}(MC-AC)$$

由此可以得出：

1．当 MC<AC 时，$\frac{d(AC)}{dQ}=\frac{1}{Q}(MC-AC)<0$。

所以这时 AC 曲线单调下降，MC 曲线在 AC 曲线下方。

2．当 MC>AC 时，$\frac{d(AC)}{dQ}=\frac{1}{Q}(MC-AC)>0$。

所以这时 AC 曲线单调上升，MC 曲线在 AC 曲线上方。

3．当 MC=AC 时，$\frac{d(AC)}{dQ}=\frac{1}{Q}(MC-AC)=0$。

所以这时 AC 曲线处于最低点，MC 曲线和 AC 曲线相交于最低点。

第六节　长期成本

一、长期总成本曲线

长期总成本（LTC）是在长期中生产一定量产品所需要的成本总和。正如前面所讲的，长期是企业能够来得及根据所要达到的产量调整生产规模的时期。因为在长期，所有的生产要素都是可变的，所以不存在固定成本和可变成本的区别。

长期总成本曲线可以由短期总成本曲线推导出来。假设存在三条短期成本曲线，如图 4-17 所示。

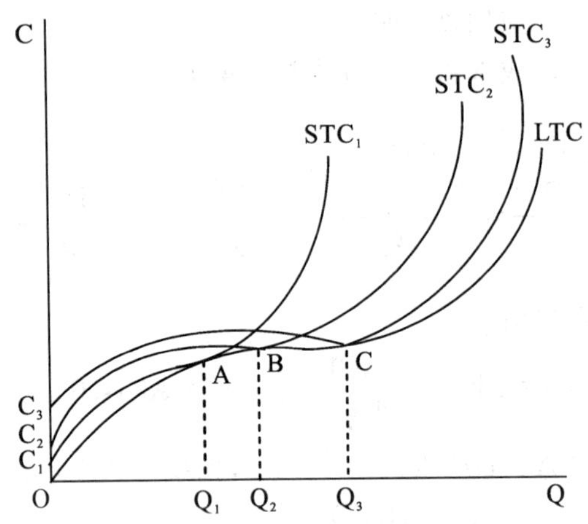

图 4-17 短期总成本曲线推导长期总成本曲线

因为短期总成本曲线和纵轴的截距代表了短期固定成本（厂房、设备等）的大小，所以在图中 STC_1 的生产规模小于 STC_2 的规模，STC_2 的生产规模小于 STC_3 的规模。又假定厂商要生产产量 Q_2，如果是在短期，厂商也许面对 STC_1 或 STC_3 所代表的生产规模，过小或过大的生产规模都将使厂商为生产 Q_2 而耗费较高的成本；但是长期中，厂商可以调节生产要素的投入达到最优规模，他可以选择 STC_2 所代表的生产规模，以使总成本最低，所以会在 B 点进行生产。同样的道理，为了生产 Q_1，厂商会选择 STC_1 所代表的生产规模，在 A 点进行生产；为了生产 Q_3，厂商会选择 STC_3 所代表的生产规模，在 C 点进行生产。事实上任何一个产量水平都可以找到一个成本最低的生产点，把这些点的轨迹连接起来就得到图中的长期总成本曲线 LTC。长期总成本曲线是短期总成本曲线的包络线。在连续变化的每个产量水平上，都存在着 LTC 曲线和一条 STC 曲线的相切点，该 STC 曲线所代表的生产规模就是生产该产量的最优生产规模，该切点所对应的总成本就是该产量的最低总成本。所以 LTC 曲线表示长期内厂商在每一个产量水平上由最优生产规模所带来的最小生产总成本。

我们还可以从扩展线得出长期总成本曲线。如图 4-18 所示。

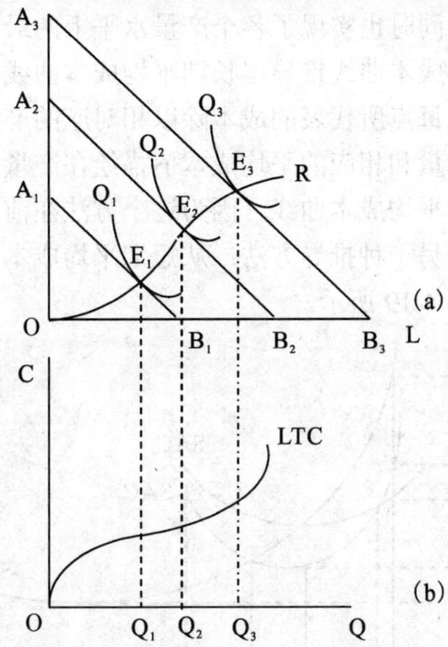

图 4-18　由扩展线推导长期总成本曲线

(a)中在扩展线 OR 上存在 3 个均衡点 E_1、E_2、E_3，它们分别表示在既定产量 Q_1、Q_2、Q_3 水平下的最小成本组合。例如在 E_1 点上，生产产量 Q_1 的最小成本用 A_1B_1 表示，它等于 $r\times OA_1=\omega\times OB_1$；同理，在 E_2 点上，生产产量 Q_2 的最小成本 A_2B_2 等于 $r\times OA_2=\omega\times OB_2$；在 E_3 点上，生产产量 Q_3 的最小成本 A_3B_3 等于 $r\times OA_3=\omega\times OB_3$。依照这种方法，我们可以得到扩展线上任何一点所对应的产量水平和成本。将这些产量和相应成本的组合描绘出来便得到了(b)中的长期总成本曲线 LTC。

二、长期平均成本曲线和长期边际成本曲线

（一）长期平均成本曲线

长期平均成本 LAC，是厂商在长期内按产量平均计算的最低总成本。可以写成：$LAC(Q)=\dfrac{LTC(Q)}{Q}$。因为长期总成本是各种产量水平

上的最低成本，同时也实现了各个产量水平上的最低平均成本，所以我们可以长期总成本曲线推导出长期平均成本曲线。具体做法是，用长期成本曲线上每点所代表的成本除以相对应的产量，就得到平均成本，再把每个产量和相应的平均成本值描绘在产量和成本的平面坐标中，便得到长期平均成本曲线。因为这个方法在前面提到过，所以我们在此重点介绍另一种推导方法：从短期平均成本曲线推导长期平均成本曲线。如图 4-19 所示。

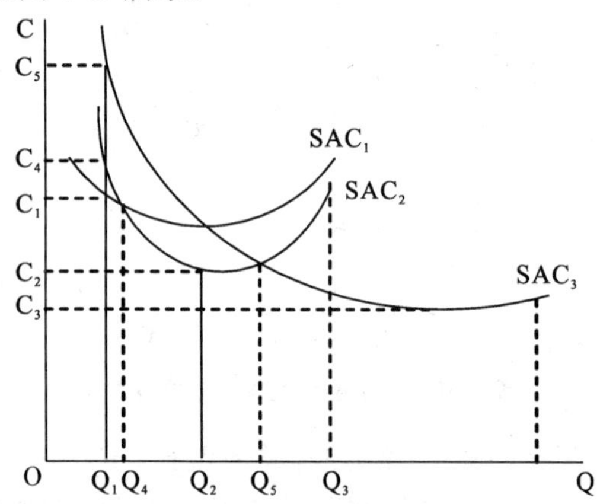

图 4-19　由短期平均成本曲线推导长期平均成本曲线

图中有三条短期平均成本曲线，其中 SAC_1 代表的生产规模小于 SAC_2 的规模，SAC_2 所代表的生产规模小于 SAC_3 代表的规模。我们知道长期内厂商可以将规模调整到生产一定产量所需的最优状态，所以假定要生产产量 Q_1，那么厂商会选择 SAC_1 所代表的生产规模，因为三种生产规模条件的平均成本分别是 OC_1、OC_4、OC_5，只有 SAC_1 规模下生产的平均成本 OC_1 最小。同样，厂商若要生产 Q_2，就会选择 SAC_2 代表的生产规模，相应的最小平均成本是 OC_2。生产产量 Q_3，就会选择 SAC_3 代表的生产规模，相应的最小平均成本是 OC_3。若要生产产量 Q_4，因为它处于两条短期平均成本曲线的交点，则厂商既可以选择 SAC_1 的生产规模，也可以选择 SAC_2 的生产规模。如果厂商打算以后继续扩大生产，则会选择 SAC_2 的生产规模，如果厂商不打算扩大生产，出于节约投资的考虑，会选择 SAC_1 所代表的生产规模。对于产量 Q_5，由于同样处于两条短期平均成本曲线的交点，所以可作类似的分析。

从以上分析可见，沿图中所有短期平均成本曲线 SAC 的实线部分，厂商总可以找到长期内生产某一产量的最低平均成本。由于在长期内可供厂商选择的生产规模是很多的，假定生产规模可以无限细分，从而可以有无数条短期平均成本 SAC 曲线，于是便得到图中的长期平均成本曲线 LAC。很明显，在任意一个产量水平，这条长期平均成本曲线 LAC 和某一条短期平均成本曲线 SAC 相切，所以长期平均成本曲线 LAC 是无数条短期平均成本曲线 SAC 的包络线，如图 4-20 所示。

因为短期平均成本曲线 SAC 代表的生产规模是生产该产量的最优生产规模，该点对应的平均成本就是相应的最低平均成本。所以 LAC 曲线是长期内每一产量水平上可以实现的最小平均成本。但这并不意味着长期平均成本曲线 LAC 和每条短期平均成本曲线 SAC 的最低点相切，从图 4-20 可以看到，在 E 点左边，长期平均成本曲线 LAC 相切于各条短期平均成本曲线 SAC 的左边；在 E 点右边，长期平均成本曲线 LAC 相切于各条短期平均成本曲线 SAC 的右边；只是在长期成本曲线 LAC 的最低点 E，才相切于短期成本曲线 SAC 的最低点。

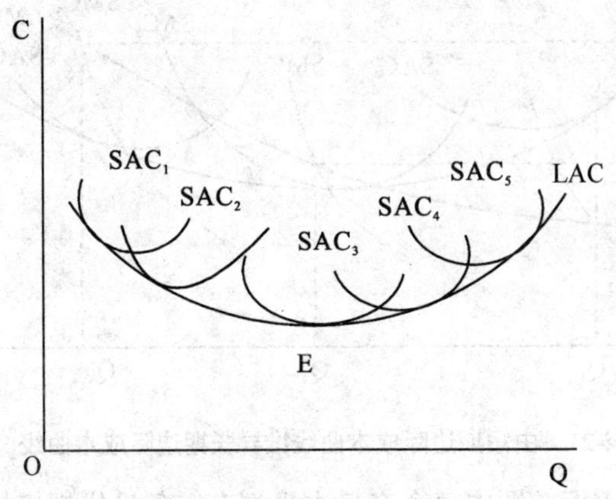

图 4-20　由短期平均成本曲线推导长期平均成本曲线

（二）长期边际成本曲线

长期边际成本 LMC，是指在长期内增加一单位产量所增加的长期总成本。用公式表示为：

$$LMC = \frac{\Delta LTC}{\Delta Q}$$

当长期总成本 LTC 是产量 Q 的连续可导函数时，可表示为：

$$LMC = \lim_{\Delta Q \to 0} \frac{\Delta LTC}{\Delta Q} = \frac{dLTC}{dQ}$$

由此可以看出，长期边际成本是长期总成本曲线的斜率，根据长期总成本曲线可以推导出长期边际成本曲线，这种方法前面也提到过。下面则从短期边际成本曲线推导长期边际成本曲线。

由于长期总成本曲线是短期总成本曲线的包络线，那么在任意一个产量水平，长期成本曲线都和一个最优规模的短期总成本曲线相切，在切点两条曲线的斜率相等，也就是说 LMC＝SMC。所以长期内的每一个产量水平，LMC 值都与代表最优生产规模的 SMC 相等。因此我们可以用短期边际成本曲线推导长期边际成本曲线。

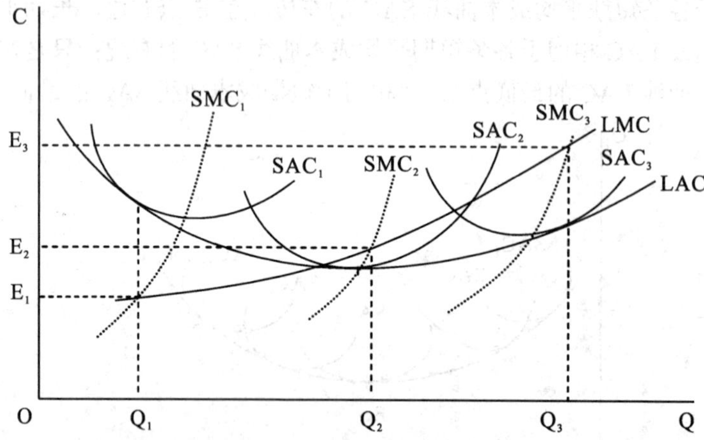

图 4-21　由短期边际成本曲线推导长期边际成本曲线

如图 4-21 所示，图中每个产量水平都有一条最优规模的短期平均成本曲线和短期边际成本曲线，并且短期边际成本曲线经过短期平均成本曲线的最低点。当产量为 Q_1 时，厂商采用的最优规模是 SAC_1 所代表的规模，OE_1 既是短期边际成本，又是长期边际成本，即 $SMC_1=LMC=OE_1$；同样的道理，当产量为 Q_2 时，$SMC_2=LMC=OE_2$；当产量为 Q_3 时，$SMC_3=LMC=OE_3$。由此可以得到无数类似的点，将这些点连接起来就得到一条光滑的长期边际成本曲线 LMC。

三、影响长期平均成本变化的因素

影响长期平均成本变化的因素很多，主要是规模经济与规模不经济、范围经济和学习效应等。

（一）规模经济与规模不经济

规模经济是指由于生产规模扩大而导致长期平均成本下降的情况。规模经济和规模报酬有区别。规模报酬是指要素投入都增加相同倍数的情况下所引起的产出的变化，其分析前提是各生产要素投入量之间的比例保持不变，所涉及的是投入和产出之间的关系，而规模经济涉及的是规模大小和成本之间的关系。厂商改变生产规模时，通常会改变各种要素投入量之间的比例，所以一般情况下，长期生产技术表现出规模经济和规模不经济，规模报酬变化只是规模经济和规模不经济分析的特殊情况。不过，规模报酬递增是产生规模经济的主要原因之一。

产生规模经济的原因还有：随着生产规模扩大，劳动分工更细，专业化程度更高，生产效率得到提高；生产要素得到充分利用或者实现共享，单位产品摊销的营销、管理、培训和开发费用减少；存在一些与规模相关的降低成本的机会，如大厂商筹集资金的成本更低。

规模不经济是指随着生产规模扩大而出现长期平均成本上升的情况。当规模扩大到一定程度时，长期平均成本下降到最小值，此后再扩大规模，在规模报酬递减的作用下，厂商的长期平均成本会逐渐增加，出现规模不经济。这是因为规模过大会造成机构臃肿，滋生官僚作风，信息传递不畅，中间环节过多，管理和决策效率低下等不良后果，反而增大了成本。

短期平均成本曲线呈现出U形是由于规模报酬规律的作用，而长期平均成本曲线呈现出U形则是由于规模经济和规模不经济的作用。一般来说，在厂商的生产规模由小到大的扩张过程中，会先后出现规模经济和规模不经济。规模经济决定了在产量较小时，长期平均成本随着产量的增大而下降；规模不经济决定了在产量较高时，长期平均成本随着产量的增加而上升。因此，长期平均成本曲线LAC呈U形特征。规模经济和规模不经济都是由厂商改变自己企业的生产规模引起的，所以也称为规模内在经济和规模内在不经济。与此相对应的是外在经济和外在不经济。

外在经济是指由于整个行业的生产规模扩大后，厂商生产活动所依赖的外界环境得到改善而使厂商得到好处。引起外在经济的因素或原因是：可以设立专业技术学校培养熟练劳动力和工程技术人员，提高整个行业的劳动力素质；可以建立共同的服务组织，如市场推销机构、信息机构和科研机构等，从而提高整个行业的经济效益；可以建立较便利的交通运输和通讯网络。但是，若行业规模过大，厂商之间会互相争购原料和劳动力，从而导致要素价格上升，成本增加。行业规模过大也会加重环境污染，交通紧张，个别厂商要为此付出更高代价，从而出现外在不经济。外在经济和外在不经济影响着长期平均成本曲线的位置。

实际上，并不是所有行业的长期平均成本曲线都呈U形。有的行业如自行车修理行业，规模经济很小，只在规模很小的时候长期成本才会下降，规模稍微变大就会出现规模不经济，如图4-22(a)；有的行业如铁路，规模经济在相当大的范围内存在，在相当大的范围内长期平均成本都是随规模扩大而下降，如图4-22(b)；也有不少行业，在相当大的范围内既不存在规模经济，也不存在规模不经济，长期平均成本在很大的一段区间内是水平的，如图4-22(c)。

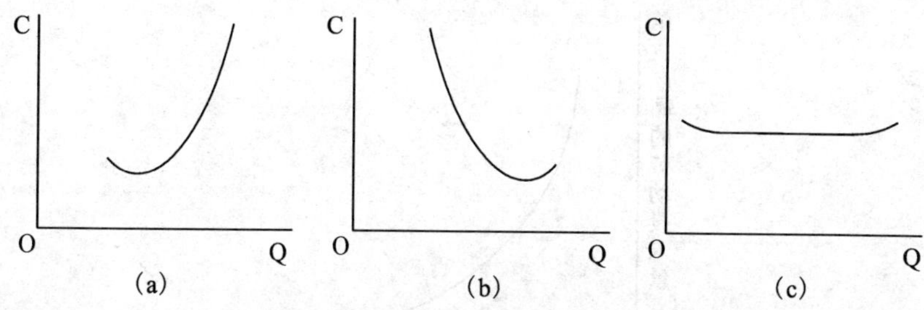

图 4-22　不同行业的长期平均成本曲线

（二）学习效应

由于管理者和工人掌握了经验，所以人们常常观察到，在成倍制造一种产品的过程中，连续生产一个单位产量所要求的资源（投入要素）数量是随着累积产量的增加而递减的。投入要素以及相关成本的这种递减就称为学习效应，这种学习现象在劳动投入要素中最为常见。

要素投入和相关成本下降的原因是，在长期的生产过程中，由于对工作越来越熟悉，工人完成一定任务的速度加快了，浪费越来越少；经营者摸索出了一套行之有效的安排生产的方法，并使之逐步得到改进；研究人员的经验更丰富了，总结出以往的经验教训，开发出适销对路的产品；供应商学会了如何处理企业所需的产品，降低了原材料的价格。

学习效应通常用学习曲线来表示。图 4-23 显示了某厂商的学习曲线。横轴表示厂商累积生产的产品数量，纵轴表示单位产品所需的劳动时间。学习曲线向右下方倾斜，可以看出随产品的累积生产数量增加，随后的单位产品所需的劳动投入量在相当大的范围内呈下降趋势。因为单位产品所需劳动投入量减少，从而导致生产的边际成本和平均成本也减少。当厂商生产了很多产品后，学习效应全部实现，学习曲线和横坐标相平行，这之后就可以使用通常的成本分析方法进行分析了。

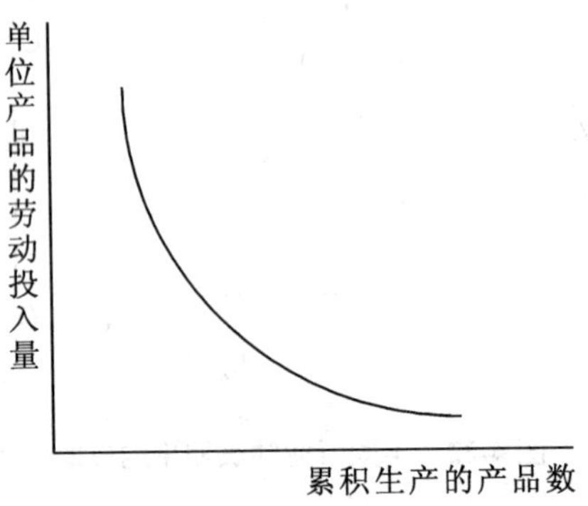

图 4-23　学习曲线

图中的学习曲线是基于以下的关系：

$$V = a + bN^{-\beta}$$

其中，N 表示可生产的产品的累积单位；V 是单位产出的劳动投入量；a、b 和β均为常数，a 和 b 为正数，β介于 0 和 1 之间。当 N＝1 时，V=a＋b，a+b 表示生产第一单位产出所需的劳动投入量；当β=0 时，累积产出水平上升时单位产出的劳动投入量保持不变，因而学习效应就不存在。当β>0 而 N 不断变大时，V 大体趋近于 a，从而 a 代表所有的学习发生后单位产出的最低劳动投入量。β的值越大，学习的作用就越重要。当β=0.5 时，单位产出的劳动投入相应降至与累积产出的平方根相等。这一学习程度可以在厂商变得更有经验时真正地降低厂商的生产成本。

如果厂商在产出较低时出现较高成本，在产出较高时出现较低成本，那么就可能存在学习效应，而非规模经济。对于一个成熟的厂商来说，如果某产品的生产过程存在学习效应，不管其生产的规模如何，生产成本都相对较低；如果知道存在规模经济，就应该通过增加产品生产来降低产品成本。图 4-24 对学习效应和规模经济的情况进行了比较。

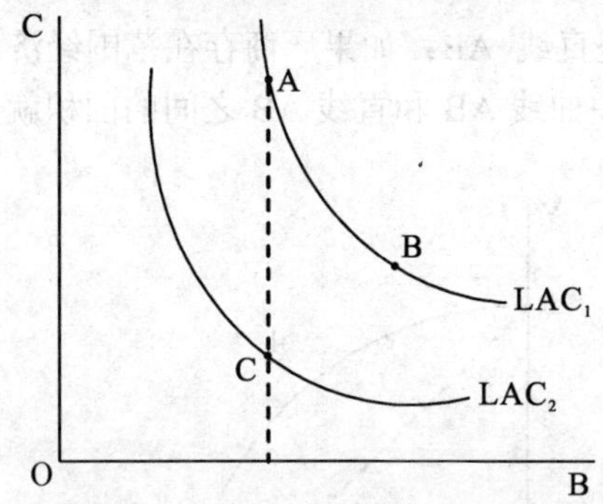

图 4-24　学习效应和规模经济的比较

在图中，如果存在学习效应，将使厂商长期平均成本曲线向下移动，从 LAC_1 移到 LAC_2；如果存在规模经济，生产则从 LAC_1 的 A 点移动到 B 点。

对于进入新行业的厂商来说，学习曲线能帮其预测新产品的生产成本。生产初始阶段的成本可能会很高，但是厂商不应该悲观甚至放弃，因为如果该产品存在学习效应，那么从长远来看，生产成本是会下降的，该产品的生产也许是有利可图的。因此，学习效应对于厂商决定是否进入某个新行业是非常重要的。

（三）范围经济

范围经济是指厂商同时生产两种或两种以上的产品时，可以通过使这些产品共享生产设备或其他投入要素而获得产出或成本方面的好处，或通过统一的市场营销计划、统一的生产经营管理、共享厂商的无形资产、综合开发利用生产过程中的副产品、联产品等获得成本方面的好处，最终拥有生产和成本的优势。与此相反，由单一厂商生产多种产品（联产品）的产出水平低于由多个不同厂商分别生产这些产品（联产品）中每一个单一产品的产出水平，则称此为范围不经济。

我们可以用两种商品的产品转换线来表示范围经济，如图 4-25 所示。在技术不变的条件下，使用一定的要素可以生产不同组合的 X 和 Y。产品转换曲线的负斜率表示，在要素投入既定的情况下，多生产一种产品就必须放弃生产另一种产品。如果厂商不存在范围经济，那么产品转换线是直线 AB；如果厂商存在范围经济，那么产品转换线是曲线 AB。图中曲线 AB 和直线 AB 之间的面积就是联合生产的范围经济。

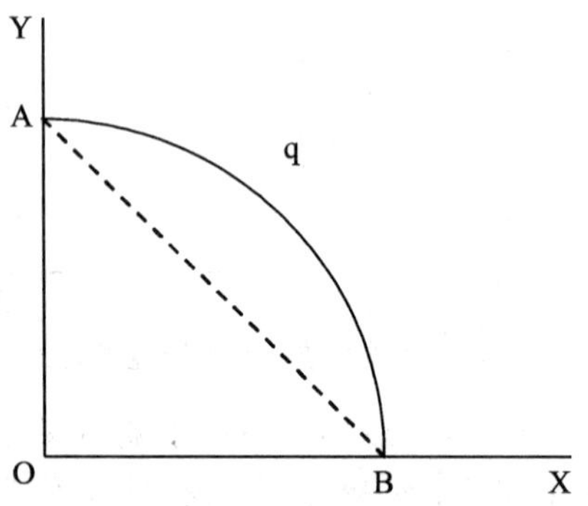

图 4-25 用产品转换线表示是否存在范围经济

范围经济的特征还可以通过研究产品的成本情况加以揭示。如图 4-26 所示。曲线 AB 表示厂商用既定的投入要素生产各种不同数量组合的 X、Y 两种产品所耗费的总成本。如果厂商存在范围经济，那么总成本由曲线 AB 代表；如果厂商不存在范围经济，则由直线 AB 代表，它表示用既定的投入要素由一个厂商同时生产两种产品，和由两个厂商分别生产其中一种产品所耗费的成本总量是相等的。

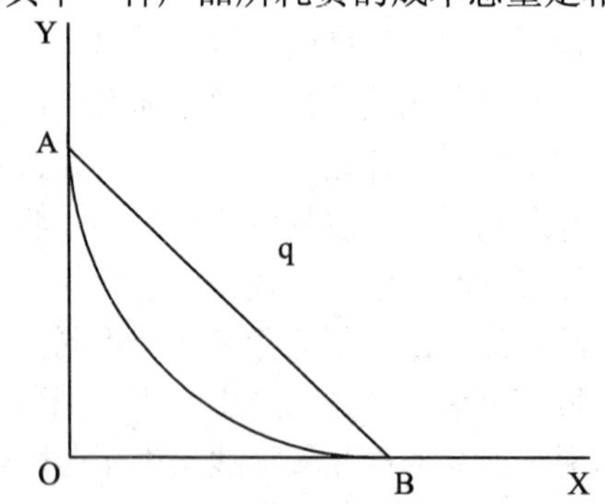

图 4-26 用总成本线表示是否存在范围经济

范围经济的程度可以用以下公式加以测度：

$$SC = \frac{C(X) + C(Y) - C(X+Y)}{C(X+Y)}$$

其中，SC 代表范围经济，C(X)代表既定要素投入只生产 X 所耗费的成本，C(Y)代表既定要素投入只生产 Y 所耗费的成本，C(X+Y)代表既定要素投入同时生产 X、Y 两种产品所耗费的成本。

如果 SC>0，则存在范围经济；

如果 SC=0，则既不存在范围经济，也不存在范围不经济；

如果 SC<0，则存在范围不经济。

第七节　企业收益与利润最大化

一、企业收益

收益是指厂商出售产品所取得的货币收入，与之相关有三个基本概念：

总收益，以 TR 表示，是指厂商出售产品所取得的全部收入，令厂商需求函数为 P=f(Q)，则 $TR = P \times Q$。

平均收益，以 AR 表示，是指平均每一单位产品的销售收入，$AR = \frac{TR}{Q} = P$，可见平均收益等于价格。

边际收益，以 MR 表示，是指每增加一单位产品的销售所引起总收益的变化，$MR = \frac{\Delta R}{\Delta Q} = \frac{dTR}{dQ}$。

下面我们分别就价格是常数的需求函数与价格为变数的需求函数进行讨论。

当价格为常数 P_0 时，则 $TR = P_0 Q \Rightarrow AR = \frac{TR}{Q} = P_0$，$MR = \frac{dTR}{dQ} = P_0$，可见在价格为常数的情况下，平均收益曲线、边际收益曲线和需求曲线完全重合，如图 4-27 所示。

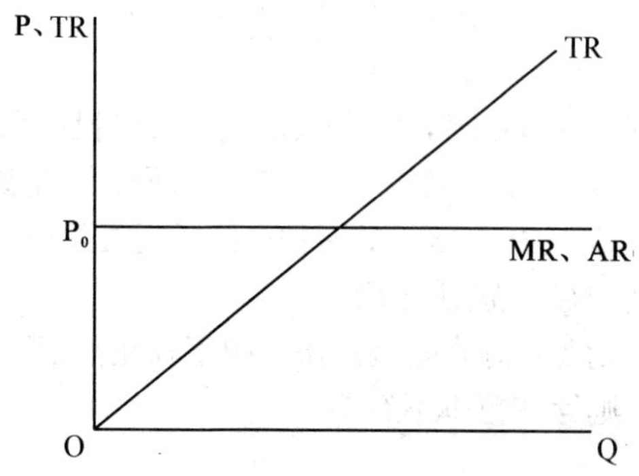

图 4-27 价格为常数的总收益、平均收益和边际收益

当价格不是常数时，我们分两种情况，一种情况假定需求函数是线性形式：$P=a-bQ$，则 $TR=PQ=aQ-bQ^2 \Rightarrow AR=P=a-bQ$，$MR=a-2bQ$。如图 4-28 所示，在边际收益曲线交于横坐标时，总收益曲线达到最高点并开始下降；边际收益曲线的斜率是平均收益曲线斜率的两倍。另一种情况假定需求函数是非线性形式，其需求曲线向右下方倾斜，所以平均收益曲线和边际收益曲线也是向右下方倾斜的，总收益曲线是向上弯曲的，如图 4-29 所示。

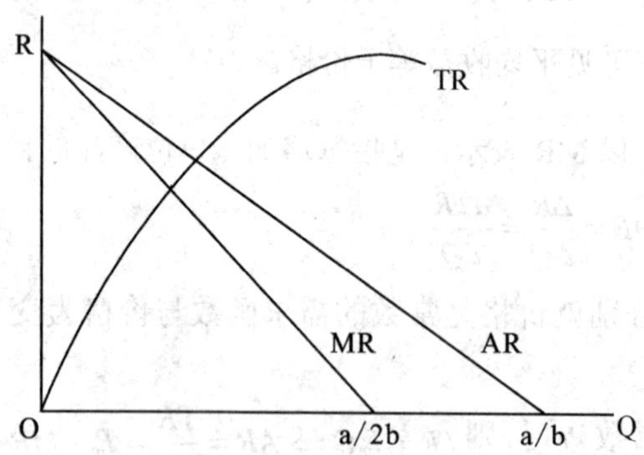

图 4-28 价格为变数且需求函数是线性时的总收益曲线、平均收益曲线和边际收益曲线

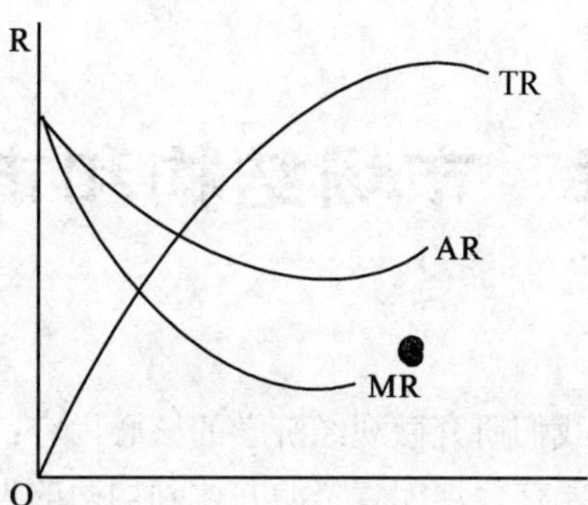

图 4-29　价格为变数且需求函数是非线性时的总收益曲线、平均收益曲线和边际收益曲线

对于一般需求函数 P=f(Q)而言，我们可以推导出边际收益、价格和需求弹性之间的关系：

$$MR=\frac{dTR}{dQ}=\frac{dP}{dQ}Q+P=P\left[\left(\frac{dP}{dQ}\right)\left(\frac{Q}{P}\right)+1\right]=P\left(1-\frac{1}{E_d}\right)$$

二、利润最大化及其条件

因为利润等于总收益减总成本，所以 $\prod(\mathrm{Q})=\mathrm{TR}(\mathrm{Q})-\mathrm{TC}(\mathrm{Q})$，其中 $\prod$、TR、TC 都是产量 Q 的函数。为了求得利润函数的极大值，对利润函数求导数并令其为零，得到：

$$\frac{\mathrm{d}\prod}{\mathrm{dQ}}=\frac{\mathrm{dTR}}{\mathrm{dQ}}-\frac{\mathrm{dTC}}{\mathrm{dQ}}=\mathrm{MR}-\mathrm{MC}=0$$

所以，利润最大化的必要条件是厂商把产量维持在边际成本等于边际收益的水平。但是这不足以保证厂商取得最大利润，因而我们还有必要给出利润最大化的充分条件：

$$\frac{\mathrm{d}^2\prod}{\mathrm{dQ}^2}<0\text{，即}\frac{\mathrm{d}^2\mathrm{TR}}{\mathrm{dQ}^2}<\frac{\mathrm{d}^2\mathrm{C}}{\mathrm{dQ}^2}$$

第五章　市场结构和市场理论

在这一章，我们研究微观经济学的核心内容：市场结构和市场理论，也就是市场怎样合理配置资源并达到均衡的理论。

在我们的日常生活中，存在着各种各样的市场：早上去市场买菜，面对的是几乎一样的产品，价钱也都相同；但每月购买的水电却只能向电力公司与自来水公司购买，接受政府规定的价格；当我们购买汽车的时候，通常只有通用、丰田、福特、大众、本田等非常有限的几家汽车巨头；而在商业街挑选服饰时，则有班尼路、真维斯、佐丹奴、堡狮龙等众多品牌可供选择。这些不同的市场究竟是怎样形成的，它们又有一些什么特点，我们在这一章会分四节来分别讨论四种不同类型的市场。

第一节　完全竞争

一、完全竞争市场的含义

通常来说，完全竞争市场至少要满足以下三个基本条件：

1．市场上有众多的买者和卖者。

2．产品是同质的。

3．企业可以自由地进入和退出市场。

严格意义上的完全竞争市场是很难找到的，一些农产品市场可以算作是完全竞争市场，比如说大豆市场和小麦市场。这些市场基本满足以上的三个条件：有很多农民在种植大豆或小麦，而每个农民对市场都没有垄断势力；大家种的大豆或小麦基本相同（虽然农产品的质量也有些差别，并且根据产地的不同，价格有时也有不同，不过在接下来的研究中我们忽略这些影响）；农民看到今年大豆形式不好，明年便可以改种小麦，进入和退出这个市场都很方便。

在完全竞争市场中，企业是价格的接受者。如果一位农民把小麦价格提高到市场价格之上，那么由于面对众多的同质商品的生产者的竞争，他将无法卖出一点点小麦；另一方面，由于存在着众多的买者，他可以在市场价格上卖出自己所有的小麦，也没有降价的动力和必要。所以，在完全竞争市场中，单个企业对于价格是没有影响力的。

不过，价格究竟又是怎样形成的呢？

二、完全竞争市场的需求

（一）需求曲线

在第二章我们已经讨论过市场需求曲线，在完全竞争市场中，整个市场面对的就是这样一条向右下方倾斜的需求曲线，需求量随着价格的提高而下降，如图 5-1 所示。

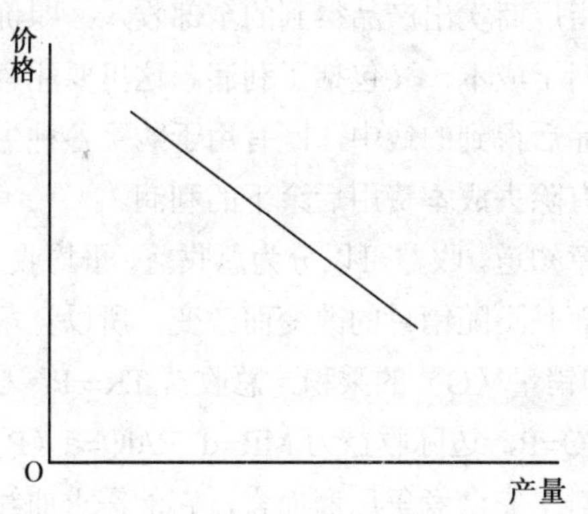

图 5-1　市场需求曲线

对于单个厂商而言，它是价格的接受者。所谓价格的接受者是指由于市场的充分竞争卖者自己不能确定任意高价格，否则将导致产品无法售出。换言之，就是说它面对的需求曲线是水平的，需求的价格弹性无限大，价格稍稍升高就会使销量变为 0，在既定价格可以销售任意产量。单个厂商的需求曲线如图 5-2 所示。

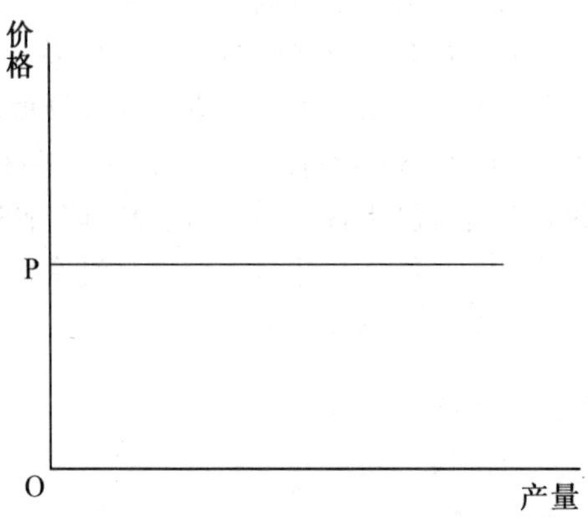

图 5-2　单个厂商所面对的需求曲线

（二）竞争性厂商的收益

厂商收益是指厂商卖出产品得到的全部收入，即价格与销量的乘积。收益中既包括了成本，又包括了利润。这里要注意：收益并不等于利润。卖出产品后得到的钱中，既有用于购买各种生产要素而支出的成本费用，也有除去成本费用后余下的利润。

我们由第四章知道，收益可以分为总收益、平均收益和边际收益。由于价格既定，而且不随销量的改变而改变，所以竞争性厂商的收益即为价格（P）和销量（Q）的乘积，总收益 $TR=P\cdot Q$，平均收益为 $AR=TR/Q=P\cdot Q/Q=P$，边际收益为 $MR=dTR/dQ=d(P\cdot Q)/dQ=P$。

可以看出，对于完全竞争厂商而言，它的需求曲线、平均收益曲线、边际收益曲线都是一样的，都是它的价格水平线，即图 5-2 中的水平线。

三、完全竞争市场的供给

（一）企业的短期供给曲线

利润是总收益与总成本的差额，当总收益超过总成本时，其超过额为厂商利润；当总成本超过总收益时，其超过额为厂商的亏损。设利润为π，则有：π=TR－TC。要注意：这里所说的利润是指超过正常利润的经济利润。即正常利润用于企业家才能的成本费用，按经济学家分析，正常利润也是成本的一种。

利润最大化是企业所追求的目标，如何实现利润最大化呢？下面我们从经济学的角度，用边际的思想来分析一下。

如图 5-3 所示，当产量为 Q_1 时，边际收益高于边际成本，这意味着继续增加产量所增加的收益大于继续增加产量所增加的成本。于是，增加产量这个决策就会产生正的利润。同样的道理，当产量为 Q_2 时，边际成本高于边际收益，在这一点减少产量所减少的成本大于在这一点减少产量所减少的收益，于是减少产量的决策将带来正的利润。

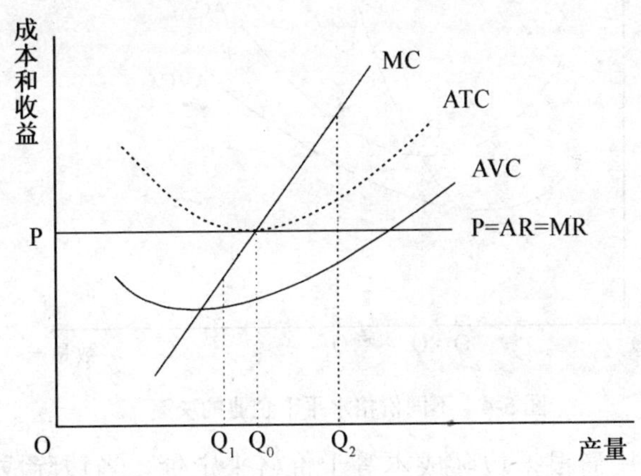

图 5-3　利润最大化的实现

所以，最后的均衡点应该在边际成本与边际收益相等处达到，也就是边际收益曲线与边际成本曲线交点处的产量 Q_0。此时无论增加或减少产量，利润都会减少。这一点请读者牢记，不仅是竞争性厂商，对于任何一种厂商来说，它在利润最大化条件下决定产量的原则都是边际收益等于边际成本。

由于供给曲线的含义是在不同的价格水平上企业可以提供产品的数量，所以从上面的分析便很容易得出单个企业的供给曲线即为企业的边际成本曲线。不过还要注意这样一个问题，当产量非常低的时候，如果此时的产品价格已经低于平均可变成本，试想，即使边际成本与边际收益相等，企业还会不会继续生产呢？

（二）短期企业停止经营的条件

市场理论中的“时期”其实与时间长短并无直接关系，关键在于，在某段时间里，企业能否对机器、设备（即长期成本）等生产要素进行调整。所谓“短期”，就是指企业投入的长期成本无法改变的情况。我们根据图 5-4 来分析企业的决策。

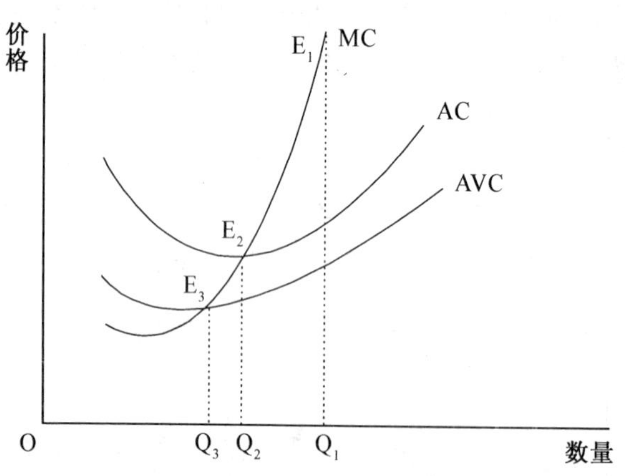

图 5-4 不同价格水平下企业的决策

竞争性厂商根据边际成本等于价格来定价，当边际成本曲线（MC）与价格水平线交于平均成本曲线（AC）的上方 E_1 点时，企业盈利，并且获得了最大利润。当边际成本曲线与价格水平线交于 E_2 点时，价格等于平均成本，位于 E_2 与 E_3 之间时，价格低于平均成本，企业处于亏损状态，还会继续营业吗？答案是肯定的。因为从短期来看，企业投入的不变成本属于沉没成本，是无法收回的。我们知道，企业进行决策时是不应该考虑沉没成本的。此时虽然价格低于平均成本，可是它仍高于平均可变成本，继续生产可以抵消一部分不变成本的损失，尽管会亏损，但如果不生产的话，将会亏损得更多，所以企业应当继续经营。当边际成本曲线与价格水平均交于 E_3 时，是否停产都无法收回不变成本，需要根据价格的走势等其他情况来决定是否生产。当均衡点位于 E_3 之下时，价格低于平均可变成本，继续生产连可变成本都无法收回，此时企业则注定要关门停业了。

可以看出，企业是否盈利取决于价格与平均成本最低点之间的关系，价格高于平均成本曲线的最低点则盈利，反之则亏损。而企业短期内是否继续生产则取决于价格与平均可变成本最低点之间的关系，价格高于平均可变成本曲线最低点时可继续生产，反之则应该停业。

经过以上的分析我们可以看出，企业短期的供给曲线并非完全是企业的边际成本曲线，而是边际成本曲线中位于平均可变成本最低点以上的部分，如图 5-5 所示。

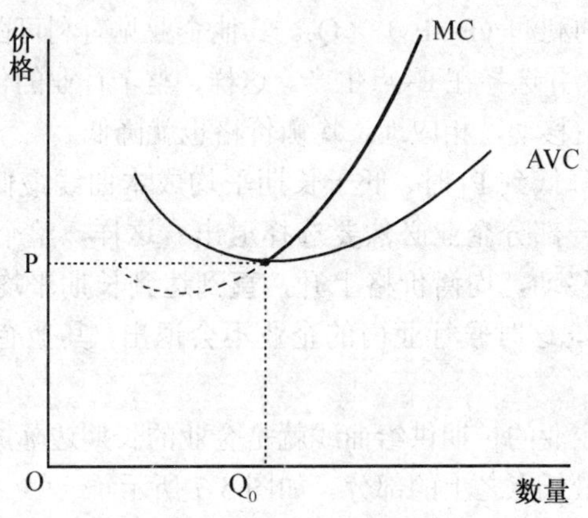

图 5-5　竞争性企业的短期供给曲线

（三）企业的长期供给曲线

从长期来看，一个企业可以改变其所有生产要素的投入，它所选择的产量位于长期平均成本曲线的最低点，这是怎么形成的呢？让我们以图 5-6 来考察一下。

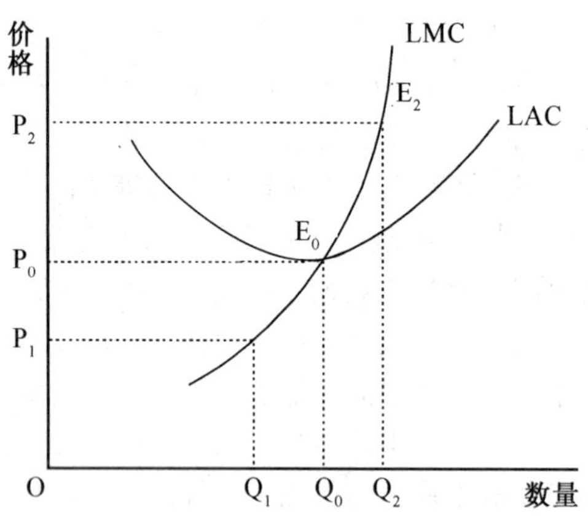

图 5-6 竞争性企业的长期均衡

在长期，企业可以变动所有生产要素，所以会在价格等于长期边际成本的地方生产，当价格 P_2 高于长期平均成本曲线最低点 E_0 时，企业获得正的利润（P_2−P_0）×Q_2。其他企业见有利可图，也会纷纷加入这个行业，并选择在 E_2 点生产。这样，整个行业的供给增加，它的供给曲线向右移动，相应地，均衡价格也就降低。

当价格降低到 P_1 时，低于长期平均成本曲线最低点，企业处于亏损状态，一部分企业必然要选择退出。这样，整个行业的供给曲线将会向左移动，均衡价格上升，直到达到长期平均成本曲线的最低点 P_0 为止，这时候行业内的企业不会退出，其他企业也没有进入的动力。

所以，企业的长期供给曲线就是企业的长期边际成本曲线中在长期平均成本最低点之上的部分。如图 5-7 所示。

企业没有获得利润，为什么还会继续经营下去呢？

这里需要注意的是，此处用的成本是经济学意义上的成本，它不同于会计成本，已经包含了机会成本在内。如果单纯从会计的角度来说，企业仍然是有利润的，所以会继续经营下去。

（四）完全竞争市场的供给曲线

在讨论整个市场的供给曲线时，我们也要分短期和长期两种不同的情况。

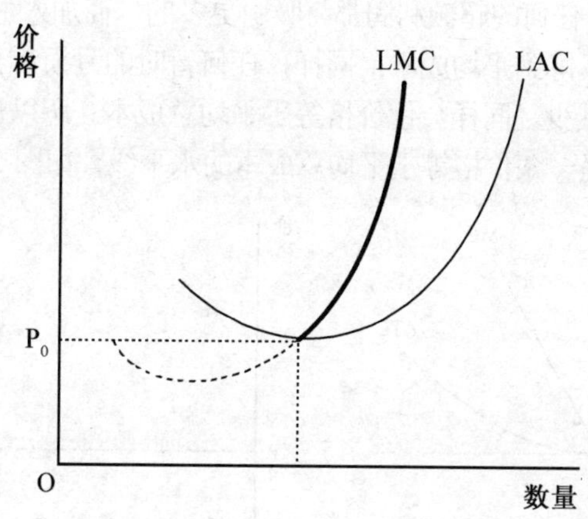

图 5-7　竞争性企业的长期供给曲线

在短期，由于企业的数目是固定的，整个市场的供给曲线就是各个企业在短期的供给曲线的横向加总，也是一条向右上方倾斜的曲线，如图 5-8 所示。

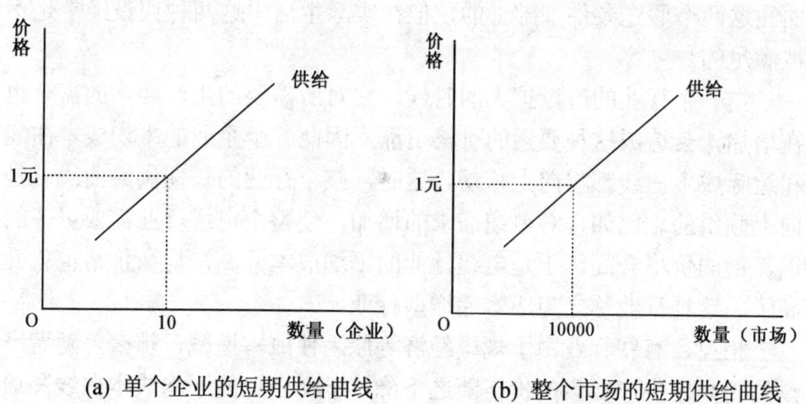

(a) 单个企业的短期供给曲线　(b) 整个市场的短期供给曲线

图 5-8　完全竞争市场的短期供给曲线

但是从长期来看，企业由于不断地进入和退出，企业总的数目是不固定的。因此，不能简单地把各个企业的供给曲线加总来得到市场的供给曲线。回想一下我们刚刚讨论过的情况：从长期来看，企业是不能获得超额利润的，任何的超额利润都将吸引更多的厂商加入，使供给增加，造成价格最终下降到平均成本；同样，任何暂时的亏损都会使某些厂商退出，使供给减少，同样会使价格等于平均总成本。所以说，整个市场的供给曲线就是一条价格等于平均总成本的水平线，如图 5-9 所示。

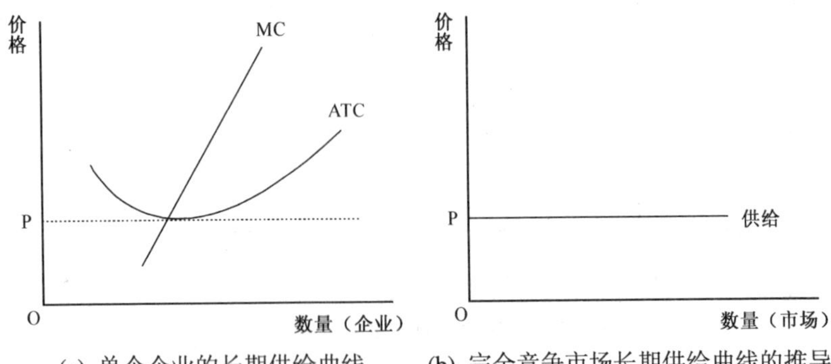

(a) 单个企业的长期供给曲线　　(b) 完全竞争市场长期供给曲线的推导

图 5-9　完全竞争市场的长期供给曲线

我们前面的讨论是建立在每个企业都有相同的并且不变的供给曲线这两个假定条件基础上的，但在实际生活中这两种假设经常是不被满足的。

当一个行业的产量扩大的时候，它对所需要的生产要素的需求也在增加，会造成这种要素的价格上涨，因此各个企业的平均成本曲线和边际成本曲线都将向上移动。这时，整个行业的长期供给曲线就是向上倾斜的。比如，对电缆需求的增加，使整个电缆行业需要更多的铜，铜的价格升高，于是电缆行业的平均成本升高，均衡价格也就升高了。这种行业称之为成本递增型行业。

相反，有些行业由于规模经济等原因使成本递减，那么，随着产量的提高，生产要素的价格随之下降，于是企业的平均成本曲线和边际成本曲线也都向下移动，企业选择生产的平均成本最低点也下移。

所以，成本递减型的行业的供给曲线是一条向下倾斜的直线。

来看一个例子，假定某完全竞争行业，其市场需求函数与供给函数分别为：Q_d=70000－5000P，Q_s=40000+2500P，由 Q_d=Q_s，可求得均衡价格 P=4。如果这时该行业中各厂商的长期平均成本曲线（LAC）的最低点的价格也为 4，则该行业中所有厂商及行业本身在 P=4 的价格水平上达到长期均衡。如果这时市场对该产品的需求增加，需求曲线变为：Q^1_d=100000－5000P，由 Q^1_d=Q_s，可求得该行业新的均衡价格提高到 P=8。如果此时有新厂商加入，从而使市场供给曲线变为：Q^1_s=70000+2500P，由 Q^1_d = Q^1_s，可求得该行业新的均衡价格仍为 P=4。这说明此行业属于成本不变行业。若新厂商加入使供给函数变为：Q^2_s=55000+2500P，由 Q^1_d=Q^2_s，可求得该行业新的均衡价格为 P=6。这说明此行业属于成本递增行业。若新厂商加入使市场供给函数变为：Q^3_s=85000+2500P，由 Q^1_d=Q^3_s，可求得该行业的均衡价格为 P=2。这说明此行业属于成本递减行业。

四、完全竞争市场分析

（一）完全竞争市场均衡

从短期来看，完全竞争市场的均衡点是市场需求曲线与市场短期供给曲线的交点 E，如图 5-10（a）所示，此时个别企业在价格与边际成本交点处生产。如果价格高于平均成本，如图 5-10（b）所示，企业获得矩形部分 P_eEBA 的利润；如果价格低于平均成本，如图 5-10（c）所示，则企业发生亏损，亏损为矩形部分 P_eEDC。

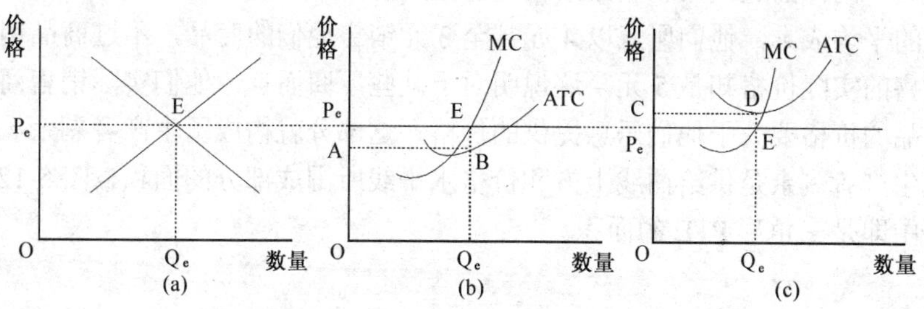

图 5-10　完全竞争市场短期均衡

然而在长期，企业必定是在长期平均成本最低点处生产，价格等于长期平均成本最低点的水平线就是市场的长期供给曲线（此处假定成本不变），于是需求曲线与供给曲线相交的均衡点 E 处的价格 Pe 一定是长期平均成本曲线的最低点。如图 5-11 所示。

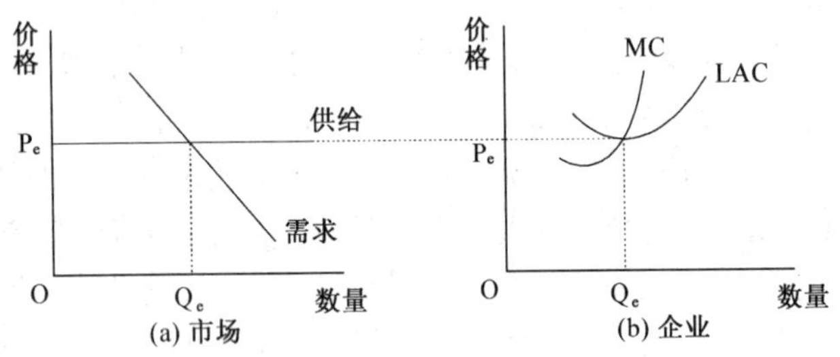

图 5-11 完全竞争市场长期均衡

（二）生产者剩余和消费者剩余

让我们回忆一下先面所讲的消费者理论，对于某一部分消费者来说，他们购买商品所花费的价格比他们愿意支付的实际价格要低，消费者剩余就是指消费者购买产品时意愿支付超过实际支付的差额之和。见图 5-12，在 B 点，消费者乐意花至少单价 7 元钱购买 200 单位的商品，但是他们实际上只花费了单价 5 元钱，在 A 点消费者甚至乐意花 9 元钱来购买该商品，在这里，消费者获得了净效益，从总体来看，消费者剩余等于需求曲线与市场价格所围成的面积，图 5-12 中即为三角形 PSE 的面积。

同样的道理，一些效率较高的生产者的平均成本会低于其他企业的平均成本，他们愿意以 4 元甚至 3 元销售他们的商品，不过商品销售的实际价格却是 5 元，这说明对于某些厂商而言，他们实际销售商品的价格要大于他们乐意提供的价格，这部分就构成了生产者剩余。生产者剩余是供给曲线上方和价格水平线所围成部分的面积，图 5-12 中即是三角形 PTE 的面积。

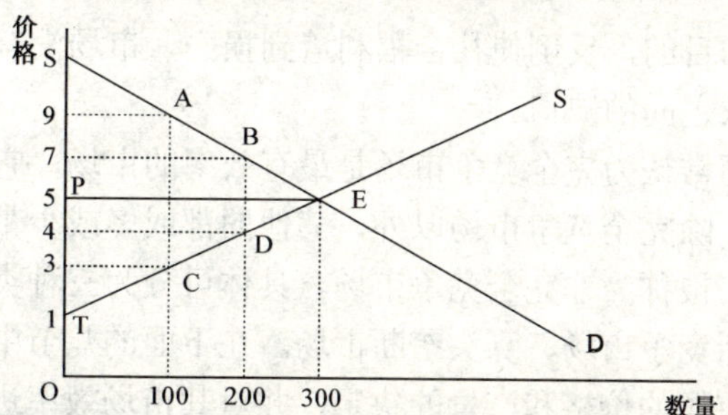

图 5-12　生产者剩余和消费者剩余的图解

（三）完全竞争市场的效率

让我们再来考察一下完全竞争市场的效率问题。在这里，消费者剩余和生产者剩余就成了一个很有用的指标，再以上面那个市场模型为例，看图 5-13，当政府为了鼓励厂商而将最低售价定在 7 元时，需求量只有 200，消费者剩余与生产者剩余的总和是梯形 ABCD 的面积，和完全竞争市场出清相比，社会总福利减少了图中阴影三角形 EDC 的面积。而如果政府为了讨好消费者将最高限价定在 4 元处，产量只有 100，损失的社会福利则更多，为三角形 EFG 的面积。

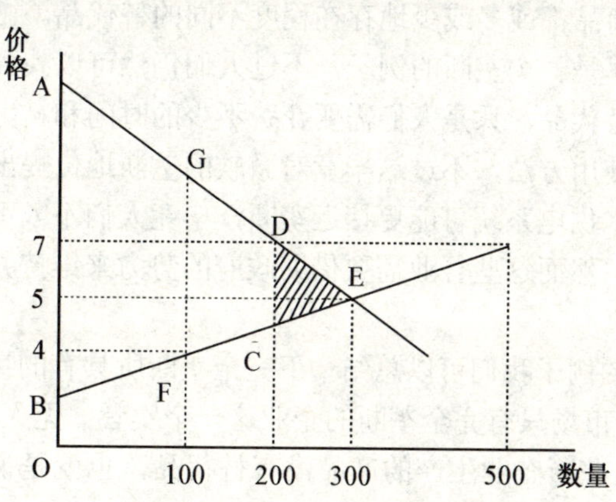

图 5-13　限定价格下的福利损失

可见，完全竞争市场上的均衡产量是使消费者剩余与生产者剩余之和最大的产量，是有效率的。有时政府实行的限价政策，不仅没有达到最初的目的，反倒使社会福利遭到损失，市场没有出清，造成了供给与需求之间的缺口。

人们通常认为完全竞争市场是最有效率的市场，它会使社会的总福利最大。除完全竞争市场以外，其他的都或多或少带有一定垄断因素的市场，被称为非完全竞争市场。具体可分为三种类型：完全垄断市场、垄断竞争市场、寡头垄断市场。在下面的几节中，我们讨论非完全竞争市场的价格和产量的决定，并对其市场效率进行衡量。

第二节　完全垄断

一、完全垄断的概念

（一）完全垄断的特征

垄断是指市场上的某种商品全部由一家企业提供并且没有近似的替代品的情况。和完全竞争一样，绝对的垄断在生活中也很难见到，因为一般的商品都或多或少地存在程度不同的替代品。微软的视窗操作系统可以算是一个垄断的例子，不过人们仍然可以找到 Linux 等操作系统作为替代品，只是人们需要花费不少的时间和精力去学习其他操作系统的使用方法，不过这毕竟对微软的垄断地位提出了挑战。一个地区的供水供电系统可能更接近垄断，毕竟人们不太可能去其他地方运水拉电，然而这些行业需要借助政府的势力来维持并且受到政府的严格管制。

从上面的例子我们可以总结一下完全垄断所具有的特征：

1．整个市场只有完全垄断的企业这一个卖者，无人与之竞争；

2．完全垄断企业生产的产品没有替代品，也就是说需求的交叉弹性 $E_{XY}=0$；

3．完全垄断行业由于各种各样的原因使其他企业难以进入；

4．由于市场上仅有一个卖者，所以垄断企业可以成为价格的制定者。

（二）完全垄断的类型

完全垄断的企业可以分为以下几种不同的类型：

1．垄断资源

最早的完全垄断是由垄断资源产生的。例如，小镇上为数不多的几口水井被一伙地痞霸占了，他们向前来打水的人收取费用，这样的场景在武侠小说中经常见到，但在如今生活中不会出现，因为这些资源通常掌握在国家手中。并且现在交通运输十分发达，即便可以垄断某一地区资源，却不可能垄断所有资源。

历史上有过垄断世界资源的例子。南非的德尔比公司一度控制了世界钻石产量的80%左右，它每年召开一次各个分销商参加的酒会，会上确定今年钻石的价格，并且其原则是“take it or leave it”，意思就是要么接受这个价格，要么就走开，真正做到了价格制定者。

当然，这与公司的策略密不可分，“钻石恒久远，一颗永流传”大家一定耳熟能详，正是这种将钻石成功地与其他宝石区分开的宣传策略，使钻石没有相应的替代品，维持了垄断的地位。

2．行政垄断

行政垄断，即政府造成的垄断。由于政府的特殊地位，很多垄断通常是政府造成并且是有意造成的，比如前面提到的自来水公司、供电公司，因为在同一地区铺设两套或更多的供水、供电系统显然会造成资源的巨大浪费。不过政府对这些行业的定价通常是严格控制的。虽然控制了价格，可是由于缺乏竞争，这些企业提供的服务却不尽如人意，这也是我国以前的垄断行业遭到拆分的原因。

3．自然垄断

有一些行业，只有一个企业会比有更多的企业进行生产时的平均成本低，企业生产的规模经济要在一个很大的产量范围和相应的巨大的资本设备的生产运行水平上才能得到充分的体现，以至于整个行业的产量只有由一个企业来生产的时候才能够达到这样的规模。当某个厂商最先达到这一生产规模进而垄断了整个行业的生产、销售，于是便产生了自然垄断。自然垄断的行业通常会有很高的不变成本且边际成本很小，平均总成本在一个相当大的范围内是下降的，如图 5-14 所示。

比如说在车流量不是很大情况下建造的城际间高速公路，修路的固定成本很高，而一辆车的行驶带来的边际成本很低，修路的企业可以通过建立收费站而取得利润。而另修一条高速公路成本很高，而且引入竞争之后的行车收费会降低很多，很可能无法收回成本，所以这种情况下没有企业会与之竞争，这个企业就是一个自然垄断型的企业。

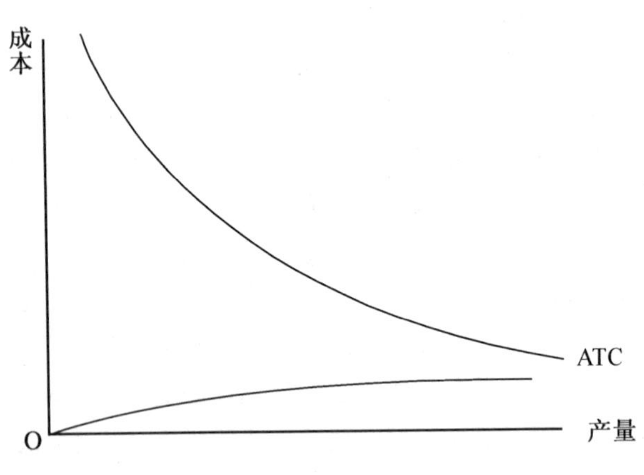

图 5-14　自然垄断行业的成本曲线

4．法定垄断

法定垄断，即受法律保护的垄断，其最明显的例子莫过于专利权和版权了。由于受到法律的保护，其他的竞争企业在一段时期内无法进入，这就客观上促成了该企业的垄断。

不过这种垄断对社会的进步是有积极意义的。假如没有法律的保护，任何人都可以翻印微软的视窗操作系统拿来出售，这个市场变成了一个完全竞争的市场，微软无法收回巨大的研发成本，自然也就不会去开发这样一个产品，这必然阻碍了新技术的进步和新产品的开发。

所以这种垄断是应该得到保护的。

二、垄断企业的生产与定价决策

（一）垄断者的收益

先来看一下垄断者所面对的需求曲线。我们已经学过，完全竞争企业面对的需求曲线是一条水平的直线，而市场的需求曲线是一条向右下方倾斜的曲线。对于垄断企业来说，由于它是市场上唯一的卖者，所以它的需求曲线就是市场的需求曲线，如图 5-15 所示。

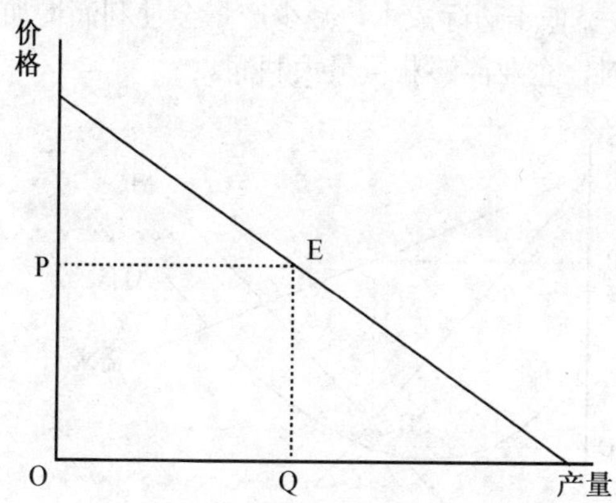

图 5-15　垄断企业所面临的需求曲线

虽然企业具有完全的垄断势力，但它并不能收取任意高的价格，因为需求曲线制约了这一点。从图 5-15 中可以看到，当价格升高时销量会减少，总收益=价格×产量，它未必一定会增加。什么时候总收益最大呢？我们可以先考察一下边际收益曲线。

假设垄断企业的线性反需求函数为 $P=a-bQ$，其中 a、b 为常数且 a、b＞0，可知企业的总收益函数为：

$TR(Q)=PQ=aQ-bQ^2$

所以，边际收益函数为 $MR(Q)=dTR(Q)/dQ=a-2bQ$

可见，边际收益曲线也是一条向下倾斜的直线，截距 a 与需求曲线的相同，斜率为 $-2b$，是需求曲线斜率 $-b$ 的 2 倍。

根据边际的思想，当企业的边际收益为 0 时，总收益最大。

（二）价格与产量的决定

根据上一节我们得出的结论：任何追求利润最大化的企业确定产量时的原则都是边际收益等于边际成本。前面已经分析了垄断企业的边际收益曲线，我们接下来就可以讨论垄断企业的均衡了。

如图 5-16 所示，完全垄断企业的边际收益曲线与边际成本曲线交于 B 点，B 点处的产量为 Q_0，即为利润最大化时的产量，当产量低于 Q_0 时，边际收益高于边际成本，增加产量会使利润增加；当产量高于 Q_0 时，边际收益低于边际成本，减少产量会使利润增加。所以，只有当产量为 Q_0 时，企业能够获得最大利润。

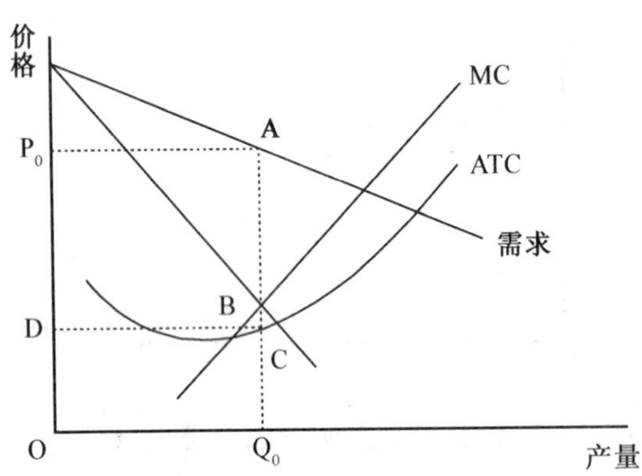

图 5-16 完全垄断企业的均衡

此时价格是多少呢？由于企业具有垄断势力，因此它不像完全竞争企业那样是价格的接受者，而是价格的制定者。它会将价格定在产量 Q_0 处需求曲线上 A 点的价格 P_0，这时企业会获得超额利润 P_0ACD，C 点是产量为 Q_0 时的平均总成本。

在这里，我们会发现垄断企业与完全竞争企业不同。对于完全竞争企业来说，边际成本等于价格，而对于垄断企业来说，价格则高于边际成本。

我们在分析完全垄断市场时从来没有提到过供给曲线。为什么呢？先来看一下供给曲线的定义：供给曲线指的是企业在某个价格下可以提供的产量。对于完全竞争市场而言，我们可以利用企业的需求曲线和供给曲线来分析均衡情况，但垄断企业并不是价格的接受者，他在决定产量的时候是根据边际收益与边际成本曲线的交点而定，同时收取需求曲线上的价格。因此产量与价格并没有严格的一一对应的关系，离开需求曲线分析企业的供给是不可能的，从而完全垄断企业不存在供给曲线。

（三）价格歧视

生活中我们经常遇到这样一种现象，企业对购买同一种商品的不同顾客收取不同的价格，我们把这种做法称作价格歧视。

价格歧视的根本原因在于垄断企业面对的是一条向下的需求曲线，不同的人对于这种商品所愿意付出的价格不同，如果企业能够把不同类型的消费者区分开，那么它便可以实行价格歧视。

根据价格歧视程度的不同，我们可以把价格歧视分为以下三种类型：

1. 一级价格歧视

这种价格歧视也称作完全价格歧视。它是指完全垄断企业按照不同消费者购买不同数量的商品所愿意支付的最高价格分别定价，也就是按需求价格定价。

从图 5-17，我们可以看一下福利的情况：

当企业销售第 1 单位产品 Q_1 时，收取此数量下消费者愿意支付的价格 P_1，接下来销售第 2 单位商品 Q_2 时，收取此处消费者愿意接受的价格 P_2，以此类推。此时厂商的边际收益曲线也就是它的需求曲线，均衡点为需求曲线与边际成本曲线的交点。

这时企业的福利三角形达到最大，为 AEP_e，而消费者获得的福利则为 0。注意：实行一级价格歧视后，企业的边际收益曲线变成了它的需求曲线，均衡点会向右移动，均衡产量会增加。所以对于社会的总福利来说，实际上是增大的，只不过增大的这部分福利和消费者原有的福利都被企业所占有了。

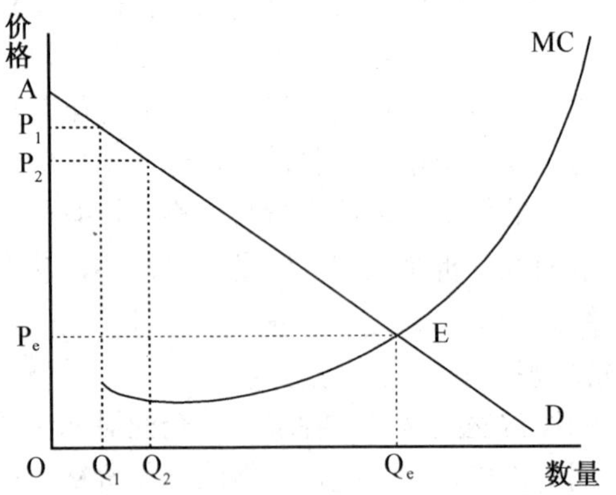

图 5-17　一级价格歧视

但是由于企业很难对每一单位数量的产品都收取不同的价格，所以实际生活中一级价格歧视很少见。

2．二级价格歧视

二级价格歧视是指完全垄断企业按不同价格出售不同数量等级的产品，但购买相同数量等级的产品的消费者以同样价格支付。

如图 5-18 所示，当消费者购买 0～Q_1 数量的商品时，收取价格 P_1，当消费者购买 Q_1～Q_2 数量的商品时，收取价格 P_2，我们日常生

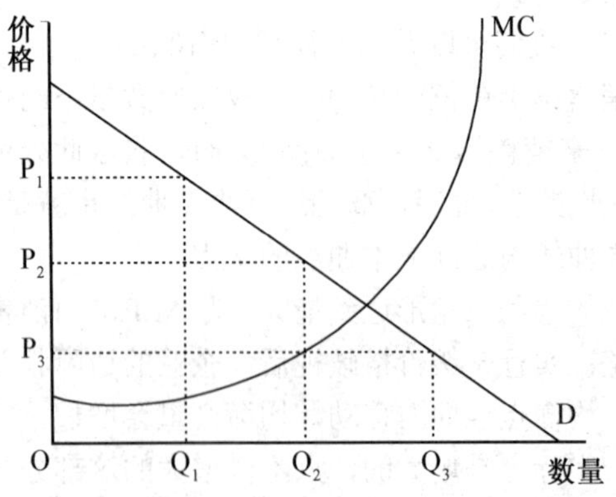

图 5-18　二级价格歧视

活中常见的"多买优惠","三毛钱一个五毛钱俩",还有乘坐出租车时的含有起步价的"两部分价目表",都属于这种情况。

二级价格歧视的利润要小于一级价格歧视,但大于同一垄断价格。

3. 三级价格歧视

三级价格歧视是指完全垄断企业对不同类型的消费者制定不同的价格。例如,在要实行三级价格歧视,必须满足两个基本条件:(1)厂商能够区分不同类型的消费者,并且能够保证商品不在不同类型的消费者之间流通;(2)不同类型消费者的需求弹性不同。

这是因为如果厂商无法区分不同类型的消费者,那么被收取较高费用的消费者将会冒充另一类消费者,结果导致价格高的商品无法卖出;而如果两类消费者的需求弹性相同,则对两类消费者的定价一样,也就失去了区分的意义。

实行三级价格歧视,仍然要根据 MR=MC 的原则,使每个市场的边际收益均等于企业的边际成本,而不同市场上的售价,则根据各自的需求曲线而定。如图 5-19 所示,(a)、(b)为两个弹性不同的市场,(c)为两个市场的加总,也就是总市场。企业根据 $MR_1=MR_2=MC$ 决定各个市场的产量,再根据各自的需求曲线决定其价格,弹性小的市场(a)定价较高,弹性大的市场(b)定价较低。

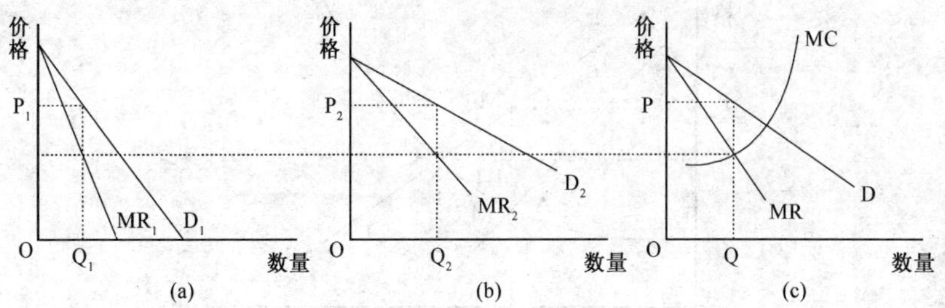

图 5-19 三级价格歧视

在我们的生活中经常会见到这种价格歧视。比如很多娱乐场所的收费在黄金时间(一般指晚上 7 点到 11 点)比非黄金时间要高,还比如前些年许多旅游景点对外宾收取较高的票价，因为外国人和中国人很容易区分，并且外国人到中国旅游的话，那么他对旅游景点的需求弹性就会比较小。

还有一些价格歧视比较隐蔽，可能以其他形式出现。比如折扣券或代金券，名为折扣，实际上是对没有折扣券的人的价格歧视，这部分人的需求价格弹性较小，即使没有折扣也会购买该商品；而需求价格弹性较大的那部分人会花一些精力去寻找折扣券，没有折扣券时他们可能就不会购买该商品。

三、垄断的社会代价

（一）垄断的福利损失

和完全竞争市场相比较，由于垄断企业的定价高于边际成本，这意味着较低的产量和较高的价格会对厂商有利而使消费者遭受损失。如果将消费者福利和生产者福利作为一个总体考虑，垄断使整个社会的福利增加还是损失呢？

如图 5-20 所示，C 点为边际成本曲线与平均收益曲线的交点，也就是完全竞争市场的均衡点；完全垄断时，边际成本曲线与边际收益曲线交于 A 点，企业在相应的 M 点处定价。

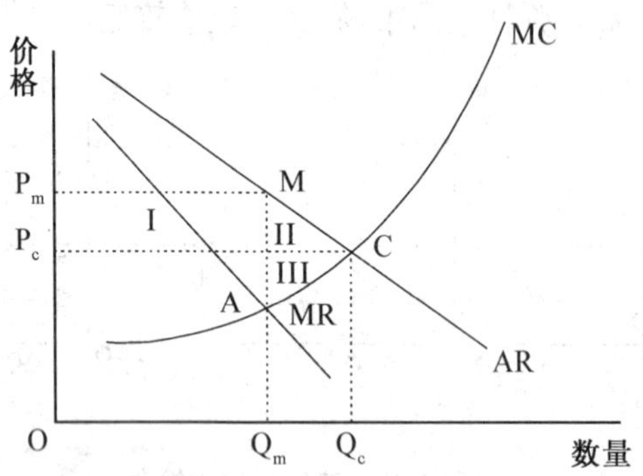

图 5-20 完全垄断的福利损失

这时的消费者和完全竞争时的消费者相比，福利损失了 P_mMCP_c

这部分梯形的面积，其中（I）部分被生产者获得，而（II）部分则是由于价格提高后一部分消费者不愿购买该商品而造成的这部分消费者的福利损失。对于生产者而言，他虽然获得了（I）部分消费者的剩余，却损失了（III）这部分潜在消费者购买时的生产者利益，所以生产者剩余提高了（I）—（III）。对于整个社会来说，福利损失了（II）+（III）这一部分。

（二）国家对垄断的限制

垄断造成了社会福利损失，因此国家常常会采取一些政策来限制垄断。

一种政策是价格管制，这种政策在自然垄断的行业中经常见到，比如说自来水公司和电力公司。政府会对企业的经营成本进行一下估计，争取将价格定在完全竞争时的价格。当然，这种政策也有它自身的缺陷，一方面企业的成本状况很难估计，定价过低，低于企业的长期平均成本时将导致企业退出；另一方面，按照成本来定价会使企业丧失降低成本的动力，因为降低成本的努力并不能带来相应的利润，长期来看会造成企业经营的低效率。

另一种政策是通过立法来消除垄断。美国国会在 1890 年通过了《谢尔曼法》，标志着现代反垄断法的诞生，1914 年通过了《克莱顿法》，1936 年通过了《罗宾逊—帕特曼法》，美国司法部反托拉斯局与联邦贸易委员会是反垄断法的执法机构，通过加强政府的权力，并使私人民事诉讼合法化，来加强对市场竞争结构的保护。2007 年 8 月 30 日，我国第十届全国人大常务委员会第二十九次会议通过了《中国人民共和国反垄断法》，并于 2008 年 8 月 1 日施行。2009 年 3 月 18 日，可口可乐收购汇源失败，成为中国《反垄断法》实施以来第一起未能通过审查的案例。

（三）垄断的积极因素

前面已经讲到了垄断会造成社会福利的损失，那么垄断一定是不好的吗？

近年来，一些学者认为不能简单地从市场结构来判断其经济效率的高低。有些行业由于具有规模经济的特征，垄断会使企业的成本降低，其价格有可能低于完全竞争。另外，在一些需要技术创新的行业（如 IT 业）中，垄断的高利润会促使企业不断投资于新技术的开发，结果是促进了整个社会的技术进步，所以政府还要对这种垄断颁发专利证书来给予保护。对于垄断的社会效应，我们也应当一分为二的看待。

第三节　垄断竞争

前面已经讲过了完全竞争和完全垄断两种市场，不过生活中这两种市场并不常见，更多的市场介于两者之间，既有竞争又有垄断。垄断多一些的我们称之为寡头垄断市场，竞争多一些的我们称之为垄断竞争市场，这一节我们就来介绍垄断竞争市场。

一、垄断竞争市场的基本假设

垄断竞争是指一种既有垄断又有竞争，既不是完全竞争又不是完全垄断的市场结构。

引起垄断竞争的基本条件是产品之间存在着差异性。差异是指同种产品之间在质量、包装、牌号、销售条件甚至服务质量上的差别。这些差别使每个厂商都拥有一部分比较稳定的顾客群体，所以厂商对产品价格起一定的影响作用。与完全竞争不同，如果厂商提高价格，并不会失掉所有顾客。

但这些差别并不是本质上的差别，它们生产的毕竟是同一类商品，不同厂商的产品具有很大程度的替代性。这样，厂商之间为争夺更大利润而相互竞争。这就与完全垄断不同，完全垄断的厂商本身就等于一个行业，因而在其行业内不存在竞争。从这个意义上说，垄断竞争厂商也是竞争者。

一般来讲，垄断竞争市场有以下几个特点：

1. 存在许多卖者：由于卖者众多，虽然单个企业的行动可以影响市场价格，但这种影响非常有限，因此每个企业在改变自己的行动时，不会考虑其他企业的对策。

2. 产品具有差别：垄断竞争与完全竞争的主要区别就在于垄断竞争的产品具有差别，每个产品都有自己的个性，都有一部分品牌的忠实者。这种产品差别还包括以消费者的想象为基础的任何虚构的差别。比如，虽然两家不同的饭店烹制的同一种菜肴在实质上没有差别，但在消费者的心理上却认为其中一家饭店的菜比另一家更美味。

3. 自由进出：垄断竞争市场中企业的生产规模比较小，这样企业可以很容易地进入或退出一个市场。

生活中垄断竞争市场随处可见，服装、餐馆、家具、烟酒、一些家电等都属于垄断竞争市场。这种市场竞争很激烈，虽然消费者会喜好某个品牌，但当其价格过高时，就会转向其他品牌。同时，企业为了培养消费者对自己品牌的忠诚度，经常要通过广告来宣传，所以垄断竞争产品的广告也是最多的。

二、垄断竞争市场的需求

我们看一下垄断竞争市场中企业所面对的需求曲线。

由于企业具有一定的垄断势力，所以它所面对的需求曲线是向下倾斜的。实际上存在着两条需求曲线。一条是主观需求曲线，由于企业自己的行为对市场价格的影响微乎其微，所以它自以为自己降低价格后，其他企业的价格不变，于是它便可以从别的厂商那儿吸引大量的新顾客，从而大幅度地增加销售量。这时它面对着一条弹性较大的主观需求曲线。但实际上，当一个企业采取降价行动后，其他企业也会采取相应的对策降价，这样它并没有将竞争对手的顾客吸引过来，只是由于自己价格的下降而带来销量的小幅增加。因此它客观上面对的是另一条市场中所有企业价格同时变动的弹性较小的客观需求曲线。

通过图 5-21，我们能更好地看清这一点。d_1 是企业 A 面对的主观需求曲线，当企业 A 将价格下降到 P_2 时，企业 A 以为它的竞争对手会按兵不动，它将争夺到其他企业的部分顾客，从而使销量大幅提高到 Q_m，但实际上行业中的其他企业看到 A 降价的行动后，也将会把

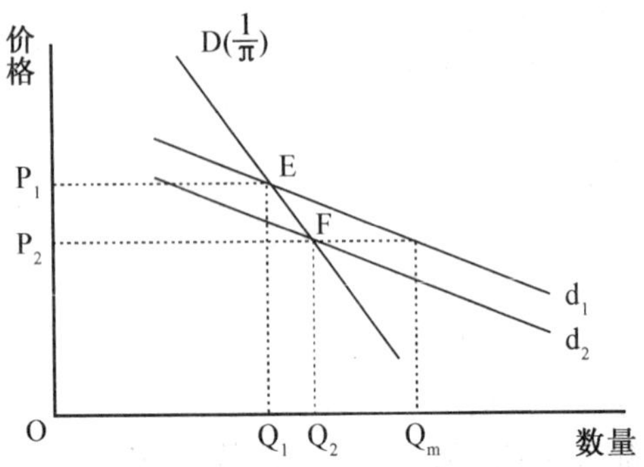

图 5-21 垄断竞争市场中企业所面对的需求曲线

价格下降到 P_2，这意味着 A 的需求曲线 d_1 向下移动到 d_2，因此这个企业面对 d_2 时，将在价格为 P_2 时卖出数量 Q_2，而不是开始设想的 Q_m。企业不断降价，将这些价格与销量的交点连起来，就得到了企业面对的客观需求曲线 D(1/π)，它的弹性小于企业的主观需求曲线 d_1。

三、垄断竞争市场的均衡

（一）垄断竞争市场短期均衡

如图 5-22 所示，假设开始时商品价格为 P_1，代表性企业的产量为 Q_1，由于企业实现利润最大化的条件是 MR=MC，而此时 $MR_1>MC$，所以企业会降价，当价格下降到 P_2 处时，会有 $MR_1=SMC$。但是，这只是对于主观需求曲线而言，是企业的一厢情愿，由于个别企业降价，行业内的其他企业也跟着降价，如前面所讲，此时需求曲线下降到 d_2，产量是 Q_2，MR_2 仍然大于 MC，继续降价，这种调整过程不断进行，直到个别企业和市场内的其他企业都达到了 MR=SMC，实现了短期均衡。此时 MR_e 与 SMC 相交，产量为 Q_e，企业定价 P_e，而 D（1/π）与 d_e 也相交于 P_e 处。

由于产品的差异，企业具有一定的垄断性，短期内企业是会获得超额利润、收支相抵还是会有一些亏损，这取决于企业在均衡产量下的平均成本是小于、等于还是大于销售价格。

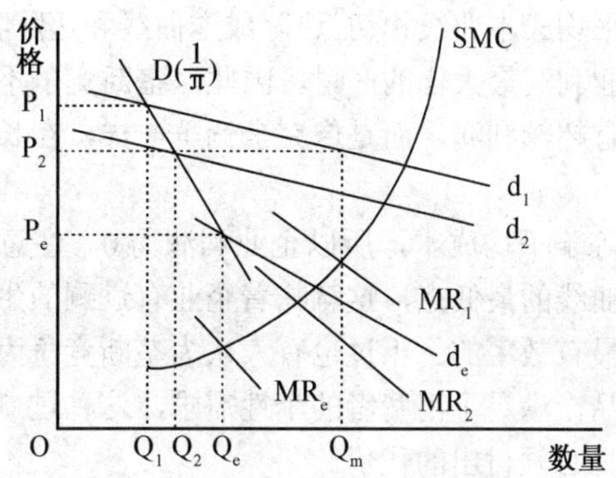

图 5-22　垄断竞争市场短期均衡

（二）垄断竞争市场长期均衡

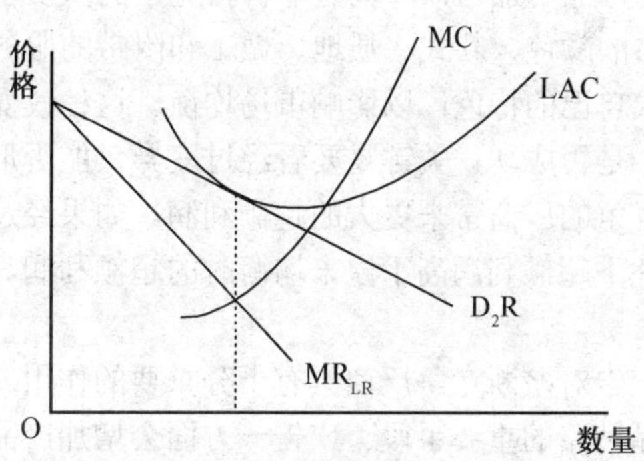

图 5-23　垄断竞争市场长期均衡

如图 5-23 所示，长期中，如果代表性企业存在一些超额利润，由于进出没有限制，这些利润将诱使其他企业加入，从而会导致代表性企业的市场份额减少，因此，它的需求曲线会向下移动，于是代表性企业削减价格，试图提高销量。由于前面短期行为中所分析的，其他企业也会采取对策降低价格，所以代表性企业的销量只有小幅增加。

这种调整一直进行下去，直到超额利润消失为止。此时，长期需求曲线D_2R与长期平均成本曲线相切，边际成本曲线和边际收益曲线相交，对应的就是企业利润最大化的产量。因此，垄断竞争不能像完全垄断那样，长期保有超额利润，而是像完全竞争一样，在长期只能获得正常利润。

由于价格等于平均成本，所以企业利润为0。注意：切点并不在长期平均成本曲线的最低点，这意味着企业有过剩的生产能力，企业的经营并非是最有效率的。不过也有人认为垄断竞争为消费者提供了多种多样的产品，满足了消费者的个性需求，这种过剩生产能力所造成的效率损失是必须付出的代价。

由于垄断竞争厂商的产品间有很强的替代性，所以厂商控制价格的能力受到不小的限制，通过上面的分析可以看出降价竞争获得的利益不大，这使垄断竞争厂商更看重产品质量、服务竞争及广告竞争等非价格竞争。

使自己的产品更加与众不同是非价格竞争的重要手段之一。企业可以变换产品的颜色、款式、质地、做工和附带的服务等来改变原有的产品，形成自己的特色，以影响市场均衡。这种改变会影响产品的成本和产量，是否成功，关键是要看经过变异，能否形成较大的需求从而给垄断竞争的厂商带来更大的超额利润。如果经过变异之后，在新的均衡条件下超额利润高于原来均衡时的超额利润，作这种改变无疑是值得的。

另外，广告对垄断竞争厂商具有十分重要的作用。它是垄断竞争厂商扩大产品销路的重要手段。广告一方面会增加产品的产量，另一方面会增加销售成本，因此是否做广告以及花费多少费用做广告是垄断竞争厂商必须充分考虑的事情。如果通过广告带来的额外收入大于做广告所花费的成本，那么做广告便是值得的。

第四节 寡头垄断

一、寡头垄断概述

寡头垄断也是界于完全竞争和完全垄断之间的一种市场类型，在这类市场中，几家大企业生产和销售了整个行业的极大部分产品，他们每家都在该行业中具有举足轻重的地位。寡头垄断和垄断竞争相比，“垄断”的因素更多一些。

由于寡头垄断市场只有少数几家厂商，所以，每家厂商的产量和价格的变动都会显著地影响它的竞争对手的销售量和收入。这样，每家厂商必然会对其他厂商的产量和价格变动作出反应，因此，在作决策时必须考虑其他厂商对它的决策的反应，也就是要考虑自己的决策对别的厂商的影响。可以说，寡头垄断市场是一种相互制约的市场结构。

寡头垄断市场有以下特征：

1．单个企业的行为会对其他竞争对手以至行业产生影响：因为行业内只有少数几家企业，所以每个企业在考虑自己的产量或价格是否变化时，必须考虑、推测或掌握到竞争对手可能采取的相应对策，并以此做出对自己有利的决策。

2．企业进出障碍比较大：由于寡头市场通常具有规模经济，已经形成了一定规模的产、供、销体系，其他企业想要进入是比较困难的。同样，行业内的企业想要退出，付出的代价也是比较大的。

寡头市场的这些特征决定了它很难对产量与价格的决定作出像前三种市场那样确定的答案。因为各个寡头在作出价格和产量决策时，都要考虑到竞争对手的反应，而竞争对手的反应又是多种多样并且难以捉摸的。另外，价格和产量一旦确定以后，由于对手的行为难以捉摸，厂商一般不会轻易变动已确定的价格与产量水平，市场有着相对的稳定性。也就是说，各寡头之间的相互依存性，使他们之间有时会形成某种形式的勾结。但各寡头之间的利益又是矛盾的，这就决定了勾结不能代替或者取消竞争，寡头之间的竞争也许会更加激烈。这种竞争不仅仅是价格竞争，还包括非价格的竞争。

各寡头之间有可能存在相互之间的勾结，也有可能不存在勾结。不同的情况下，市场均衡的分析是不同的。

当各寡头之间存在勾结时，产量或价格是由各寡头之间协商确定的，而协商确定的结果有利于谁，则取决于各自实力的大小。它们可能协商控制各自的产量，或者规定销售的最低价格等。当然，这种勾结往往是暂时的，当各寡头的实力发生变化之后，它们便会要求重新确定产量或瓜分市场，这便又会引起激烈的竞争。

当寡头之间不存在勾结时，它们可能根据其他寡头的价格来确定自己的价格，我们称之为价格领先制，定价被其他企业效仿的寡头我们称之为价格领袖，这个价格领袖并不是自封的或是大家一起协商推举的，而是自然形成的，每个企业都认为追随这个价格领袖来定价对自己是有利的。这种价格领袖的形成一般有三种情况：

1．支配型价格领袖。领先确定价格的厂商是本行业中最大的、具有支配地位的厂商。它在市场上占有额份最大，因此对价格的决定举足轻重。它根据自己利润最大化的原则确定产品价格及其变动，其余规模较小的寡头则根据这种价格来确定自己的价格以及产量。

2．效率型价格领袖。领先确定价格的厂商是本行业中成本最低、效率最高的厂商。它对价格的确定也使其他厂商不得不随之变动。

3．晴雨表型价格领袖。这种厂商并不一定在本行业中规模最大，也不一定效率最高，但它在掌握市场行情变化或其他信息方面明显优于其他厂商。这家厂商价格的变动实际上是首先传递了某种信息，因此，它的价格在该行业中具有晴雨表的作用，其他厂商会参照这家厂商的价格变动而变动自己的价格。

还有些时候，寡头根据竞争对手的产量来制定自己的产量，在决策过程中也要考虑其他企业的反应。

二、寡头垄断市场的均衡

寡头垄断市场最突出的特征就是企业在制定自己的行为决策时

必须考虑其他企业会采取的相应对策。因此，在研究寡头垄断市场均衡时，会与其他类型的市场有些不同。

（一）纳什均衡

纳什均衡的定义是：在给定了竞争者的行为以后，各个企业采取它能采取的最好的行为。

寡头垄断市场达到的均衡就是纳什均衡。比如可口可乐想要降价以增加销量，那么它会预计到百事可乐也会采取同样的策略而不是束手待毙，那么实际销量的增加就要把这个因素考虑进去，因为百事可乐降价后会抢走一部分顾客。甚至可口可乐已预见到百事可乐会降价到大致相同的价格，因为百事可乐如果降价过多，可口可乐也会作出相同的反应。也许这有些难以理解，不过这确实是合乎逻辑的，因此在综合考虑后，也许厂商降价的愿望就不那么迫切了。

（二）古诺模型

研究寡头垄断时常见的模型有很多，最早是由法国经济学家古诺（Augustin Cournot）在 1838 年提出的简单的双头模型：

该模型假设两个厂商都生产同样的商品，并且都知道市场的需求情况，那么两个厂商在考虑对手决策情况下，制定决策以实现各自的利润最大化。

如图 5-24，如果厂商 1 认为厂商 2 不生产，那么它的需求曲线就是市场的需求曲线 $D_1(0)$，厂商 1 将在 $MR_1(0)=MC$ 处生产 50 个单位产品。如果厂商 1 认为厂商 2 将生产 50 个单位，那么厂商 1 的需求曲线便是市场的需求曲线左移 50 个单位，它将在 $MR_1(50)=MC$ 处生产 25 个单位。而当厂商 1 认为厂商 2 生产 75 个单位时，它将生产 12.5 个单位。如果厂商 2 生产 100 个单位或更多，厂商 1 将不生产。

将厂商 2 生产不同数量产品时，厂商 1 生产的产品数量连接起来就得到一条向下倾斜的曲线，表明厂商 1 的利润最大化的产量是厂商 2 的产量的减函数，我们称它为厂商 1 的反应曲线，记为 $Q_1(Q_2)$。

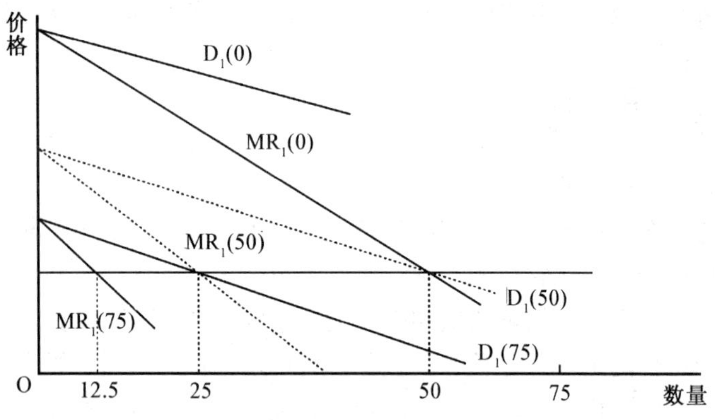

图 5-24　古诺模型

同样的道理，如果厂商 2 认为厂商 1 不生产，那么它的需求曲线就是市场的需求曲线 $D_2(0)$，厂商 2 将在 $MR_2(0)=MC$ 处生产 50 个单位产品。如果厂商 2 认为厂商 1 将生产 50 个单位，那么厂商 2 的需求曲线便是市场的需求曲线左移 50 个单位，它将在 $MR_2(50)=MC$ 处生产 25 个单位。而当厂商 2 认为厂商 1 生产 75 个单位时，它将生产 12.5 个单位。如果厂商 1 生产 100 个单位或更多，厂商 2 将不生产，于是我们可以得出厂商 2 的反应曲线 $Q_2(Q_1)$。将这两条曲线画在图 5-25 上，现在我们来研究它的均衡情况。

回顾一下纳什均衡的定义：在给定竞争者的行为之后，各个厂商采取它能采取的最好的行为。如果古诺模型要达到均衡，那么两个厂商必须同时达到利润最大化。如图 5-25，在 A 点厂商 2 实现了利润最大化，在厂商 1 生产 50 个单位时它生产 25 个单位，而此时厂商 1 却没有实现利润最大化，因为厂商 2 生产 25 个单位时，厂商 1 应该在 D 点生产低于 50 个单位的产品。同样的道理，B 点只是厂商 1 实现了利润最大化而厂商 2 没有。在 C 点两个厂商则都没有实现利润最大化，因此它们都没有达到纳什均衡。在两条反应曲线相交的 E 点处，两个厂商都在给定对手策略下实现了自己的利润最大化，达到了纳什均衡。此时，任何一个厂商都没有改变自己产量的动机。

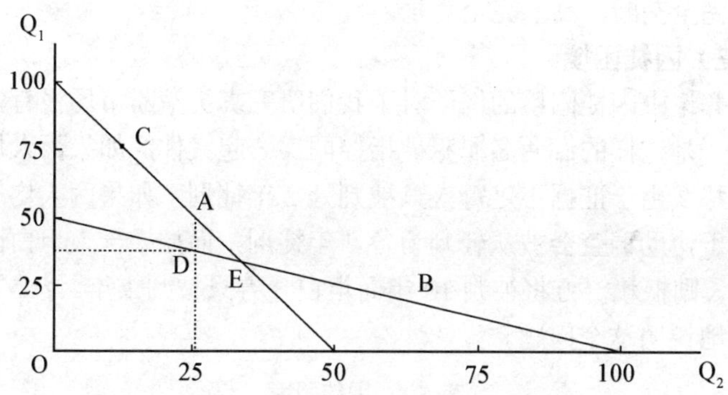

图 5-25　古诺均衡是纳什均衡

下面我们举一个例子来计算一下古诺均衡的产量和价格。

假设市场的需求曲线是 $P=60-Q$，两个厂商的边际成本均为 $MC_1=MC_2=0$。

首先确定厂商 1 的反应曲线。它的点收益为：

$R_1=PQ_1=(60-Q)Q_1=(60-Q_1-Q_2)Q_1=60Q_1-Q_1^2-Q_1Q_2$

$\therefore MR_1=60-2Q_1-Q_2$

由 $MR_1=MC_1=0$，得出厂商 1 的反应曲线为：

$$Q_1=30-1/2\times Q_2 \qquad (5.1)$$

同理，厂商 2 的反应曲线为：$Q_2=30-1/2\times Q_1$　　(5.2)

由式 5.1 和式 5.2 联立可解得：

$Q_1=Q_2=20$，此时 $P=20$

这就是古诺均衡的产量水平和价格水平。

如果这个市场是完全垄断市场，企业的需求曲线也是 $P=60-Q$，则它的收益为 $R=PQ=(60-Q)Q$，边际收益为 $MR=60-2Q$，企业利润最大化的条件是 $MR=MC$，而 $MC=0$，所以 $Q=30$ 为均衡时的产量水平，此时 $P=30$。

如果是完全竞争市场，则价格等于边际成本，而 $MC=0$，所以 $P=MC=0$，得出 $Q=60$。

可见，古诺模型的均衡产量高于完全垄断，低于完全竞争；而价格低于完全垄断，高于完全竞争。

（三）囚徒困境

博弈论中囚徒困境的例子对于我们研究寡头垄断市场很有帮助。

例子是这样的：两名罪犯被指控同谋一起案件，如果两人均拒绝坦白，那么由于证据不足每人只被判处 2 年徒刑，如果两人均坦白，那么由于协助调查会被从轻判为各 5 年徒刑，而如果一人坦白而另一人抵赖，则抵赖一方将被判 10 年而坦白一方只被判 1 年。表 5.1 可以很直观地说明这个问题。

表 5.1　囚徒困境

		囚徒 B	
		坦白	不坦白
囚徒 A	坦　白	−5，−5	−1，−10
	不坦白	−10，−1	−2，−2

那么这两个囚徒会怎样做呢？对于两人这个整体来说，选择不坦白是最好的结果，但如果把两人分开审判，这种结果会出现吗？

作为一个理性人，囚徒 A 会想：无论 B 如何选择，选择坦白对我更为有利，于是 A 肯定会选择坦白；同样，B 也会这样想。因此，最后的结果会是双方都选择坦白。

这种情况在寡头垄断的市场里经常见到，如表 5.2 是可口可乐和百事可乐在不同价格水平下可能得到的在中国市场上的年收益，如果两家都定价 5 元，显然点收益最大，可是由于法律不允许寡头进行勾结定价，所以每家企业都以自己的利润最大化为目标来定价，结果就是价格均为 3 元。

像囚徒困境一样，虽然“合作”是最好的结果，可由于各自的私心和对对方的不信任，这种情况是很难达到的。

表 5.2　可口可乐和百事可乐的定价策略　（单位：亿元）

		百事可乐定价	
		3 元	5 元
可口可乐定价	3 元	8，6	12，4
	5 元	6，11	10，8

（四）卡特尔

卡特尔是法语 cartel 的音译，原义为协定或同盟，在寡头垄断市场，少数企业在价格、销量等方面达成公开的联合协定，称为卡特尔。卡特尔中的企业可以瓜分垄断利润。

卡特尔能否有效地控制市场，需要有两个重要条件：

1．一个稳定的卡特尔必须能够有效地约束自己的成员在规定的价格和生产水平上进行生产。因为如果卡特尔内部成员受到更多利润的诱惑而秘密削价或提高产量，这种“越轨”行为便容易受到其他企业的效仿，从而使整个卡特尔从内部瓦解。

2．卡特尔的垄断势力足够大。如果卡特尔占据很大一部分市场份额并且需求曲线的弹性很小，那么卡特尔的垄断是容易成功的。

石油输出国组织（OPEC）是一个比较成功的卡特尔组织。它在 1973 年到 1985 年期间成功地维持了合作，保证了原油市场的高价格，因为 OPEC 中的成员国控制了世界石油储量的 3/4，而石油的需求弹性又非常小，这都是 OPEC 得以成功的客观条件。不过，20 世纪 80 年代以来，各成员国开始扩大生产水平，尽管 OPEC 成员继续两年开一次会，但在达成和实施协议上已经不再成功了。现在，OPEC 成员主要是相互独立地作出生产决策。

这一章，我们介绍了四种基本类型的市场、特点以及达到均衡的情况。当然，现实中的情况不会像理论上划分的这么清楚，区分企业的多少不会有一个固定的数字，相似到什么程度的产品才算同质也不会有一个固定的结论。因此，实际上许多行业都具备了多种类型市场的特点，在运用理论研究问题时也要根据具体情况来进行分析。

第六章　生产要素市场理论

上一章我们学习了产品市场的均衡理论，也就是分析了不同市场结构下产品的均衡价格及均衡产量的决定。本章我们将讨论一种特殊的产品，即生产要素，它是生产产品和劳务的投入，通常包括劳动力、土地、资本等。本章我们将主要学习劳动力市场理论，学习完本章后我们应该知道个人的收入是如何决定的，以及差异是如何产生的，这里我们仍采用贯穿于微观经济学中的供求原理进行分析，因为要素同样也是一种商品。

第一节　劳动力的需求

一、企业的均衡

我们知道，在市场经济条件下企业的目标就是利润最大化。在做决策时，企业都是根据边际量来决定的，即在边际成本等于边际收益时，企业的利润达到最大化。这个原则适用于所有的企业，不管是完全竞争市场结构下的企业还是完全垄断、寡头垄断、垄断竞争市场结构下的企业。

这里我们在产品市场是完全竞争且厂商只雇用一种生产要素即劳动力的条件下考虑企业的均衡。根据第五章的内容，我们知道这种情况下产品的价格保持不变，在本节第三部分我们将考察不同产品市场结构对劳动力需求的影响。我们考虑这样一个例子，见表 6.1。

表 6.1　劳动力的边际产量及边际收入

(1) 劳动力	(2) 边际产量	(3) 总产出	(4) 产品价格	(5) 边际收入	(6) 总收入
0	0	0	1	0	0
1	10	10	1	10	10
2	9	19	1	9	19
3	8	27	1	8	27
4	7	34	1	7	34
5	6	40	1	6	40
6	5	45	1	5	45
7	4	49	1	4	49
8	3	52	1	3	52

在讨论企业的最优决策时，我们要牢记经济学分析中的边际方法，即理性人要根据边际量来作决策。因此，仅考虑劳动力的边际收入或是产品的边际收入不能使企业作出决策，我们同时还要考虑边际成本。如表 6.1 中，如果劳动力的边际成本是 5，那么理性的决策就是雇用 6 个劳动力，因为第 5 个劳动力的边际收益是 6，所以增加劳动力会提高企业的利润，而第 7 个劳动力带来的边际收入将小于边际成本，此时，厂商明智的选择应该是雇用 6 个劳动力，这时厂商的利润达到最大化。如果边际成本是 6，那么最优决策应该是 5 个劳动力。

二、厂商对劳动力的需求及影响需求的因素

根据上述例子，在劳动力的边际产量不变与产品价格不变的情况下，不同的边际成本也就是工资对应不同的劳动力的雇用数量。因此，我们就得到了企业对于劳动力的需求曲线，就像在完全竞争市场情况下企业短期供给曲线的推导一样。我们把要素的边际产量与产品价格的乘积称为边际产品价值（VMP），VMP=MP×P，将要素的边际产量与产品的边际收益的乘积称为边际收益产品（MRP），MRP=MP×MR。

MP 就是劳动力的边际产量，P 是产品的价格，MR 是产品的边际收益。如表 6.1 所示，当雇用 2 个劳动力时，劳动力的边际产品价值就是第二栏的边际产量 9 乘以产品价格 1 等于 9。当产品价格 P 保持不变的条件下，可以满足产品的 P 与 MR 相等，则实现劳动力的 VMP 与 MRP 相等。在企业追求利润最大化的过程中，劳动力的边际产品价值将始终等于劳动力的边际成本。不同工资水平对应不同的劳动力需求量，因此 VMP 曲线就是劳动力的需求曲线。如图 6-1 与图 6-2 所示。

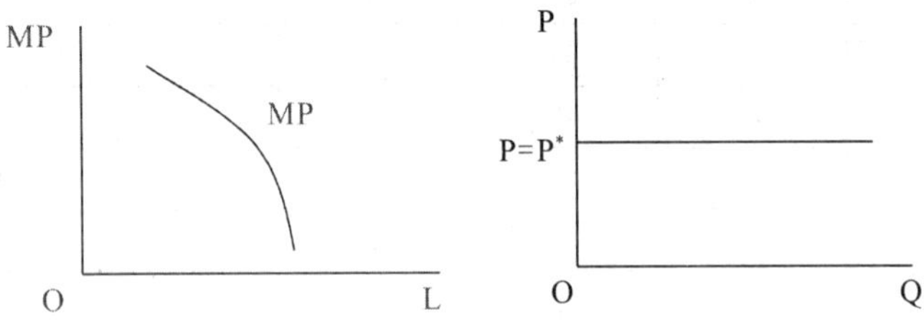

图 6-1 劳动力的边际收入及产品价格

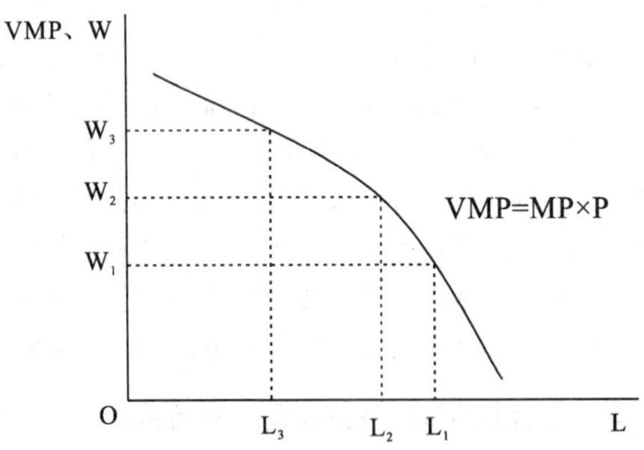

图 6-2 劳动力的需求曲线推导及需求曲线

下面我们考虑影响劳动力需求的因素，这里我们考虑产品市场是完全竞争的情况，在这种条件下，当企业雇用一定劳动力实现利润最大化时，要素的边际产品价值等于边际成本即劳动力的边际成本 MFC。从需求曲线的推导中，我们可以看到劳动力的需求取决于要素的边际产量及产品价格的情况，因此我们认为影响劳动力需求的因素有以下三个：生产产品的价格、其他要素的价格和技术水平。

1．生产产品的价格。在劳动力的边际产量不变时，提高产品价格会增加劳动力的边际产品价值，直观地看就是向上移动了边际产品价值曲线。这样在工资不变的情况下，企业会增加劳动力的需求，企业产品价格的变化会引起企业对劳动力需求的变化。

在完全竞争市场条件下，当市场对产品的需求增加或减少时，产品的价格上升或下降（如图 6-3）。在劳动力的边际产量不变的条件下，由于产品价格的增加或减少，引起企业面临的 VMP 曲线上升或下降（如图 6-4），也就是对劳动力的需求发生改变。

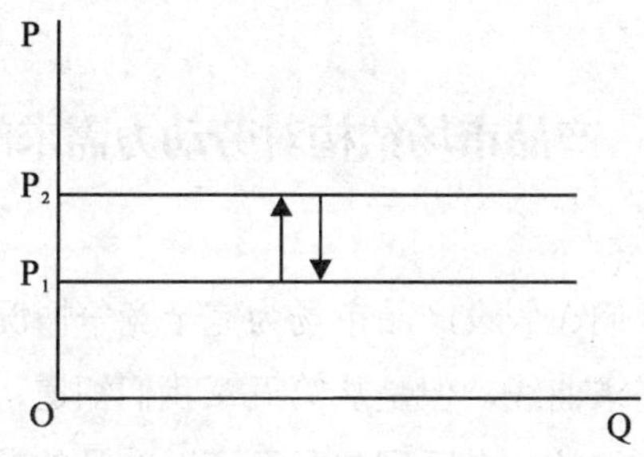

图 6-3 完全竞争市场条件下企业面临的产品价格的变化

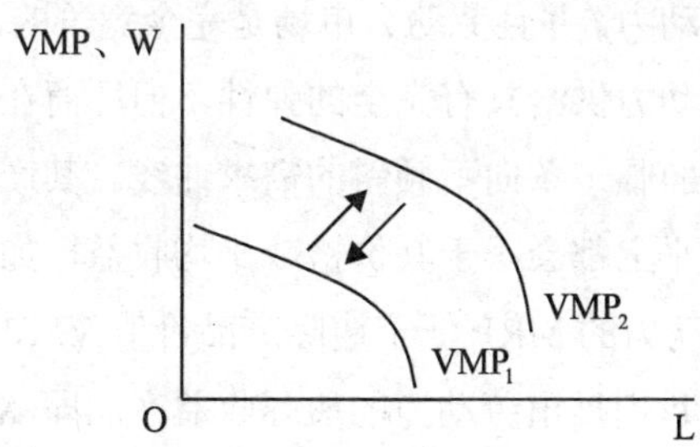

图 6-4 VMP 曲线的变动

2．其他生产要素的价格。通常情况下，要素之间都有一定的互补性，因此在保持成本最小化的要求下，一种生产要素价格的变化会引起企业对另一种生产要素需求的变化（类似消费者理论中的替代品），因此其他生产要素价格的变化如资本价格的上升（下降）会使企业对劳动力的需求增加（减少）。

3．技术水平。技术水平的变化会改变劳动力的边际产量，比如先进设备的引入会提高单位工人的边际产量，引入电脑后使档案管理员的人数大大减少等。所以技术水平也会影响企业对劳动力的需求。

第二节　产品市场结构对劳动力需求的影响

上一小节，我们在假设产品市场为完全竞争情况下，得到了单个企业对劳动力的需求曲线，但是从第五章我们知道，产品市场的结构共有 4 种，它们之间的一个区别就是厂商对产品的垄断能力不同。从单个企业的角度来看，除完全竞争市场外，在其他市场结构下，产品的需求曲线与边际收益曲线并不相同。在这里我们仍然只使用一种可变生产要素即劳动力，并且劳动力市场是完全竞争的，在工资既定时，对单个厂商的劳动力供给具有完全的弹性，但厂商在其产品市场上是垄断的，也就是面临一条向下倾斜的需求曲线。其产品的边际收益曲线在任何产量水平上都会小于其价格或平均收益，如图 6-5 所示。在上述条件下，劳动力的 MRP 低于边际产品价值 VMP，如图 6-6 所示。按照边际原则，我们推出劳动力的边际收益产品即 MRP 曲线才是劳动力的需求曲线。

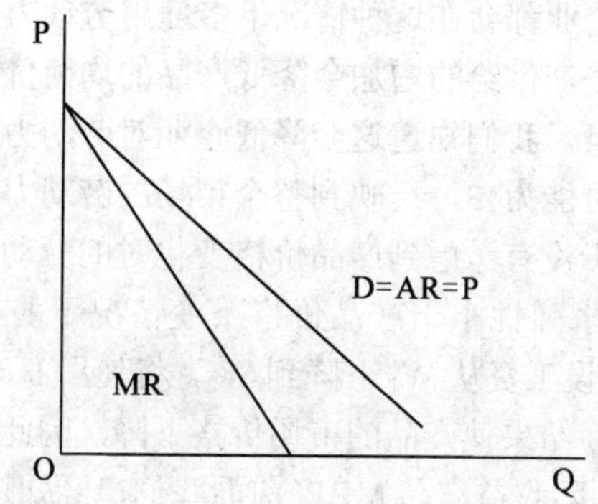

图 6-5　在垄断市场条件下产品的价格与边际收益

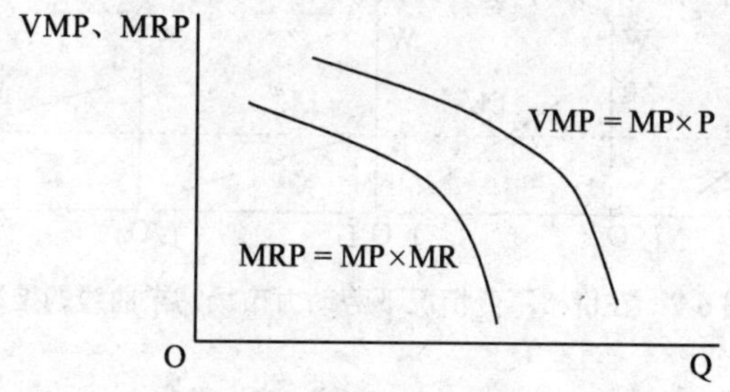

图 6-6　在垄断市场条件下劳动力的 VMP 和 MRP

下面我们要考虑整个市场对劳动力的需求情况，考虑最简单的情况，在产品市场为完全竞争条件下，市场的总需求量是由单个企业的需求量加总得到，在图 6-7 上，就是在同一价格水平上把所有单个厂商的需求量叠加在一起。需要注意的是，总的需求曲线并不是简单地叠加在一起。因为我们在考虑单个企业的劳动力需求时，通常假设产品的价格不变，这在完全竞争市场条件下是合理的。但是对于整个市场的需求来说，这样分析就会出现问题，因为当劳动力的价格变化时，整个行业对于劳动力的需求量都会发生变化，因此会引起产品产量的变化，在产品的需求保持不变的情况下会引起产品价格的变化。例如，在工资为 3 时，假设企业对劳动力的需求量为 2，均衡的产品产量为 10，如果工资降为 2 时，假设单个企业对劳动力的需求量应该为 4，但是考虑到每个企业都会在这种情况下多雇用劳动力，因此会增加整个行业的产出水平，供给的增加会降低产品的均衡价格。而根据影响劳动力需求的因素，我们知道这会降低企业对劳动力的需求，因此实际的劳动力需求可能为 3，反映到整个市场的劳动力需求上就是对劳动力的需求要小于没有考虑到产品价格变化时的劳动力需求，也就是市场的劳动力需求弹性小于产品价格不变情况下的劳动力的需求弹性，如图 6-8。假设工资从 W_1 下降到 W_2，将使厂商雇用更多劳动力，增加产品的供给，结果使产品的市场价格下降，因此劳动力的边际产品价值 VMP 或边际收益产品 MRP（前面我们已经知道在这种条件下，劳动力的边际产品价值与边际收益产品相等）也下降。将两个均衡点连接我们就得到了市场对劳动力的需求曲线 DL。

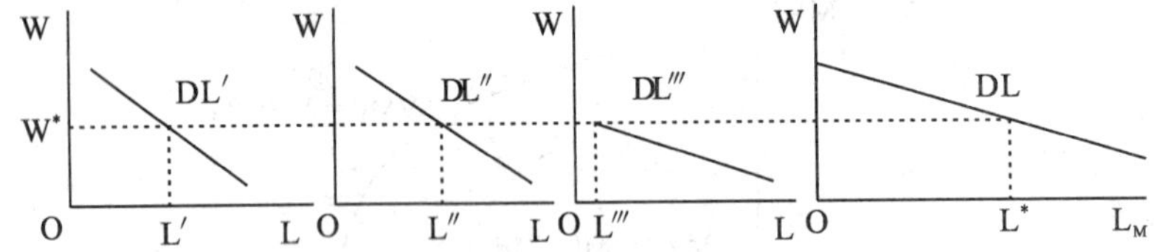

图 6-7　在价格不变情况下劳动力市场需求曲线的推导

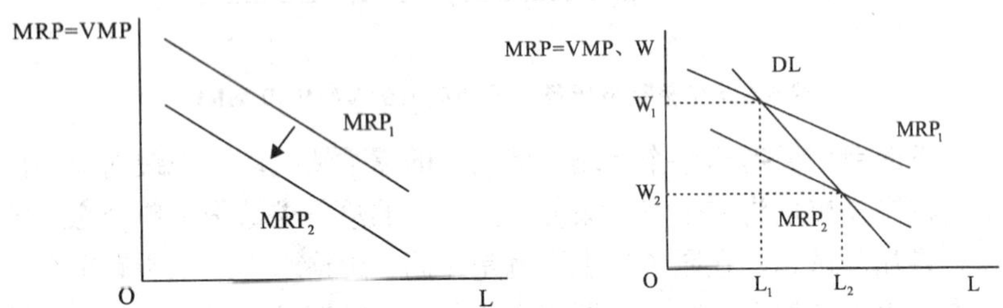

图 6-8　在考虑价格变化时劳动力市场需求曲线的推导

下面我们讨论影响劳动力需求弹性的因素，我们知道弹性就是一种因素对另一个因素变化的敏感程度，这里就是劳动力需求的变化对劳动力价格变化的敏感程度。影响劳动力需求弹性的因素有：边际收益递减的变化速度、资源的可替代性、产品的需求弹性、劳动力成本在总成本中的比例。

1．边际收益递减的变化速度。从技术角度来说，劳动力的边际收益的变化情况会影响劳动力的需求弹性。在其他资源投入不变的情况下，如果劳动力的边际收益变化很慢，那么根据第二小节的知识，我们知道劳动力的需求曲线的斜率较小，因此具有较大的弹性，工资的变化会引起劳动力需求的巨大改变。如果劳动力的边际收益在增加投入时急剧下降，那么劳动力的需求曲线也会变陡峭。因此，劳动力需求缺乏弹性，只有工资较大幅度的改变才能影响劳动力的需求量。

2．资源的可替代性。劳动力的可被替换程度也可以影响劳动力的需求弹性。在一个生产过程中，很少只有一种生产要素的投入，更多的情况下，企业同时使用多种生产要素。例如企业生产汽车，既需要制造工人，也需要生产设备。它们之间有一定的替代性，这一点从不同国家在汽车制造中使用资本和劳动力的比例就可以看出。当劳动力有很良好的替代资源时，它的需求弹性就大，反之也一样。

3．产品的需求弹性。劳动力的需求弹性也取决于它所要生产的产品的需求弹性。当产品的需求弹性很大时，产品价格的变化会使产品的需求量剧烈的变化，这样会引致企业对资源需求的剧烈变化。一般来说，产品的需求弹性越大，劳动力的需求弹性就越大，反之也一样。

4．劳动力成本在总成本中的比例。劳动力的成本在总成本中的比例越大，对劳动力的需求弹性将越大。以种菜为例，劳动力成本几乎是所有的生产成本，这样当工资上升30%时，生产菜的总成本也将提高几乎同样的比例。如果菜的需求弹性较大，那么成本的上升会使菜的需求量迅速下降，劳动力的需求也会随之大幅下降，所以此时劳动力的需求弹性很高。但是如果是汽车企业，假设在中国，劳动力在总成本中所占的比例为40%，那么工资上涨30%后，总成本的增加要低于12%，因为在没有资源替代的情况下总成本会增加12%，但是厂商为寻求成本最小化通常都会使用相对便宜的生产要素来替代价格比较高的。因此，会得出总成本增加的比例小于12%的结论。即使增加了12%，产品销售量的下降幅度也远小于总成本上升的幅度（30%）。因此，相比之下劳动力需求下降幅度较小，此时劳动力的需求弹性也较小。

第三节 劳动力的供给

一、个人选择的均衡

劳动力的供给决策是由个人作出的，所以在讨论个人的劳动力供给决策前，我们首先要考察个人对于时间的配置决策，也就是要进行个人的最优选择分析。

回忆第三章的消费者理论，人们在选择时总是基于效用最大化的原则，劳动力的供给就是人们放弃的闲暇时间，因此工资可以看作是闲暇的价格。当工资改变时，人们会改变闲暇和工作的时间安排，这其中有两种效应同时起作用：替代效应和收入效应。一般来说，当工资提高的时候，替代效应会使人们增加劳动力的供给，而收入效应又会使人们减少劳动力的供给。所以工资的改变对劳动力供给的影响需要综合考虑。当工资增加时人们增加劳动力的供给可以提高个人效用，但是当工资达到一定程度时，由于时间的局限（一天只有 24 小时）和收入的增加，你可以并愿意使用额外的收入去享受更多的闲暇，这时候收入效应超过了替代效应，因此劳动力的供给又减少。如图 6-9 所示，横轴 H 表示一个人的时间约束，如果是一天 24 小时，纵轴 W 表示将所有时间都用在工作上可以获得的收入。斜线就表示闲暇与收入的约束线，斜率的变化就表示工资率的变化。当工资率为 W_1，即所有时间用于工作可以得到的收入为 W_1 时，这个人用于闲暇的时间为 H_1^*；当工资率为 W_2，即所有时间用于工作可以得到的收入为 W_2 时，由于工资率的上升，闲暇的价格也上升，这个人就会减少闲暇的使用，替代效应超过收入效应，因此增加劳动力的供给；当工资率为 W_3，即所有时间用于工作可以得到的收入为 W_3 时，这个人可以因为收入的增加而去享受更多的闲暇即 H_3^*，此时收入效应超过替代效应，结果是减少了劳动力的供给。

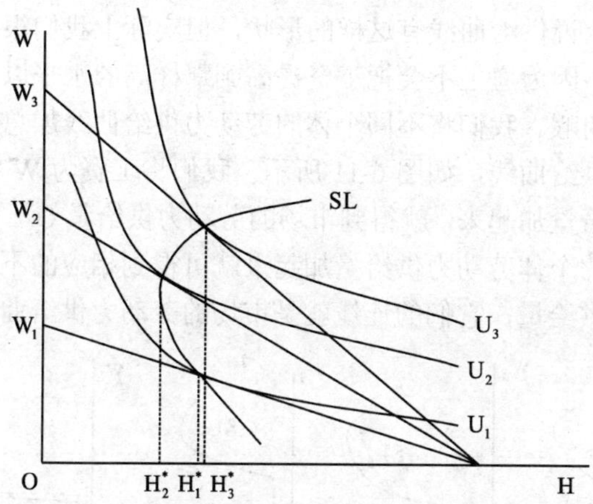

图 6-9　时间资源在闲暇和劳动供给之间的分配

二、劳动力的供给及影响因素

根据以上分析，我们认为个人劳动力的供给决策是与闲暇决策对应的，因此，通过不断地改变工资而将那些个人的最优选择点连接起来，得到了一条向后弯曲的劳动力供给曲线，个人劳动力的供给先是随着工资的增加而增加，但是当工资达到一定水平时，劳动力的供给随着工资的上升而下降，如图 6-10 所示。

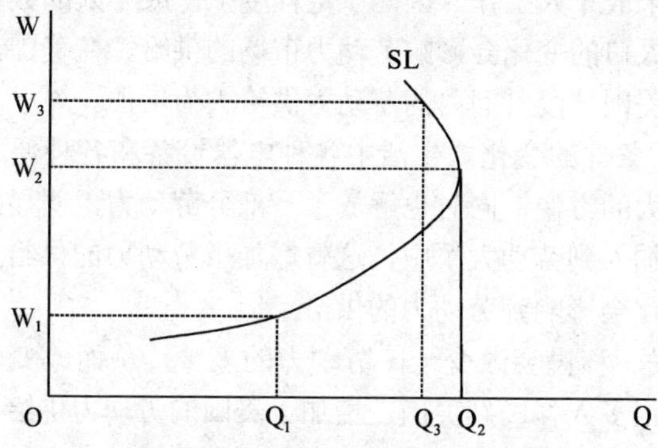

图 6-10　消费者的劳动供给曲线

从理论上说供给曲线有这样的形状，但实际上我们很难想像它可以向后弯曲，因为雇主不会把工资提高到那样高的水平以至于人们都想回家享受闲暇。我们将不同个体的劳动力供给曲线加总得到整个市场的劳动力供给曲线，如图 6-11 所示，我们将工资为 W^*时 3 个个体的劳动力供给量加起来，就得到市场的劳动力供给量 Q^*，因此我们将不同工资下的个体劳动力供给量加起来就可得到相应的不同工资下市场劳动力的供给量，它们的连线就是市场的劳动力供给曲线 SL。

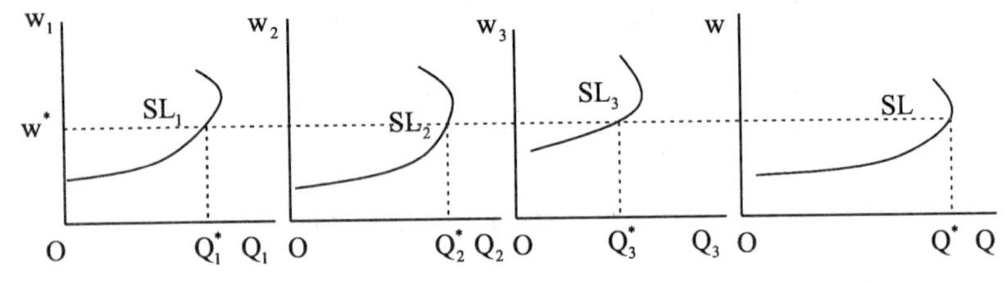

图 6-11　劳动力市场供给曲线的推导

影响个体劳动力供给量决策的因素有工资水平和本身的偏好，但就整个市场而言，除影响个人劳动供给决策的因素外，成年人口的数量、生活条件的变化、移民以及工会的力量都会影响劳动力的市场供给。

1．成年人口的数量。成年人是劳动力的主要供给者，有些国家有法律限制未成年人工作。因此一定程度上，成年人的数量代表了劳动力，成年人口的变化会影响劳动力市场的供给。在美国，战后婴儿潮的出现使美国一段时间内的劳动力供给大为增加。

2．生活条件的变化。生活中各种电器设备和各种便利设施给生活带来了很大的方便，同时也解放了一部分劳动力，明显的变化就是更多的妇女加入到劳动大军中，这就增加了劳动力的供给，因此，生活条件的变化会影响到劳动力的供给。

3．移民。移民会改变一国劳动力的多少，从而改变劳动力的供给，例如有很多人移民到美国，增加了美国的劳动力供给，而移民国的劳动力供给就减少了。在中国，农民工在不同城市间的流动也会改变这些城市的劳动力供给。

4．工会的力量。工会的三个主要目标就是增加报酬、改善工作条件和扩大就业机会。而为实现目标，工会最简单的做法就是干预劳动力的需求与供给，尤其是在供给方面。虽然有很多非工会工人提供类似的劳动，但是工会的存在仍然对劳动力的供给有一定的影响力。例如，有些手工工会通过严格的会员政策，如长期学徒制、高额的入会费等方法来限制此行业的劳动力供给。

三、劳动力市场结构对劳动力供给的影响

通常情况下，我们都假设劳动力市场是完全竞争的，也就是在同一价格水平下，企业可以购买到任何数量的劳动力，现在很多劳务市场就是这样的情况，待业的劳工很多。但是也有例外，那就是只有一个买主的劳动力市场，这也被称为买方垄断的要素市场。这个市场的特征是：一类劳动力只有一个需求者，由于地理原因或是因为工人转行需要一定的成本使得这类工人的流动性很小。由于工资要由雇用的劳动力多少来决定，企业可以影响工资的制定。由此可以看出，买方垄断的条件是相当严格的。这样的市场结构并不常见。在中国，某些贫困山区的仅有的煤矿可能就是这个地区煤矿工人市场的垄断购买者。

在要素市场买方垄断的情况下，企业所面临的劳动力供给曲线就是劳动力市场的供给曲线 SL。由上一小节我们知道，这一曲线是向上倾斜的，为雇用更多的工人，企业必须提高工资水平；同时，供给曲线也就是企业的平均劳动成本曲线，因为曲线上的点代表了企业所支付的工资与相应雇用的工人的数量。下面让我们来考虑劳动力的边际成本。在这种市场条件下，企业想要雇用更多的劳动力就必须提高工资水平，而在这个过程中，企业必须提高所有工人的工资水平，因此由新增加的劳动力带来的工资成本将高于此时的工资，也就是劳动力的边际成本 MFC 在平均工资线即劳动力供给曲线 SL 之上。表 6.2 清晰地表明了这一点。

表 6.2 劳动力供给曲线与劳动力边际成本的关系

劳动力数量	工资水平	总劳动成本	劳动力的边际成本
0	1	0	0
1	2	2	2
2	3	6	4
3	4	12	6
4	5	20	8
5	6	30	10
6	7	42	12

当企业雇用的劳动量从 1 增加到 2 的时候，工资水平的上涨，使得总成本由 2 变化到 6，因此劳动力的边际成本 4 高于工资水平 3。因此，我们简单地推导了劳动力的边际成本与劳动力供给曲线之间的关系。如图 6-12 所示，在劳动雇用量为 L^*时，劳动力的边际成本为 MFC^*，明显高于需要支付的工资 W^*。

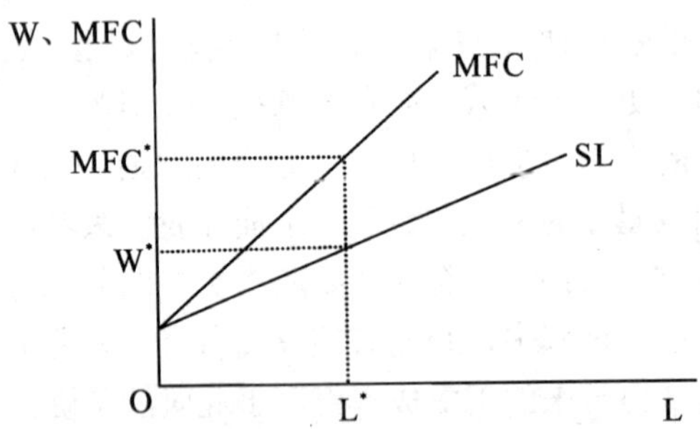

图 6-12 买方垄断的劳动力市场中，企业面临的劳动力供给曲线和劳动力的边际成本曲线

第四节　劳动力市场的均衡及收入决定

一、完全竞争市场结构条件下的均衡

这一节我们将利用微观经济学中的供求方法来分析劳动力市场的均衡。我们分三种情况进行分析：首先讨论最简单的情况，即产品市场和劳动力市场都是完全竞争的。我们的方法是找到在这种情况下的市场的劳动力需求与供给，然后将它们放在同一个图中，就可以得到均衡的工资和劳动力的需求量。如图 6-13 所示，我们将劳动力的市场需求曲线 DL 与劳动力的市场供给曲线 SL 放在一起就得到了均衡的劳动力雇用量 L^*以及劳动力的价格 W^*。当影响劳动力需求的因素发生变化时，例如人们口味的改变会增加对某种产品的需求，这会使生产此种产品的企业增加对劳动力的需求，在劳动力供给不变的条件下，当市场重新达到均衡时，工资水平提高，对劳动力的需求量上升。如图 6-14 所示，需求由 DL 变化到 DL'，SL 保持不变，结果是均衡的劳动力雇用量从 L^*增加到 L'^*，工资上涨到 W'^*。当影响劳动力供给的因素发生变化时，例如移民的激增会增加劳动力的供给，在劳动力需求不变的条件下，当市场重新达到均衡时，工资水平下降，对劳动力的需求量上升。如图 6-15 所示，在 DL 不变的情况下，供给从 SL 增加到 SL'，结果是工资下降到 W'^*，但劳动力的雇用量从 L^*增加到 L'^*。

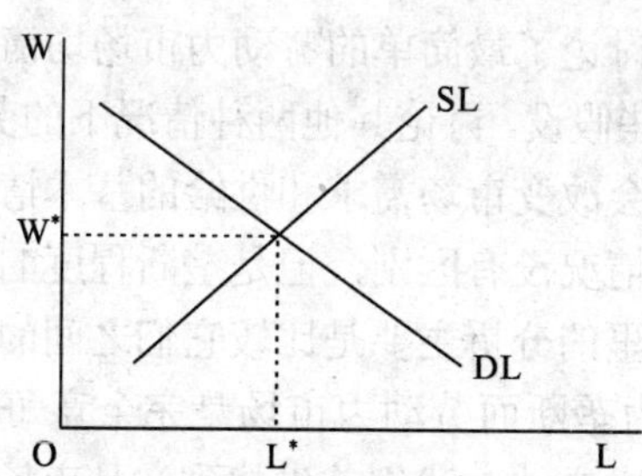

图 6-13　产品市场与劳动力市场同为完全竞争情况下劳动力市场的均衡

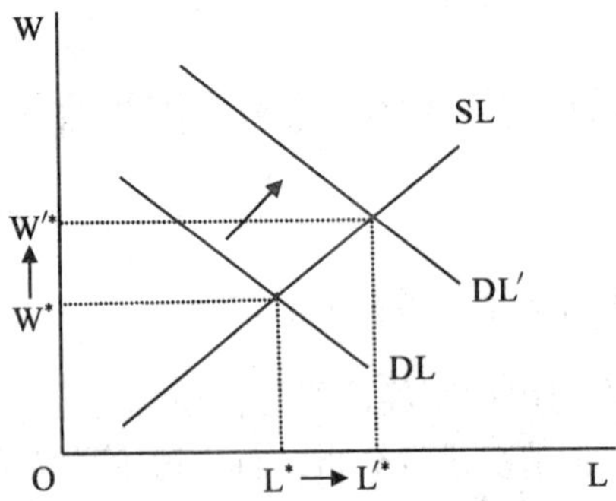

图 6-14 劳动力市场的需求变动后市场均衡的变动情况

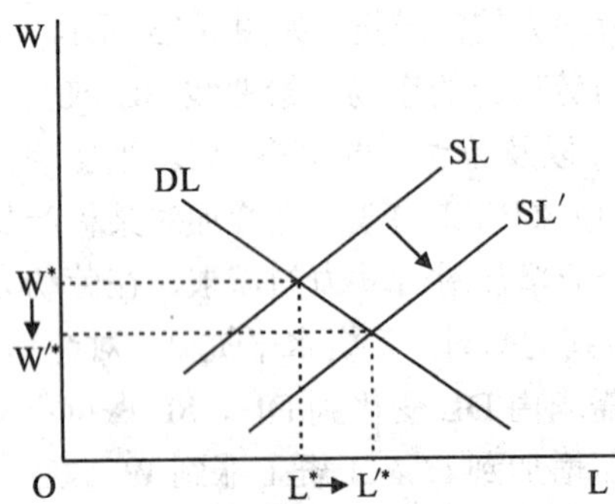

图 6-15 劳动力市场的供给变动后市场均衡的变动情况

二、其他市场结构条件下的均衡

上一小节我们讨论了最简单的劳动力市场均衡的决定，在这一节中，我们会放松一些假设，讨论其他两种情况下的劳动力市场的均衡。市场结构的改变不会改变市场需求和供给的基本情况，因此图形与最简单的完全竞争的情况没有区别，但是垄断程度的不同会改变均衡的结果，因此我们这里的分析主要是比较它们之间的不同之处。

1．产品市场为垄断而劳动力市场是完全竞争。分析的方法还是我们一直采用的供求方法。我们首先找到产品市场为垄断情况下企业对劳动力的需求。然后把需求曲线 MRP 与完全竞争条件下劳动力的供给曲线 SL 放在同一个图中，我们就得到了在这种条件下劳动力市场的均衡，均衡工资为 W^*，劳动力交易量为 L^*，如图 6-16 所示，在两个市场同时为完全竞争条件下，均衡工资为 W^{**}，劳动力交易量为 L^{**}。产品市场为垄断时均衡的劳动力需求量小于两个市场同时为完全竞争条件下的劳动力需求量。

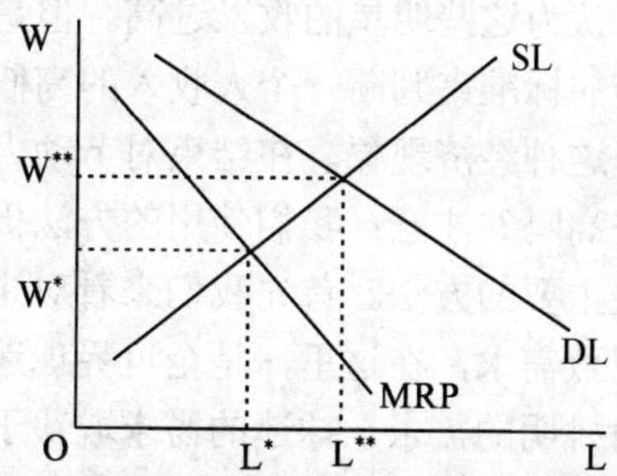

图 6-16　产品市场垄断、劳动力市场为完全竞争情况下劳动力市场的均衡

2. 产品市场为完全垄断而劳动力的购买者也只有一个。如图 6-17 所示，我们将同时为垄断情况下的需求曲线 MRP、供给曲线 SL 和劳动力的边际成本曲线 MFC 放在一起，根据利润最大化原则，得到了最优的劳动力雇用量为 L^*，劳动力的均衡工资为 W^*。我们可以肯定的是，均衡的劳动力需求量小于双方同时为完全竞争条件下的劳动力需求量。

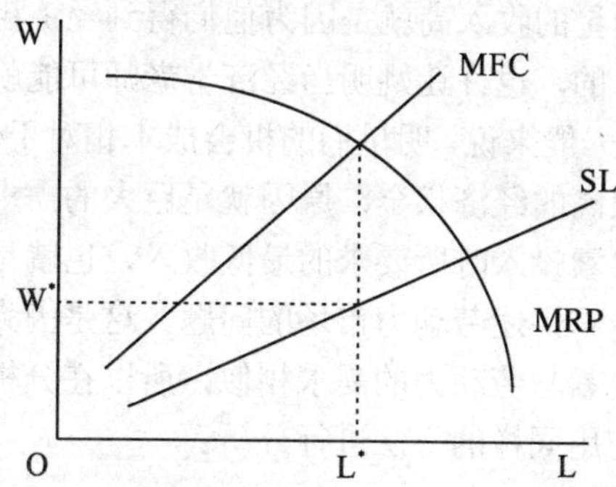

图 6-17　产品市场与劳动力市场同为垄断情况下劳动力市场的均衡

三、经济租金

在本节的最后，我们还要讨论一下经济租金的概念。我们经常看到某些足球、篮球明星或是某些影视名人年收入百万元甚至更高，比如中国篮球巨星姚明最新的六年合同大约为八千万美元。很多人对这样的情况不理解，认为这些明星的收入过高。但是学过经济学的人，不应该以这种社会的标准来判断一个人收入的高低，我们应该学会使用经济模型来解释这种经济现象。在结束对劳动力市场的考察前让我们看看姚明的工资高吗？注意：我们使用的方法仍然是供求法则，这是微观经济学中最主要的方法。首先我们来看对姚明的需求，对劳动力的需求是一种引致需求，在这里，是全世界球迷对于篮球比赛的需求引致了篮球队对姚明的需求。球迷的需求取决于篮球比赛的精彩程度，而姚明能带来的精彩比赛可以吸引大量的球迷，因此引致了球队对姚明的巨大需求，而他是独一无二的，只有很少的替代品，因此供给弹性接近于零。把需求和供给放在一个图中（如图 6-18），劳动力的供给曲线斜率很大即供给的弹性很小，而随着需求的不断增加，我们看到均衡的劳动力供给量变化不大，但是均衡的工资却有大幅度的上升。这就可以回答姚明高工资的原因了，通过这个简单模型我们也就可以理解姚明以及其他一些明星高收入的原因了。

在经济学中，我们把劳动力获得的超过机会成本的那部分收入称为经济租金。明星的收入高就是因为他们得到经济租金，因为他们的天赋是独一无二的，也许让姚明当经济学老师可能就没有他在球场上表现得那么好。一般来说，明星们的机会成本相对于他们的收入很小，因此他们获得很高的经济租金，原因就是巨大的需求使均衡的要素价格远远超过了要素投入时所要求的最低收入，也就是它的机会成本。

本章我们着重讲述劳动力市场的问题。这是因为在资源的需求方面，其他生产要素与劳动力的需求相似，所以在分析土地或资本问题时，我们仍要使用同样的方法进行分析。

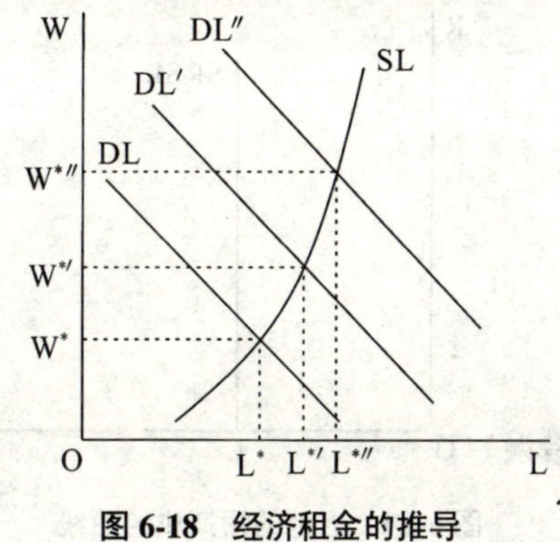

图 6-18 经济租金的推导

第五节 其他要素（土地与资本）

一、土地市场

土地资源是一种重要的生产要素，因为不仅农业生产需要土地，工业生产也同样需要使用土地，如企业需要建筑厂房等。一般来说，土地的边际收益是递减的，根据第一节的知识我们可以推知，对土地的需求与对劳动力需求一样，也是向右下方倾斜的，但是土地资源的供给却有自身的特点，它表现在短期内土地供给没有弹性。可以想象，即使长期内土地资源仍然是有限的。另外，一般的建筑物如厂房、写字楼都有一定的建设周期，因此土地资源的供给在短期内弹性很小，几乎为 0（如图 6-19）。从长期看，人们会根据土地的预期收益改变其用途，例如将耕地变厂房，家庭用地可以改成商业用地，这就可以增加土地资源的供给。因此在长期，土地资源的供给弹性大于短期内的供给弹性（如图 6-20）。

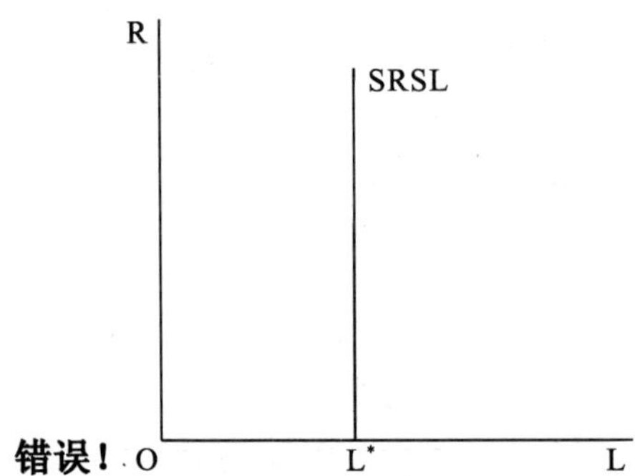

图 6-19　土地的短期供给曲线

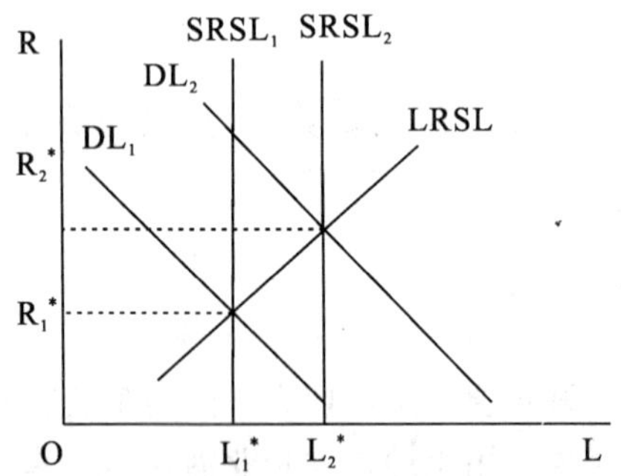

图 6-20　土地长期供给曲线的推导

如图 6-20 所示，短期内，土地的供给是 $SRSL_1$，当土地的需求发生变化时，在这里我们假设由 DL_1 增加到 DL_2，均衡的结果是提高了地租。因此会使一些人改变原有的土地用途，增加土地的供给，从图上看就是新的短期土地供给 $SRSL_2$，从而达到新的均衡。将两个短期的均衡点连接起来我们就得到一条简单的长期供给曲线，从图中可以看到，长期的供给曲线是向右上方倾斜的。

将土地的需求与供给放在同一张图中，如图 6-21 所示，我们就得到了均衡的地租，可以看到无论需求如何改变，均衡的土地交易量并无变化，改变的只是地租。因此在短期内，所有的地租都为经济租，因为此时土地供给的机会成本为 0。

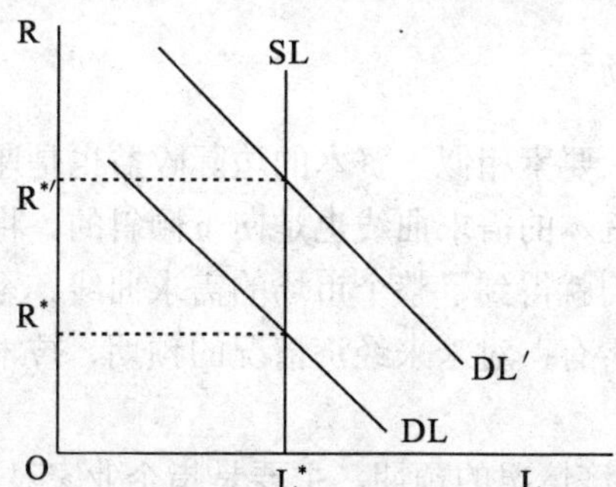

图 6-21　土地需求变化后，土地市场的短期均衡

在现实中，我们经常可以看到同样面积土地的地租是有很大差别的，这种现象被称为级差地租，这里我们讨论一下级差地租的形成。因为土地的供给在短期内几乎是没有弹性的，所以，可以认为地租几乎完全取决于对土地的需求，而对土地的需求又决定于土地的边际收益。我们知道土地的质量是有差异的，例如东北的土地就比南方的土地肥沃，粮食产量更高些，城区土地的商业价值也要比城边的高。因此不同的土地可以带来的边际收益不相同，这也就引致了不同的需求，最终体现在地租上的均衡结果就是级差地租。如图 6-22 所示，在供给相同的情况下，对土地的不同需求 DL 和 DL'决定了不同的地租 R^*与 $R^{*\prime}$。它们的差就是级差地租。

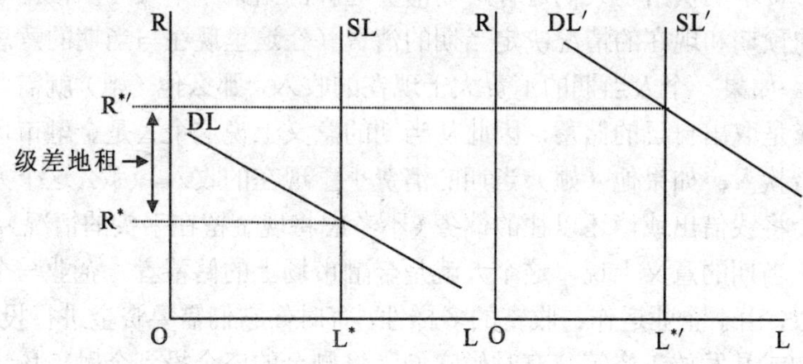

图 6-22　级差地租的推导

二、资本市场

与劳动力这种要素相似，资本的边际收益也是递减的，因此我们可以知道企业对资本的需求曲线也是向下倾斜的。将单个企业的资本需求曲线相加我们就得到了整个市场的需求曲线。影响整个市场对资本需求的主要因素有：对未来经济情况的预期、技术的改进和工资率的变化等。

1．对未来经济情况的预期。主要是指企业家对未来经济的预期，如果企业家看好经济走势就会增加投资，这样会增加对资本的需求。相反，如果企业家并不看好经济走势就会削减投资，这就会减少对资本的需求。

2．技术的改进。技术的改进通常会促使机器设备的价格下降，并且增加机器设备的边际收益，这会促使企业提高机器设备的使用率，因此会增加对资本的需求。可以看到，西方国家的资本市场正是伴随着工业革命的发展而迅速壮大的。

3．工资率的变化。在讨论对劳动力需求的弹性时，我们知道了其他要素的价格对劳动力的需求有影响，同样，工资率的变化也会影响企业对资本的需求，这是因为生产要素之间一般来说是可以相互替代的。

资本的供给是人们进行跨期消费选择的结果。个人可以根据对未来的预期和现在的情况决定当期的消费（在这里现在与当期的意思相同）。如果一个人当期的消费大于现在的收入，那么他（她）就需要借钱或是取出自己的储蓄，因此从当期的意义上说这个人是金融市场上的借款人；如果他（她）当期的消费小于现在的收入，那么这个人通常会将钱借出或偿还以往的债务（不考虑将现金留在手头的情况）。因此从当期的意义上说，这个人就是金融市场上的储蓄者。企业与个人相似，由于企业运作与收支的多样性，有时候它们需要资金进行投资、采购或是发放工资等，有时候它们又将剩余的资金投到金融市场进行投资。不同企业的情况也不同，通常情况下，有些企业是资本的供给者，而另一些企业是资本的需求者。这里我们还要分析个人的选择。

考虑一个简单的跨期消费模型，假设我们把老王的消费简单地划分为两个时期，即现在和未来。在存在完善的资本市场，即老王可以同一利率自由借贷的情况下，老王要作出的决策就是如何选择当期的消费 C_1^* 与未来的消费 C_2^*，使他的效用达到最大化（如图 6-23）。

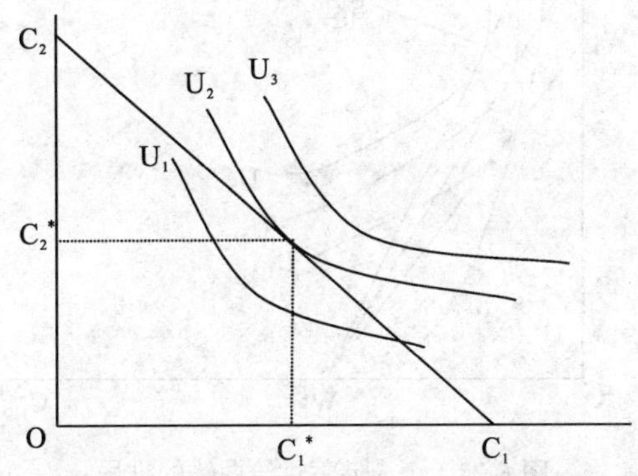

图 6-23　个人对跨期消费的最优选择

未来消费与当期消费最大的不同就是现在的储蓄会产生利息，因此相对于现在消费来说，未来消费的价格要低一些。而影响这个相对价格大小的就是利率的高低，当利率上升时，由于相同的储蓄可以产生更高的收益，因此人们会倾向于增加储蓄而减少当前的消费。这就是利率变化的替代效应，即以未来的消费替代当前的消费，因为未来消费的代价小于当期的消费。这种效应也类似于消费者理论中一种产品价格变化后产生的替代效应。我们知道与替代效应相对应的就是收入效应，同样的道理，当利率达到一定程度时，也会出现所谓的收入效应，即由于总财富的增加，消费者将更看重当期的消费而减少储蓄。但是我们应该清楚替代效应和收入效应是同时存在的，只是当利率达到一定程度后，收入效应会超过替代效应，这样储蓄会随着利率的上升而下降。如图 6-24 所示，当利率上升时，未来的财富会因为利息的增加而增加，因此消费者会通过调整现期的消费以达到效用最大化。连接各个均衡点，我们就得到一条类似于劳动力供给曲线的资本供给曲线。

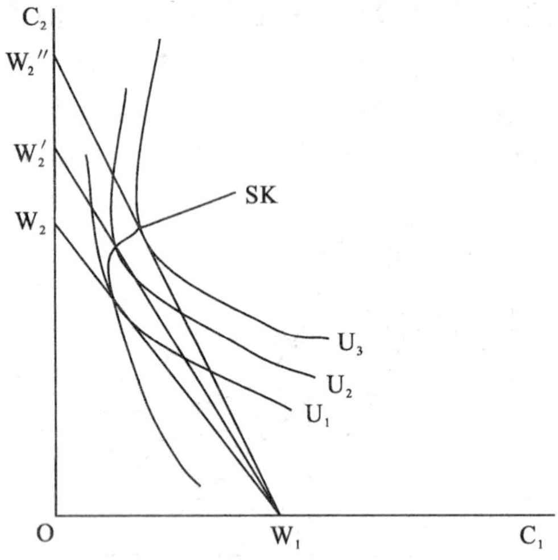

图 6-24 个人储蓄供给曲线的推导

以上讨论的是个人的储蓄决策，如果要得到整个市场的储蓄，我们只要把个人的储蓄曲线叠加即可。因此我们认为，影响资本供给的因素就是人们的消费习惯和整个社会对未来收入的预期。

1. 人们的消费习惯。如果人们的消费倾向很低，那么这个社会就是个储蓄率很高的社会，因此资本供给就会比较充足；而如果人们的消费倾向较高，储蓄很难满足社会的需求，其结果是资本不足。

2. 整个社会对未来收入的预期。如果整个社会对未来有信心，那么就会多消费、少储蓄。相反，如果整个社会对未来失去信心，那么就会少消费、多储蓄。在中国，虽然这几年的经济发展较快，但是民间消费仍然没有启动，储蓄一直在大量地增加。这也可以看出老百姓对未来收入的预期并不如想象得好。

把资本的供给曲线与资本的需求曲线放在一起，我们就得到了均衡的利息和储蓄量。如图 6-25 所示。当影响资本需求的因素发生变化时，比如技术水平的提高增加了对资本的需求，需求曲线从 DK 变化至 DK'，在资本的供给曲线 SK 不变的条件下，当市场重新达到均衡时，利率水平从 i^*提高到 $i^{*\prime}$，对资本的需求量也从 K^*上升到 $K^{*\prime}$。如

图 6-26 所示。当影响资本供给的因素发生变化时，例如节俭的美德被人们广泛接受时会增加资本的供给，资本的供给曲线从 SK 变化到 SK*，在资本的需求曲线 DK 不变的条件下，当市场重新达到均衡时，利率水平由 i*下降到 i$^{*\prime}$，而储蓄量由 K*上升到 K$^{*\prime}$。如图 6-27 所示。

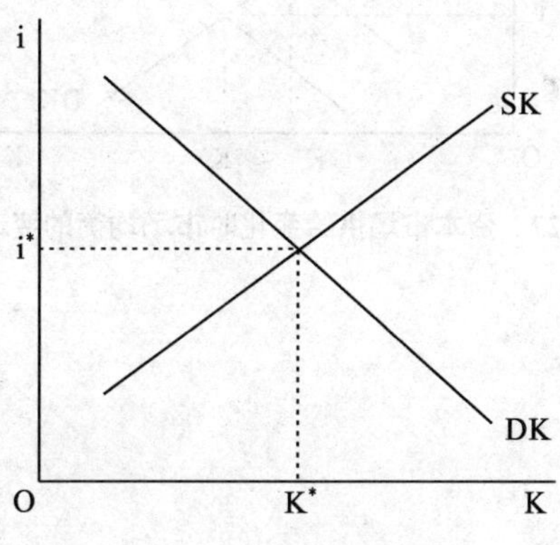

图 6-25　资本市场的均衡

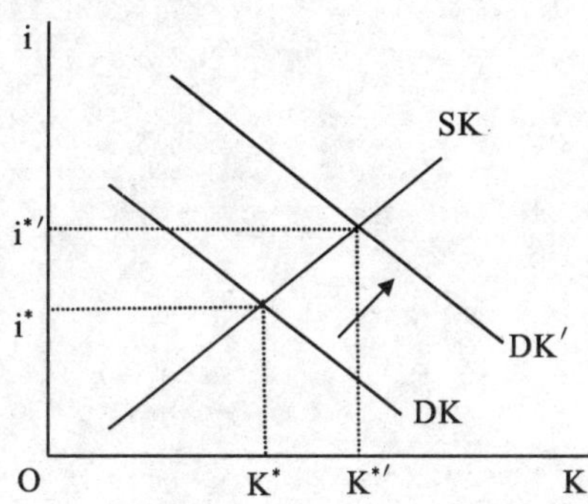

图 6-26　资本市场需求变化时市场均衡的变动情况

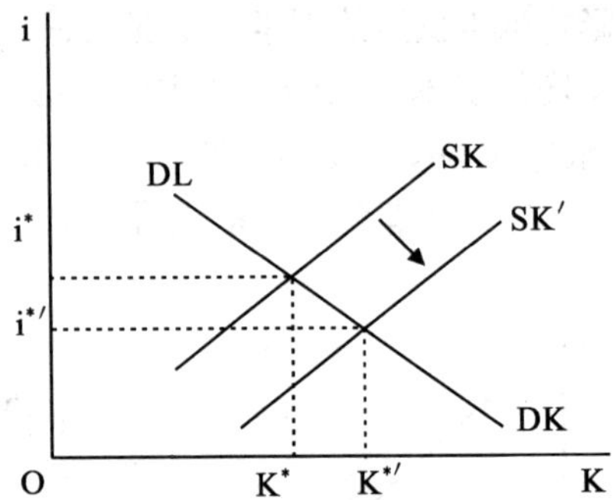

图 6-27　资本市场供给变化时市场均衡的变动情况

第七章　一般均衡和福利经济学

到目前为止，在对产品市场或要素市场进行分析时，以上各章所运用的都是局部均衡分析方法。局部均衡分析处理的是单个商品的均衡价格和均衡数量的决定，其暗含三个假定：（1）对产品市场而言，单个产品的价格变化不受其他产品价格变化的影响；（2）对要素市场而言，单个要素的价格变化不受其他要素价格变化的影响；（3）产品市场和要素市场之间互不影响，即产品市场价格变化不影响要素市场价格变化，要素市场价格变化也不影响产品市场价格变化。因此，在局部均衡分析中，商品之间的价格是互不影响的。

但是，经济体系是一个相互联系的整体，其中任何一个方面的变化都会波及其他方面，局部均衡分析显然不全面，有很大的局限性。无论产品市场还是要素市场，单个市场的均衡价格不但受到其自身供求变化的影响，而且受到其他商品价格变化的影响。同时，产品市场价格和要素市场价格之间也互相影响。因此，当一种商品的供求达到均衡时，由于其他商品的价格波动，这种均衡会遭到或大或小的破坏。例如，牛肉和羊肉是相互替代品，牛肉价格的提高会引起牛肉需求的减少而羊肉的需求增加，从而间接地引起羊肉价格的提高；汽车和汽油是相互补充品，汽车价格的提高会引起汽车需求的减少，从而对汽油的需求减少以至汽油价格降低。如何分析整个经济体系中相互联系的所有市场之间的关系？这就是一般均衡分析。简单地说，一般均衡（General Equilibrium）是指整个经济体系中所有市场同时处于均衡状态。一般均衡分析是指对所有市场同时处于均衡状态的均衡价格体系的分析。根据一般均衡分析方法建立起来的理论就是一般均衡理论。

在一般均衡理论的基础上，我们还需要进一步分析经济的均衡状态是否具有经济效率，以及在这种均衡状态下产品的分配是否公平，这就是福利经济学的内容。

第一节　一般均衡理论

一、一般均衡理论的提出

19 世纪 70 年代，法国经济学家瓦尔拉斯（L. Walras）正式提出了一般均衡理论。瓦尔拉斯认为，任何一种商品的价格都不能单独由其市场的供求关系决定，而必然受到其他市场供求关系的影响。只有将所有市场联系在一起共同考虑它们的价格决定，才能建立完整的价格理论。瓦尔拉斯把所有市场供求相等的经济状态称为“一般均衡”，并以数学形式建立了一般均衡模型。但是，瓦尔拉斯并没有对一般均衡的存在性提供严格的证明。自瓦尔拉斯提出一般均衡理论以后，对一般均衡存在性的证明便成了微观经济学的中心任务。只是到了 20 世纪中叶以后，一些经济学家（如美国经济学家 K.J. Arrow 和法裔美国经济学家 G. Debreu 等）通过使用先进的数学工具（如拓扑学和集合论等）才完成了对一般均衡存在性的严格证明。由于一般均衡理论所蕴含的深刻思想，从某种意义上来说，它是新古典经济学的核心所在，是经济分析的一个重要基准（benchmark）。20 世纪中期以后，一般均衡理论曾有过两次伟大的应用。第一次是在 60 年代，经济学家试图将部门之间、生产活动之间相互联系的思想运用到经济计划过程之中，这便是“投入一产出”模型的由来。第二次应用是从 70 年代末以来，经济学家把一般均衡的思想运用到对金融活动的分析中，这导致了现代金融理论的发展。

为了避免使用高深的数学工具，我们先对简化的瓦尔拉斯一般均衡模型进行介绍，然后使用英国经济学家希克斯（J.R. Hicks）的方法理解一般均衡过程。瓦尔拉斯提出一般均衡理论以后，马歇尔于 1890 年建立了以局部均衡分析为基础的价格理论。此后几十年，这两种理论一直被看作是互不相干、各自独立的价格理论。1939 年，希克斯在他的《价值与资本》一书中，用局部均衡分析方法研究一般均衡问题，在局部均衡分析与一般均衡分析之间建立了一座桥梁。希克斯的分析方法简单易懂，通常被用来理解一般均衡理论。

二、瓦尔拉斯一般均衡模型

瓦尔拉斯一般均衡模型是一个只存在家庭和厂商两类市场主体的经济模型。在这个模型中，家庭在产品市场是需求者，在要素市场中则是要素（劳动和资本）的供给者。厂商在产品市场上是供给者，在要素市场上则是需求者。

瓦尔拉斯假定所有的市场都是完全竞争市场，即所有市场的买者和卖者都是价格的接受者。瓦尔拉斯同时假定整个经济使用 m 种要素生产 n 种产品，还假定产品直接用要素生产出来，不会出现中间产品。

n 种产品的产量分别用 x_1，x_2，…，x_n 表示，它们的价格分别用 p_1，p_2，…，p_n 表示。m 种要素的使用量分别用 r_1，r_2，…，r_m 表示，它们的价格分别用 v_1，v_2，…，v_m 表示。

瓦尔拉斯一般均衡模型由两组需求方程和两组供给方程组成。两组需求方程包括产品的需求方程和要素的需求方程，两组供给方程包括产品的供给方程和要素的供给方程。这些方程具体表示如下。

（一）产品的需求方程（n 个）

每种产品的市场需求方程，是所有家庭对这种产品需求的总和。每个家庭对一种产品的需求是该产品的价格、其他产品的价格和家庭收入的函数。假定家庭收入全部用于消费而不存在储蓄或负储蓄，即收入＝支出。同时，由于家庭收入决定于它出售的要素的数量和价格。因此，整个经济体系对每种产品的需求可表示为该产品的价格和其他产品的价格以及所有要素价格的函数，表示如下：

$$
\begin{aligned}
x_1 &= f_1(p_1, p_2, \cdots, p_n; v_1, v_2, \cdots, v_m) \\
x_2 &= f_2(p_1, p_2, \cdots, p_n; v_1, v_2, \cdots, v_m) \\
&\vdots \\
x_n &= f_n(p_1, p_2, \cdots, p_n; v_1, v_2, \cdots, v_m)
\end{aligned}
$$

（二）生产要素的需求方程（m 个）

瓦尔拉斯假定生产单位产品所用的生产要素数量不变且规模报酬不变。因此，一种要素的市场需求量是所有厂商对该种要素需求量的总和。于是，每种生产要素的需求方程可表示如下：

$$r_1 = a_{11}x_1 + a_{12}x_2 + \cdots + a_{1n}x_n$$
$$r_2 = a_{21}x_1 + a_{22}x_2 + \cdots + a_{2n}x_n$$
$$\vdots$$
$$r_m = a_{m1}x_1 + a_{m2}x_2 + \cdots + a_{mn}x_n$$

在第一个方程式中，a_{11} 表示每生产一单位的第一种产品需要的第一种要素的使用量，下标中的前一个 1 表示需要的是第一种要素，后一个 1 表示生产的是第一种产品。由于 x_1 表示第一种产品的产量，故 $a_{11}x_1$ 表示生产 x_1 个产量的第一种产品所需的第一种要素的数量。同样，$a_{12}x_2$ 表示生产 x_2 个产量的第二种产品需要的第一种要素的使用量；…；$a_{1n}x_n$ 表示生产 x_n 个产量的第 n 种产品需要的第一种要素的使用量。因此，第一个方程表示生产产量分别为 x_1，x_2，…，x_n 的 n 种产品所需要的第一种要素的总的使用量，用 r_1 表示。

依此类推，每个方程表示的都是生产产量分别为 x_1，x_2，…，x_n 的 n 种产品所需要的对应要素的总的使用量。如果以方程的左边代表要素的供给，右边代表要素的需求，则每个方程都是表示该生产要素的供求均衡。

（三）产品的供给方程（n 个）

由于假定所有的市场都是完全竞争市场，而且都处于长期均衡。因此，每一种产品的价格都等于其最低平均成本。平均成本是对生产一单位产品支付给使用的所有生产要素的报酬的总和。因此，各类产品的供给价格方程可表示如下：

$$p_1 = a_{11}v_1 + a_{21}v_2 + \cdots + a_{m1}v_m$$
$$p_2 = a_{12}v_1 + a_{22}v_2 + \cdots + a_{m2}v_m$$
$$\vdots$$
$$p_n = a_{1n}v_1 + a_{2n}v_2 + \cdots + a_{mn}v_m$$

先来看第一个方程式。因为 a_{11} 表示生产一单位第一种产品所耗费的第一种要素的数量，v_1 表示第一种要素的价格，故 $a_{11}v_1$ 表示生产一单位第一种产品所耗费的第一种要素的成本；同样，$a_{21}v_2$ 表示生产一单位第一种产品所耗费的第二种要素的成本；…；$a_{m1}v_m$ 表示生产一单位第一种产品所耗费的第 m 种要素的成本。因此，第一个方程右边表示生产一单位第一种产品耗费的所有 m 种要素的成本总和。同理，第二个方程的右边表示生产一单位第二种产品耗费的所有 m 种要素的成本总和；…；最后一个方程的右边表示生产一单位第 n 种产品耗费的所有 m 种要素的成本总和。

由于在完全竞争长期均衡情况下，产品的价格等于单位产品的平均成本，所以上面 n 个方程左端的 p_1，p_2，…，p_n 实际上也就分别是每种产品的均衡价格。

（四）生产要素的供给方程（m 个）

由于任何一种生产要素的供给是该要素的价格以及其他要素的价格和各种产品价格的函数。所以生产要素的供给方程如下：

$$
\begin{aligned}
r_1 &= g_1(p_1, p_2, \cdots, p_n; v_1, v_2, \cdots, v_m) \\
r_2 &= g_2(p_1, p_2, \cdots, p_n; v_1, v_2, \cdots, v_m) \\
&\vdots \\
r_m &= g_m(p_1, p_2, \cdots, p_n; v_1, v_2, \cdots, v_m)
\end{aligned}
$$

在以上四组方程中，总共有（2n+2m）个方程，其中的未知数个数也是（2n+2m）个，即 n 种产品产量和 n 种产品的价格，m 种生产要素的使用量和 m 种生产要素的价格。但是，这（2n+2m）个方程中相互独立的方程只有（2n+2m－1）个，相互独立的未知数也只有（2n+2m－1）个。因为瓦尔拉斯模型中的价格不是用货币形式来表示，而是以一种产品来表示。例如，选择第一种产品来表示其他产品的价格，令 $p_1=1$，则其他产品的价格就是 x_2，x_3，…，x_n 和 x_1 的变换比率。瓦尔拉斯把这种作为衡量其他产品价格的产品叫做“法定价值”或“一般等价物”。这样，产品需求方程组中的产品 x_1 的需求方程就不是一个独立的方程。所以，在瓦尔拉斯一般均衡模型中相互独立的方程个数只有（2n+2m－1）个，未知数也只有（2n+2m－1）个。由于方程的数目等于未知数的数目，因此，瓦尔拉斯认为一般均衡模型满足了方程组有解的必要条件，即可以解出 n 种产品供求均衡时的数量，m 种生产要素供求均衡时的数量，（n-1）种产品的均衡价格和 m 种生产要素的均衡价格。

不过这里请注意，瓦尔拉斯并没有对一般均衡的存在性给出一个严格的证明。简单地说，一般均衡的存在性是指瓦尔拉斯方程组是否有解，或者说，每个市场是否都有一组使需求与供给相等的价格。未知数的个数等于方程的个数仅是方程组有解的必要条件而非充分条件。因此，瓦尔拉斯仅仅根据方程组中独立方程的个数等于独立未知数的个数就判断方程组有解的结论是靠不住的。我们上面提到，对在严格条件约束下一般均衡存在性的严格证明直到 20 世纪五十年代才完成。

三、埃奇沃思盒状图

从现在开始，我们使用希克斯的方法理解一般均衡过程。我们首先来了解一个强有力的分析商品交换的工具：埃奇沃思盒状图（Edgeworth box）。

1881 年，出生于爱尔兰的数理经济学家埃奇沃思在其著作《数学心理学》中，首次介绍了这个强大的分析工具，故命名为埃奇沃思盒状图。

图 7-1 便是一个分析两个消费者 A 和 B 如何交换他们所拥有的两种产品 X 和 Y 以达到更高效用水平的埃奇沃思盒状图。图中，$X_0O_AY_0$ 是消费者 A 的无差异曲线所在的坐标系，U_1^A、U_2^A、U_3^A 是其三条代表不同效用水平的无差异曲线。$X_0O_BY_0$ 是旋转 180 度倒扣在消费者 A 的坐标系上的消费者 B 的无差异曲线所在的坐标系，U_1^B、U_2^B、U_3^B 是消费者 B 的三条代表不同效用水平的无差异曲线。观察消费者 B 的无差异曲线时一定要注意，在 B 的坐标系旋转了 180 度时，这些曲线也同时旋转了 180 度。由无差异曲线的性质可知，离原点越远，或者无差异曲线越高，表示消费者的效用水平越高。故对消费者 A 来说，U_1^A、U_2^A、U_3^A 表示的效用水平由低到高；对消费者 B 来说，U_1^B、U_2^B、U_3^B

表示的效用水平由低到高。在两个消费者的无差异曲线中，U_2^A 和 U_2^B 相交，Q 点是两个交点中的一个，U_3^A 和 U_3^B 相切于 S 点。直线 QS 是 U_3^A 和 U_3^B 的公切线。

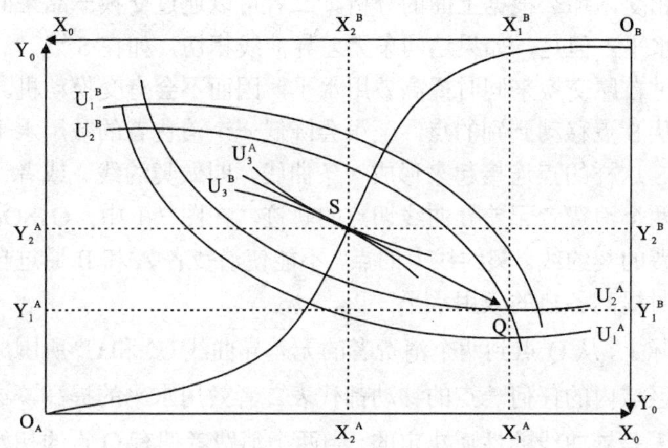

图 7-1　消费交换的埃奇沃思盒状图

假定消费者 A 和 B 消费产品 X 和 Y 的总量分别为 X_0 和 Y_0。同时假定在初始时，A 拥有 X 产品的数量为 X_1^A，Y 产品的数量为 Y_1^A；B 拥有 X 产品的数量为 X_1^B，Y 产品的数量为 Y_1^B。即有：$X_0 = X_1^A + X_1^B$ 和 $Y_0 = Y_1^A + Y_1^B$。在我们所画的埃奇沃思盒状图中，长为 X 产品的总量 X_0，宽为 Y 产品的总量 Y_0，Q 点表示 X_0 和 Y_0 在两个消费者之间的初始分配点。我们将会看到，两个消费者是如何通过互相交换产品来达到更高的效用水平的。

根据“理性的经济人”假设，两个消费者将会通过交换产品来达到更高的效用水平。如果两个消费者达成交换产品的协议，消费者 A 用（$X_1^A - X_2^A$）数量的产品 X 换消费者 B 的（$Y_1^B - Y_2^B$）数量的产品 Y，那么二者的效用水平都将得到提高。因为两者互相交换产品后，消费者 A 的效用水平从 U_2^A 提高到了 U_3^A，消费者 B 的效用水平从 U_2^B 提高到了 U_3^B。在 7-1 图中，二者相互交换产品后，对应的消费组合将从初始的 Q 点变动到 S 点。

通过埃奇沃思盒状图上的任何一点都有消费者 A 和 B 的各自一条无差异曲线，这两条无差异曲线要么相交，要么相切。如果这两条无差曲线相交，那么根据上面的分析，二者可以通过交换产品来同时提高效用水平。但是，如果这两条无差异曲线相切，如在 S 点，二者将不能通过自愿交换来同时提高效用水平，因而不会有交换动机。也就是说，从 S 点移动到别的点，至少会降低一个消费者的效用水平。将所有像 S 这样的点连接起来形成一条曲线，叫做契约线。或者说，契约线是两个消费者无差异曲线切点的轨迹。在图 7-1 中，O_ASO_B 就是一条消费的契约线。契约线上的点，不能使消费者 A 和 B 通过自愿交换来同时提高各自的效用水平。

实际上，从 Q 点到两个消费者的无差异曲线 U_2^A 和 U_2^B 所围成的橄榄形的区域内的任何一点的移动都代表二者效用水平的提高，这个结论是由无差异曲线的性质决定的。当两个消费者拥有 Q 点的初始消费组合时，由于追求更高效用水平的“经济人”动机，二者将趋向于通过交换产品将消费组合从 Q 点向橄榄形的区域内的那段契约线移动。至于移动到哪一点，要取决于两种产品的价格的调整和二者在交换产品时的讨价还价或谈判能力。任何不在契约线上的消费组合点都有向契约线上的点移动的性质，一旦消费组合在契约线上，便不会有移动的动机，交换将停止。

四、消费的一般均衡

我们在分析一般均衡时，假定只存在产品市场和要素市场两类市场，并且都是完全竞争市场。消费的一般均衡就是产品市场的一般均衡，即消费者通过交换，在价格的调节作用下，所有消费者都在其预算约束下达到了效用最大化，同时产品市场出清，即各自的供求都相等。

为了分析方便，我们利用上面对埃奇沃思盒状图的分析，先假定经济中只有 A 和 B 两个消费者，同时也假定只有 X 和 Y 两种产品。

从上面的分析和图 7-1 可以看出，只有按契约线上的点来分配产品，才能使消费者的效用最大化，才没有交换的动机。例如，在契约线以外的 Q 点分配，消费者 A 的效用为 U_2^A，消费者 B 的效用为 U_2^B，消费者存在交换以使效用水平提高的动机。双方通过交换后可以达到契约线上的 S 点，这时消费者 A 的效用为 U_3^A，消费者 B 的效用为 U_3^B，二者的效用水平都得到了提高。而且在 S 点，双方没有了交换的动机，因为已经不可能通过交换使效用水平同时提高。这样从 Q 点到 S 点，双方通过交换都达到了效用最大化。只要按契约线分配产品就意味着消费者获得了最大效用，因为消费者没有了进一步交换的动机。我们在前面的分析中知道，契约线上的点是两个消费者无差异曲线的切点。故在消费者效用最大化时，应有：

$$MRS_{X,Y}^A = MRS_{X,Y}^B \tag{7.1}$$

其中，$MRS_{X,Y}^A$ 是消费者 A 用产品 X 替代产品 Y 的边际替代率，$MRS_{X,Y}^B$ 是消费者 B 用产品 X 替代产品 Y 的边际替代率。

由于在契约线上，消费者没有了交换动机，从而达到了效用最大化，故而也处于均衡状态。因此，从消费的契约线外的点向契约线上的点的移动过程，也就是消费的一般均衡的调整过程。式（7.1）即是达到消费的一般均衡时消费者的边际替代率所必须满足的条件。

由于边际替代率等于产品价格的比率，即：

$MRS_{X,Y}^A = P_X / P_Y$，$MRS_{X,Y}^B = P_X / P_Y$

故有等式：

$$MRS_{X,Y}^A = MRS_{X,Y}^B = P_X / P_Y \tag{7.2}$$

公式（7.2）即在两个消费者和两种产品时均衡的条件。只要两种产品的价格确定，两个消费者会自动将消费组合调整到契约线上的某点，在这点处，两个消费者的无差异曲线相切，并且切点处的边际替代率等于两种产品的价格比率。这个公式有两个基本含义：第一，两个消费者都达到了效用最大化；第二，两种商品 X 和 Y 全部被 A 和 B 消费，市场出清。

如果经济中有多种产品和多个消费者，那么将公式（7.2）推广后，消费的一般均衡或产品市场的一般均衡可表述为：对于任何两个消费者来说，任何两种产品之间的边际替代率都必须等于这两种产品的价格比率。

在完全竞争市场中，消费者的效用最大化动机和价格机制的调节作用会保证（7.2）式的实现。

五、生产的一般均衡

我们上面分析了消费或产品市场的一般均衡过程及其条件，接下来分析生产的一般均衡。生产的一般均衡就是要素市场的一般均衡，即生产者通过交换生产要素，在要素价格的调节作用下，所有产品都在其成本约束下达到了产量最大化，同时要素市场出清，即各自的供求都相等。我们的分析工具还是埃奇沃思盒状图。

为了分析方便，我们暂时假定经济体系中只有两个厂商，分别生产 X 和 Y 两种产品，而且只使用劳动 L 和资本 K 两种生产要素。两种生产要素总的数量分别为 L_0 和 K_0。同时假定生产的规模收益不变。

如图 7-2 所示，$L_0O_XK_0$ 是产品 X 的等产量线所在的坐标系，E_X^1、E_X^2、E_X^3 是产品 X 的三条代表不同产量水平的等产量线。$L_0O_YK_0$ 是旋转 180 度倒扣在产品 X 的坐标系上的产品 Y 的等产量线所在的坐标系，E_Y^1、E_Y^2、E_Y^3 是产品 Y 的三条代表不同产量水平的等产量线。由于规模收益不变，故可判断等产量线代表的产量水平排列如下：$E_X^1<E_X^2<E_X^3$，$E_Y^1<E_Y^2<E_Y^3$。图 7-2 的长表示劳动的总量 L_0，宽表示资本的总量 K_0。假定 Q 点是劳动和资本两种生产要素的初始配置点。在 Q 点处，分配给生产产品 X 和 Y 的两种要素数量分别为：L_X^1 和 K_X^1，L_Y^1 和 K_Y^1，同时，二者的产量水平分别为 E_X^2 和 E_Y^2。即有：$L_0= L_X^1 + L_Y^1$，$K_0=K_X^1+K_Y^1$。图中 E_X^3 和 E_Y^3 是两种产品的一对相切的等产量线，切点为 S，直线 SQ 是它们的公切线。

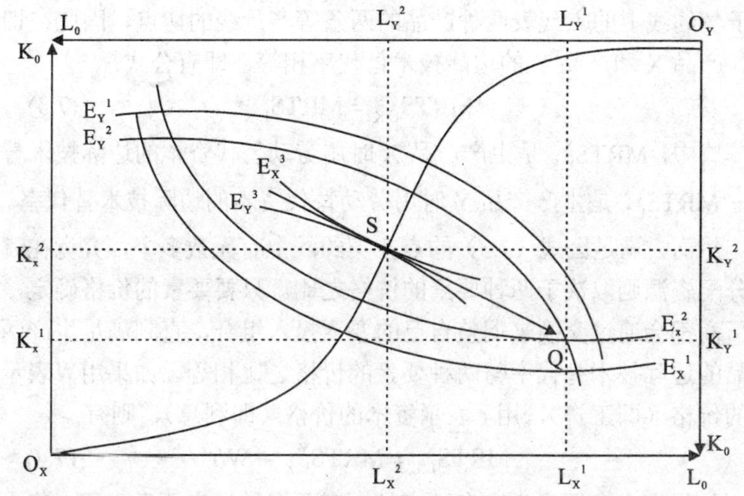

图 7-2　生产交换的埃奇沃思盒状图

从两种产品的埃奇沃思盒状图可以看出，如果两个厂商通过交换两种生产要素，使生产要素的初始配置点从 Q 点移动到 S 点，在总量生产要素不变的情况下，两种产品的产量水平都得到了提高。也就是说，如果两个厂商达成协议，生产 X 产品的厂商用（$L_X^1-L_X^2$）数量大小的劳动交换生产 Y 产品厂商的（$K_Y^1-K_Y^2$）数量的资本，使生产两种产品的生产要素的配置水平分别为：L_X^2 和 K_X^2，L_Y^2 和 K_Y^2，则产品 X 的产量水平将从 E_X^2 提高到 E_X^3，产品 Y 的产量水平将从 E_Y^2 提高到 E_Y^3。通过两个厂商交换生产要素，两种产品的产量水平都得到了提高。这就是生产的一般均衡的调整过程。

我们再来看 S 点上的要素配置具有什么样的性质。在 S 点，由于两种产品的两条等产量线相切，两个厂商无法再通过交换生产要素来使两种产品的产量水平同时提高。因此，S 点的生产要素的配置水平和产量水平达到了生产或要素市场的一般均衡。两种产品的等产量线的切点的轨迹，形成了生产或要素市场的契约线。图中连接两个原点的曲线 O_XSO_Y 便是这条契约线。

由我们前面的学习知道，等产量线的斜率就是边际技术替代率。

由于契约线上的点代表两种产品的两条等产量线的切点，因此在切点处，产品 X 和产品 Y 的边际技术替代率相等，即有公式：

$$MRTS_{L,K}^{X}=MRTS_{L,K}^{Y} \quad (7.3)$$

式中，$MRTS_{L,K}^{X}$ 是生产产品 X 时用劳动替代资本的边际技术替代率，$MRTS_{L,K}^{Y}$ 是生产产品 Y 时用劳动替代资本的边际技术替代率。

然而，满足公式（7.3）的点在契约线上有无数多个，究竟在哪一点分配资源则取决于两种要素的价格之比。只要要素的价格确定，两个厂商都会通过交换来调整自己的要素投入组合，直到满足生产两种产品的边际技术替代率与两种要素的价格之比相等。如果用W表示劳动的价格（即工资），用 r 表示资本的价格（即利息），则有：

$$MRTS_{L,K}^{X}=MRTS_{L,K}^{Y}=W/r \quad (7.4)$$

如果有多个厂商生产多种产品，需要多种生产要素，那么将上式推广就有：对于任何两种产品来说，任何两种要素之间的边际技术替代率都必须等于这两种要素的价格比率。这就是要素市场达到一般均衡的条件。

在完全竞争市场中，利润最大化动机和价格机制的调节作用会保证（7.4）式的实现。

六、生产和消费的一般均衡

经济体系的一般均衡，不仅消费或产品市场、生产或要素市场达到各自的一般均衡，而且产品市场和要素市场也应该同时达到一般均衡。现在我们来研究生产和消费同时达到一般均衡的条件。

（一）经济体系产量的最优组合

我们先来考虑经济体系各种产品产量的最优组合的确定问题。我们仍先假定经济体系只生产 X 和 Y 两种产品。如图 7-3 所示，用 X 的产量做横轴，用 Y 的产量做纵轴，根据图 7-2 中契约线上的所有表示 X 和 Y 的产量组合的点，可以画出曲线 Y^*SX^*。曲线 Y^*SX^* 上 S 点的两种产品的产量组合是（E_X^3，E_Y^3），对应图 7-2 中契约线上的 S 点及相切的两条等产量线 E_X^3 和 E_Y^3；X^*表示经济体系把所有的资源全部用来生产 X 产品时所能生产的最大产量，对应契约线上的 O_Y 点，这时 Y 产品的产量为 0；同样，Y^*表示经济体系把所有的资源全部用来生产 Y 产品时所能生产的最大产量，对应契约线上的 O_X 点，这时 X 产品的产量为 0。由于曲线 Y^*SX^*表示在最大资源 L_0 和 K_0 的约束下，经济体系可能生产的所有 X 和 Y 的最大产量组合，因此被称为生产可能性边界，又称产品转换线。契约线上的点和生产可能性边界上的点是一一对应关系。凡在生产可能性边界上的产量组合都表示资源得到了充分利用，两种产品的产量不可能再同时提高，因而生产可能性边界斜率为负；在边界内的点表示资源没有得到充分利用；边界外的点表示在资源数量和技术的约束下不可能达到的产量组合。

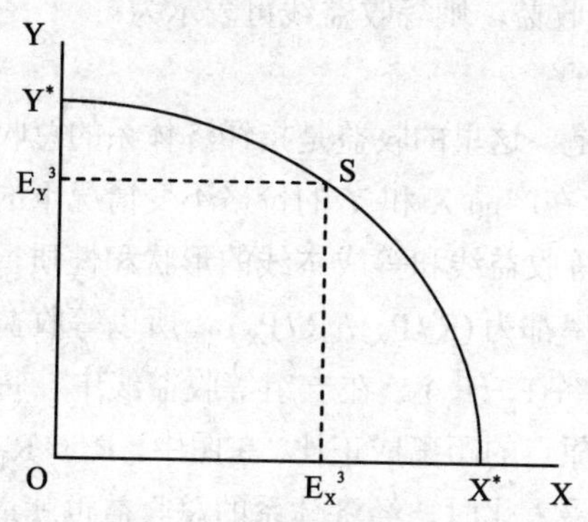

图 7-3　生产可能性边界

生产可能性边界的斜率称为边际产品转换率，用 MRT 来表示。（X 对 Y 的）MRT 的公式为：

$$MRT_{X,Y} = -dY/dX \tag{7.5}$$

由于 dY/dX 为负，因而公式右边加一个负号，用正值来表示边际产品转换率。公式的含义是，为了增加一个单位的 X 产品，需要减少的 Y 产品的量。因此，边际产品转换率是指在资源既定的条件下，为了多生产一个单位的某种产品（X），所必须减少的另一种产品（Y）的数量。因此，两种产品的边际转换率，也一定是生产一个单位产品的机会成本，即在一定的资源条件下，要多生产某种商品就必须削减其他商品的产量。同时，我们还应该理解，X 对 Y 的产品转换率也就是 X 的边际成本 MC_X 与 Y 的边际成本 MC_Y 的比率。例如，假设 X 与 Y 只通过劳动生产，如果为了多生产 1 单位 X 需要花费 2 小时的劳动，那么可以认为 $MC_X=2$，如果为了多生产 1 单位 Y 需要花费 1 小时劳动，那么 $MC_Y=1$，于是为了多生产 1 单位 X 则需要放弃 2 单位 Y 才能提供足够的劳动，即 X 对 Y 的 MRT 等于 2（$MC_X/MC_Y=2$）。

为了便于分析问题，我们还需要介绍另一个概念，即等收益线。等收益线是在产品价格既定的条件下，能够带来同等收益的两种产品量的各种不同组合的轨迹。等收益线上任何一点所代表的两种产量的组合带来的收益都是相等的。假定 X 和 Y 两种产品的价格分别为 P_X 和 P_Y，用 R 表示收益，则等收益线可表示为：

$$R=P_X \cdot X+P_Y \cdot Y$$

需要注意的是，这里的收益是指经济体系的总收益。如图 7-4 所示，R_1 和 R_2 便是在产品 X 和 Y 的价格不变情况下的两条收益水平不同的等收益线。等收益线和等成本线的形状和性质一样。因为任何一条等收益线的斜率都为 $(R/P_Y)/(R/P_X)$，所以等收益线的斜率也是两种产品价格的比率 (P_X/P_Y)。在一组等收益线中，每条线表示的收益大小与该线距离原点的距离成正比。在图中，$R_2>R_1$。在完全竞争下，每个厂商的收益最大化时，经济体系的总收益也就最大化。

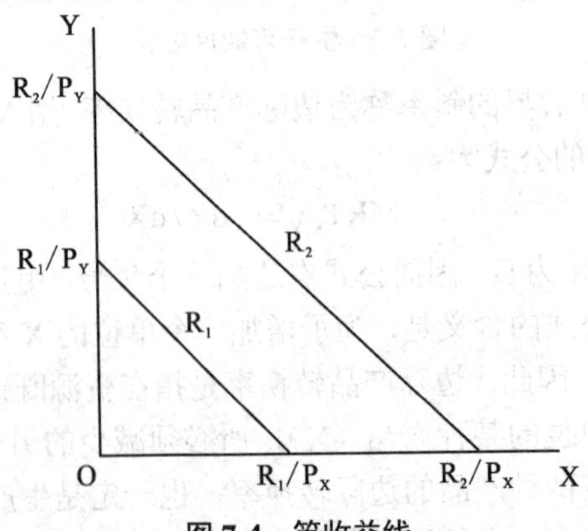

图 7-4 等收益线

有了生产可能性边界和等收益线两个工具，我们就可以分析产量的最优组合及其条件。

如图 7-5 所示，R_1、R^*、R_2 是三条等收益线，曲线 Y^*TX^* 是经济体系的生产可能性边界，R^* 等收益线与生产可能性边界相切于 T 点。同我们以前分析效用最大化和产量最大化相似，两种产品产量的最优组合，是一条等收益线同生产可能性边界的切点所表示的产量水平。在图 7-5 中，T 点处的产量即为最优产量组合。在这个组合下，经济体系和每个厂商的收益都达到了最大化。

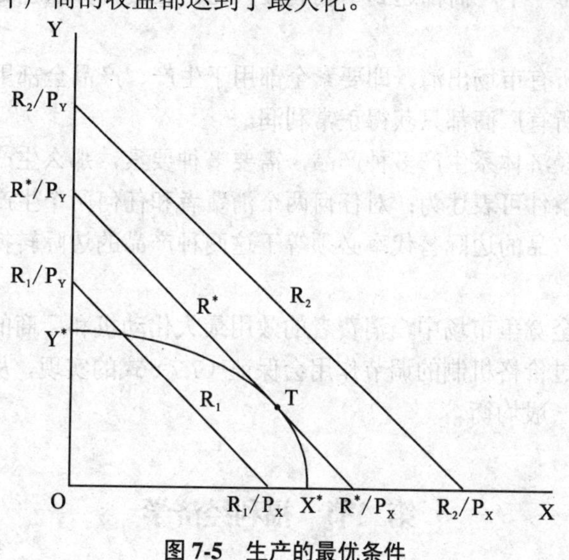

图 7-5 生产的最优条件

由于在切点处，等收益线与生产可能性边界的斜率相等，而后者即为边际转换率，故有：

$$MRT_{X,Y} = P_X / P_Y \tag{7.6}$$

公式（7.6）说明，最优产品产量组合的确定受两种产品价格的调节，一旦 P_X/P_Y 确定，厂商就会根据利润最大化原则通过调整要素的配置来调整 X 和 Y 的产量，直到使其边际转换率与价格之比相等。

和公式（7.4）相比，公式（7.6）也是在达到生产的一般均衡时所必须满足的条件。

（二）生产和消费的一般均衡

由公式（7.6）和（7.2）可得：

$$MRS^{A}_{X,Y}=MRS^{B}_{X,Y}=MRT_{X,Y}=P_X/P_Y \qquad (7.7)$$

公式（7.7）既包含了消费的一般均衡，也包含了生产的一般均衡，实际上就是生产和消费的一般均衡，满足了整个经济一般均衡的全部含义：

（1）所有消费者都在其预算约束下达到了效用最大化。

（2）每一个厂商都达到了利润最大化，且资源分配也处于最佳状态。

（3）所有市场出清，即要素全部用于生产、产品全部用于消费。

（4）所有厂商都只获得正常利润。

如果经济体系生产多种产品，需要多种要素，那么生产和消费的一般均衡条件可表述为：对任何两个消费者和任何两个生产者来说，任何两种产品的边际替代率必须等于这两种产品的边际转换率和价格比率。

在完全竞争市场中，消费者的效用最大化动机和厂商的利润最大化动机通过价格机制的调节作用会保证（7.7）式的实现，从而达到经济体系的一般均衡。

第二节　福利经济学

一、福利和福利经济学

一般均衡理论分析了相互联系的各个市场在完全竞争的条件下是如何通过价格机制的调节作用达到共同均衡的。但是，对于这种一般均衡状态是好是坏，则是由福利经济学来加以分析并作出回答的。因此，福利经济学和一般均衡概念是密切联系在一起的。

福利分为个人福利和社会福利。个人福利是指一个人获得的满足，它可以看作是“幸福”或“快乐”的同义语，这种满足既包括个人物质生活需要的满足，也包括个人精神生活需要的满足。社会福利是指一个社会全体成员的个人福利的总和或个人福利的集合。在社会福利中，能够直接或间接用货币来衡量的那部分社会福利，叫做经济福利。经济福利就是福利经济学的研究对象。

福利经济学研究的主要内容包括两个方面，一是经济体系的资源配置在什么条件下达到最优状态，如何才能达到最优状态；二是国民收入如何进行分配才能使社会全体成员的经济福利达到最大化。

由于资源的最优配置意味着“效率”，国民收入分配的均等化意味着“公平”，所以“公平”与“效率”既是福利经济学所追求的基本社会目标，也是它的基本政策目标。从这个角度也可以说，福利经济学是研究一个国家如何实现公平与效率，以及在这二者之间如何进行权衡选择的一门学科。福利经济学家一致认为，实现资源的最优配置是增进社会福利的基本途径，至于收入均等化是否是增进社会福利的必要条件，福利经济学家们仍然见仁见智，意见不一。

在市场经济下，资源配置和国民收入分配都是通过市场机制来实现的，因此，福利经济学把对市场经济的运行和市场机制的功能缺陷的评价纳入自己的研究范围。通过分析市场经济制度的缺陷，福利经济学提出如何通过政府的作用及其相应的政策措施来纠正这些缺陷以实现社会福利的最大化。福利经济学试图利用他们所提出的道德标准和福利理论作为政府制定经济政策的指导原则。概括地说，福利经济学是从资源配置和国民收入分配这两个方面来研究市场经济国家实现最大的社会福利所需要具备的条件以及为了增进社会福利所应当采取的政策措施的经济学的一个分支。

福利经济学可以分为旧福利经济学和新福利经济学。旧福利经济学建立在基数效用论基础之上，以庇古（A.C Pigou）、边沁（J. Bentham）等为代表。旧福利经济学的代表作是庇古在1920年写的《福利经济学》一书。在希克斯1939年所写的《价值与资本》一书中，他拓展了帕累托的分析方法，建立了序数效用论。自此，以序数效用论为基础的新福利经济学诞生。新福利经济学以希克斯、卡尔多（N. Kaldor）

等为代表。

二、帕累托标准和经济效率

评价经济状态或经济行为中资源配置的好坏需要一种衡量标准，帕累托标准就是其中最为有名的一种。

意大利经济学家帕累托（V. Pareto）在其 1906 年出版的《政治经济学教程》中，提出了资源配置好坏的标准。帕累托指出，一个社会的生产资源配置是否已达到最优状态，从而社会效用是否已达到极大值，可以按照如下标准来检验：在一种经济状态下，如果没有一种方法能在不使任何其他人境况变坏的前提下，使某些人的境况变得更好，这就意味着一个社会生产资源配置情况已达到最优状态。

所谓资源的最优配置，是指任何重新配置都不能在不使任何其他人境况变坏的前提下，使某（些）人的境况变得更好。通常用来检验一个社会的经济福利大小及其增减的标准，称为帕累托标准、帕累托法则或帕累托原理。而在不损害任何人的福利的情况下提高了某些人的福利，叫做帕累托改进。

现在，我们可以在帕累托标准的基础上描述帕累托最优状态：如果资源在某种配置下不可能通过重新组合生产和分配来使一个人或多个人的福利增加，而不使其他人的福利减少，那么，这种配置就达到了帕累托最优状态。如果一种经济达到了帕累托最优状态，那么我们可以说这个经济是有效率的。因此实际上，经济效率和帕累托最优状态是同一个含义。

根据上一节对一般均衡的分析和这里对经济效率所下的定义，我们来分析在完全竞争的经济中实现经济效率所必须的三个条件。

（一）消费的最优条件

符合经济效率或帕累托最优状态的消费的最优条件，是指产品在人们之间分配的最优条件，也就是交换效率的条件。

如图 7-1 所示，根据我们的分析，契约线上的点，不可能通过自愿交换来同时提高消费者的效用水平。也就是说，如果产品按契约线上的点进行分配，那么不可能在不损害一个消费者的效用的前提下，重新分配产品使另一个消费者的效用得到提高。因此，任何按照契约线上的点分配产品，都处于帕累托最优状态。在图 7-1 中，从 Q 点到 S 点是帕累托改进，S 点处于帕累托最优状态。因此，消费的最优条件与满足消费的一般均衡的条件一致：

$$MRS_{X,Y}^{A}=MRS_{X,Y}^{B}=P_X/P_Y$$

要满足消费的最优条件，上式对所有的消费者和所有的产品都一样。竞争性的产品市场会保证这个条件的实现。

（二）生产的最优条件

符合经济效率或帕累托最优状态的生产的最优条件，是指生产要素在需要生产的产品之间分配的最优条件，也就是生产效率的条件。

同我们分析消费的最优条件一样，如图 7-2 所示，根据我们的分析，契约线上的点，不可能通过厂商的自愿交换来同时提高产量水平。也就是说，如果生产要素按契约线上的点进行分配，那么就不可能在不减少一种产量水平的前提下，重新配置生产要素使另一种产品的产量水平提高。因此，任何按照契约线上的点分配生产要素，都处于帕累托最优状态。在图 7-2 中，从 Q 点到 S 点是帕累托改进，S 点处于帕累托最优状态。因此，生产的最优条件与满足生产的一般均衡的条件一致：

$$MRTS_{L,K}^{X}=MRTS_{L,K}^{Y}=W/r$$

要满足生产的最优条件，上式对所有的产品和所有的生产要素都一样。竞争性的要素市场会保证这个条件的实现。

（三）生产和消费的最优条件

与我们前面分析生产和消费的一般均衡条件一样，要同时满足生产和消费的帕累托最优条件：两种产品的边际转换率等于这两种产品的边际替代率和价格比率，即：

$$MRS_{X,Y}^{A}=MRS_{X,Y}^{B}=MRT_{X,Y}=P_X/P_Y$$

要满足生产和消费的最优条件，上式对所有的产品和所有的消费者都一样。竞争性的产品市场和要素市场会保证这个条件的实现。

三、社会福利函数

社会福利函数由美国经济学家柏格森（A. Bergson）于 1938 年在《福利经济学一些方面的重新表述》一文中首先提出，后由萨缪尔森加以发展，其基本含义是考虑效率问题和分配公平原则，把社会福利设想为依赖于一些自变量的一种函数形式，这些自变量包括社会每个人购买的各种产品和各自提供的生产要素，再加上所有影响社会福利的其他因素。下面将对一些重要的和经常使用的社会福利函数作一个简要介绍。

（一）功利主义社会福利函数

功利主义社会福利函数，也称为加法型社会福利函数，或边沁主义社会福利函数。功利主义社会福利函数是最为简单和最为直观的社会福利函数形式。假设个人效用为 u_i，且个人效用之间具有可比性，给予全社会 n 个人每人相同的权重，那么社会福利就可表示为 $u_i(x)$ 的和：

$$W = \sum_{i=1}^{n} u_i(x)$$

上式是简单功利主义社会福利函数，也称为边沁主义社会福利函数。给不同的个人赋予不同的非负权重（a_i），则可得到更为一般的功利主义社会福利函数：

$$W = \sum_{i=1}^{n} a_i u_i$$

古典功利主义的创始人是边沁，他把一个国家的福利定义为每个公民满意程度之和，提出一个国家社会经济目标是实现“最大多数人的最大幸福”。庇古继承了古典功利主义的主要思想，把社会福利定义为社会成员从各种满足来源获得的效用之和，并假定个人效用可以用基数来测量，并具有完全可比性。因此，社会福利可用简单功利主义社会福利函数表示。值得注意的是，庇古分析的不是社会总福利，而是来源于可以用货币衡量的那部分福利，或所谓的经济福利，他假定经济福利的变化与总福利的变化相同。并且，庇古把国民收入作为衡量经济福利的指标。为此，假定收入分配等其他条件不变，因每个人的效用是其收入的增函数，我们可以得出结论：随着个人收入总额（即国民收入）的增加，经济福利会提高。

后来，庇古在效用可用基数测量和具有可比性的基础上，引入收入的边际效用递减假设，他认为：当分配状况得到改善，即穷人的收入增加时，国民收入的增加会提高社会福利；反之，如果在国民收入增加的同时伴随着分配状况的恶化，即穷人收入下降时，即使富人效用的增加会大于穷人效用的减少，因为收入边际效用递减假设，即富人增加收入的边际效用小于穷人减少收入的边际效用，所以最终社会福利结果仍然是不确定的。

（二）贝尔努利—纳什社会福利函数

贝尔努利—纳什社会福利函数，又称乘法型社会福利函数。与功利主义社会福利函数不同的是，贝尔努利—纳什社会福利函数采用连乘法加总个人效用，相应地，简单贝尔努利—纳什社会福利函数可表示为：

$$W=\prod_{i=1}^{n}u_i$$

贝尔努利—纳什社会福利函数与功利主义社会福利函数相比，更强调了平等性质，因为收入分配越平均，采用连乘法得到的社会福利越大。

（三）罗尔斯社会福利函数

罗尔斯社会福利函数仅用境况最恶劣的个人效用来测量社会福利。用公式可表示为：

$$W=\min(u_i),\ i=1,2,3,\cdots,n$$

罗尔斯社会福利函数具有明显的平均主义色彩。例如，在只有甲、乙两人的共同体中，如果甲的效用为100，乙的效用为80，那么社会福利等于乙的效用。当甲的效用从100上升到120，而乙的效用保持80不变时，社会福利水平仍然为80，因为社会福利是以境况最差的个人效用定义的。显然，罗尔斯社会福利函数表明：只有最小效用提高，该社会的福利才会提高，即如果境况最差的个人效用没有变化，那么其他人的效用增加并不能使社会福利增加。

不过，罗尔斯社会福利函数并不排斥“不平均”，实际上，它也表现出倾向于不太平均的状况，只要这种状况从绝对值上看使境况最差的人受益最多。例如，上述例子中，甲、乙两人的效用变化有两个备选方案：一是甲的效用增加到1000，乙的效用增加120；二是甲的效用增加到200，乙的效用增加90，则罗尔斯社会福利函数表明第一个方案更好，尽管方案一比方案二相对不平均程度更大了。

（四）柏格森—萨缪尔森社会福利函数

柏格森—萨缪尔森社会福利函数在所有的社会福利函数中具有最一般的形式：

$$W = f[U_1(x), U_2(x), \cdots, U_n(x)]$$

其中，U_i为第i个人的效用函数，$i=1,2,\cdots,n$。x为所有消费的物品和劳务的向量组合。

这一函数可以被具体写成各种函数形式，如加法形式的功利主义社会福利函数、连乘形式的贝尔努利—纳什社会福利函数或罗尔斯社会福利函数。它至少具有如下性质：（1）社会福利可以直接由个人效用表示。这表明社会福利是建立在个人的价值判断基础上的，好与坏必须依赖个人对幸福和痛苦的判断。（2）个人效用是可比的。（3）满足帕累托标准。就是说在其他人效用水平不变时，任何一个人的效用水平提高都会引起社会福利水平的提高。这表明如果社会生产没有增长，任何经济变动都只是一种利益再分配，这时，一方受益必然使另一方受损，社会福利水平是否提高难以作出判断。但给出既定的收入分配方式，总收入增长必然导致福利水平的提高，这使生产效率问题和收入分配问题明确地区分开来。（4）在两人社会中，两个人的满足程度对于福利来说是边际替代率递减的，如果一个人的收入相对增长过多，另一个人的满足将大大减少，从而导致社会福利的增长过程迅速下降。这意味着收入分配不平衡无助于社会福利的提高，意味着在给定的社会生产能力和效率下，社会福利极大化问题取决于收入分配方式及其比率。

四、福利经济学的两个基本定理

我们在分析帕累托标准和经济效率时，实际上揭示了完全竞争市场均衡和帕累托最优之间存在的一种双重的对应关系。第一层关系是：只要是完全竞争达到的均衡状态，就是帕累托最优状态；第二层关系是：从任何一个社会公认的公平的资源初始分配状态出发，要达到帕累托最优状态，须借助竞争性市场机制实现。上述两重关系通常被称为福利经济学第一定理和福利经济学第二定理。

福利经济学第一定理（又称福利经济学基本定理）：在完全竞争的市场经济体系中，如果存在着竞争性均衡，那么这种均衡就是帕累托最优。

福利经济学第二定理：任何合意的、"平等的"分配方式，都可以在适当地调整每个人的初始禀赋后，在完全竞争市场中达到竞争性均衡而最有效地实现。

福利经济学第一定理表明市场经济的合意性，而且说明市场经济在合乎帕累托标准的前提下，是运行成本比较低廉的经济体制，不需太多的信息和传递环节。这也正是市场经济代替计划经济的原因。

福利经济学第二定理引发了各种关于平等和效率的争论。该定理指出了分配可以和帕累托效率分开考虑，从任何一个初始分配点出发，经济自由交换都可以达到帕累托效率点。如果初始的禀赋倾向于某一经济主体，那么由竞争性价格导致的帕累托最优的结果仍然倾向于他们，自愿的交易也无法改变这种差距，只能通过转移支付来实现更为公平的结果，而实际上，现实中的所有转移支付和税收体制又都会带来效率损失。所以，福利经济学第一、第二定理远远无法完全解决经济环境中复杂的现实问题。福利经济学在研究任何实际应用和经济政策时，都无法脱离对效率和平等的具体分析。

第八章　外部性、公共物品和信息不对称

在经济学的诸多领域中，再也没有别的领域像外部性（Externality）、公共物品（Public Goods）和信息不对称（Information Asymmetry）这些研究市场失灵（Market Failure）的领域集中了如此之多的诺贝尔奖得主了，这从一个侧面反映了这些领域研究的难度和重要性。我国正处于从计划经济到市场经济的转型时期，改革的目的就是让市场成为资源配置的中心力量。但是，市场并非万能，在它带来效率的同时，也带来了某些无效率。我们必须对市场机制的能与不能有清醒的认识，这样才能在改革过程中扬长避短，更好地建设我国的社会主义市场经济。

我们在前一章的学习中知道，完全竞争市场能够实现帕累托最优，即经济效率。然而，现实经济中，条件苛刻的完全竞争市场是不存在的，总有一些因素导致经济效率受损，从而导致所谓的市场失灵。市场失灵是指即使市场机制可以充分发挥作用也不能圆满实现帕累托最优。市场失灵理论认为，自由市场制度一方面是资源配置的有效机制，但另一方面仅靠市场自身的力量却不能消除市场失灵。因此，必须借助市场机制以外的力量（如政府）给以校正和弥补。总的来说，市场失灵有四种基本原因：市场势力、外部性、公共物品和信息不对称。其中，市场势力是指厂商或要素所有者对市场价格的控制或垄断能力。如果厂商或要素所有者对市场价格具有控制能力，那么市场就是不完全竞争市场。我们在以前分析市场结构时已经知道，不完全竞争市场不如完全竞争市场有效率，会造成福利净损失。本章我们着重分析导致市场失灵的另外三个原因：外部性、公共物品和信息不对称。

第一节 外部性

一、外部性的相关概念

价格体系有效运作的原因是市场价格向消费者和生产者双方传递了信息。然而，有时市场价格并不反映消费者的真实福利和生产者的真实成本。例如，如果一家钢厂向河中倾倒了有害废水，从而使下游的渔业生产受到损失，而这种损失又不计入钢厂的生产成本时，就会发生外部性。同样，如果一个私人花园里产生的花香使得路过的行人感到心旷神怡，由此效用或福利得到提高，而行人并没有因此向花园的主人付出费用时，也会产生外部性。一般认为，外部性是没有经济效率的，因为这时价格机制失灵，收益不反映成本。在钢厂的例子中，边际社会成本大于边际社会收益；在私人花园的例子中，边际社会收益大于边际社会成本。

外部性是指一个厂商或个人的活动对其他厂商、消费者、社会整体造成有利或有害影响，但该厂商或个人并不能获得相应的报酬或并没有承担相应的损失。通俗地说，外部性就是人们的经济行为有一部分的利益不能归自己享受，或者有一部分成本不必自行负担。

根据外部影响的“好与坏”，外部性可分为“正的外部性”和“负的外部性”。正的外部性也叫“外部经济”，指某个经济行为主体的行动使他人或社会受益，而受益者无须花费代价。如种花、栽树等行为对邻居的影响，养蜂业对果树种植的影响等。负的外部性也称“外部不经济”，指某个经济行为主体的行动使他人或社会受损，而造成损失的人却没有为此承担成本。抽烟、噪音、污染等造成的影响就是负的外部性。

利用外部性我们可以分析私人成本和社会成本，私人收益和社会收益的差异。负的外部性的存在首先引起私人成本和社会成本的差异。所谓私人成本指生产（或消费）一件产品，生产者（或消费者）自己所必须承担的成本费用。在不存在外部性的情况下，私人成本和社会成本一致。但是若存在外部性，情况就不一样了。假定钢厂多生产一单位钢排放的废水污染河流下游的渔场，造成负的外部性，渔场为了抵消这种影响，维持原有产量，必须追加一定的成本支出，即清污费用。而这种支出也应看作是钢铁厂的成本的一部分，即边际外部成本MEC（Marginal External Cost）。边际私人成本 MPC（Marginal Private Cost）和边际外部成本的总和就是钢铁厂多生产一单位钢的边际社会成本 MSC（Marginal Social Cost），即：

MSC=MPC+MEC

在上式中，如果不存在外部性，边际外部成本将等于零，从而边际社会成本和边际私人成本相等。

同样的道理也适用于存在正的外部性的场合。这时会发生边际私人收益 MPB（Marginal Private Benefit）和边际社会收益 MSB（Marginal Social Benefit）的差异，其差额就是边际外部收益 MEB（Marginal External Benefit），即：

MSB=MPB+MEB

上式中，如果不存在外部性，边际外部收益将等于零，从而边际私人收益和边际社会收益相等。

显然，在存在外部性的场合，要达到社会福利最大化，边际条件应是边际社会成本等于边际社会收益，而不是边际私人成本等于边际私人收益。这个福利最大化的边际条件被庇古称为黄金规则，作为对帕累托边际条件的补充。

二、外部性与经济效率

各种形式外部性的存在将使完全竞争条件下的资源配置偏离帕累托最优状态。也就是说，即使假定整个经济仍然是完全竞争的，但由于存在外部性，整个经济的资源配置也不能达到帕累托最优状态。因此，外部性是经济无效率的一个重要原因。

（一）负的外部性和无效率

钢厂向河中倾倒废水的例子是负的外部性，我们就以这个例子来分析负的外部性和经济效率的关系。

如图 8-1 所示，（a）显示一个钢厂在竞争性市场中的生产决策，（b）显示假设所有的钢厂都产生类似外部性时的市场需求和供给曲线。

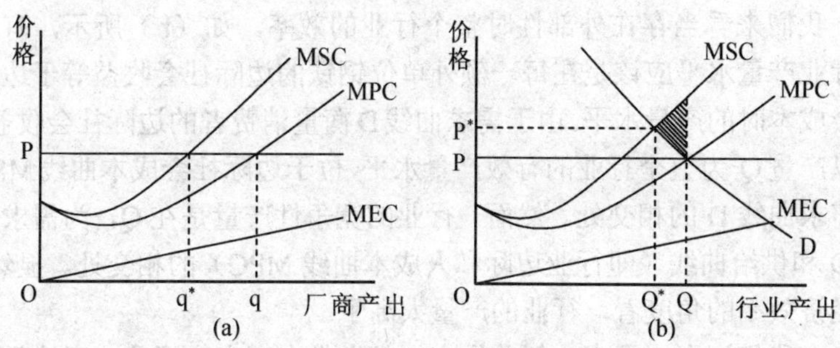

图 8-1　负的外部性

当外部性存在时，钢的价格为 P，即（b）中行业供给曲线 MPC 和需求曲线 D 的交点处的价格。（a）的 MPC 曲线表示一个钢厂的边际私人成本。该厂商在产出为 q 时的利润最大化，这时边际私人成本等于市场价格。因为这里的价格是竞争性价格，所以边际私人成本又等于边际收入。随着厂商产量的改变，下游渔民付出的外部成本也会改变。这一外部成本由（a）中的边际外部成本曲线 MEC 给出。对于大多数的钢铁厂来说，这一曲线是向上倾斜的，因为随着厂商产量的增加以及向河中倾倒的废水增加，它对渔业的危害也增加了。

从社会的角度来看，这个钢厂生产的产量太多了。有效产出水平的条件应当是价格等于生产的边际社会成本 MSC，即边际私人成本 MPC 加上由于倾倒废水所产生的边际外部成本 MEC。在（a）中，边际社会成本曲线 MSC 是用每一产量水平的边际私人成本 MPC 加上边际外部成本 MEC 得到的，即：MSC=MPC+MEC。MSC 与价格线在产量为 q^*处相交。由于这时只有一家工厂向河中倾倒废水，所以生产的市场价格不变。从效率角度来看，该厂商的产量太多了，q^*是有效率的产量，而厂商却生产了 q，并产生了太多的废水。

现在考虑所有的钢厂都往河中倾倒废水会发生什么情况。在（b）

中，MPC 曲线是整个钢铁行业的供给曲线，由所有钢厂的 MPC 曲线相加而成。与行业的产量相关的边际外部成本 MEC 是把每个人在每种产量水平下受害的边际外部成本相加得到的。MSC 曲线代表所有钢厂边际私人成本和边际外部成本的总和，即 MSC=MPC+MEC。

我们来看当存在外部性时整个行业的效率。如（b）所示，有效的行业产量水平应该是在每一额外单位钢铁的边际社会收益等于边际社会成本时的产量水平。由于需求曲线 D 衡量消费者的边际社会收益，所以产量 Q^* 为整个行业的有效产量水平，位于边际社会成本曲线 MSC 与需求曲线 D 的相交处。然而，行业的竞争性产量是在 Q，为需求曲线 D 和供给曲线（即行业边际私人成本曲线 MPC）的相交处。显然，从经济效率的角度看，行业的产量太高了。

在我们这个例子中，每单位产出都会带来废水。因此，无论是从单个厂商看，还是从整个行业看，经济效率都显示钢产量过多。无效率的原因在于产品的错误定价。在（b）中的价格 P 太低了，因为 P 只反映了厂商的私人边际成本，而不是社会边际成本。只有在较高的价格 P^* 处，生产的产量水平才是有效率的。

这种无效率的社会成本是什么呢？对于每一单位 Q^* 以上的产出，社会成本由边际社会成本与边际社会收益（需求曲线）的差额给出。结果，社会总成本就是（b）中的 MSC、D 和产量 Q 之间的阴影三角形。

无论是短期还是长期，外部性都会是无效率的。当产品的价格高于生产的平均成本时，厂商就进入一个竞争性产业，而每当价格低于平均成本时，厂商就退出。在长期均衡中，价格等于长期平均成本。当存在负的外部性时，平均私人成本低于平均社会成本。结果，即使是某些厂商离开行业才有效率时，这些厂商还是留在行业内。因而，负的外部性鼓励太多的厂商留在行业内。

（二）正的外部性和无效率

正的外部性同样会造成资源配置偏离帕累托最优。考虑种植花草、美化环境给邻居带来正的外部性的情况。如图 8-2 所示，横轴表示美化的数量或投资量。

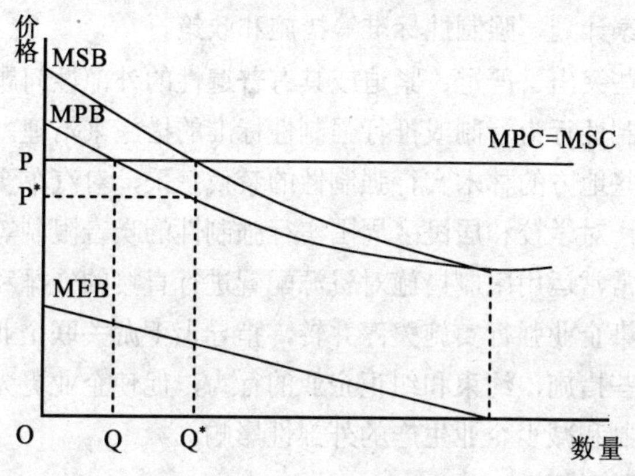

图 8-2 正的外部性

在图中，当此人没有考虑到自己的行动给邻居带来正的外部性时，根据 MPC＝MPB 的个人福利最大化原则，他选择的数量为 Q，这显然不是社会最优数量，社会最优数量是边际社会收益等于边际社会成本时的产量 Q^*。由于此人的美化数量为 Q 而非 Q^*，我们说此人提供的美化数量太少，没有达到帕累托最优的资源配置条件。

在现实生活中，正的外部性的例子还包括研究与开发（R&D）的活动。由于创新很难受到保护，别人很容易模仿创新成果从而分享该创新者的利润，进行研究与开发的回报会减少，所以会使市场不能为创新者提供足够的经费。

三、外部性的纠正

外部性之所以发生，最根本的原因在于无法建立适当的市场以供外部性的制造者和承受者之间进行交易。当市场对外部性无能为力时，如何解决外部性的问题人们自然想到了政府的强制力量。一般来说，政府在解决外部性时有以下三种办法。

（一）行政措施

对于外部性问题或造成外部性问题的企业，政府可采取直接的行政干预措施，其中包括强制性的行为管制、强制性的企业合并、指导与劝告、国家计划、强制性标准等措施和政策。

对于一些突出、严重、紧迫或具有普遍性的外部性问题，政府多采取实施强制性行为管制或推行强制性标准的措施来治理。如为保护环境，对一些地方的林木实行强制性的禁伐禁采，对汽车实行强制性的报废标准，对学校和居民区周围实行强制性的噪音限制等。

政府还常常运用限制措施对资源配置进行直接的安排和处置。如对一些高污染企业强行实施关停并转，指导上下游关联企业联合等，通过这样一些措施，约束和纠正企业的行为，促使企业更为有效地利用资源，限制和减少企业生产的外部性影响。

（二）经济措施

经济措施主要表现为税收和补贴。从理论上讲，外部性的存在主要是私人成本与社会成本的不一致。庇古提出了著名的庇古税，即采用税收或补贴的方式，来修正私人成本，使其与社会成本相一致。其具体设计是：对造成社会成本大于私人成本的外部性，即造成负外部性的企业或个人，征收相当于社会成本高出私人成本部分的价值的税收，使私人成本与社会成本一致，这样，会把原先对于当事人来说是外在成本的社会成本内在化为当事人自己的成本，迫使其从自身利益出发来调整或控制外部性。对于造成社会收益大于私人收益的企业或个人，政府应给予他们相当于高出部分价值的补贴，以鼓励此类行为。

（三）法律措施

政府出面解决的外部性一般是涉及人员众多的重大问题。如果外部性涉及的人员很少，从效率角度考虑，政府不值得出面解决，这时，就需要个人通过法律途径解决。法律措施的优点是约束力的普遍性，即它给每个人都提供了可伸张自己权利的手段。法律是更为普遍适用的公共产品，谁都可运用。法律的这种普遍适用性的特点，正好与外部性无所不在的特点相吻合，是解决外部性十分有效的手段。但是，使用法律手段也是有成本的，其中包括法律制定成本、法律系统维护成本、个人诉讼成本、执行成本等。

四、外部性、产权和科斯定理

1960年，英国经济学家科斯（R.H. Coase）在其《社会成本问题》一文中，对外部性的问题提出了新的见解。与传统依靠政府的介入来解决外部性的观点不同，科斯认为，政府通过税收或补贴解决外部性，其实是一种不符合经济效率的办法。科斯通过对外部损害的分析，得出了后来被施蒂格勒（G.J. Stigler）总结成的著名的科斯定理。科斯定理也是经济分析的一个重要基准（Benchmark）。

科斯定理指出，当市场交易费用为零时，无论产权初始界定给谁都不影响资源的配置效率。这里的交易费用是指为实现市场交易而必须支付的费用，包括寻找买者和卖者、谈判、签订和履行合同等所花费的费用、时间和精力等。科斯认为，人们不能或不愿通过市场交易来解决外部性的原因无非两点：一是产权没有准确界定，二是交易费用过高。如果产权清晰界定，而且交易费用低于交易带来的收益，那么就完全可以通过市场交易解决外部性问题，即把外部问题内部化。比如，钢厂向河流中排放有害废水，使下游的渔业生产受到损失，这种生产的负外部性可以通过明确产权来解决。如果河流的产权属于渔民，渔民可以向钢厂收费以补偿损失。如果这笔收费太高，钢厂可自行建造治理污水设施，以使排除的废水达到一定标准，对渔民的渔业生产不造成损害。如果河流的产权属于钢厂，那么该钢厂就有权排放未经处理的废水，则渔民为了渔业生产，如果合算的话，就可以向钢厂交费来请求钢厂治理污水。总之，不管产权归谁，只要能够清晰界定，且交易费用低于通过交易带来的收益，就都可以通过市场的交易行为来解决外部性问题。

第二节 公共物品

一、公共物品的特征

公共物品是与私人物品相对立的。私人物品的数量随着任何人对它的使用或消费的增加而减少，例如电视机、食品、衣服等。私人物品是在消费上具有竞争性（Rivalrous）和排他性（Excludable）的产品。竞争性是指如果某人已消费了某件物品，则其他人就不能再消费这件物品了；排他性是指某个人消费某件物品时能够不让别人同时消费该物品。实际上，市场机制只有在具备上述两个特点的私人物品的场合才真正起作用，才有效率。

公共物品是指那些在消费上具有非竞争性（Non-Rivalrous）与非排他性（Non-Excludable）的物品。非竞争性是指一个人消费某件物品并不妨碍其他人同时消费该物品。公共物品的这一特征不同于私人物品。私人物品的消费量增加要求增加私人物品的数量，这样增加了生产成本，即边际成本为正值；公共物品一旦用既定的成本生产出来以后，增加消费者数量也不需要另外增加生产成本，典型例子如免费公路、灯塔、国防、清洁空气、法律系统等。一旦免费公路已经存在，不存在拥挤时，额外驾驶的成本等于零；被过往船只使用的灯塔一旦建立起来并发挥作用，过往船只对灯塔的额外使用成本等于零；一旦国防建立起来，个人使用的成本等于零，等等。私人物品的情况正好相反，如一件衣服，如果你购买了它，就排除了别人购买这件衣服的可能性。私人物品的消费要在个人中间进行分配，而任何人消费公共物品都不会影响其他人的消费机会。

非排他性是指只要社会存在某一公共物品，就不能排斥该社会上的任何人消费该物品，任何一个消费者都可以免费消费公共物品。典型例子是国防、灯塔等。一国的国防一经设立，就不能排斥该国任何公民从国防提供的安全中受益。这一特征与私人物品形成鲜明对照，如果某个消费者消费了某个私人物品，他可以不允许其他的消费者同时消费这一物品。

严格地讲，只有同时具备非竞争性与非排他性两种特征的物品才是真正的公共物品，即所谓的纯公共物品（Pure Public Goods），但是现实生活中同时具备这两种特征的公共物品并不多。国防、灯塔通常被认为是同时具备这两种特征的公共物品。有些物品只具有这两种特征中的一种特征，例如公路上的桥梁在消费上具有非竞争性，但不具有非排他性。在交通的非高峰期、增加额外一辆车通过该桥梁所引起的边际成本近似于零，但是通过设立收费卡却可以排斥任何不交费的车辆通过大桥。在共有的湖泊上捕鱼具有非排他性，但却不具备非竞争性。只要湖泊是社会成员共有的，就不能排斥任一个捕鱼者在湖中捕鱼；但是捕捞者的不断增加必然会减少湖内可供捕捞的鱼的数量，这无疑会增加每一个捕捞者的成本。

二、公共物品的提供与经济效率

前面我们知道，公共物品具有非竞争性和非排他性两个特征，这是市场无法有效率提供公共物品的原因。由于无法排他的原因，若公共物品由私人生产，并在市场销售，其产量一定低于有效率的产量（边际社会成本＝边际社会收益）。因为无法排他使得不付费的人也可同享公共物品的好处，那么社会上必定存在着许多想“搭便车”者（Free Rider）。所谓搭便车就是坐享其成的意思，别人投资购买或生产了公共物品，搭便车者可以不付出任何代价就可以享用。即使有部分消费者不存在搭便车的心理，愿意自己付费购买，他也只会按照他所得到的边际收益来出价，而不会按整个社会所得到的好处来出价。这样，就像正的外部性的物品一样，公共物品的供给小于社会福利最大时的产量。

公共物品的共享性给市场带来了另一种困扰。共享使公共物品的市场需求曲线与个人需求曲线之间的关系，不同于私人物品市场上这两条曲线的关系。因为后者是个人的需求曲线水平加总得到的总需求曲线，而前者是将个人需求曲线垂直加总得到的市场需求曲线，因为同一种供给量既可以满足一个人的需求，也可满足其他人的需求。

公共物品的特征通常使公共物品无法由私人来充分提供，而必须由政府或其他可强迫收取费用的团体来生产。政府提供公共物品的支出可以来自于税收或者其他分摊费用。

第三节 信息不对称①

2001年10月10日诺贝尔委员会宣布将2001年的经济学奖授予三位美国经济学家：伯克利加州大学经济系的乔治·阿克尔洛（George A. Akerlof）、斯坦福大学商学院的迈克尔·史宾斯（A. Michael Spence）和哥伦比亚大学经济系、商学院和国际关系学院的约瑟夫·斯蒂格利茨（Joseph E. Stiglitz），以表彰他们为现代信息经济学作出的奠基性贡献。

具体地说，他们三人的贡献是提出了当买方和卖方具有非对称信息时市场运作的理论，这一理论的应用非常广泛。市场中的买方和卖方所拥有的信息不对称(asymmetric information)是生活中常见的现象。比如，卖旧车的人比要买车的人更清楚车的质量，上市公司的经理比公司的一般股民更知道公司的实际业绩。他们的研究发现，这种信息不对称会对市场的运行带来很大的影响，而人们平时观察到的许多不好理解的现象都可用不对称信息来解释。他们的研究使经济学家对实际市场经济运行机制的理解有了根本上的改进，这表现在两个层次上。首先，经济学的传统理论认为，市场这只“看不见的手”通过价格的调整使得供给等于需求，这在通常情况下可以达到有效率的资源配置。但是，三位获奖人的研究发现，在买卖双方信息不对称时，仅仅是通过价格的调整有时无法达到有效率的资源配置。第二，他们的研究进一步发现，在这种情况下，买方和卖方会作出各种经济决策的调整，以增进市场效率，从而使双方收益。然而这些调整是有成本的。

① 本节主要引自钱颖一的《信息经济学的奠基人》，原载于《财经》，2001年10月20日。

阿克尔洛夫的论文通过对一个简单模型的分析，表达了一个有普遍意义的、深刻的想法。在旧车市场上，卖方往往比买方更清楚车子的质量（新车的质量比较划一，因此不是合适的例子）。假如买方无法通过其他办法检查旧车的质量，那么市场的运行就会出现如下问题。设想有两种车：好车和次车，卖主知其质量而买主只知市场上有一定比例的好车和次车。好车车主只愿意以较高价成交，而次车车主却愿意以较低价出手。买主知道有一定的概率会买到次车，因此愿意出的价格就要打折扣。如果市场上的次车比例大到一定程度，这种折扣就足够大，使得好车车主不再愿意把车投入市场。结果，市场上只剩下了次车。这一简单模型揭示了两层道理。第一，在信息不对称的情况下，市场的运行可能是无效率的，因为在上述模型中，有买主愿出高价购买好车，但市场这一“看不见的手”并没有把好车从卖主手里转移到买主手中。而按照传统经济学的理论，市场调节下供给和需求是总能在一定价位上满足买卖双方的意愿的。第二，这种“市场失灵”具有“不利选择”或“逆向选择”（Adverse Selection）的特征，即市场上只剩下次品，这也就是人们通常所说的“劣币驱逐良币”。阿克尔洛夫的理论让我们理解这一结果的根源是信息不对称。这一结果很重要，因为按照我们通常的思路，市场的竞争机制应导出相反的结论，即“良币驱逐劣币”。可见，引入信息不对称会深刻地改变我们分析问题的角度并改变很多“常识性”的结论。

由于信息不对称在市场中是普遍存在的，阿克尔洛夫的以上分析具有普遍意义。他讲的故事虽然是旧车市场，但也可以换成烟、酒市场，也能解释为什么假冒伪劣产品充斥这些市场。他的分析还可以用在其他领域。比如，用他的理论可以解释为什么发展中国家的一些民间信贷市场上利率奇高无比，原因也是“劣币驱逐良币”，即风险大的借款人驱逐了风险小的借款人，同时使得利率调到高位，以抵消高风险带来的成本。

史宾斯的主要贡献基于1972年他在哈佛大学完成的博士论文。他的论文是关于工作市场中的信息问题，而他的创新之处是研究了在信息不对称的情况下，具备信息的一方会采取某种行动以克服信息不对称带来的困惑。在找工作时，应聘人往往对自己的能力比雇主知道得更清楚。设想市场上有两种应聘者，高能者和低能者。假定能力高低是天生的，与后天的教育无关。面对信息不对称的问题，能力高的人有比能力低的人更强的动机把有关自己能力的信息传递给雇主，而这一信息对雇主来说是有价值的。但问题在于，能力低的人也同样会宣称自己属于高能群。因此高能者为传递信息所要采取的行动必须是低能人很难模仿的。

史宾斯的模型研究了用教育投资的程度作为一种可信的传递信息的工具。在他的模型里，教育本身并不提高一个人的能力，它纯粹是为了向雇主“示意”或“发出信号”表明自己是能力高的人。史宾斯确定了一个条件，在此条件下，能力低的人不愿意模仿能力高的人，即作同样程度的教育投资以示意自己是能力高的人。这一条件就是，做同样程度的教育投资对能力低的人来说边际成本更高，比如，能力低的人学习起来比能力高的人要更费劲。史宾斯证明了，在这种情况下，虽有信息不对称，市场交易中具备信息的应聘者可通过教育投资程度来示意自己的能力，而雇主根据这一示意信号便可区分开不同能力的人。根据这一理论，我们可以理解为什么一些人愿意花重资上名牌大学或念高学位，其成本远远超出教育本身所带来的生产力的提高。原因是名牌大学和高学位都是应聘者向雇主发出的信号，表明他们聪明而勤奋。显然，这种示意方法可以帮助克服信息不对称带来的困惑，比如在现实生活中找工作时，硕士生比本科生可能更具竞争优势，于是就不难理解现在出现的“考研热”、“考证热”。但是，这些示意方法是有成本的，这里的成本就是相对于社会最优的过度的教育投入。

史宾斯的这一分析框架后来被应用到许多领域，其中之一是被用来解释上市公司的过度分红行为。在很多国家，政府对红利征税的税率比资本增值的税率要高（通常政府对红利征收两次税：一次对公司，一次对个人，而对资本增值只对个人征收一次税）。如果没有信息问题，利润再投资比分红更符合股东利益，但很多公司仍然热衷于分红。根据史宾斯的信息不对称理论，公司的管理层当然比股民更清楚地知道公司的真实业绩。在这种情况下，业绩好的公司就采取多发红利的办法来向股民发出信号，以区别于业绩不好的公司，因为后者发不出红利。证券市场对分红这一信号的回应是股价上升，从而补偿了股民因为分红缴纳较高的税收而蒙受的损失。

斯蒂格利茨研究的是在信息不对称的市场中，不具备信息的一方如何调整合同的形式从而来“筛选”有信息的一方。他在研究中发现，用信息不对称以及人们对此作出的合同形式的调整，可以帮助理解许多长期以来不好解释的市场现象。他的研究从保险市场和农业土地租赁市场开始。在保险市场中，保险公司不清楚投保人的风险状况。在这种情况下，保险公司提供一系列的保险合同（即不同的保险费率和免赔额的组合）让投保人选择，从而达到区分不同风险类别的投保人的目的。在农业土地租赁市场上，农民与地主用固定比例分成（又称佃农制）是普遍流行但又费解的一种合同形式。之所以费解是因为地主通常比农民富裕，所以似乎在合同中应由地主承担全部风险而付农民固定工资。但是，如果考虑到实际中农民比地主有更多的有关生产的信息，包括自己的努力状况，那么比例分成制就有优势了。

斯蒂格利茨对信息不对称下市场的研究后来又扩展到信贷市场和劳动就业市场。人们观察到，即使在没有政府干预的自由的信贷市场中，市场贷款利率总是低于使供需平衡的利率。结果，许多愿意以市场利率借贷的人贷不到款，也就是说，信贷市场是配给的。这非常令人费解，因为这里并没有政府计划。斯蒂格利茨和他的合作者在一个信贷市场的模型中引入了信息不对称，即借款人有高风险和低风险之区别，但这一信息只有借款人自己知道而信贷人并不知。在这种情况下，一种可能的结果是，当利率升高时，低风险的借款人不愿意借贷了，而高风险的借款人却积极依旧。原因是后者在好景时赢利很高，因此付得起较高的利息；若时运不济亏损，就宣告破产。这种利率高低的变化对吸引不同风险类别的借款人的不同的效应，意味着利率在信息不对称时起到了筛选不同类型的借款人的作用。这样一来，降低利率让需求大于供给反而有可能使信贷人的利润上升，因为借款人群中低风险类型的比例会上升，从而缓解了信贷人面临的逆向选择。

非自愿性失业是市场经济中常见的现象，但也是颇为费解。市场调节的基本原理是说，如果劳动力的供给大于需求而产生失业的话，工资就会自动下降，直到供给等于需求、失业消失。这一理论显然与现实不符，斯蒂格利茨及其合作者的研究有助于理解这一问题。他们假定雇主不能完全清楚地知道雇员工作的努力状况，这也是一种信息不对称。设想雇主只能偶尔抽查雇员的工作，若没有发现雇员“偷懒”的话，就发工资；一旦发现雇员“偷懒”，雇主对他最大的惩罚就是开除他，将他投入失业大军。如果市场工资使得供求平衡，没有失业，雇员就会缺乏努力工作的动机，因为即使被发现偷懒而遭开除，他也可以立即找到新工作。如果市场工资上升到并非所有失业者都能在短时期内找到类似的工作，雇员就会有激励努力工作，以保饭碗。这种高于使供给和需求平衡的工资被称为“效率工资”，意思是提升工资可以提高效率。在这一模型中，市场价格（即工资）是可以根据市场状况调整的，雇主追求利润，雇员追求效用，这些都与传统理论的假定一致。与传统理论不同的假定是信息不对称，以及有限的惩罚。值得注意的是，在这一模型中，当信息对称时，即当雇主完全清楚地知道雇员工作的努力状况时，市场工资没有必要保持在这样高的水平上，因此也就不会有失业的情况发生。

第九章　宏观经济的基本数据和变量

我们从本章开始学习宏观经济学。宏观经济学的研究对象是整体经济中的各种现象。例如，为什么一个国家的经济增长速度快于另一个国家的经济增长速度，为什么一个国家的经济有时高涨，有时停滞，有时甚至衰退，为什么一个国家的物价水平有时大幅波动，有时趋于平稳，为什么一个国家会出现大面积的失业，为什么有的国家出现贸易顺差，有的国家出现贸易逆差，一个国家的汇率是如何变动的，上述问题都是宏观经济学所要研究的内容。由于任何一个国家的宏观经济状况都必须用一些经济指标来度量和描述，所以，本章就主要介绍如国内生产总值、国民收入、消费和投资等常用的宏观经济指标以及它们相互之间的关系。

第一节　GDP

一、GDP 的概念

目前，世界上通用的核算国民经济活动的核心指标就是 GDP。GDP（Gross Domestic Product）即国内生产总值，是指在某一既定时期一个国家内生产的所有最终物品与劳务的市场价值。我们可以从以下几个方面来理解 GDP 的含义。

（一）GDP 是市场价值

GDP 是要统计整个社会经济活动中所生产出最终产品（物品和劳

务）的价值。这时就出现了一个重要的问题，如何把不同种类的产品进行加总呢？我们知道，1 双鞋加 1 个打火机是没有意义的。因此，我们必须找到一个统一的尺度来衡量并加总各种产品。在微观经济学中我们已经学过，市场的供给和需求共同决定产品的市场价格。市场价格反映了人们愿意为各种产品所支付的货币量。如果我们用一定货币量表示的市场价格作为尺度，就可以加总所有不同种类的产品。例如，1 双鞋的市场价格是 10 元人民币，1 个打火机的市场价格是 1 元人民币，我国一年内生产 1 万双鞋和 1 万个打火机，那么一年生产鞋和打火机的市场价值就是 11 万元人民币，其中一双鞋对 GDP 的贡献是一个打火机的 10 倍。

（二）GDP 是最终产品的市场价值

在统计 GDP 的时候要避免重复计算，因为中间产品的价值已经包含在最终产品的价值中了，所以中间产品的价值就不应该计入 GDP，而是只计算最终产品的价值。例如，生产皮鞋会用到皮革这种中间产品，假如皮革的市场价格是 5 元人民币。如果我们把中间产品皮革和最终产品皮鞋的市场价值都计入 GDP，那么其总价值就是 5+10=15 元。可是皮鞋的卖价只能是 10 元，而多出的 5 元就被重复计算了。因此，我们要区分最终产品和中间产品，避免重复计算。可是如果一种中间产品没有被立即使用，而是作为存货留待以后使用或出售的时候，则该原则就出现了例外。这时，中间产品被暂时视为最终产品，将其价值以存货投资的形式加入当期 GDP。当以后真正使用或出售时，再以负存货投资的形式从后一个时期的 GDP 中扣减。

（三）GDP 是所有最终产品的市场价值

GDP 是反映经济总量的指标，在它的统计中包括经济活动中生产出并在市场上合法交易的所有产品。这里需要注意的有以下两点：第一，GDP 仅指市场活动导致的价值，自愿的、义务的、自给自足的等非市场性生产消费活动不计入 GDP。例如，农民自己生产粮食自己吃掉，而不是拿到市场上出售，这种行为并不会增加 GDP。第二，GDP 统计的是合法的生产经营活动创造的价值，非法行为不计入 GDP。例如，贩卖毒品的收入是不会计入 GDP 中的。

（四）GDP 是物品与劳务的最终市场价值

GDP 既包括有形的物品（如食物、衣服、房屋等），又包括无形的劳务（如医疗、教育、保险等）。因此，GDP 的统计不仅涉及农业和工业，还涉及服务业。这样就可以更为全面地反映全社会的经济活动情况。

（五）GDP 是生产的最终产品的市场价值

GDP 的统计只计入当期生产的最终产品的市场价值，而不是以该产品是否出售为判别标准。例如存货的处理就是如此。无论新生产的产品是否出售，我们都计入 GDP，只不过存货就视为自己投资买下的货物。又如二手物品的交易。因为物品在生产出来时其价值已经被计入当期的 GDP 了，所以当它作为二手货被再次交易时，统计中就不能计入了，要避免重复计算。

（六）GDP 是一个国家内生产的所有最终产品的市场价值

GDP 是一个地域概念，它衡量的是一个国家范围内生产的所有最终产品的市场价值。外国人在中国工作所创造的价值要计入中国的 GDP 中，无论该生产者的国籍如何都应该计入。相反，中国人在外国工作所创造的价值要计入外国的 GDP 中，而不计入中国的 GDP 中。

与 GDP 相联系的一个概念是 GNP（Gross National Product），即国民生产总值。它是指在某一既定时期内由一国永久居民生产的所有最终物品和劳务的市场价值。GNP 是一个国民的概念，它在处理外国人生产的物品和劳务时采用了与 GDP 不同的方法。外国人在中国工作所创造的价值不计入中国的 GNP，而是外国的 GNP 的一部分。相反，中国人在外国创造的价值则计入中国的 GNP。因此，如果收入是由一国的永久居民获得的，无论他在哪个国家，这种收入都将包括在该国的 GNP 中。

如果一个国家的 GDP 超过了 GNP，则说明外国公民从该国获得的收入超过了该国公民从外国获得的收入。而如果 GNP 超过了 GDP，则说明情况恰好相反。不过在大多数国家都是国内居民从事大部分的国内生产，所以，GDP 和 GNP 的差别并不是很大。目前，世界上的国家基本都是采用 GDP 来反映经济总量，其原因有两个：第一是本国居民在外国净收入的数据比较难于获得，所以统计一国的 GDP 比统计 GNP 要相对容易些。第二是一国的 GDP 往往能够更好的和本国的就业水平相联系，因为即便是利用国外的资金增加的产出也是解决本国的就业。

（七）GDP 是某一既定时期生产的所有最终产品的市场价值

我们首先要区分这样一组概念，即流量与存量。所谓流量是指一定时期内发生变化的量。与流量相对应的概念是存量，它是指一定时点上存在的量。由于 GDP 统计的是一个时期中生产的所有最终产品的市场价值，因此它是一个流量。

通常一个时期就是指一年或一个季度。当政府公布一个季度的 GDP 时，它一般是按“年增长率”提出的。这种习惯性做法的目的是便于比较季度与年度 GDP 的增长率。同时，季度的 GDP 还是经过季度调整的。因为现实的经济活动往往会受到季度因素和时期因素的影响，例如我国在每年的春节期间人们的消费量就会加大。所以如果想要剔除时期或季节对经济活动的周期性影响，更为合理地监控和研究经济状况，就必须对统计数据进行季度调整。

二、GDP 的局限

GDP 是衡量经济增长和福利的重要指标，但是我们也不能对 GDP 过于迷信，仅仅通过 GDP 是不能了解宏观经济的全貌的。下面，我们就具体地说明 GDP 的局限性。

首先，GDP 核算的只是由市场引导的生产活动所创造的价值，这一点往往会让我们得出一些似是而非的结论。例如，我们在家中做了一顿丰盛的晚餐来招待客人，这些活动也使得总产出增加了，可是却由于不是市场引导的，而不计入 GDP。如果我们把做好的饭菜拿出去出售，则晚餐中包含的新价值就将会使得 GDP 增加。实际上，无论晚餐是用来待客还是用来出售，产出都确实增加了，GDP 就无法充分地反映这个问题。

其次，GDP 只能衡量产出的数量而无法衡量产出的质量。计算机和家电产品尤其是如此，一方面产品的功能日益强大，质量显著改进，而另一方面价格却大幅下降。例如，今年推出的 Intel 酷睿四核处理器就要比酷睿双核便宜。其实，很多制造业的产品都存在这个问题，特别是不断有新款式和新产品出现。当然，在 GDP 的核算过程中人们也尝试进行调整，可是却非常困难。

最后，GDP 只能衡量产出的增长，可是却不能反映出因产出的增长而带来的各种其他问题，例如环境的污染和资源的浪费等。这些问题在发展中国家尤其突出，我国更是如此。我国在经济保持持续快速增长的同时，环境遭到了严重的破坏。可能今天我们获得的产出远不及明天治理污染所需要的花费。另外，在 2004 年我国出现了大面积的电力危机，并且由于国际市场上石油价格的上升，国内的石油供应也趋于紧张，这些都说明了我国的能源问题日益突出。因此，政府和全社会都越来越重视环保和节能，"绿色 GDP"①的提出也正是基于这样的考虑。

第二节　GDP 与国民收入

一、产品的生产与对生产要素的支出

通过对 GDP 概念的理解，我们可以知道 GDP 实际上是衡量既定时期和既定国家内产出的增量。那么产出是如何获得的呢？我们仍然可以用生产函数来表示，即：

$$GDP=F(K,L) \tag{9.1}$$

我们假设要获得一定量的 GDP 需要投入两种要素，即资本和劳动。我们用 K 表示资本，L 表示劳动。用生产函数来表示 GDP 是非常重要的，它构成第十章经济增长理论的基础。

在生产活动中，我们将劳动和资本等生产要素投入并最终产出 GDP。可是，生产要素的获得却不是无偿的，当我们用生产要素生产

① 绿色经济 GDP 的简称，是指从 GDP 中扣除自然资源耗减价值与环境污染损失价值后剩余的国内生产总值，也称可持续发展国内生产总值。

的时候就必须支付相应的要素报酬。例如，劳动要素的报酬是工资，资本要素的报酬是利息。这些对生产要素的报酬就构成了要素所有者的收入。这样，我们就可以把为生产这些最终物品和劳务而向生产要素所有者支付的全部收入定义为 NI（National Income），即国民收入。我们已经学过，当要素的价格等于该要素的边际产品价值的时候，所有要素的边际产品与其投入量乘积的总和就恰好等于总产出量。因此，当期投入的全部生产要素所获得的收入总和就必然等于当期所有最终产品的价值总和，即 GDP=NI。这样就意味着有一元的收入就会有一元的最终产品，相反有一元的最终产品就会有一元的收入。

如果我们用 w 表示工资率，用 i 表示利息率，那么劳动要素获得的总报酬和资本要素获得的总报酬之和就等于总产出，即：

$$GDP = w \cdot L + i \cdot K \tag{9.2}$$

理解总产出等于总收入是至关重要的，在本章第三节要讨论的国民收入循环就是以此为基础的。同时，它还涉及我们接下来要介绍的 GDP 核算方法。

二、GDP 需求支出的组成

前面我们分析了产品的生产和对生产要素的支出，进而得出了总产出等于总收入的结论。接下来，我们进一步分析对 GDP 需求支出的组成。我们要了解 GDP 的需求情况如何，首先就必须搞清楚生产出来的所有最终产品都被谁购买了。在实际经济生活中，所有最终物品和劳务的购买支出可以分为四大类，即消费、投资、政府采购和净出口。下面我们就逐一分析这四类支出。

消费支出是指家庭除了购买新住宅以外用于物品和劳务的支出，我们通常用 C 来表示家庭消费。它又可以分为耐用消费品支出（如电视、轿车等）、非耐用消费品支出（食品、衣服等）和劳务支出（如医疗、教育、旅游等）。

投资支出是指投资者用于机器设备、存货和厂房等建筑物的支出，另外投资还包括家庭购买新住宅的支出（习惯上我们将家庭的住宅支出算做投资行为而非消费），通常我们用 I 来表示投资。投资一般可以分为两类，即固定资产投资和存货投资，其中存货投资可能为正也可能为负。这里，读者可能会产生疑问，像机器设备和厂房等资本品也是用来进一步生产产品的，可是为什么算做最终产品，并且计入 GDP 中呢？其原因就在于资本品虽然也是用来生产产品的，但是却不同于一般的中间产品。中间产品在生产最终产品的过程中会被全部消耗掉，其价值一次性地转移到最终产品之中。而像机器设备和厂房等这样的资本品在生产过程中只是部分被消耗，其价值也是分期逐步地转移到产品之中。例如，一部机器可以使用三十年，那么每年它转移到产品之中的价值仅为其价值总额的 1/30。通常我们将资本品由于消耗造成的价值减少称为折旧。因此，投资也是对最终产品购买支出的一个重要组成部分。这一点，我们在后面还会详细讨论。

投资和 GDP 一样也是一个流量概念，它衡量的是一定时期内资本存量的增加量。资本存量是指处于某一时点的资本总量。投资这部分资本增加量是由重置投资和净投资两部分构成。其中，重置投资是指在投资中补偿原有资本消耗的投资，即资本存量中已耗费部分的投资，它相当于重新购买了原先的资本设备，不会导致资本存量的增加。而净投资是指为增加资本存量而进行原投资支出，即实际资本的净增加，包括建筑、设备与存货的净增加。二者共同构成对 GDP 的投资支出。

政府采购是指各级政府部门用于物品和劳务的购买支出，通常我们用 G 来表示。例如，政府设立行政和立法机构的支出、设立军队的国防支出、兴修水利等基础设施的支出等都属于政府采购。这里值得注意的是只有购买性质的政府支出才会形成对 GDP 的需求支出。例如，我国政府因三峡工程所形成的支出就是购买性质的，因为它确实购买了物品和劳务，所以该项支出形成对 GDP 的需求支出。而不是购买性质的转移支付就不形成对 GDP 的需求支出。这是由于转移支付就像税收一样，只是政府出于公平的考虑把收入从一部分人的手中转移到另一部分人的手中，并没有形成实际的生产活动。因为 GDP 是要衡量生产的最终产品和劳务，所以转移支付就不能算做政府采购而形成对 GDP 的需求支出。例如，政府对伤残人员的救济就属于转移支付，这部分支出并没有购买伤残人员生产的物品和劳务。另外，转移支付不算作政府采购也是为了避免重复计算。因为得到转移支付的人将会利用这笔收入去购买最终物品和劳务，所以支付收益人的支出就已经相应地计入了消费和投资中。假如，我们再把转移支出等同于政府采购，那么就必然会造成重复计算。

净出口是指出口减去进口的差额，我们通常用 NX 来表示。出口和进口都是最终产品的购买支出，但是区别在于出口形成的是对本国最终产品的购买支出，而进口形成的则是对外国最终产品的购买支出。因此，进口这部分流到国外的支出就必须从 GDP 中扣减，相反从国外流入购买本国产品的出口支出则计入 GDP 的需求支出之中。净出口可能为正也可能为负，为正的时候表示贸易顺差，为负的时候则表示贸易逆差。

如果我们用 AE 表示对 GDP 的需求支出，即对最终产品的购买支出，那么就可以得到公式：

$$GDP=AE=C+I+G+NX \tag{9.3}$$

再结合我们本节第一目所讨论的内容，又可以得到公式：

$$GDP=NI=AE \tag{9.4}$$

这不仅表明总产出等于总收入，同时还表明总产出等于总支出。特别是总收入与总支出的相等意味着产品市场上的供给与需求是相等的，构成了最终产品市场出清的基本条件。

下面举个例子。表 9.1 说明了 2009 年美国的 GDP 及其构成。

表 9.1　2009 年美国 GDP 的构成

项目	数额（10 亿美元）	百分比（%）
国内生产总值 GDP	14258.2	100.0
个人消费支出 C	10088.5	70.76
私人国内投资 I	1630.9	11.43
政府采购商品和服务 G	2931.0	20.55
商品与服务净出口 NX	-392.3	-2.75

资料来源：美国商务部（U.S. Department of Commerce——National Account——News Release: Gross Domestic Product (GDP)）。

通过表 9.1 我们可以看出，GDP 由消费、投资、政府采购和净出口四项构成。并且在美国，消费在 GDP 中的比重最大。另外净出口为负，说明进口大于出口。

三、核算 GDP 的三种方法

GDP 的定义是在某一既定时期一个国家内生产的所有最终产品的市场价值。从理论上讲，只要把所有最终产品的市场价值相加就可以得到 GDP 了。如果我们用 Q_i 来表示各种最终产品，用 P_i 来表示每种产品的市场价格，则 $GDP=\sum P_iQ_i$。但是，在实际统计工作中由于生产的复杂性使得我们无法清楚地区分最终产品和中间产品，而且最终产品的种类又太多，这就导致我们无法从定义的角度来核算 GDP。那么，GDP 是如何核算出来的呢？通常有三种方法，下面我们就逐一介绍。

（一）生产法

所谓生产法就是按各行各业在既定时期内生产的价值增加值来计算 GDP 的方法。增加值是指企业对原材料或半成品加工后增加的新价值。这里，我们仍然使用生产皮鞋的例子来说明。我们假设农民生产出了价值为 500 万元的皮革，生产皮鞋的企业用这 500 万元的皮革加工成价值为 1000 万元的皮鞋。这说明生产皮鞋的企业在加工生产过程中增加了 500 万元的新价值。我们再假定农民生产皮革的成本为零，那么生产皮革的增加值就也为 500 万元。这样，我们把生产皮革的增加值 500 万元和生产皮鞋的增加值 500 万元相加，二者之和为 1000 万元，恰好与最终产品皮鞋的价值相等。

（二）收入法

既然我们已经知道总产出与总收入相等，那么在核算 GDP 的时候，就可以用加总所有要素收入的方法，即收入法。由于企业创造的增加值必然要以工资、利息和租金等形式支付给相应的要素所有者，所以总增加值与总收入是相等的。我们用上述例子对收入法加以说明。假定生产皮革的增加值500万元中有200万元作为工资支付给劳动者，同时向资本和土地的所有者各支付150万元的利息与租金。而生产皮鞋的增加值500万元中工资占360万元，利息和租金分别各占70万元。这时，总的工资收入就为560万元，而总利息收入和总租金收入就分别为220万元。将各种要素总收入相加，即560+220+220=1000万元，这与最终产品的价值是相等的。

下面我们就对各种要素收入进行简单的说明。工资是支付给劳动者的报酬，它包括工作的酬金、津贴和福利等。利息是指支付给为企业购买资本品提供货币资金的资本所有者的报酬，它包括银行贷款利息、企业债券利息等。如果生产者自己投资生产，那么就相当于他向自己支付利息。需要注意的是我们这里所讲的利息并不包括政府公债利息和消费信贷利息，因为这两种利息并没有与之对应的实际生产活动。租金形式则多种多样，例如租赁土地的地租、租赁房屋的房租、租赁专利的专利费和租赁版权的版权费等。利润是一种特殊的要素报酬，它是支付给拥有经营管理才能的企业家的。当从总产出中扣除了上述各种要素收入之后，如果还有剩余就构成了正的利润，这就相当于对企业家组织生产活动的一种奖励。当然，如果企业家由于经营不善造成了企业的亏损，总产出不足以支付各种要素报酬，那么企业家就必须自掏腰包将其差额补齐，这时就形成了负的利润。可见，获得不确定报酬的企业家在生产活动中承担了更多的风险。如果企业家自己投资生产，那么只有扣除了资本的利息收入后的部分才相当于利润。另外，像小店主和律师这样的个体经营者，他们自己投资，自我雇佣。其工资、利息、租金和利润交织在一起，构成业主收入。

（三）支出法

所谓支出法就是用一定时期内购买最终产品的总支出来核算GDP，也就是通过加总所有最终产品的卖价来统计。前面我们已经分析过了GDP需求支出的分类，因此，我们只需要按照公式（9.3）把消费、投资、政府采购和净出口四类需求支出加总就可以核算GDP了。

我们一共介绍了三种核算GDP的方法。其中，收入法和支出法在实际的统计中经常被采用。

四、GDP 与 NI 的差额

从理论上讲，总产出与总收入是相等的。可是，在实际统计中，GDP 与 NI 却是不同的，二者之间存在差额。GDP 包含两项 NI 中没有的内容，即资本的折旧和企业的间接税。由此可见，在实际统计中 GDP 是大于 NI 的。

前文已经介绍过，折旧就是生产过程中机器设备和建筑物的磨损和损耗。那么，为什么 GDP 中包含折旧，而 NI 中却没有呢？这是由于实际统计方法造成的。资本品与中间产品不同，是逐年被消耗并转移价值的。因此，如果把它作为中间产品不计入 GDP，那么新生产出的产品中就缺少了资本品在当期生产过程中消耗掉的那部分折旧价值，从而使得计算出的 GDP 比当年实际产出要少。对于这一问题，国际上通用的做法是把当年投资的资本品作为最终产品计入 GDP，而在该资本品使用的其余年份中就不再统计了。可是，这种统计处理所带来的问题也随之产生。那就是企业是逐年地把资本品的折旧计入成本，并加入最终产品的销售价格。而各种产品又是以市场价格加总的，所以 GDP 的核算中就包含了折旧。因而，在实际的统计中，资本品的价值被重复计算了。第一次是在资本品被生产出来的时候就作为最终产品将其价值计入 GDP 了。而第二次是在资本品使用的过程中，其折旧价值逐年地被加入价格并分别计入当年的 GDP 中。这样，在每一年统计的 GDP 中既包含当年新生产出来的资本品价值，还包括以前被生产出的资本品折旧的价值。而资本品折旧的价值不是当年新价值，并且不构成当年收入分给任何一类要素所有者，所以 NI 中不包含折旧。通常，我们把从 GDP 中扣除折旧的部分称为 NDP，即国内生产净值，见公式（9.5）。该指标计量了既定时期内一个国家内生产最终产品的净价值。折旧一般约占 GDP 的 11%，所以 NDP 通常也就占到 GDP 的 89%左右。

$$\text{GDP}-\text{折旧}=\text{NDP} \tag{9.5}$$

在向各种要素所有者支付报酬之前，还必须从 NDP 中减去部分企业向政府缴纳的间接税。所谓间接税是相对于直接税而言的。直接税是指政府对收入征收的税，会随收入的变化而发生变化。而间接税则是指加入产品价格并且由政府抽取的税收，它不针对收入。例如，政府往往会对经营烟酒的企业征收营业税或销售税。这些税收就都属于间接税。被征税企业会把这部分税收计入成本加入价格，转嫁到消费者身上，并且最终被统计到 GDP 和 NDP 之中。由于间接税收只是提高产品的价格，而不构成任何要素所有者的收入，所以它也不包含在 NI 之中。只有从 NDP 中进一步扣除间接税才会得到 NI。间接税的缴纳数额是很大的，通常会占到 NDP 的 10%左右，其余的部分才构成要素所有者的收入。所以，实际统计到的 NI 约占 GDP 的 80%。

综上所述，在实际的统计中，从 GDP 中扣除了资本的折旧和企业的间接税后剩余的部分才是 NI，即

$$\text{GDP}-\text{折旧}-\text{间接税}=\text{NI} \quad (9.6)$$

然而，为了简化理论分析，我们经常忽略掉实际统计中 GDP 与 NI 之间的差额，将二者视为完全相等的。因此，在读者阅读本书随后章节的过程中，请记住 GDP=NI。

五、NI 的分解

国民收入是向生产要素所有者支付的全部收入。但是在现实的经济生活中，并非全部的国民收入都会转移到要素所有者的手中。这主要是因为政府会发挥作用，通过税收和转移支付等手段来调节收入分配。因此，我们要对国民收入进一步分解，以便搞清楚各个变量之间的关系。

我们用 PI 来表示个人收入，即实际分配到要素所有者手中的收入。那么，PI 与 NI 之间是什么关系呢？这其中存在着一个差额。具体讲，差额包括以下几个部分。首先是公司的所得税，这是政府对公司的生产经营活动所征收的税。其次是企业的留利，这是企业为了将来的发展留下的一部分利润，只有剩下的部分利润才会以红利和股息的形式分配给个人。再次是社会保险费，这是劳动者工资的一部分，它通过企业上缴给政府设立的社会保险机构。以上三项是政府从 NI 中抽走的部分，因此必须从 NI 中减去后才能得到 PI，即：

$$PI=NI-公司所得税-企业留利-社会保险费 \tag{9.7}$$

PI 仅仅是实际分配到要素所有者手中的收入，它并不是完全由要素所有者进行支配，这是因为政府还会对个人收入征收个人所得税。只有从 PI 中扣除了个人所得税的部分才能完全由要素所有者支配。

我们通常把政府通过各种税费从国民收入中抽取的部分称为总税收，用 TA 表示。需要注意的是，像公司所得税和个人所得税之类的税收由于是直接对收入征收的，所以属于直接税。直接税与相对固定的间接税不同，它对国民经济的影响是非常大的。如果对收入征收的直接税增加了，同时假定政府的转移支付不变，那么个人可支配收入则必然减少，进而会造成消费和投资的减少，并影响就业。相反，在转移支付不变的条件下，直接税减少了，则会使得个人可支配收入增加，刺激消费和投资，增加就业。所以，我们在宏观经济学中讨论的税收主要是指直接税。

政府不仅会通过税费来减少个人可支配的收入，同时还会通过转移支付的手段来增加个人可支配收入。例如，工人可以从政府的相关部门获得养老保险金、失业救济金、困难补助金等收入。这些收入也构成个人可支配收入，如果我们用 DI 来表示个人可支配收入，用 TR 来表示政府的转移支付，那么就可以得到公式：

$$DI=PI-个人所得税+TR \tag{9.8}$$

净税收是指从总税收中减去转移支付的部分，我们通常用 T 来表示，见公式（9.9）。这样，在不考虑企业留利的情况下，个人可支配收入就等于国民收入减去净税收，见公式（9.10）。

$$T=TA-TR \tag{9.9}$$

$$DI=NI-T \tag{9.10}$$

当然，政府不仅可以通过转移支付的手段来增加个人可支配收入，除此之外，利息调整也是一种方法。所谓利息调整是指不包含在应得利息收入净额中的个人利息收入。例如，在高通货膨胀时期，支付给个人的保值补贴就属于利息调整。由于利息调整所占的比例不大，并且不是经常发生，所以我们可以将其忽略不计。

第三节 国民收入的循环与构成

一、两部门的收入循环模型

为了简化分析，我们首先考虑一个最简单的原始经济。所谓原始经济是指不包含政府和对外贸易，单纯由企业和家庭两个部门构成的经济体。因此，通常将原始经济中对国民收入循环和构成的考察称为两部门的收入循环模型。完整的两部门的收入循环模型包括三个市场，即生产要素市场、最终产品市场和金融市场。为了让读者便于理解，我们首先分析仅包括生产要素市场和最终产品市场的两市场情况，然后再引入金融市场，进而给出储蓄—投资恒等式。

（一）两部门两市场的收入循环

两部门是指企业和家庭这两个宏观经济活动的主体。其中，企业部门是指所有购买生产要素并生产出最终物品和劳务的企业总和。这里，我们做了一个简化的处理，就是忽略掉生产与销售中间产品的企业。把实际经济生活中复杂的生产链条压缩为一个环节，即企业仅仅是投入生产要素并生产最终产品的部门。而家庭部门一方面是指各种生产要素所有者的总和，另一方面也是指最终产品消费者的总和。当然不同的家庭可能会占有不同的生产要素，但是作为消费者，各个家庭却是完全一样的。这样，在两个部门之间就会同时出现两个市场。第一个市场是生产要素市场，在该市场中，家庭部门向企业部门提供劳动、资本和土地等各种生产要素，而企业部门向家庭部门支付工资、利息和地租等相应的要素报酬。第二个市场是最终产品市场，在该市场中，企业用购得的各种生产要素生产出最终产品，并出售给家庭部门，而家庭部门则用提供生产要素所获得的收入来购买这些最终产品。两部门两市场的具体关系参见图 9-1。

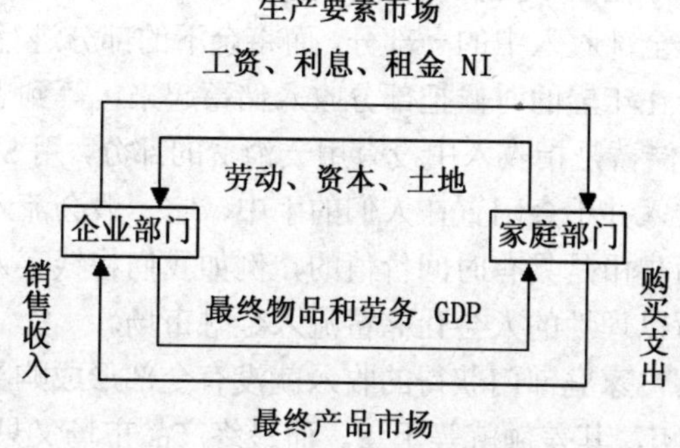

图 9-1　两部门两市场的收入循环

我们由本章的第二节知道，总产出与总收入是相等的，同时总产出还等于对其购买需求的总支出，即如公式（9.4）所示。这个总量关系当然也可以运用到上述的两部门两市场情况之中。此时的总产出就是由企业部门生产出来的全部最终产品。一方面从获得总产出而形成要素收入的角度来看，家庭部门将全部收入都用于了消费，即 NI=C。另一方面从对总产出需求的支出角度来看，由于两部门两市场的情况既不涉及政府行为和对外贸易，又不包含金融市场，所以产出的全部需求支出仅由家庭消费支出一项构成，即 AE=C。通过上述分析，我们就可以得到两部门两市场的情况下总收入等于总支出的关系，即：

$$C=C \tag{9.11}$$

如果仅从数学意义上来看公式（9.11），它只是同义反复。但是，我们需要注意的是该公式背后的经济学涵义。公式左侧的 C 反映的是国民收入的构成，公式右侧的 C 则反映总支出的构成，而二者相等则意味着国民收入在家庭部门与企业部门之间的循环，并且最终产品市场出清。

（二）两部门三市场的收入循环

在接下来的分析中，我们将在两个部门间再引入一个金融市场。这主要是因为，在前面的分析中，家庭部门把当期的全部要素收入都要作为消费支出来购买最终产品。可是生活中，由于不同家庭的消费时间偏好不同，往往不会在获得收入的当期就将收入全部花掉，可能人们只会花掉全部收入中的一部分，而将余下的部分进行储蓄。例如，一个人通常会在年轻的时候把部分收入储蓄起来，等到老年的时候再消费掉。所谓储蓄是指收入中没有用于消费的部分，用 S 表示。当然，作为储蓄的收入并不会闲置在人们的手中，它一般会流入金融市场。这主要是因为货币是具有时间价值的，例如我们将钱存入银行就可以获得利息，所以理性的人会让储蓄流入金融市场。

由于储蓄，家庭部门获得的收入就没有全部形成购买支出，这时 C 就会小于 NI，其差额就等于 S。而最终产品市场又只有在 NI=AE 的时候才能够出清，因此储蓄这个国民收入的漏出量会造成总产出的需求不足，导致最终产品市场无法出清。产出需求不足对国民经济的影响是十分严重的。产品卖不出去会使得企业亏损减产，而减产的企业就必然会减少对各种生产要素的需求，从而使得收入下降。尤其是对劳动雇佣的减少将导致失业率的上升。这样，国民经济就会因为储蓄而出现紧缩。

为了避免亏损破产，企业部门会向金融市场贷款，将家庭部门的储蓄变为投资。因为库存变为了存货投资，所以最终产品市场上的供给和需求就重新达到了平衡。可见，投资是国民收入的注入量，它与储蓄这个漏出量相对应。而起到调节资金余缺，将储蓄转变为投资功能的市场就被称为金融市场。所以，金融市场对国民经济有着重要影响。两部门三市场的国民收入循环如图 9-2 所示。

在两部门三市场的情况下，总产出仍然是由企业部门生产出来的全部最终产品。但是这些最终产品并没有全部在最终产品市场上被家庭部门买走，其中的一部分库存产品转变为企业部门的存货投资。而保证最终产品市场上供求平衡的这笔投资就来源于国民收入中的储蓄，只不过它通过了金融市场才从家庭部门转移到了企业部门。这样，家庭部门获得的全部收入就分为消费和储蓄两部分，即 NI=C+S。而总产出的需求支出也包括消费和投资两项，即 AE=C+I。由此，我们就可以得到两部门三市场的情况下总收入等于总支出的关系，即：

$$C+S=C+I \tag{9.12}$$

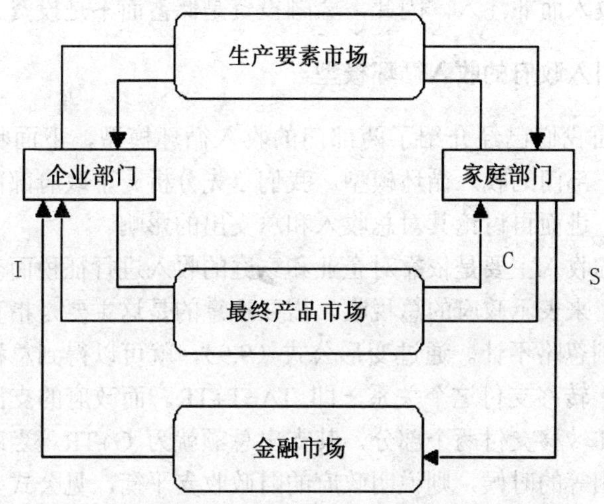

图 9-2　两部门三市场的收入循环

如果我们将公式（9.12）左右两侧的 C 消去，就可以得到公式（9.13）。公式（9.13）被称为储蓄—投资恒等式，它表示国民收入的漏出量等于国民收入的注入量，保证了市场的供求平衡。当然这个恒等式是就整个经济而言的，具体到某个部门或某个人则必然会存在资金的余缺。

$$S=I \tag{9.13}$$

最后，还有两个问题需要读者注意。第一，在上述分析中，我们只考虑了金融市场向企业部门贷款的现象，而没有考虑金融市场向家庭部门贷款的现象。在西方国家，由于其信用体系非常完善，所以像银行之类的金融机构会将吸收来的储蓄中的很大一部分又贷给家庭部门，这种信贷行为被称为消费信贷。但是，为了理论分析的方便，我们就将消费信贷视为储蓄的一种折扣，忽略不计，而仅考虑投资性信贷。第二，我们经常可以看到或听到各种媒体将购买股票或债券的行为称为投资，可是在宏观经济学中，只有对资本品或库存等实物发生的购买行为才被称为投资，而购买金融资产的行为则属于储蓄。因为购买金融资产只是使国民收入流入金融市场而非最终产品市场，只是漏出国民收入而非注入。因此，金融投资是储蓄而不是投资。

二、引入政府的收入循环模型

在前面我们已经介绍了两部门的收入循环模型，下面将政府引入，介绍三部门的收入循环模型。我们首先分析一下政府部门的收入支出情况，进而再讨论其对总收入和总支出的影响。

政府的收入主要是依靠对企业和家庭的收入进行征税而获得的，我们用 TA 来表示政府的总税收。需要注意的是这主要是指直接税，而间接税则忽略不计。通过变形公式（9.9），就可以得到总税收等于净税收加上转移支付这个关系，即 TA=T+TR。而政府的支出则包括政府采购和转移支付两个部分，其支出总额就为 G+TR。当政府的收入与支出相等的时候，则说明政府的财政收支平衡，见公式（9.14）。我们将公式（9.14）左右两侧的 TR 消去，就得到公式（9.15），它表示当净税收等于政府采购的时候，财政收支就可以平衡。

$$T+TR=G+TR \tag{9.14}$$

$$T=G \tag{9.15}$$

在三部门的情况下，总收入就分为消费、储蓄和净税收三个部分，即 NI=C+S+T。而总产出的需求支出也包括消费、投资和政府采购三项，即 AE=C+I+G。其中，T 减少了收入，是国民收入的漏出量，G 用来购买最终产品，是国民收入的注入量。因此，引入政府部门的国民收入循环如图 9-3 所示。

通过分析，我们就可以得到三部门的情况下总收入等于总支出的关系，见公式（9.16）。我们将公式（9.16）左右两侧的 C 消去后，就可以将恒等式改写为 S+（T−G）=I。其中的 T−G，即政府收入超过政府支出的部分，就相当于政府储蓄。当然，公式（9.16）也可以改写为 S−I=G−T，这时等式右侧的 G−T（G−TA+TR）就是政府的财政预算（BD）。

$$C+S+T=C+I+G \tag{9.16}$$

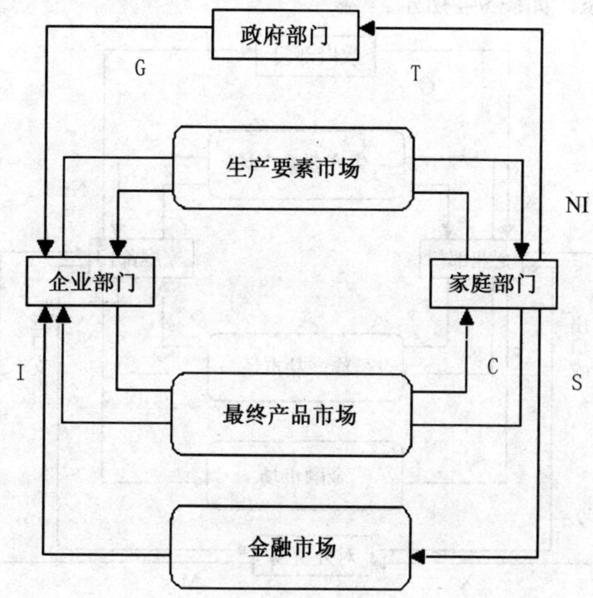

图 9-3　引入政府部门的收入循环

三、引入对外贸易的收入循环模型

我们下面将进一步引入对外贸易，得到完整的收入循环模型。对外贸易分为出口和进口。出口是将本国生产的最终产品卖给外国，进而获得外国的部分国民收入，我们用 X 来表示。从收入的角度来看，由于出口使外国的收入流入本国的国民收入循环，所以出口是国民收入的注入量。而从产出的需求支出角度来看，出口同时构成对本国最终产品的购买支出。进口则与出口正好相反，它是用本国的要素收入去购买外国生产的最终产品，我们用 M 来表示。进口使得本国的收入流向国外，是国民收入的漏出量。当出口等于进口的时候，就说明注入量等于漏出量，国民收入的循环保持不变。因此，进出口在国民收入中所占的比重越大，则对国民收入构成的影响越大，表明该国经济对贸易的依赖性越大。考虑了对外贸易后，就可以得到完整的国民收入循环关系，如图 9-4 所示。

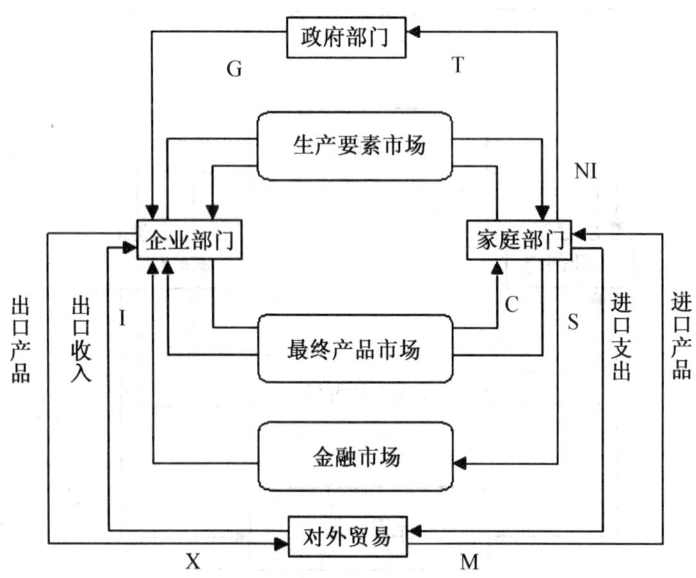

图 9-4 引入对外贸易的收入循环

在完整的国民收入循环中，总收入由消费、储蓄、净税收和进口四部分构成，即 NI=C+S+T+M。其中，储蓄、净税收和进口都是国民收入的漏出量。而产出的需求总支出则包括消费、投资、政府采购和出口，即 AE=C+I+G+X。其中，投资、政府采购和出口则是国民收入的注入量。这时，我们就可以用公式（9.17）来描述总收入等于总支出的关系：

$$C+S+T+M=C+I+G+X \tag{9.17}$$

我们将公式（9.17）左右两侧的 C 消去，就可以把恒等式改写为 S+（T−G）+（M−X）=I。这样恒等式依然表示储蓄与投资相等，其中（T−G）为政府储蓄，而（M−X）为外国收入的储蓄。

公式（9.17）还可以改写为 S−I=（G−T）+（X−M），这说明私人的储蓄与投资的差额等于政府的财政预算加净出口。这三者之间的关系尤其值得注意，它们彼此相互作用。任何一个领域中如果支出大于收入，都必须向其他领域贷款以支付过量的支出。例如，私人储蓄大于投资，那么既可以贷给政府，帮助它偿还采购超过税收的部分，也可以贷给外国，补偿它们购买本国产品超过本国购买外国产品的收入。当然，这些贷款都是有偿的，必须支付利息或红利。又如，当私人的储蓄等于投资时，那么政府的财政预算就必然作用于对外贸易领域，具体的情况参见表9.2。

表9.2　财政预算与贸易的关系

储蓄与投资（S–I）	政府的财政预算（G–T）	对外贸易（X–M）
S=I	财政赤字 G>T	贸易逆差 X<M
S=I	财政盈余 G<T	贸易顺差 X>M

需要注意的是，国民收入是由于提供生产要素而获得的，因此它的总量是一定的。其中构成国民收入的消费、储蓄、净税收和进口四者之间是一种在既定总量内此消彼长的关系。例如，购买外国产品的进口提高了，那么构成国民收入的其他三项收入就必然会相应的减少。而产出需求的总支出却不是固定不变的，构成总支出的消费、投资、政府采购和出口四者之间也不存在此消彼长的关系，反而总支出是由这四项共同决定的。这四项中任何一项的提高并不意味其他三项的降低，相反，每一项的提高都会引起总支出的提高。

至此我们已经分析了完整的国民收入循环模型，是国民收入把各个部门和市场连接起来。可见，国民收入这个变量是至关重要的，所以我们将在第十章中进一步研究国民收入的决定理论。

第四节　名义变量与实际变量

一、名义GDP与实际GDP

GDP是衡量经济增长的重要指标，同时GDP又是用市场价格加总的各种产品的总产出。当为了了解经济增长状况而比较不同年份的GDP时，我们就不得不考虑这样一个问题，那就是GDP的增长到底是由产出增长造成的还是由价格上涨造成的。如果说某国的GDP今年比去年增长了10%，那么则可能出现三种情况：第一种情况是价格没变的条件下总产出增长了10%，这显然是人们希望看到的结果。第二种情况是总产出没有增长而价格上涨了10%，这种通货膨胀的情况就不太好了。第三种情况是产出和价格都增长了，可是增长的幅度都在10%以下，这是现实中的大多数情况。

为了区分产出与价格对GDP的影响，我们把GDP分为名义GDP和实际GDP两种。名义GDP是指用生产出的所有最终物品和劳务的当期市场价格加总得出的市场价值。而实际GDP是指用生产出的所有最终物品和劳务的基期市场价格加总得出的市场价值。由于采用不变价格作为评价标准，所以我们在比较实际GDP的时候就剔除了价格的影响，而只观察总产出的变动情况。因此，实际GDP是经济中物品与劳务产出的衡量指标。下面我们就举例来说明，见表9.3。

表9.3 计算名义GDP和实际GDP的一个例子

年份	苹果的价格（元/公斤）	苹果的产量（公斤）	鸡蛋的价格（元/公斤）	鸡蛋的产量（公斤）
1995年	2	100	4	200
2005年	3	200	5	300

我们假设某国只生产两种产品，即苹果和鸡蛋。表9.3反映了1995年和2005年该国苹果和鸡蛋的销售价格和产量。首先，我们用当年的价格乘以产量并加总就可以分别得到该国1995年和2005年的名义GDP。1995年的名义GDP=2×100+4×200=1000元，2005年的名义GDP=3×200+5×300=2100元。1995年到2005年名义GDP的增长率为110%，这其中包含价格变动的影响，因此它并不是实际产出增长的真实反映。然后，我们可以把1995年的价格水平视为基期价格，用这个不变价格来计算1995年和2005年的实际GDP。1995年的实际

GDP=2×100+4×200=1000 元，2005 年的实际 GDP=2×200+4×300=1600 元。1995 年到 2005 年实际 GDP 的增长率为 60%。实际 GDP 剔除了价格的影响，因此 60%的增长率是完全由产出变动引起的。

由于实际 GDP 能够比名义 GDP 更好的反映真实产出和衡量经济福利，所以在研究宏观经济问题时通常采用实际 GDP。如果我们在报纸上读到“2002 年按支出法计算的我国 GDP 为 107897.6 亿元，比 2001 年增长了 9.44%”，就会知道这个 GDP 是指实际 GDP，而非名义 GDP。

我们还可以用名义 GDP 和实际 GDP 进一步计算出 GDP 的平减指数，也可以称为 GDP 消减指数。所谓 GDP 平减指数是用每年的名义 GDP 与实际 GDP 的比率来计算的物价水平衡量指标，即：

$$\text{GDP平减指数}=\frac{\text{名义GDP}}{\text{实际GDP}}\times 100 \qquad (9.18)$$

因为每一年的名义 GDP 和实际 GDP 中总产出都是相同的，所以用二者比率计算的平减指数就可以衡量相对于基年物价水平的现期物价水平。在前面的例子中，1995 年的 GDP 平减指数为 100，2005 年的 GDP 平减指数为 131.25。由此可知，1995 年到 2005 年间的 GDP 有 31.25%的增长可以归结于物价的上涨，即通货膨胀。

二、CPI 和 PPI

我们已经介绍了衡量物价水平的指标——GDP 平减指数，接下来继续介绍另外的两种指标，即 CPI 和 PPI。

（一）CPI

CPI 即消费价格指数，它是用来衡量城市消费者购买一篮子固定物品和劳务总费用变动情况的指标。CPI 是由国家统计并定期公布的指数。下面我们就具体介绍计算消费价格指数的过程，并比较 CPI 和 GDP 平减指数的异同。

1. CPI 的计算过程

计算 CPI 要经过以下五个步骤。

第一个步骤是固定一篮子的物品和劳务。在这个步骤中，我们首先要选定进入篮子的产品，这些产品必须是与城市居民生活密切相关的，只有这样才能如实地反映居民的消费费用。然后，我们要根据进入篮子的各种产品的不同消费量来赋予相应的权重。在前面的例子中，如果居民长期对鸡蛋的消费量大于苹果，那么鸡蛋的权数就应该高于苹果的权数。这里我们假定篮子中有三公斤苹果和五公斤鸡蛋。

第二个步骤是找出每一期产品的价格。我们必须收集到基期和报告期篮子中各种物品和劳务的价格。苹果和鸡蛋的价格参见表 9.3。

第三个步骤是计算购买一篮子产品的费用。我们要根据产品的权数和找到的价格计算每一期一篮子物品和劳务的成本。1995 年购买一篮子产品的费用为 26 元，即 $2\times3+4\times5=26$ 元。2005 年购买一篮子产品的费用为 34 元，即 $3\times3+5\times5=34$ 元。需要注意的是，不同年份篮子中产品的权数是不变的，因此购买一篮子产品费用的变动是全部由价格变动引起的。

第四个步骤是选择基期并计算价格指数。当我们确定了基期的年份后，就可以与其他年份进行比较了，具体的计算方法为：

$$\text{CPI}=\frac{\text{报告期购买一篮子产品的费用}}{\text{基期购买一篮子产品的费用}}\times100 \qquad (9.19)$$

在这个例子中，我们把 1995 年作为基期，那么 1995 的消费价格指数就为 100，而报告期 2005 年的消费价格指数为 130.77。可见，2005 年的 CPI 是 1995 年的 130.77%。

第五个步骤是计算通货膨胀率。所谓通货膨胀率是指当年消费价格指数较上一年变动的百分比。我们假设 2004 年的消费价格指数为 126，那么 2005 年的通货膨胀率就为 4.77%。在实际统计中，通货膨胀率的变化有时是比较大的，但通常人们认为应该将其控制在 2%~3% 的水平。一般来讲，价格水平一旦上涨就很难下降了，除非出现通货膨胀率为负数的情况，即通货紧缩。

通过以上五个步骤，就可以计算出 CPI 和通货膨胀率。需要补充说明的是在实际统计中一篮子产品的构成。在美国，CPI 是由劳工部的劳工统计局逐月计算并公布的。在统计中，他们竭力想包括所有城市消费者购买的各种物品和劳务，具体内容和比例如图 9-5[①]所示。

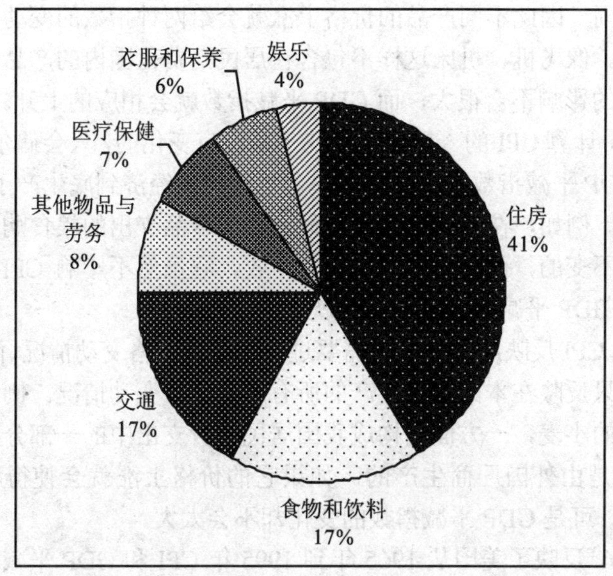

图 9-5　美国劳工统计局计算 CPI 所选择的一篮子物品和劳务的构成

在城市居民全部消费中所占比例最大的是住房，占 41%。该项目包括住所费用（28%）、燃料和其他公共服务（7%）以及家庭的家具和维修（6%）。其次是食物和饮料，占 17%，这既包括在饭店就餐的费用又包括家庭自制食物的费用。下一个项目是交通费用，也占 17%，这包括用于汽车、汽油、公共汽车和地铁等的交通支出。再下一项是占 7%的医疗保健，服装与保养占 6%，娱乐支出占 4%。其余的 8%不能划分到前面的任何一项，我们称为其他物品和劳务支出。

2．CPI 和 GDP 平减指数的异同

CPI 和 GDP 平减指数都是衡量价格水平的统计指标，但是二者却又不完全相同。具体体现在以下三个方面：

首先，GDP 平减指数反映了国内生产的所有物品与劳务的价格变动情况，而 CPI 仅反映消费者购买的物品与劳务的价格变动情况，所

① [美]曼昆，《经济学原理》（下册），三联书店、北京大学出版社，1999 年 9 月。

以，GDP 平减指数比 CPI 计量了更为广泛的产品价格。由于二者的计量范围不同，因此不同产品的价格上涨就会给两种指数的变动带来不同的影响。像飞机、机床这样不包含在居民消费范围内的产品价格上涨对 CPI 的影响不会很大，而 GDP 平减指数就会相应的上升。

其次，计算 CPI 的一篮子产品几乎是没有变化的，只会偶尔改变，而计算 GDP 平减指数的产品却取决于每年国民经济到底生产了什么，年年不同。例如，在计算 CPI 的时候，作为食品支出的粮食购买量每年是固定不变的，而如果某一年粮食丰收，它虽然不影响 CPI，但是其在计算 GDP 平减指数中的比例就会大大提高。

最后，CPI 反映居民消费中需要进口产品的价格变动情况，而 GDP 平减指数只反映在本国国内生产的所有产品价格变动情况。例如我国需要进口的小麦，一方面它构成我国居民消费支出中的一部分，另一方面它又是由外国厂商生产的。如果它的价格上涨就会使得我国的 CPI 上升，可是 GDP 平减指数的变化却不会太大。

图 9-6[①]反映了美国从 1965 年到 1995 年 CPI 和 GDP 平减指数的变化情况。二者虽然不完全相同，但是变化趋势却是一致的。在 70 年代后期二者都描述了通货膨胀的情况，而在 80 年代末和 90 年代初又都趋于平稳。

3．CPI 通常会高估通货膨胀

虽然 CPI 指数经常作为经济运行中衡量通货膨胀风险的风向标，但是也不可以单纯依据CPI指数来说明存在通货膨胀的风险，因为CPI往往会高估通胀率，这是由于以下几点原因：一是 CPI 衡量的是固定“一篮子”商品，没有考虑实际中人们会用相对价格下降的商品来替代价格上升的商品；二是 CPI 只衡量了价格的上升，并未考虑质量的提高。

（二）PPI

PPI 即生产价格指数，它同 CPI 一样，也是被广泛使用的一种价格指数。PPI 可以用来度量企业购买“一篮子”固定的原材料和半成

---

① [美]曼昆，《经济学原理》（下册），三联书店、北京大学出版社，1999 年 9 月。

品费用的变动情况。它也是由国家相关部门统计并定期公布的价格指数，其计算过程与CPI完全相同，只不过篮子中的产品都是企业生产所需的原材料和半成品。因为中间产品的价格变动会影响最终产品的生产成本，进而影响最终产品价格，所以，PPI 对价格水平变动的反映往往会比 CPI 更为敏感。为此，PPI 作为 CPI 的上游指标也会被决策者广泛关注，并且用它来判断经济走势和周期的变动。

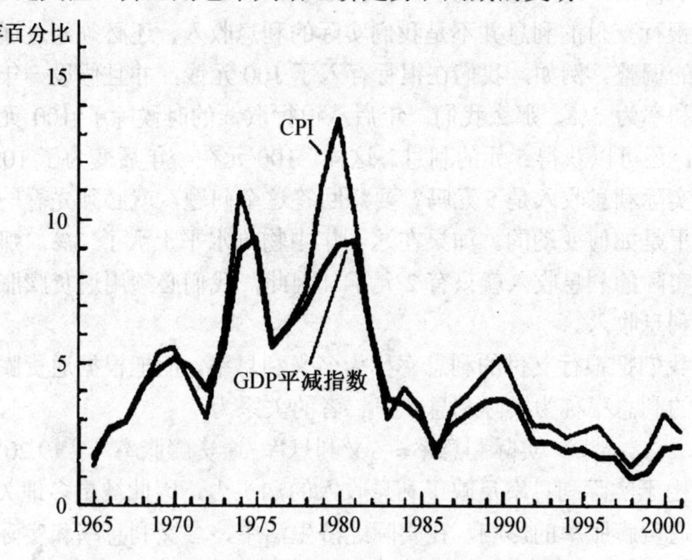

图 9-6　美国长期 CPI 和 GDP 平减指数的变化情况

三、名义利息率与实际利息率

当你把钱存入银行后，在取钱时除去本金还可以获得利息。相反，如果你向银行贷款买汽车，也必须按照还款年限偿还利息。利息表示货币的时间价值，而利息率说明它占本金的比例。利息率和其他商品一样，也是由金融市场上的供求决定的。由于利息率决定了投资的成本，所以它对宏观经济的影响是巨大的，是一个非常重要的宏观经济指标。

在理论分析中，我们所讲的利息率是指基础利率。所谓基础利率就是指期限最短风险最小的利息率。它影响着其他各种各样的利息率，随着期限的加长和风险的提高，利率也会逐步上升。在现实经济生活中，有两个利率是非常重要的，即贴现率和银行拆借利率。贴现率是特指中央银行对商业银行准备金的贷款利率。银行拆借利率是指商业银行间的准备金贷款利率。至于利率的具体变动机制，我们将在随后的章节详细讨论，这里就不具体介绍了。

银行支付的利息并不是我们实际的利息收入，还必须经过通货膨胀率的调整。例如，我们在银行存入了100元钱，并且假设一年期的存款利率为5%，那么我们一年后从银行取钱的时候除了100元的本金外，还可以获得5元的利息。这样，100元在一年后变为了105元，我们实际利息收入是5元吗？要想回答这个问题，就必须先看一看物价水平是如何变动的。如果在这一年中物价水平上涨了3%，那么，我们实际的利息收入就只有2元了。因此，我们必须用通货膨胀率来调整利息收入。

我们把银行支付的利息率称为名义利息率，而把根据通货膨胀率调整的利息率称为实际利息率。二者的关系为：

$$\text{实际利息率}=\text{名义利息率}-\text{通货膨胀率} \tag{9.20}$$

由于实际利息率反映了利息收入的购买力，因此被更多地关注。由于通货膨胀率的影响，在实际经济生活中，名义利息率和实际利息率的变动并不总是同向的，可能会出现二者背离的情况。如果通货膨胀率高于名义利息率，那么实际利息率甚至可能为负的。我国在2004年就出现过这种情况，当时的一年期存款利率为2.25%，而通货膨胀率为3.5%，则实际利率为-1.25%。

第十章 经济增长与国民收入决定

本章介绍宏观经济学中的两个重要理论——经济增长理论和国民收入决定理论。所谓经济增长就是指产出的增长，反映到统计上就表现为 GDP 的增加。人们之所以关注经济增长并对其进行研究，主要就是因为一个国家人均实际 GDP 与居民的福利水平密切相关。在本章我们主要介绍三个经济增长模型，即哈罗德—多马经济增长模型、新古典学派的经济增长模型和新剑桥学派的经济增长模型。国民收入决定理论说明了总支出对均衡产出和均衡国民收入的决定作用。该理论构成了解政府宏观经济政策的基础。为了便于读者学习，本章由浅入深，依次介绍两部门、三部门和四部门的国民收入决定模型，并且详细推导与之相关的各种乘数。

第一节 生产与经济增长

一、福利与人均 GDP

经济学和许多其他的社会科学一样，其最终研究目的就是希望掌握和利用人类社会运行的规律来使人们生活得更好。那么，怎么来判断人们生活的好不好呢？经济学通常采用 GDP 这个指标。在第九章中我们学习了 GDP，它是衡量一定时期一个国家的所有产出的宏观经济指标。大家之所以这么关注 GDP，是因为产出的多少与一个国家居民的福利水平密切相关。让我们来看表 10.1。

表 10.1 世界上一些国家实际 GDP 的长期增长率

国家	时期	期初人均实际 GDP（美元）	期末人均实际 GDP（美元）	年平均增长率（%）
日本	1890～1990	842	16144	3.00
巴西	1900～1987	436	3417	2.39
加拿大	1870～1990	1330	17070	2.15
联邦德国	1870～1990	1223	14288	2.07
美国	1870～1990	2244	18258	1.76
中国	1900～1987	401	1748	1.71
墨西哥	1900～1987	649	2667	1.64
英国	1870～1990	2693	13589	1.36
阿根廷	1900～1987	1284	3302	1.09
印度尼西亚	1900～1987	499	1200	1.01
巴基斯坦	1900～1987	413	885	0.88
印度	1900～1987	378	662	0.65
孟加拉国	1900～1987	349	375	0.08

注：实际 GDP 以 1985 年的美元计算。

资料来源：[美]曼昆，《经济学原理》（下册），三联书店、北京大学出版社，1999 年 12 月。

表 10.1 列举了 13 个国家在大体相同的时期中的人均实际 GDP 和年平均增长率。人均实际 GDP 反映了一个国家居民平均占有的产出，即该国居民平均拥有最终物品和劳务的价值量。人均实际 GDP 越高，就意味着该国居民拥有更多的汽车，更舒适的住房，更丰富的食品，并且可以享受到更好的教育，更高水平的医疗保健等。因此，人均实际 GDP 是衡量一国居民福利水平的重要指标。总量的实际 GDP 虽然也可以衡量总产出，但是却没有平均到每个居民的身上，所以无法准确地反映居民的福利水平。例如，近年来随着我国经济飞速发展，我 13

亿人口，就立刻变得微乎其微了。这点从表 10.1 中也可以看到，我国在 1990 年的人均实际 GDP 仅仅相当于加拿大的 1/10 左右。这也正是我国和发达国家的差距体现，是我国仍然为发展中国家的重要原因。表 10.1 中，发达国家如美国、日本、英国和联邦德国，其人均实际 GDP 一般是发展中国家的几倍或十几倍。不仅我国落后于这些发达国家，像巴基斯坦、印度和孟加拉国就更为贫困，在 20 世纪 80 年代末，孟加拉国的人均实际 GDP 只相当于美国的 1/48。所以饥饿和疾病更多地发生在这些国家。

总之，从现实的经济生活中，人们可以直观地感受到人均实际 GDP 与居民福利水平的相关性。人均实际 GDP 是衡量国家经济是否繁荣，居民生活是否富裕的良好指标。

二、经济增长率的意义

我们都渴望过上富裕的生活，既然人均实际 GDP 与福利水平密切相关，我们就应该想方设法让它增长得更快，这也正是经济增长理论所要研究的问题。所谓经济增长就是指产出的增加，而增长率就是指产出增加的速度。如果用 Y_t 来表示 t 时期的总产量，用 Y_{t-1} 来表示（t-1）时期的总产量，则总产量的变动就可以表示为 $\Delta Y = Y_t - Y_{t-1}$，如果 $\Delta Y > 0$，就说明经济增长了。总产量的增长率可以表示为 $G_t = \dfrac{\Delta Y}{Y_{t-1}} = \dfrac{Y_t - Y_{t-1}}{Y_{t-1}}$。若用 y_t 来表示 t 时期的人均产出，用 y_{t-1} 来表示（t-1）时期的人均产出，则人均产出的增长率就为 $g_t = \dfrac{\Delta y}{y_{t-1}} = \dfrac{y_t - y_{t-1}}{y_{t-1}}$。

增长率是至关重要的，我们再来看表 10.1。日本在 1890 年的人均实际 GDP 只比美国 1870 年人均实际 GDP 的 1/3 多一点，可是到了 1990 年，两个国家的人均实际 GDP 却变得不相上下了。其中原因就在于在 100 年的增长过程中，日本的年平均增长率比美国高出 1.24 个百分点。巴西与巴基斯坦在 1900 年的人均实际 GDP 几乎是相等的，可是在 1987 年，巴西的人均实际 GDP 却是巴基斯坦的 3 倍。造成这种变化的原因也可以用增长率来解释，在将近 90 年的增长过程中，巴西的年平均增长率比巴基斯坦高出 1.51 个百分点。由此可见，保证一定的增长率才能使得居民的生活水平不断提高。按照复利计算，[①] 如果某个变量每年增长 x%，那么在将近 70/x 年以后，该变量就可以增长一倍。例如，某国的 GDP 每年增长 1%，那么在 70（70/1）年后，该国的 GDP 就可以增长一倍。如果年增长率是 3%，那么约 23（70/3）年后就可以增长一倍。我国如果长期保持每年 7%的增长率，那么仅仅用 10 年就可以使得经济总量翻一番。我国在改革开放后的 20 多年中取得了举世瞩目的经济成就，其原因就在于长期保持了较高的经济增长率。同时，保持一个稳定的增长率也是实现充分就业的基础。

三、影响经济增长的因素

我们总是利用生产函数 GDP=f(K,L)表示投入的生产要素和产出的关系。因此，资本 K 和劳动 L 就是影响经济增长最为重要的两个因素。资本就是指用于生产物品与劳务的设备和建筑物。例如，裁缝做衣服时使用的剪刀、尺子、缝纫机以及厂房。生产设备的先进程度直接决定着工人的生产效率。使用便捷精确的机器设备进行生产必然要比工人的手工劳动具有更高的生产效率。因此，在同样的产出要求下，更多的资本投入必然会节约劳动的投入。资本与劳动的区别就在于资本是一种用劳动生产出来的生产要素。裁缝做衣服时使用的剪刀和缝纫机也都是由专门的工人所生产的。至于劳动对经济增长的重要性则是不言而喻的，在我们目前所使用的全部物品中，除自然资源外，都是由劳动创造的。“天下没有免费的午餐”，不付出劳动就没有产出。

除了资本和劳动以外，人力资本也是影响经济增长的重要因素之一。所谓人力资本就是指工人通过接受教育和专业技能培训以及实际工作经验的积累而获得的知识和技能，并且通常用 H 来表示。人力资

① 所谓复利计算就是指在一定时期内逐年增长的部分都累积为本金。例如，本金为 1，并且每年增长 1%，那么第一年后就为 $1\times(1+1\%)$，第二年后为 $1\times(1+1\%)^2$，第三年后为 $1\times(1+1\%)^3$，…，第 n 年后为 $1\times(1+1\%)^n$。因此，复利的计算公式就为 $A\times(1+x\%)^n$，其中 A 表示本金，x%表示增长率，n 为年份。

本和资本一样，一方面它也是被生产出来的，另一方面它也可以提高工人的生产效率。虽然人力资本是一种很难度量的因素，但还是有很多学者做过这方面的实证研究。如果用一国居民的平均受教育年限来描述该国人力资本的多寡，那么，实证研究的结果显示一国居民的平均受教育年限与该国的人均 GDP 呈正相关关系。这也正是世界各国都非常重视发展教育的原因，许多国家都把教育作为公共物品提供给本国的居民。而我国在普及了九年义务教育后让更多的人能够进一步接受高等教育也是积累人力资本的一种举措。

第四种影响经济增长的因素就是自然资源。自然资源是自然界提供的用于生产物品与劳务的投入，例如土地、森林、河流和矿藏。自然资源又可以分为可再生资源和不可再生资源两种。森林就属于可再生资源，当我们砍伐了一棵树后，可以在原地撒下种子，这样几年后就又可以长出一棵新树。石油和煤则属于不可再生资源，它们是在地球漫长的演变过程中形成的，一旦枯竭，就无法再生了。

自然资源直接影响到经济增长。例如在 1820 年到 1870 年间，美国可用于耕种的土地面积以每年 1.41%的速度增长，这对经济增长的贡献是非常大的。与美国开发西部大致同一时间的俄国东部开发，对俄国经济的增长也有重要的贡献。更为直观的例子就是像沙特阿拉伯和科威特这样的一些中东国家，它们之所以富有就是因为它们的位置正好处于世界上最大的油田之上。

自然资源虽然重要，但是它对经济增长的贡献却不是绝对的。日本是个自然资源非常贫乏的岛国，可是却仍然是世界上最为富有的国家之一。这是因为它们有着巨大的对外贸易额，一方面向资源充裕的国家进口自然资源，另一方面再向这些国家出口具有很高附加值的工业制成品。

四、对增长极限的讨论

20 世纪 60 年代，一些学者开始注意到，高速的经济增长带来的不仅是福利水平的提高，而且也带来了环境污染和能源浪费等问题。他们认为经济增长带来的危害可能远远超过了人们从中获得的好处，于是越来越多的人开始怀疑经济增长的作用。在 1968 年，意大利菲亚特公司董事长帕塞伊邀请了西方国家的 30 名科学家、经济学家、教育家和企业家组成了罗马俱乐部，讨论人类现在和将来的境况，并且委托美国麻省理工学院的梅多斯（Donella H. Meadows）将讨论的成果整理成一个研究报告。该研究报告在 1972 年以《增长的极限》为名公开发表，由于该书对经济增长持悲观态度，因此一经出版就引起了巨大的震动。

《增长的极限》首先从历史资料中归纳了五种经济增长过程中的趋势，即人口的急剧膨胀、工业化的加速发展、粮食供应的短缺、资源日益趋向枯竭和生态环境的日益恶化。然后，梅多斯运用系统动力学的方法将五种趋势都纳入一个模型之中，以便分析未来世界的状况。最后，他得出了惊人的结论：1970 年以后人口和工业仍维持着指数增长，可是巨大的资源消耗将使得工业化不得不放慢速度。而且，在工业化达到最高点之后，人口增长和环境污染还会继续，直到耕地的减少导致的粮食供应不足，人口才会停止增长。增长的极限将使得人类社会在 100 年之内全面崩溃。因此，人们也将梅多斯的模型称为“世界末日模型”。

《增长的极限》并非危言耸听，这五种趋势确实存在，如果人类继续盲目地发展经济，可能在不久的将来就真的会出现“增长的极限”。因此，对增长极限的讨论为人类敲响了警钟，使得可持续发展的理念慢慢深入人心，人们越来越重视节能降耗和环境保护。我国在取得巨大经济成就的同时也逐步注意到这一点，科学发展观的提出、建立节约型社会和发展循环经济的思想也都是这方面的具体体现。

在对“增长的极限”引起充分重视的同时，我们也不必过于忧心忡忡。一方面，科学技术的进步必将大大地提高生产效率，世界经济增长已经显示出朝着高技术、低能耗、低污染的方向发展。另一方面，价格机制的作用也不能忽视，任何一种资源或材料随着稀缺程度的增加必然使得其价格上升，从而引导人们选择价格更低的能源和材料去替代。经济杠杆会自动调节生产方式的转变。

第二节　经济增长理论

一、哈罗德—多马经济增长模型

（一）哈罗德经济增长模型

哈罗德经济增长模型是英国学者哈罗德（Roy Forbes Harrod）提出的。他在1936年出版的第一本著作《经济周期》中就提出了该经济模型，在1948年出版的第二本著作《论动态经济学》中又对该模型进行了更加系统的论述。

哈罗德经济增长模型有以下六条前提假设：

第一，假定要获得产出Y需要投入两种生产要素，即资本存量K和劳动L。这里不考虑资本折旧问题，而且假定劳动L按照一个固定不变的比率增长，也就是说劳动L的增长率g_L与人口P的增长率g_P是一致的，即$g_L=g_P$。

第二，假定生产规模报酬不变，即生产一单位产品所需要的资本和劳动的数量是固定不变的。同时，要素之间是不可替代的，生产在长期中具有一个不变的资本—产出比率v，即v=K/Y。需要注意的是，v在长期中固定不变，但在短期中却可以波动。

第三，假定收入只分为消费C和储蓄S两项，支出分为消费C和投资I两项，这样收入等于支出就表示为C+S=C+I。其中储蓄S与投资I之间是均衡的，即S=I。

第四，假定家庭部门具有一个固定不变的储蓄率 s，即储蓄在收入或者产出中的比重不变，s=S/Y。

第五，投资 I 相当于资本存量的差额，即 $I=\triangle K=K_i-K_{i-1}$，其中$K_i$和$K_{i-1}$分别表示本期资本和上一期资本存量的数量。

第六，不考虑技术进步。

在上述前提假设的基础上，哈罗德区分了三种经济增长率，它们分别是实际增长率、保证增长率和自然增长率。

实际增长率是指经济体系在储蓄等于投资的条件下所实现的增长率，其具体的推导过程如下。我们用 g_y 表示实际增长率，它反映实际产出变动的部分△Y 与原产出 Y 的比例，即 g_y=△Y/Y。由于假定生产过程有一个不变的资本—产出比率 v=K/Y，我们用差分形式则可以把 v=K/Y 改写为 v=△K/△Y，这可以称作边际资本—产出比率。把 v=△K/△Y 代入 g_y=△Y/Y 则有 g_y=△K/vY。我们再把第五条假定 I=△K 代入，则有 g_y=I/vY。根据第三条假定 S=I，可以得出 g_y=S/vY。最后由第四条假定，即储蓄率固定不变，得到公式：

$$g_Y = \frac{s}{v} \tag{10.1}$$

公式（10.1）表示实际增长率一方面与实际储蓄率或者实际投资率正相关，另一方面与实际的资本—产出比率负相关。如果我们用 v 的倒数 1/v 表示资本的平均生产能力，那么实际增长率就与 1/v 正相关，资本的生产能力越大，实际增长率就越高。总之，实际增长率是由实际的储蓄率和实际的资本生产能力共同决定的。

保证增长率是指企业感到合意或者所期望的增长率。在市场经济中，投资与资本的积累都取决于企业家的决策，因此，企业家的预期与是否合意等心理因素对经济增长有着重要的影响。所谓保证增长率就是由企业家感到合意进而可以实现的增长率。我们用 g_w 表示保证增长率，其表述见公式（10.2）。其中，储蓄率 s 还是由家庭部门决定的，v_d 表示企业家合意的资本—产出比率。由二者共同决定的经济增长率就构成保证增长率。

$$g_w = \frac{s}{v_d} \tag{10.2}$$

自然增长率是指长期内自然条件所允许达到的最大增长率，它包括人口增长率或者劳动的增长率 g_P 和生产率的增长率 g_T。我们用 g_n 来表示自然增长率，其表述见公式（10.3）。其中 s_r 表示适宜的储蓄率，v_r 表示适宜的资本—产出比率。

$$g_n = g_p + g_T = \frac{s_r}{v_r} \tag{10.3}$$

在区分了上述三种增长率后，哈罗德进一步运用这三者的关系来分析经济增长的稳定状态。如果要实现经济长期的均衡增长，实际增长率、保证增长率和自然增长率三者必须相等，即 $g_Y=g_w=g_n$。这时，实际的经济增长率既符合企业家投资的预期，又处于自然条件所允许的增长范围之内。可是，在现实经济生活中，三种增长率同时相等的可能性非常小，因此，有的经济学家将这个均衡增长条件称为“刀锋上的行走”。

如果 $g_Y>g_w$，那么必然有 $v<v_d$。因为由不变的储蓄率假定，我们可以得到 $g_Yv=s=g_wv_d$，所以当 $g_Y>g_w$ 时，有 $v<v_d$。这说明如果实际增长率大于保证增长率，资本存货的生产处于低效率阶段，并且实际的固定资产和存货少于企业家所合意的数量，因此，企业家为了达到合意的水平必然会增加订货和投资。企业家这种行为的结果是使实际产出水平进一步提高，造成累积性的经济扩张，使得实际增长率与保证增长率之间的缺口变得更大。如果 $g_Y<g_w$，那么必然有 $v>v_d$。这时资本存货的生产处于高效率阶段，并且实际的固定资产和存货多于企业家所合意的数量，因此会出现相反的情况，企业家会减少订货和投资。进而使实际产出水平进一步降低，造成累积性的经济收缩，这同样使得实际增长率与保证增长率之间的缺口变得更大。由此可见，实际增长率和保证增长率一旦出现偏差，经济活动不但不能自我调整纠正，而且会使得偏差变得更大。因此，经济发展很难稳定在一个不变的速度上增长，而是在交替出现连续上升或连续下降的情况下，呈现出剧烈的波动。

如果 $g_n>g_w$，说明储蓄和投资的增长率还没有达到劳动和生产率所允许的程度，可能还存在着失业。因此，可以进一步加大投资，扩大生产，提高增长率。如果 $g_n<g_w$，那么说明储蓄和投资的增长率已经超过劳动和生产率所允许的程度，经济增长将趋于停滞。

如果 $g_Y>g_n$，那么此时经济处于技术进步阶段，反之，经济则处于技术退步阶段。

（二）多马经济增长模型

多马（Evsey David Domar）在 1947 年提出了他的均衡增长模型，

他也认为存在一种均衡增长率，可以使得实际产出增量ΔY恰好等于劳动和生产力充分利用下的产出增量$\Delta\overline{Y}$。同时，均衡增长率等于投资的增长率，也就是说，在投资的增加足以快到把由收入增加所提供的储蓄全部吸收的条件下就可以实现均衡的经济增长。用公式表示为：

$$\frac{\Delta Y}{Y}=\frac{\Delta I}{I}=sd \tag{10.4}$$

其中，s为储蓄率，d为产出—资本比率，相当于资本—产出比率的倒数，即$d=\frac{Y}{K}=\frac{\Delta Y}{\Delta K}=\frac{1}{v}$。公式（10.4）表示均衡增长率既等于投资增长率又等于储蓄率和产出资本比率的乘积。

公式（10.4）的推导过程如下：一方面，由$d=\frac{\Delta Y}{\Delta K}$和$\Delta K=I$可以得到$\Delta Y=dI$。同时又因为$\Delta Y=\Delta I\cdot\frac{1}{s}$[①]，所以$dI=\Delta I\cdot\frac{1}{s}$，变形后为$\frac{\Delta I}{I}=sd$。另一方面，由I=S和$s=\frac{S}{Y}$可以得到I=S=sY。再由$\Delta Y=dI$和 I=S=sY 可以得到$\Delta Y=sY\cdot d$，变形后为$\frac{\Delta Y}{Y}=sd$。这就推导出了$\frac{\Delta Y}{Y}=\frac{\Delta I}{I}=sd$。

由于多马也是从投资的角度来分析均衡增长率的，所以这与哈罗德的保证增长率极为相似。因此，后人通常将二者合称为哈罗德—多马经济增长模型。

二、新古典学派的经济增长模型

（一）经济增长的核算

在具体学习新古典学派的经济增长模型之前，我们首先学习如何运用生产函数来计算经济增长率。我们假设生产只需要投入资本K和

① $\Delta Y=\Delta I\cdot\frac{1}{s}$是指实际产出增量等于投资增量乘以投资乘数。其中投资乘数k等于储蓄率s的倒数，这一点将在本章的第三节中详细说明。

劳动 N 两种生产要素，这样，产出的增长就可以归因于资本的积累和劳动的增加。这里之所以用 N 来表示劳动是因为在考虑经济增长的时候，我们把劳动 L 等同于人口 N，即假设全部人口都参与生产了。另外，由于经济增长属于长期研究，所以就必然要涉及到技术进步的问题。我们可以设想在资本和劳动投入一定的情况下，技术水平的提高同样可以带来经济的增长。因此，技术对经济增长的影响是十分重要的，必须要纳入到生产函数之中，并且我们通常用 A 来表示。综合上述三个因素，我们就可以得到描述经济增长的生产函数，即：

$$Y=AF(K,N) \qquad (10.5)$$

对于生产函数 Y=AF(K,N)，还必须有一个规定，即它是规模报酬不变的，也就是说在两种投入要素以同样的倍数增长时，产出也会相应增长同样的倍数。更进一步讲，如果某个生产函数满足规模报酬不变的性质，那么它必须是一阶齐次的。我们用 $\alpha=\frac{\partial Y}{\partial K}/\frac{Y}{K}$ 和 $\beta=\frac{\partial Y}{\partial N}/\frac{Y}{N}$ 分别表示资本和劳动的产出弹性，在 $\alpha+\beta=1$ 或者 $K\partial Y/\partial K+N\partial Y/\partial N=Y$ 的时候，生产函数就为一阶齐次的，并且规模报酬不变。其中，$\frac{\partial Y}{\partial K}$ 表示资本的边际产品，即资本的增加所引起的产出增加，它还可以用 MPK 表示，而 $\frac{\partial Y}{\partial N}$ 表示劳动的边际产品，即劳动的增加所引起的产出增加，它还可以用 MPN 表示，并且这二者均为正。

公式（10.5）把产出水平与投入水平以及技术水平联系在一起。但是我们的最终目的是计算经济的增长率，因此，可以将公式继续变形为公式（10.6）。

$$\Delta Y/Y=[(1-\theta)\times\Delta N/N]+(\theta\times\Delta K/K)+\Delta A/A \qquad (10.6)$$

公式（10.6）的(1−θ)和θ分别表示收入中劳动的份额和收入中资本的份额。其推导过程如下：在生产函数 Y=AF(K,N)的基础上，如果我们要追问劳动的变动 ΔN、资本的变动 ΔK 和技术的变动 ΔA 对产出的变动 ΔY 的影响，就可以得到 $\Delta Y=MPN\times\Delta N+MPK\times\Delta K+F(K,N)\times\Delta A$。

接下来，再将方程两侧同时除以 Y=AF(K,N)，化简后就得到 $\frac{\Delta Y}{Y}=\frac{MPN}{Y}\Delta N+\frac{MPK}{Y}\Delta K+\frac{\Delta A}{A}$。然后再将上式右侧的第一项乘以并除以 N，第二项乘以并除以 K，就得出 $\frac{\Delta Y}{Y}=\left(\frac{MPN\times N}{Y}\right)\frac{\Delta N}{N}+\left(\frac{MPK\times K}{Y}\right)\frac{\Delta K}{K}+\frac{\Delta A}{A}$。最后，我们把 $\frac{MPN\times N}{Y}$ 和 $\frac{MPK\times K}{Y}$ 分别用 $(1-\theta)$ 和 θ 替换，就可以推导出公式（10.6）。

如果用语言来描述公式（10.6）的含义，即为

$$\text{产出增长}=(\text{劳动份额}\times\text{劳动增长})+(\text{资本份额}\times\text{资本增长})+\text{技术进步} \tag{10.7}$$

公式（10.7）说明劳动和资本对产出的贡献量分别等于它们各自的增长率乘以该种投入在总产出或总收入中所占的份额。通常，我们还会把技术水平称为全要素生产率，用 TFP 来表示，其含义是在全部各种投入要素不变的情况下由技术水平的变动给总产出带来的变动。值得注意的是全要素生产率与劳动生产率是不同的，劳动生产率是指产出对劳动投入的比率，即 Y/N，它的增长既可能由技术进步或全要素生产率的提高而引起，又可能由资本积累导致的人均资本量提高而引起。

至此，我们就可以运用公式（10.6）来预测投入的增长和技术进步对总产出带来的影响。举例说明，假定劳动的份额为 75%，资本的份额为 25%，这两个数字是由美国长期的经济增长实际情况归纳出来的。另外，假定劳动的增长率为 1%，资本的增长率为 3%，全要素生产率的增长率为 2%。那么，产出的增长率就可以按照公式（10.6）计算得出，$\Delta Y/Y=(75\%\times1\%)+(25\%\times3\%)+2\%=3.5\%$。由于劳动的份额高于资本的份额，所以当劳动和资本同比例变动的时候，劳动对总产出的影响更大。因为劳动和资本的权数之和等于 1，所以在不考虑技术进步的情况下，如果劳动和资本都增长 1%，则总产出也会增长 1%。

最后需要说明以下两点：第一，在上述分析中，我们只给出了一个没有具体形式的生产函数 Y=AF(K,N)，而在宏观经济学的研究中经

常采用的是柯布—道格拉斯生产函数，其形式为 $Y=AK^{\theta}N^{1-\theta}$，并且令 $\theta=0.25$。读者可以自己尝试证明柯布—道格拉斯生产函数的一阶齐次性，并计算它的 MPK 和 MPN。第二，虽然我们从理论上推导了经济增长的核算方法，可是该方法在现实中却并不常用。因为技术进步很难度量，并且也是难以统计的，所以，通常我们只能用可以直接观测到的产出与投入之差来计算全要素生产率，其计算方法为 $TFP=\Delta Y/Y-[(1-\theta)\times\Delta N/N+(\theta\times\Delta K/K)]$。因此，TFP 也被称为“余值”，其含义是指产出变化中不能被要素投入所解释的剩余部分。

（二）模型的基本方程

前文我们已经分析了经济增长率的核算，下面我们进一步分析长期中经济增长率的变动情况。这也正是新古典学派经济增长模型所要解决的核心问题。

新古典学派的经济增长模型有以下四条前提假设：

第一，假定人口 N 是外生变量，它以不受其他经济因素影响的不变速度 n 增长，且 $n=\dfrac{\Delta N}{N}$。

第二，假定家庭部门的储蓄率也是一个外生变量，$s=S/Y$ 且固定不变。

第三，假定不考虑政府和对外贸易部门，这样储蓄 S 与投资 I 之间是均衡的，即 $S=I$。

第四，假定不考虑技术进步。

我们在分析经济增长率的核算时，采用的生产函数为 $Y=AF(K,N)$。根据第四条假定，我们可以把技术因素 A 去掉，生产函数变为 $Y=F(K,N)$。如果我们将 $Y=F(K,N)$左右两侧都除以 N，用人均量的形式来表示，则为 $y=f(k)$。其中，$y=\dfrac{Y}{N}$表示人均产出，$k=\dfrac{K}{N}$表示人均资本。这样处理的目的有两个，一方面用人均量形式表示的生产函数充分考虑到了人口及其变动给经济增长造成的影响，它隐含了经济增长符合自然增长率的含义，即达到了充分就业，不存在失业现象；另一方面它又仅描述人均产出或人均收入与人均资本的关系，减少了一个变量，简化了分析。

人均形式的生产函数的形状如图 10-1 所示。y=f(k)的形状之所以这样是由于要素的边际生产力递减所造成的，如果用数学语言来描述就是$\frac{\partial^2 Y}{\partial K^2}<0$和$\frac{\partial^2 Y}{\partial N^2}<0$。随着每个人拥有的资本量 k 上升，人均产出量 y 也随之增加，但是由于资本的边际生产力是递减的，人均产出量的增加速度也是递减的。

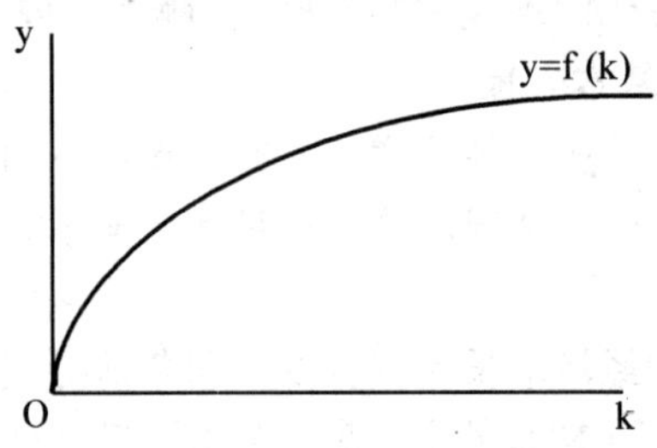

图 10-1 人均形式的生产函数

人均生产函数 y=f(k)中只有一个变量 k，所以人均产出的变动Δy就取决于Δk。下面我们具体来推导Δk。人均资本变动就相当于新增加的人均投资，而人均投资又等于人均储蓄。用人均产出 y 乘以固定不变的储蓄率 s 就可以得到人均的储蓄额 sy。但是人均储蓄额 sy 并非全部转化为新增加的投资，还必须从其中扣除装备新增人口和弥补资本折旧所占用的资本。首先，第一条假设已经规定人口是以不变的速度 n 增长，为了让新增人口也能每人拥有资本 k，则必须从 sy 中减去装备新增人口所占用的资本 nk。其次，资本品在生产过程中必然要发生折旧，因此新增资本中的一部分必须用来重置，以便抵消折旧损耗。如果我们用 d 来表示资本每年的折旧率，那么每年重置新机器设备需要资本 dk。综合以上两点，在考虑人口增长和资本折旧的情况下，为了保持人均资本水平 k 就必须投资(n+d)k。这样，人均资本的变动Δk就等于人均储蓄 sy 减去维持人均资本水平的投资(n+d)k，即：

$$\Delta k=sy-(n+d)k \tag{10.8}$$

如果$\Delta k>0$，则说明人均资本提高了，这种情况被称为资本深化。如果$\Delta k=0$，则说明经济增长进入了一种稳定状态。

（三）稳定状态分析

在人均资本的变动Δk等于0的时候，公式（10.8）变为：

$$sy^*=sf(k^*)=(n+d)k^* \tag{10.9}$$

公式（10.9）所描述的状态就被称为稳定状态。其中人均产出或人均收入y^*和人均资本k^*就是当用于装备新增人口的投资和重置折旧损耗的投资之和与收入中的储蓄相等时的“稳态值”。同时，在经济增长达到稳定状态后，y^*和k^*就会保持不变。下面我们就结合图10-2来分析y^*和k^*保持不变的原因。

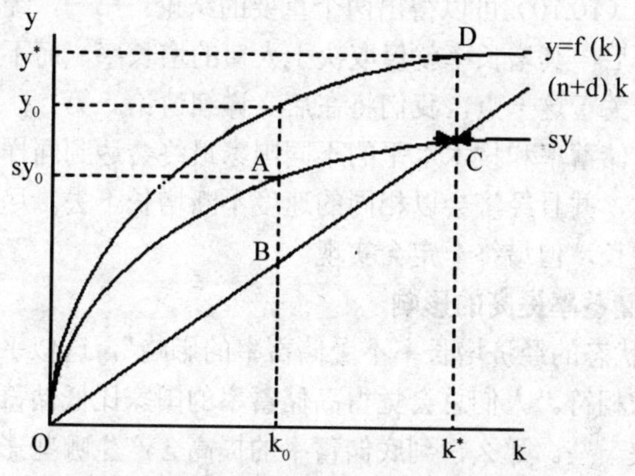

图 10-2　新古典学派经济增长模型的稳定状态

我们不妨假设人均资本的初始水平k_0处于稳态值k^*的左侧。这时，k_0所对应的人均储蓄sy_0大于必要的投资$(n+d)k_0$，因此人均资本的变动值Δk也是大于0的。$\Delta k>0$必然会使得人均资本提高，直到k^*，经济增长进入稳定状态。由于$sy_0{}^*=(n+d)k^*$，并且$\Delta k=0$，所以人均资本保持k^*不变。与此同时，随着人均资本的增加，人均产出也由初始的y_0提高到y^*，并且因人均资本停止增加也保持不变。相反，如果人均资本的初始水平处于稳态值的右侧，则人均资本必然会减少。这是由于人均储蓄无法维持高于自身的必要投资造成的。最终，经济也会在

k^*和y^*处达到稳定状态。

需要注意的是，在经济增长达到稳定状态以后，人均资本和人均产出虽然会维持在k^*和y^*的水平上不再变化，但是，总的资本存量和总产出却是可以继续增长的。实际上，在稳定状态中，总的资本存量K和总产出Y的增长率都是与不变的人口的增长率n相等的。这是因为人均资本是用总资本除以人口数量得到的，即k=K/N，所以要维持k不变则K必须与N按照相同的速度增长。同理，由于人均产出y=Y/N，所以Y也必须与N按照相同的速度增长。这样，我们就可以得到公式：

$$\frac{\Delta Y}{Y}=\frac{\Delta K}{K}=\frac{\Delta N}{N}=n \qquad (10.10)$$

从公式（10.10）可以得出两个重要的结论：第一，经济增长进入稳定状态以后，其增长率就仅取决于人口的增长率，而不受储蓄率变化的影响。关于这一点，我们将在后文详细讨论。第二，有着相同人口增长率、储蓄率和技术水平的不同国家最终会达到同样的人均产出和人均资本，并且经济会以相同的速度不断增长下去。尽管这个过程可能十分漫长，但最终一定会实现。

（四）储蓄率提高的影响

“稳定状态的经济增长率不受储蓄率的影响”，这似乎与人们的现实感受不太相符。人们总会觉得高储蓄率的国家比低储蓄率的国家增长速度更快一些。那么，到底储蓄率的提高会产生哪些影响，是不是储蓄率真的不影响经济增长率呢？下面，我们就来具体地分析这个问题。

如图10-3所示，我们假设经济原来的储蓄率为s，经济增长在C点达到稳定状态，保证储蓄和装备新增人口及重置折旧损耗的必要投资相等的人均资本为k^*，相应的人均产出或人均收入为y^*。如果家庭部门改变了消费的时间偏好，把更多收入储蓄起来，将储蓄率从s提高到了s'。那么在C点，新的人均储蓄s'y就会大于必要投资(n+d)k，并且人均资本的变动值Δk>0，进而导致人均资本不断增长，由原来的均衡点C向右上方移动。直至C'点，经济重新进入稳定状态，提高后的人均储蓄s'y再次等于(n+d)k，人均资本的变动值Δk=0。此时的人均

资本稳定在 k^{**}，从图 10-3 中我们直观地看到 $k^{**}>k^{*}$，即人均资本的稳态值因储蓄率的提高而增长了。同时，k^{**}对应的人均产出 y^{**}也增长了，$y^{**}>y^{*}$。因此，我们可以得出这样的结论，即储蓄率的提高可以使得人均资本和人均产出增长。

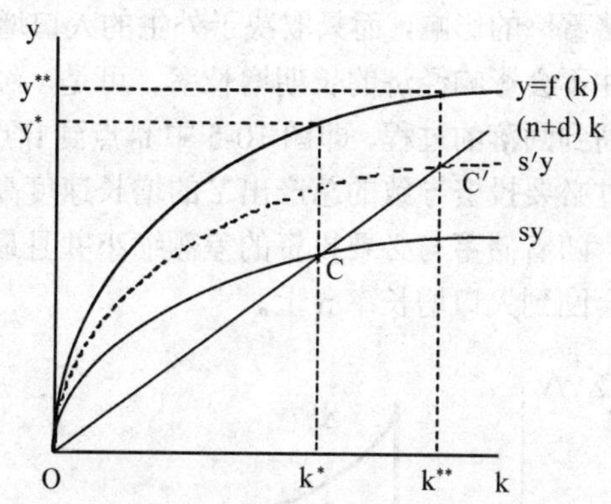

图 10-3 储蓄率提高对经济增长稳定状态的影响

通过图 10-4，我们可以更加清楚地看到储蓄率提高使得人均产出提高的过程。图 10-4 中的横轴表示时间，纵轴表示人均产出，其中原点到 t_0 点的时间段对应的储蓄率为 s，t_0 点之后的时间段对应的储蓄率为 s'。在原点到 t_0 点，经济处于稳定状态，人均产出为 y^{*}，并且保持不变。在 t_0 点之后，由于储蓄率的提高，人均产出随着人均资本的增长而增长，直至 t_1 点经济再次达到稳定状态，人均产出维持在 y^{**}的水平不变。人均资本从 y^{*}增长到 y^{**}的过程中，其增长速度越来越慢，这是由于人均储蓄 s'y 超过必要投资(n+d)k 的部分越来越小造成的。

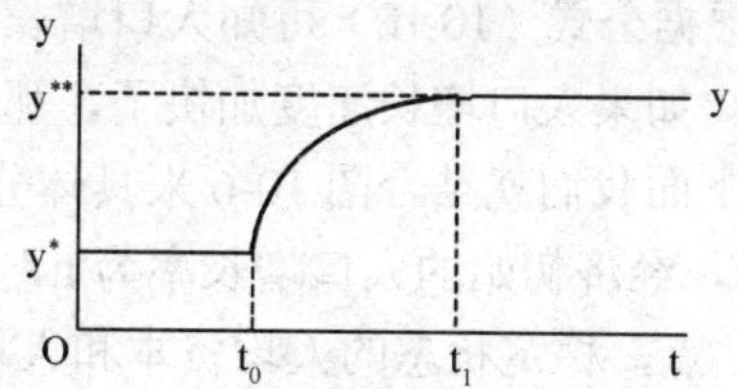

图 10-4 储蓄率提高对人均产出的影响

在了解了人均产出的变动过程后，我们再来看一下增长率的变动过程。如图 10-5 所示，横轴和纵轴分别表示时间和增长率，t_0 点前后的储蓄率分别为 s 和 s'，而且经济增长在 t_0 点之前和 t_1 点之后都处于稳定状态。根据公式（10.10），可以知道在经济增长处于稳定状态时，其增长率不受储蓄率的影响，而只取决于外生的人口增长率 n。因此，储蓄率的提高并不会影响经济的长期增长率。可是，经济增长在短期却有一个从增高到回落的过程，即图 10-5 中 t_0 点到 t_1 点的阶段。这是由于因储蓄超过必要投资导致的总产出 Y 的增长速度高于人口的增长速度 n 造成的。随着储蓄与必要投资的差额缩小并且最终相等，经济增长率也必然会回到人口增长率 n 上。

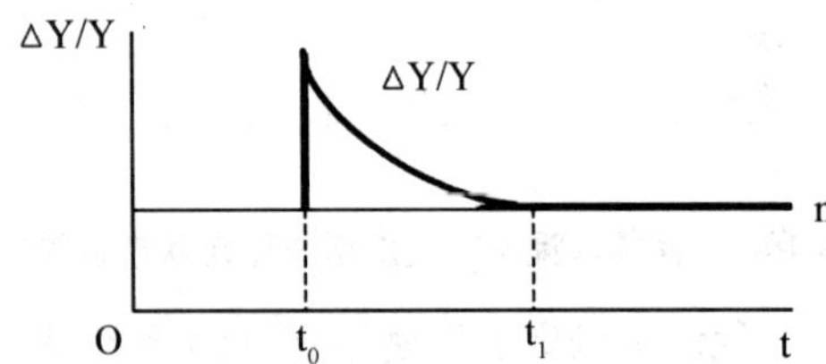

图 10-5 储蓄率提高对总产出增长率的影响

最后我们来总结一下储蓄率提高所产生的影响。首先，储蓄率的提高会使得人均资本和人均产出提高。其次，储蓄率并不影响长期的经济增长率，但在短期会造成增长率的波动。

（五）人口增长的影响

在前面的讨论中，我们一直是假定人口的增长速度 n 为外生变量，保持不变。同时，根据公式（10.10）可知人口增长速度决定着稳定状态的经济增长速度。如果人口增长速度加快了，那么会对经济增长产生怎样的影响呢？下面我们就结合图 10-6 来具体分析这个问题。

如图 10-6 所示，经济初始的人口增长率为 n，人均储蓄曲线和必要投资线相交于 A 点，稳定状态的人均资本和人均产出分别为 k^*和 y^*。如果人口增长速度由原来的 n 提高到了 n'，那么必要投资线的斜率也将随之由原来的（n+d）增大到（n'+d）。这时，人口增长速度加快后的必要投资线与人均储蓄曲线相交于A'点，保证储蓄等于必要投资的人均资本为$k^{*\prime}$，而且$k^{*\prime}<k^{*}$。在A'点经济增长同样进入稳定状态，与人均资本$k^{*\prime}$对应的人均产出$y^{*\prime}$也同样小于原来的人均产出y^{*}，即$y^{*\prime}<y^{*}$。由此可见，人口增长率的提高会降低人均资本和人均产出。

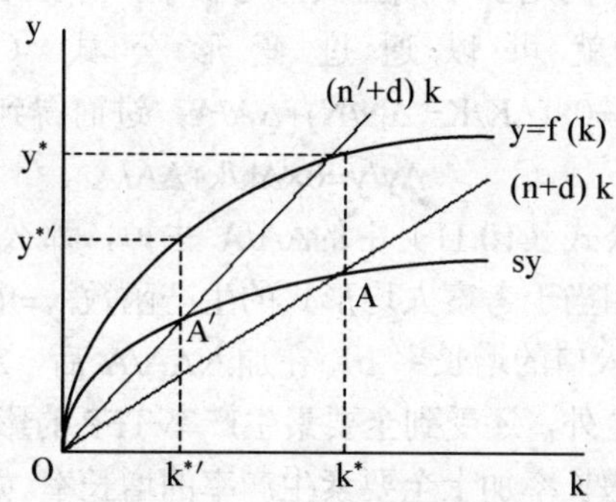

图 10-6　人口增长率提高对经济增长稳定状态的影响

由于人口增长过快而造成人均资本量降低，进而使人均产出下降，这正是许多发展中国家所面临的问题。穷国之所以穷，因为它的人均的资本装备量太低，因此为了提高人均资本和人均产出，发展中国家就必须有效地控制人口增长。

虽然人口增长率的提高会降低人均资本和人均产出，但是它同时提高了经济稳定状态时的增长率。这一点请读者务必掌握，我们再次强调：稳定状态的经济增长率只取决于人口增长率。

（六）技术进步的影响

在介绍新古典学派的经济增长模型之前，我们就假定技术水平是不变的。现在我们放宽这条假定，考虑技术进步对经济增长产生的影响。

首先，我们来分析技术进步对增长率的影响。由公式（10.6）可以知道，经济增长是由劳动对总产出的贡献、资本对总产出的贡献和技术进步三个部分构成。公式（10.6）是一个总量增长核算公式，而我们更关心人均产出的增长率变化。这是因为穷国和富国的差别就在于此，发达国家的人均产出要远远高于发展中国家的人均产出。由于$y=\frac{Y}{N}$，所以人均产出的增长率$\Delta y/y$就相当于总产出的变动量超过人口的变动量的部分，即$\Delta y/y=\Delta Y/Y-\Delta N/N$。同理，人均资本k的增长率也就等于总资本的增长率减去人口增长率，即$\Delta k/k=\Delta K/K-\Delta N/N$。这时，我们就可以通过变形公式（10.6）得到$\Delta y/y=\Delta Y/Y-\Delta N/N=\theta\times(\Delta K/K-\Delta N/N)+\Delta A/A$，进而得到公式：

$$\Delta y/y=\theta\times\Delta k/k+\Delta A/A \tag{10.11}$$

如果我们把公式（10.11）中的$\Delta A/A$去掉，那么就和前面的分析完全相同了，就相当于考察人均形式的生产函数y=f(k)的增长率，并且$\Delta y/y$只取决于人口的增长率n。在加入$\Delta A/A$后，$\Delta y/y$除了取决于人口的增长率n之外，还受到全要素生产率TFP的影响。因此，增长率就等于人口的增长率加上全要素生产率的增长率。如果技术进步了，在人口增长率不变的情况下，增长率必然提高。这也正好解释了一些国家在要素投入水平相似的条件下经济增长率存在巨大差距的原因。

然后，我们来考察技术进步对稳定状态时的人均资本和人均产出的影响。

如图10-7所示，假设原来的技术水平为A_0，生产函数为$y_0=A_0f(k)$。稳定状态的人均资本和人均产出分别为K^*_0和y^*_0。现在技术水平提高了，由A_0变为A_1，并且$A_1>A_0$。因为技术水平提高了，同样要素投入的产出增加了，所以生产函数向右上方移动，变为$y_1=A_1f(k)$。人均储蓄也相应地向右上方移动，由sy_0变为sy_1。sy_1与必要投资(n+d)k相交，决定了技术进步后的稳定状态的人均资本k^*_1和人均产出y^*_1，并且二者都大于原来的值，即$k^*_1>k^*_0$，且$y^*_1>y^*_0$。因此，技术进步可以提高人均资本和人均产出。

综上所述，技术进步不仅可以使经济增长速度加快，而且能够提高人均资本和人均产出。所以，技术进步对发展中国家是至关重要的，同时它也是发展中国家所面对的最大难题。

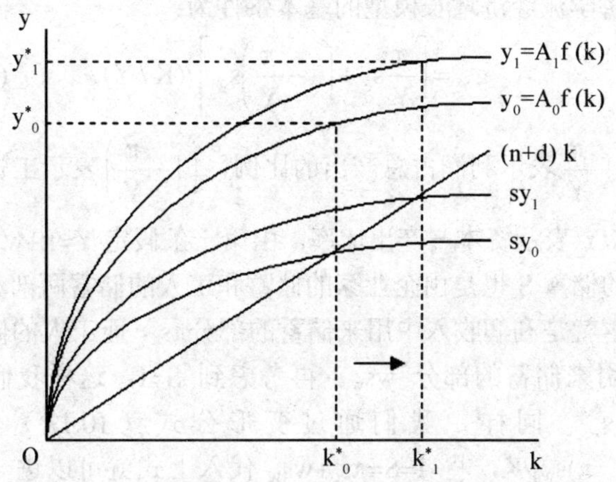

图 10-7　技术进步对经济增长稳定状态的影响

三、新剑桥学派的经济增长模型

新剑桥学派对新古典综合派的经济理论持批评态度，当然也反对其增长理论。新剑桥学派的经济学家认为投资并不绝对地取决于储蓄倾向，而是由利润率的高低等诸多影响企业的因素共同决定。新剑桥学派的经济增长理论在考虑有效需求的基础上更为强调收入分配的作用。下面我们就介绍新剑桥学派的代表人物罗宾逊夫人的经济增长模型。

新剑桥学派的经济增长模型有以下四条前提假设：

第一，假定全社会分为企业家和工人两大阶层，它们各自的收入为利润和工资。这样，总产出 Y 就由企业家的利润收入π和工人的工资收入 w 两部分构成，即 $Y=\pi+w$。

第二，假定两大阶层的储蓄都固定不变，并且企业家的储蓄率大于工人的储蓄率。我们用 s_c 表示企业家的储蓄率，用 s_w 表示工人的储蓄率，并且 $s_c>s_w$。

第三，储蓄等于投资，即 S=I。

第四，不考虑技术进步。

新剑桥学派经济增长模型的基本条件为：

$$g_Y=\left[\frac{\pi}{Y}s_c+\left(1-\frac{\pi}{Y}\right)s_w\right]/(K/Y) \qquad (10.12)$$

其中，$\frac{\pi}{Y}$表示利润占总产出的比例，$\left(1-\frac{\pi}{Y}\right)$表示工资占总产出的比例，K/Y 表示资本—产出比率。由第一条假定 $Y=\pi+w$ 可以知道，总收入中的储蓄 S 也是由企业家的储蓄和工人的储蓄两部分构成。企业家的储蓄就是利润收入中用来储蓄的部分πs_c，而工人的储蓄就是工资收入中用来储蓄的部分 ws_w。再考虑到 S=I，这样我们就可得出 $I=S=\pi s_c+ws_w$。同样，我们通过变形公式（10.12）可以得到 $g_Y=[\pi s_c+(Y-\pi)s_w]/K$，将 $I=S=\pi s_c+ws_w$ 代入上式就可以进一步将公式（10.12）变形为 $g_Y=\frac{S}{K}=\frac{I}{K}=\frac{\Delta K}{K}=g_K$。这说明新剑桥学派的经济增长率 g_Y 等于资本存量的增长率 g_K。

我们还可以把公式（10.12）变形为 $g_Y=\frac{\pi}{K}(s_c-s_w)+\frac{s_w}{K/Y}$，可见经济增长率仍然取决于储蓄率和资本—产出比率。特别是当企业家的储蓄率和工人的储蓄率相等的时候，新剑桥学派的经济增长模型就和哈罗德—多马经济增长模型完全一样了，这说明新剑桥学派的经济增长模型更具有一般性。更为重要的是，新剑桥经济增长模型在既定的自然增长率 g_n 和既定的资本—产出比率 K/Y 的条件下，可以通过调整利润和工资在总收入中所占的比重以及储蓄率 s_c 和 s_w 来实现充分就业下的均衡经济增长。

下面我们举例来说明新剑桥学派经济增长模型的收入分配调整过程。我们首先假定利润在总收入中所占的比重$\frac{\pi}{Y}$为 35%，那么工资在总收入中所占的比重$\left(1-\frac{\pi}{Y}\right)$就为 65%。其次假定企业家的储蓄率 s_c 和工人的储蓄率 s_w 分别为 30%和 6%。然后假定由技术条件决定的资本—产出比率 K/Y 为 3。最后假定自然增长率 g_n 为 6%，即经济所能实现的最大增长率为 6%，这说明在经济增长率达到 6%的时候，劳动充分就业，其他各种资源也会得到充分利用。我们将这些数字代入公式（10.12）就可以计算出经济的实际增长率为：g_Y=[35%×30%+(1−35%)×6%]/3=14.4%/3=4.8%，它小于自然增长率 6%，这意味着不能实现充分就业，有失业存在。在这种情况下，我们就可以通过调整利润和工资在总收入中所占的比重以及储蓄率来实现充分就业下的均衡经济增长。例如，把工人收入在总收入中的比重由 65%提高到 75%，并且使其储蓄率由 6%提高到 14%。这样，新的实际经济增长率为：g_Y=[25%×30%+75%×14%]/3=18%/3=6%，与自然增长率相等，实现了充分就业下的均衡经济增长。

新剑桥学派经济增长理论的核心是收入调整。在一定的储蓄倾向下，经济增长率越高，则利润的相对份额越大，工资的相对份额越小。同时由于名义工资率的提高会导致物价上涨，造成真实的工资率无法上升。所以，当工人收入较低的时候，经济增长就只能依靠企业家的储蓄水平，而企业家的储蓄水平通常又具有很大的不确定性。在这种情况下，新古典学派在不区分企业家和工人储蓄率而只强调总储蓄率的思路下，试图通过短期的需求管理政策来刺激企业家提高储蓄水平和增加资本积累的方法往往不会奏效。只有通过收入分配的调整来缩小两大阶层的收入差距，才可能实现在充分就业条件下的均衡经济增长。因此，新剑桥学派认为国家干预经济最为有效的方式就是调节收入分配。

第三节　简单的国民收入决定理论

一、均衡产出与总需求

国民收入决定理论所要研究的问题是产出或收入与支出之间的影响关系。在第九章的第二节中我们证明了 GDP=NI=AE。其中 GDP 是用价值形式表示的产出 Y，即 GDP=P×Y。如果我们假定价格水平不变，那么GDP就相当于产出Y。换言之，实际GDP和产出Y是等价的。产出Y是通过投入生产要素进行生产而获得的，即Y=AF(K,N)。所有产出又会构成收入，即Y=w×L+i×K。因此，产出Y就等于国民收入NI，即Y=NI。总产出Y的需求支出又构成总支出AE。如果仍然假定价格水平不变，就可以得到Y=AE，即有了Y=NI=AE的关系。

在实际的经济生活中，Y=AE只是描述了一种供求相等的假象。总支出由消费、投资、政府采购和净出口四个部分构成，即AE=C+I+G+NX。其中投资I分为资本品投资和存货投资。这样，实际上就是把没有卖出去的产品算做企业自己买下的存货投资了，而这部分存货投资并不是市场实际需求的。存货投资的处理完全是为了统计GDP的需要，它并不反映真实的供求关系。如果用IU表示非计划库存投资，用AD表示总需求，那么就可以得到IU=Y−AD。如果IU>0，就说明企业部门所生产的产品超过了市场需求的数量。因此，企业部门必须减产，直至Y=AD为止，此时的产出被称为均衡产出。“均衡产出”中的“均衡”就是指供给和需求相等，不需要变动的意思。此外，如果不考虑政府采购和对外贸易，均衡产出所形成的总收入也就等于家庭部门和企业部门的全部货币支出。

至此，我们已经初步地了解了产出、收入与支出的关系。产出是由需求决定的，企业部门在利益的驱动下必须根据需求不断地调整生产，减少非计划的库存投资。因此，总支出决定着产出水平。同时，国民收入又是由生产获得的，所以总支出也决定着国民收入。“国民收入决定理论”的分析思路也就是从这个角度出发的，它从总量上探讨支出对产出的影响，为政府解决失业问题提供了理论依据。当然在两部门模型中，收入也会反过来影响总支出，如图10-8所示。

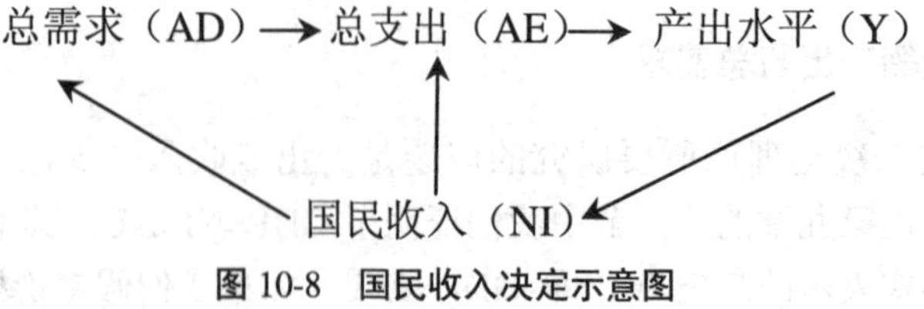

图10-8 国民收入决定示意图

最后我们再次强调两点，请读者务必牢记：第一，国民收入决定理论中的总支出是从需求角度考虑的，因此不包括由于产品卖不出去而造成的非计划库存投资。第二，在国民收入决定理论的研究中，假定价格水平不变；否则，我们就会搞不清楚总支出的增加到底是提高了总产出还是提高了价格水平。

二、三种经济行为的函数表达

（一）消费函数

1．边际消费倾向递减规律

影响消费的因素有很多，例如商品的价格、利率水平、收入分配和消费者偏好等。但是，起决定性作用的还是家庭部门最终获得的可支配收入，即：

$$C=F(DI) \tag{10.13}$$

下面我们举例说明消费函数的特点，参见表 10.2。我们假定某个消费者的年可支配收入从 0 变化到 20000 元人民币。这里，DI 表示可支配收入，C 表示个人消费，ΔC 表示消费的变化量，是用当年消费减去上一年消费得到的，MPC 表示边际消费倾向（消费增量对可支配收入的变化率）。

表 10.2　个人可支配收入与消费的关系

DI（元）	C（元）	ΔC（元）	MPC
0	3000	——	——
5000	7000	4000	0.8
10000	10000	3000	0.6
15000	12000	2000	0.4
20000	13000	1000	0.2

通过表 10.2 可以发现，随着 DI 的增加，C 也增加。由此可见，消费 C 是可支配收入 DI 的增函数。可是，消费增加的速度和可支配收入增加的速度却不相同。当可支配收入从 0 增加到 5000 元的时候，

消费从 3000 元增加到 7000 元，消费的变化量ΔC 为 4000 元；当可支配收入从 5000 元增加到 10000 元的时候，消费从 7000 元增加到 10000 元，消费的变化量ΔC 为 3000 元……我们从中可以发现，消费的变化量ΔC 随着可支配收入 DI 的增加逐步减少。将消费的变化量ΔC 与可支配收入的变化量ΔDI 的比值称为边际消费倾向，通常用 MPC 来表示，即 $MPC=\frac{\Delta C}{\Delta DI}$。当两个变化量都很小时，边际消费倾向还可以表示为微分的形式，即 $MPC=\frac{dC}{dDI}$。MPC 的含义是当可支配收入增加一个单位时，将有 MPC 的部分用于消费。例如，如果 MPC=0.8，就说明新增收入的 80%将会被用于消费。

观察表 10.2，可以发现边际消费倾向 MPC 有递减的趋势。或者说，消费的增加速度比可支配收入增加的速度要慢，即 $\frac{\partial^2 C}{\partial DI^2}<0$，这被称为边际消费倾向递减规律。如果用横轴表示 DI，用纵轴表示 C，则边际消费倾向递减规律如图 10-9 所示。

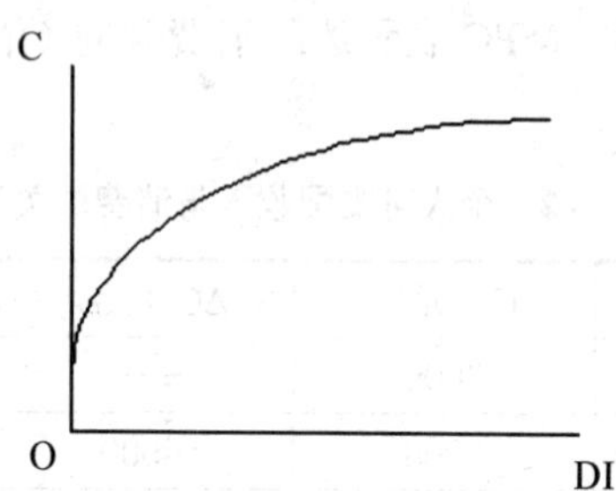

图 10-9 边际消费倾向递减规律

边际消费倾向递减规律还可以说明富人边际消费倾向比穷人的边际消费倾向要低。换言之，穷人更愿意把得到的收入消费掉，而富人更愿意把得到的收入储蓄起来。因此，如果要想扩大国内需求，更为重要的是增加穷人的收入水平。

2．线性消费函数

边际消费倾向具有递减的规律，但是为了分析的简便，经常假定边际消费倾向固定不变。这时，消费函数就成为线性函数了。我们仍然观察某个消费者的可支配收入从 0 到 20000 元的变化过程，并且把边际消费倾向固定为 0.8，那么我们就可以得到表 10.3。

表 10.3　固定边际消费倾向下个人可支配收入与消费的关系

DI(元)	C（元）	S（元）
0	3000	−3000
5000	7000	−2000
10000	11000	−1000
15000	15000	0
20000	19000	1000

表 10.3 中的可支配收入每增加 5000 元，消费都会增加 4000 元，因此，$MPC=\frac{\Delta C}{\Delta DI}=\frac{4000}{5000}=0.8$，即新增收入中的 80%被用于消费。全部的可支配收入可以分为消费和储蓄两个部分，即 DI=C+S。除去消费剩下的收入就都被储蓄起来，表 10.3 中的第三列就反映了对应不同可支配收入的储蓄量。当 DI 为 15000 元的时候，C 等于 DI，储蓄 S 为 0。在 DI<15000 的时候，C>DI 并且 S<0；在 DI>15000 的时候，C<DI 并且 S>0。其中储蓄小于 0，说明消费者要负债生活。

观察表 10.3，还可以发现，在可支配收入为 0 时，消费为 3000 元，这说明 3000 元的消费是不随可支配收入的变动而变动的。我们把这种独立于可支配收入的消费称为自主消费，即消费者为了维持生存的最低消费支出，通常用 $\overline{C}$ 来表示。与此相对，随可支配收入变化而变化的消费就被称为引致消费，它等于边际消费倾向乘以收入，即 MPC×DI。自主消费和引致消费共同构成总的消费，如果把二者相加就可以得到完整的消费函数，即：

$$C=\overline{C}+MPC\times DI \qquad (10.14)$$

由于假定 MPC 固定不变，因此该消费函数就为线性函数，其截距为 $\overline{C}$，斜率为 MPC。如果通过表 10.3 来推导消费函数，就可以得到 C=3000+0.8×DI。其中 3000 元为自主消费，0.8×DI 为引致消费，如图 10-10 示。

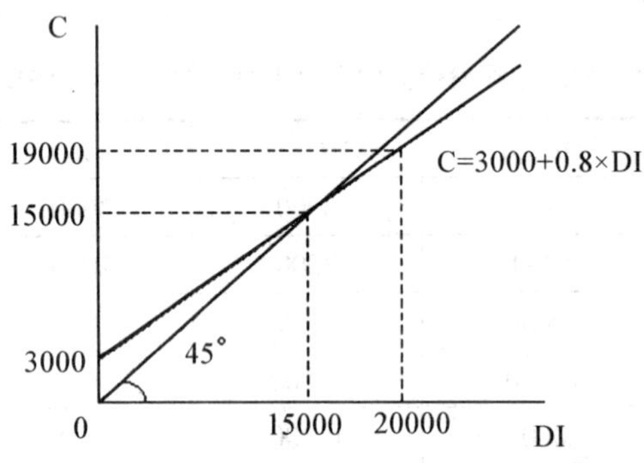

图 10-10　线性消费函数

图 10-10 中的 45° 线上的任何一点都表示 C 与 DI 相等的情况，消费函数 C=3000+0.8×DI 与 45° 线在 C 和 DI 都为 15000 元处相交，此时消费者既无负债也无储蓄。在消费函数 C=3000+0.8×DI 的左侧，C>DI 并且 S<0，消费者有负债；在其右侧有 C<DI 并且 S>0，消费者有储蓄。

有学者用美国 1962 年到 1995 年消费和可支配收入的数据做过回归分析，其中 C 与 DI 的数据均以 1992 年的美元计算。其数据被很好地拟合为 C=−478+0.94DI，即在美国，新增收入中的 94%将被用于消费。这说明线性的消费函数可以准确地描述现实经济生活中消费与收入的关系。这里自主消费为负是因为股票、债券和房屋所有权等因素对消费产生影响造成的。由于这类资产会给消费者带来资本性收益，但没有形成现金或购买力，因此虽然使自主消费为负，却并未构成当期可支配收入。

（二）储蓄函数

1．线性储蓄函数

可支配收入可以分为消费和储蓄两个部分，即 DI=C+S。既然消费是可支配收入的函数，则储蓄也应该是可支配收入的函数，即应有：

$$S=F(DI) \tag{10.15}$$

我们仍然用表 10.2 的数据来分析储蓄函数的特性，见表 10.4。

表 10.4　个人可支配收入与储蓄的关系

DI（元）	S（元）	ΔS（元）	MPS
0	-3000	——	——
5000	-2000	1000	0.2
10000	0	2000	0.4
15000	3000	3000	0.6
20000	7000	4000	0.8

通过表 10.4 可以发现，随着 DI 的增加，S 也增加。由此可见，储蓄 S 是可支配收入 DI 的增函数。将储蓄的变化量ΔS 与可支配收入的变化量ΔDI 的比值称为边际储蓄倾向，通常用 MPS 来表示，即 $MPS=\frac{\Delta S}{\Delta DI}$。当两个变化量都很小时，边际储蓄倾向还可以表示为微分的形式，即 $MPS=\frac{dS}{dDI}$。MPS 的含义是当可支配收入增加一个单位时，将有 MPS 的部分用于储蓄。例如，如果 MPS=0.2，就说明新增收入的 20%将会被用于储蓄。MPS 还等于（1-MPC），其推导过程如下：$MPS=\frac{\Delta S}{\Delta DI}=\frac{\Delta DI-\Delta C}{\Delta DI}=1-MPC$。与边际消费倾向递减相对应的是边际储蓄倾向递增，即储蓄的变化量ΔS 随着可支配收入 DI 的增加逐步增加，即 $\frac{\partial^2 S}{\partial DI^2}>0$。

同样为了分析的简化，假定 MPS 固定不变，可以推导出线性的储蓄函数，即：

$$S=\overline{S}+MPS\times DI \tag{10.16}$$

其中，MPS 为储蓄函数的斜率，等于（1-MPC），$\overline{S}$ 为截距，等于 $-\overline{C}$，即相当于自主消费的负债额。用表 10.4 的数据推导储蓄函数就得到 $S=-3000+0.2\times DI$。此时的 $\overline{S}$ 为负数，说明当可支配收入为 0 时，消费者必须负债 3000 元来维持基本生活。MPS 为 0.2 说明新增收入的 20%将会被用于储蓄。

2．消费函数与储蓄函数的关系

首先，消费和储蓄都是可支配收入的函数，并且二者之和就等于可支配收入。证明过程如下：因为 $\overline{S}=-\overline{C}$ 和 MPS=1-MPC，所以 $\overline{C}+MPC\times DI+\overline{S}+MPS\times DI=\overline{C}+MPC\times DI-\overline{C}+(1-MPC)\times DI=DI$。

其次，边际消费倾向和边际储蓄倾向之和等于 1。证明过程如下：因为 MPS=1-MPC，所以 MPC+MPS=MPC+(1-MPC)=1。我们还经常把消费额比上可支配收入称作平均消费倾向，用 APC 来表示，即 $APC=\dfrac{C}{DI}$；把储蓄额比上可支配收入称作平均储蓄倾向，用 APS 来表示，即 $APS=\dfrac{S}{DI}$。很明显，平均消费倾向和平均储蓄倾向之和也等于 1，即 APC+APS=1。

总之，消费函数和储蓄函数密切相关，只要知道其中的一个函数就可以推导出另外一个函数。

（三）投资函数

投资者的投资过程分为两个步骤。投资者首先要看看自己有多少资本可以进行投资。资本可以是投资者自有的，也可以是投资者从金融市场上借来的，但是无论资本是自有的还是借来的，可供投资的资本总额都受到总产出或者总收入的限制。投资者在了解了资本数量之后，就开始做投资决策了。投资决策是遵循“成本—收益”原则的，如果投资的收益大于投资的成本，投资者就进行投资；如果投资的收益小于投资的成本，投资者就继续持有资本观望，等待时机。那么，又是什么因素在影响投资的成本和收益呢？这就成为推导投资函数的关键。

投资的成本和收益主要由利息率决定。由于投资需要一定的周期，所以投资者在比较成本收益的时候必须把二者放在同一个时期。如果在现期比较，那么投资的成本就是投入的本金，而投资的收益就是预期收益的折现值。如果在获得投资收益的时候比较，那么投资的成本就由本金和利息两部分构成，而投资的收益就是预期收益。理解这个问题的关键是要注意到货币是有时间价值的。在货币的购买力和物价水平不发生变动的情况下，现在的 1 元钱的价值要大于未来 1 元钱的价值。因为货币的时间价值由利息率决定，所以利息率决定了投资的成本和收益。投资决策实际上就是一个资产选择的过程，或者是用资金去投资进而获得预期收益，或者是把资金存入银行获得稳定的利息。

我们举例来说明投资决策。假设投资者有本金 1000 元，投资周期为 1 年，利息率为 10%，预期投资收益为 1110 元。如果在现期比较，投资成本就是 1000 元，而投资的收益则是 1110/（1+10%）=1009.09 元。由于收益大于成本，投资者应该进行投资。如果在一年后获得投资收益的时候比较，投资成本为 1000×（1+10%）=1100 元，投资的收益为 1110 元。收益大于成本，同样得到投资者应该投资的结论。

我们通常用 A 来表示本金，用 i 来表示利息率，用 n 来表示投资周期，用 Pe 来表示预期收益。当 $\frac{Pe}{(1+i)^n}>A$ 或者 $Pe>A(1+i)^n$，则应该投资；当 $\frac{Pe}{(1+i)^n}<A$ 或者 $Pe<A(1+i)^n$，则不应该投资。如果投资的预期收益是在未来若干年内逐年获得的，Pe_1 表示第一年后的收益，Pe_2 表示第二年后的收益，Pe_n 表示第 n 年后的收益，PV 表示现值，则计算现值的公式如下：$PV=\frac{Pe_1}{(1+i)}+\frac{Pe_2}{(1+i)^2}+\cdots+\frac{Pe_n}{(1+i)^n}$。预期收益与现值正相关，在利息率一定的情况下，预期收益上升则现值上升，预期收益下降则现值下降。利息率和现值负相关，在预期收益一定的

情况下，利息率上升则现值下降，利息率下降则现值上升。由此可见，投资决策由预期收益和利息率共同决定，假如 Pe 外生给定，那么投资决策就完全取决于利息率了。

至此，我们已经找到了影响投资的两个因素，即产出与利息率。因此可以将投资函数表示为：

$$I=F(i,Y) \tag{10.17}$$

其中，投资是利息率的减函数，这是因为在预期收益一定的情况下，利息率的上升或下降必然引起现值的反向变动，进而减小或加大投资的可能性。同时，投资还是产出的增函数，产出越多则收入越多，在利息率不变的情况下，投资量必然越大；相反，产出越少则收入越少，在利息率不变的情况下，投资量必然越小。

因为国民收入决定理论主要是为了说明总支出对产出或收入的决定性作用，所以它并不涉及货币市场的均衡研究。因此，在国民收入决定理论中投资仅被视为一个常数。至于利息率与产出的关系以及投资的决定将在 IS－LM 模型中详细讨论。

三、简单的国民收入决定模型和调整过程

（一）简单的国民收入决定模型

简单的国民收入决定模型就是不考虑政府部门和对外贸易而只考虑企业部门和家庭部门的模型。由于没有政府部门，所以不存在税收和转移支付，净税收 T 等于 0。在第九章已经介绍过可支配收入等于国民收入减去净税收，即 DI=NI−T。当 T=0 时，DI 就等于 NI。因此，消费就可以视为国民收入的函数，即 $C=\overline{C}+MPC\times NI$。另外，由于不考虑政府部门和对外贸易，因此总支出就只由消费和投资两项构成，即 AE=C+I。再假定投资为常数 $\overline{I}$，那么就得到 $AE=C+\overline{I}$。此时，联立收入支出等式和消费函数就可以求解均衡产出。

$NI=AE=C+\overline{I}$ （收入支出等式）

$C=\overline{C}+MPC\times NI$ （消费函数）

联立方程求解得到均衡国民收入：$NI_0=\dfrac{\overline{C}+\overline{I}}{1-MPC}$。又因为 Y=NI，

所以均衡产出 $Y_0=\dfrac{\overline{C}+\overline{I}}{1-MPC}$。这里用下标 0 表示均衡，即供求相等的意思。国民收入决定模型还可以用图 10-11 说明。

图 10-11 中的横轴表示总产出 Y 或国民收入 NI，纵轴表示总支出 AE，其中的45°线就表示 NI=AE。图 10-11 中下方的斜线表示消费函数 $C=\overline{C}+MPC\times NI$，其斜率为边际消费倾向 MPC，其截距为自主消费 $\overline{C}$。上方的斜线表示总支出 $AE=C+\overline{I}$，其斜率也为边际消费倾向 MPC，其截距为 $\overline{C}+\overline{I}$。两条斜线的垂直距离为 $\overline{I}$。总支出 $AE=C+\overline{I}$ 与 45° 线相交于 E 点，说明 NI=AE，此时的供给与需求相等，全部的产品都被卖出，非计划库存投资 IU=0。因此，在 E 点确定的产出 Y_0 即为均衡产出。

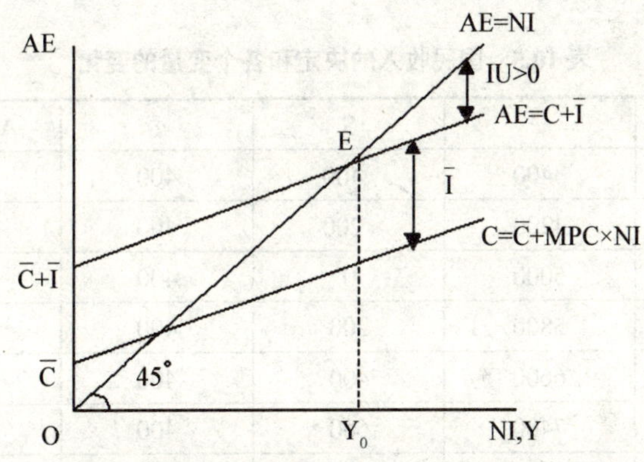

图 10-11 简单的国民收入决定模型

45° 线与总支出 $AE=C+\overline{I}$ 的垂直距离为 IU。在 E 点的右侧，45° 线高于总支出 $AE=C+\overline{I}$，IU>0，这时企业发现产品滞销，库存增加，因此必须削减生产，使得过多的产出逐渐减少，一直减少到 Y_0 为止。在 E 点的左侧，45° 线低于总支出 $AE=C+\overline{I}$，IU<0，企业发现库存减少因而增加生产，一直增加到 Y_0 为止。这个过程也就说明在 AE 一定的情况下，产出必须与计划总支出协调一致，最终达到均衡产出，库存为 0，体现了总支出对均衡产出和总收入的决定作用。

在两部门模型中还有一个重要的等式，即 S=I。这个关系在图 10-10 中也有体现，45°线与消费函数$C=\overline{C}+MPC\times NI$的垂直距离就表示储蓄 S。同时我们又知道总支出$AE=C+\overline{I}$与消费函数$C=\overline{C}+MPC\times NI$的垂直距离为投资常数$\overline{I}$。因此在 E 点，储蓄与投资恰好相等。在 E 点右侧，$Y>Y_0$，所以 S>I；在 E 点左侧，$Y<Y_0$，所以 S<I，而且在产出水平很低的时候，由于自主消费的作用，储蓄会小于 0。

下面举例来说明简单的国民收入决定模型。假定自主消费$\overline{C}$为 1000，边际消费倾向 MPC 为 0.8，这样消费函数为$C=1000+0.8\times NI$。再假定投资$\overline{I}$为 400。通过表 10.5 就可以观察国民收入的决定和各个变量的变化。

表 10.5　国民收入的决定和各个变量的变化

NI(C+S)	C	S	$\overline{I}$	AE($C+\overline{I}$)
3000	3400	−400	400	3800
4000	4200	−200	400	4600
5000	5000	0	400	5400
6000	5800	200	400	6200
7000	6600	400	400	7000
8000	7400	600	400	7800
9000	8200	800	400	8600

表 10.5 中的数据说明，当 NI=7000 时，C=6600 且$\overline{I}$=400，因此 NI=AE=7000，并且 S=I=400，同时均衡产出Y_0=7000。如果 NI<7000，则 NI<AE，由于供给小于需求，库存下降，所以企业会扩大生产，产出水平逐步向均衡产出靠近；如果 NI>7000，则 NI>AE，由于供给大于需求，库存上升，企业会缩减生产。只有在Y_0=7000 时，供求才恰好相等，见图 10-12。

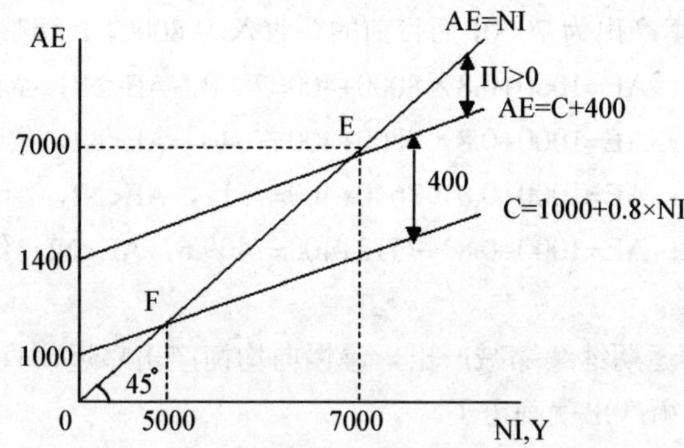

图 10-12　简单国民收入决定模型的一个例子

图 10-12 所描述的情况实际上就是把表 10.5 中的数据代入到图 10-11 中。在 E 点，NI=AE=7000，在 F 点，全部收入都用于消费，NI=C 并且 S=0。

（二）均衡产出的动态调整过程

当总产出 Y 偏离均衡产出 Y_0，并且储蓄 S 与投资 I 不相等的时候，经济具有自动调整的能力。可是这种调整并不是一步到位的，而是一个逐步向 Y_0 靠近并且最终达到 Y_0 的动态过程。我们继续使用表 10.5 中的数据来说明这种均衡产出的动态调整过程。

例如，当均衡产出为 7000，而目前的总收入为 6000，那么经济会自动扩大生产，逐步向均衡产出靠近，其过程如下：

第一期：AE=1000+0.8×6000+400=6200，AE>NI，继续调整；

第二期：AE=1000+0.8×6200+400=6360，AE>NI，继续调整；

第三期：AE=1000+0.8×6360+400=6488，AE>NI，继续调整；

第四期：AE=1000+0.8×6488+400=6590.4，AE>NI，继续调整。

……

这个调整过程将逐期继续，产出不断增大，慢慢靠近均衡产出，直到 NI=AE 的时候，均衡产出就确定了。如果初始的总收入大于均衡产出，那么经济同样会自动调整，只不过是一个逐步缩减生产的过程。

例如，当均衡产出为 7000，而目前的总收入为 8000，其调整过程如下：

第一期：AE=1000+0.8×8000+400=7800，AE<NI，继续调整；

第二期：AE=1000+0.8×7800+400=7640，AE<NI，继续调整；

第三期：AE=1000+0.8×7640+400=7512，AE<NI，继续调整；

第四期：AE=1000+0.8×7512+400=7409.6，AE<NI，继续调整。

……

经济将逐期继续缩减产出，慢慢向均衡产出靠近，直到 NI=AE 的时候，均衡产出就确定了。

如果用 Y_t 表示当期的产出，用 Y_{t-1} 表示上一期的产出，那么二者具有如下关系：$Y_t=\overline{C}+MPC\times Y_{t-1}+\overline{I}$。假如 $Y_t\neq Y_{t-1}$，则调整继续进行，假如 $Y_t=Y_{t-1}$，则均衡产出确定，而且 $Y_t=Y_{t-1}=Y_0$。

四、乘数

当总支出增加 1 的时候，总收入会增加多少呢？这个问题就涉及到乘数。所谓乘数就是指总支出增加后所引起的国民收入增加的倍数，通常用α表示，即 $\alpha=\frac{\Delta NI}{\Delta AE}$。由于国民收入决定模型所要研究的问题就是总支出对产出或者收入的决定性作用，因此乘数就变得格外重要。

我们来回答开始提出的问题。假定消费函数为 C=1000+0.8×NI，$\overline{I}$ 为 400，此时的均衡国民收入 $NI_0=\frac{1000+400}{1-0.8}=7000$。如果投资增加 1，变为 401，则国民收入变为 $NI_0=\frac{1000+401}{1-0.8}=7005$。总支出的增加量ΔAE=1，国民收入的增加量ΔNI=5，所以乘数 $\alpha=\frac{5}{1}=5$。

总支出由消费、投资、政府采购和净出口四部分构成，任何一部分的增加都会引起总支出的增加。因此，消费、政府采购和净出口中的任意一项增加 1，都会使国民收入增加 5。

由于总支出决定均衡产出，所以当总支出增加 1 时，总产出必然也增加 1。总产出又会构成总收入，因此总收入也增加 1。总收入增加后又会使得总支出增加，但是增加的收入并没有全部用于消费，而是有 20%的收入被储蓄起来，剩余 80%的收入才消费掉。这样，总收入增加 1 后总支出增加 0.8。0.8 的总支出又会使总产出提高 0.8，进而又增加了 0.8 的收入。收入中 20%又被储蓄起来，总支出增加 0.64。如此循环，总支出增加 1 后，最终会导致总收入增加 5。

总支出增加影响总产出与总收入的过程参见表 10.6。

表 10.6　总支出增加影响总产出与总收入的过程

轮次	本轮次支出增加的量	本轮次产出增加的量	累计收入增加的量
1	ΔAE	ΔAE	ΔAE
2	$MPC\Delta AE$	$MPC\Delta AE$	$(1+MPC)\ \Delta AE$
3	$MPC^2\Delta AE$	$MPC^2\Delta AE$	$(1+MPC+MPC^2)\ \Delta AE$
4	$MPC^3\Delta AE$	$MPC^3\Delta AE$	$(1+MPC+MPC^2+MPC^3)\Delta AE$
…	…	…	…
n-1	$MPC^{n-2}\Delta AE$	$MPC^{n-2}\Delta AE$	$(1+MPC+MPC^2+MPC^3+\cdots+MPC^{n-2})\ \Delta AE$
n	$MPC^{n-1}\Delta AE$	$MPC^{n-1}\Delta AE$	$(1+MPC+MPC^2+MPC^3+\cdots+MPC^{n-2}+MPC^{n-1})\ \Delta AE$

总支出增加△AE 最终会带来国民收入增加$(1+MPC+MPC^2+MPC^3+\cdots+MPC^{n-2}+MPC^{n-1})\ \Delta AE$，乘数就为$(1+MPC+MPC^2+MPC^3+\cdots+MPC^{n-2}+MPC^{n-1})$，即$\alpha=\sum_{k=1}^{n}MPC^{k-1}$。这时，乘数为一个无穷几

何级数，将其化简后为$\alpha=\dfrac{1}{1-MPC}$①。

我们同样可以通过定义来推导乘数。根据 NI=AE，得到$NI=\overline{C}+MPC\times NI+\overline{I}$。如果用增量表示，则为$\Delta NI=\Delta\overline{C}+MPC\times\Delta NI+\Delta\overline{I}$。移项得到$\Delta NI-MPC\cdot\Delta NI=\Delta\overline{C}+\Delta\overline{I}$，进而有$\Delta NI=\dfrac{\Delta\overline{C}+\Delta\overline{I}}{1-MPC}$。又因为$\Delta AE=\Delta\overline{C}+\Delta\overline{I}$，所以$\alpha=\dfrac{\Delta NI}{\Delta AE}=\dfrac{1}{1-MPC}$。

可见，乘数的大小受到边际消费倾向的影响。换言之，家庭部门收入中的多大比例用于消费决定着乘数的大小。边际消费倾向越大则乘数越大，边际消费倾向越小则乘数越小。又因为 MPC+MPS=1，故$\alpha=\dfrac{1}{1-MPC}=\dfrac{1}{MPS}$。所以，边际储蓄倾向越小则乘数越大，反之则乘数越小。

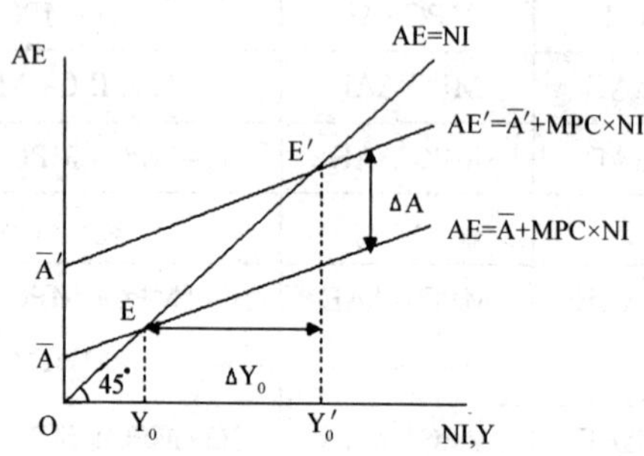

图 10-13 乘数的图解

① $1+MPC+MPC^2+MPC^3+\cdots+MPC^{n-2}+MPC^{n-1}$是一个无穷几何级数，由于 MPC<1，所以该级数是收敛的。

令 $Z=1+MPC+MPC^2+MPC^3+\cdots+MPC^{n-2}+MPC^{n-1}$，

那么 $Z\cdot MPC=MPC+MPC^2+MPC^3+\cdots+MPC^{n-2}+MPC^{n-1}+MPC^n$。

用 Z 减去 Z·MPC，就得到 Z（1-MPC）=1-MPC^n。将上式整理可得到$Z=\dfrac{1-MPC^n}{1-MPC}$。

由于 0<MPC<1，所以当$n\to\infty$，$MPC^n\to 0$。因此，$Z=\dfrac{1}{1-MPC}=\alpha$。

乘数还可以通过图 10-13 来说明。图 10-13 中的横轴表示 NI 或 Y，纵轴表示 AE，45° 线表示 NI=AE。图 10-13 中下方的斜线表示原来的总支出 $AE=\overline{A}+MPC\times NI$，其中 $\overline{A}=\overline{C}+\overline{I}$；上方的斜线表示增加后的总支出 $AE'=\overline{A}'+MPC\times NI$，其中，$\overline{A}'=\overline{C}+\overline{I}+\Delta\overline{A}$。两条斜线的垂直距离就为总支出增加的部分，即 $\Delta\overline{A}=\overline{A}'-\overline{A}$。原来的总支出 $AE=\overline{A}+MPC\times NI$ 与 45° 线相交于 E 点，确定的均衡产出为 Y_0。当总支出增加后，企业随之扩大生产，增加后的总支出 $AE'=\overline{A}+MPC\times NI$ 与 45° 线相交于 E′ 点，此时确定的均衡产出为 Y_0'。Y_0' 与 Y_0 之间的距离 ΔY_0 就为由 $\Delta\overline{A}$ 引起的总收入变动量，即 $\Delta Y_0=\frac{1}{1-MPC}\cdot\Delta\overline{A}$。通过观察图 10-13 可以发现，收入的变动幅度 ΔY_0 主要取决于两个因素。第一个因素是总支出 AE 的平行位移 $\Delta\overline{A}$，$\Delta\overline{A}$ 越大 ΔY_0 就越大。第二个因素是家庭部门的边际消费倾向 MPC，MPC 越大，AE 越陡峭，ΔY_0 就越大。

乘数反映了总支出变动所引起总收入变动的程度，所以它在一定程度上解释了经济波动的原因。乘数越大，总支出变动造成的总产出或总收入的波动就越大。

第四节 完整的国民收入决定理论

一、三部门的国民收入决定模型

三部门的国民收入决定模型就是把政府部门引入到分析中的模型。政府部门影响总支出的方式主要有两种：第一是政府部门通过政府采购直接影响总支出；第二是政府部门通过转移支付和税收来影响可支配收入，进而通过家庭部门的消费变动来影响总支出。下面我们逐一分析政府采购、转移支付和税收对国民收入决定的影响。

（一）政府采购对国民收入决定的影响

引入政府采购后，总支出就由消费、投资和政府采购三项构成，即 AE=C+I+G。由于暂时不考虑转移支付和税收，因此 DI 依旧等于 NI。我们假定消费函数为 $C=\overline{C}+MPC\times NI$，投资为常数 $\overline{I}$，政府采购为常数 $\overline{G}$，那么就得到 $AE=C+\overline{I}+\overline{G}$。此时，联立收入支出等式和消费函数就可以求解均衡产出。

$NI=AE=C+\overline{I}+\overline{G}$　　　　（收入支出等式）

$C=\overline{C}+MPC\times NI$　　　　（消费函数）

联立方程求解得到均衡国民收入：$NI_0=\dfrac{\overline{C}+\overline{I}+\overline{G}}{1-MPC}$。又因为 Y=NI，所以均衡产出 $Y_0=\dfrac{\overline{C}+\overline{I}+\overline{G}}{1-MPC}$。比较简单模型中的均衡产出 $Y_0=\dfrac{\overline{C}+\overline{I}}{1-MPC}$，可以发现政府采购增大了总支出，进而增大了均衡产出。引入政府采购的国民收入决定模型还可以用图 10-14 说明。

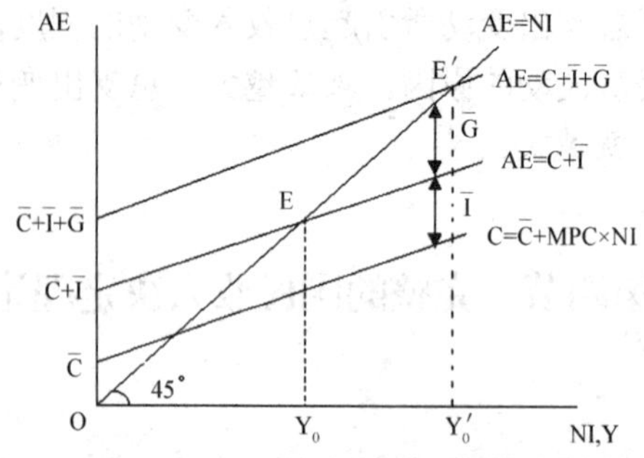

图 10-14　引入政府采购的国民收入决定模型

图 10-14 中，由于引入了政府采购，所以总支出向上移动了，从 $AE=C+\overline{I}$ 变为 $AE=C+\overline{I}+\overline{G}$，其移动的垂直距离为 $\overline{G}$。原来的总支出 $AE=C+\overline{I}$ 与 45° 线相交于 E 点，决定的均衡产出为 Y_0。移动后的总支出 $AE=C+\overline{I}+\overline{G}$ 与 45° 线相交于 E'点，决定的均衡产出为 Y_0'。因为 $Y_0'>Y_0$，所以政府采购使得均衡产出提高了。

（二）转移支付对国民收入决定的影响

第九章已经介绍过，可支配收入 DI 等于国民收入 NI 减去净税收 T，即 DI=NI-T。净税收 T 等于总税收 TA 减去转移支付 TR，即 T=TA-TR。因此，在不考虑税收而只考虑转移支付的条件下，可支配收入就等于国民收入加上转移支付，即 DI=NI+TR。因为消费是可支配收入的函数，所以消费函数就变为$C=\overline{C}+MPC\times(NI+TR)$。此时的总支出依然为$AE=C+\overline{I}+\overline{G}$，并且假定转移支付为常数$\overline{TR}$。那么，联立收入支出等式和消费函数就可以求解均衡产出。

$$NI=AE=C+\overline{I}+\overline{G} \qquad \text{（收入支出等式）}$$

$$C=\overline{C}+MPC\times(NI+\overline{TR}) \qquad \text{（消费函数）}$$

联立方程求解得到均衡国民收入：$NI_0=\dfrac{\overline{C}+\overline{I}+\overline{G}+MPC\times\overline{TR}}{1-MPC}$。

又因为 Y=NI，所以均衡产出$Y_0=\dfrac{\overline{C}+\overline{I}+\overline{G}+MPC\times\overline{TR}}{1-MPC}$。可见，转移支付通过影响消费增大了总支出，进而增大了均衡产出。但是由于边际消费倾向的作用，转移支付并没有全部用于消费。其用于消费的比例取决于边际消费倾向的大小。引入转移支付的国民收入决定模型还可以用图 10-15 说明。

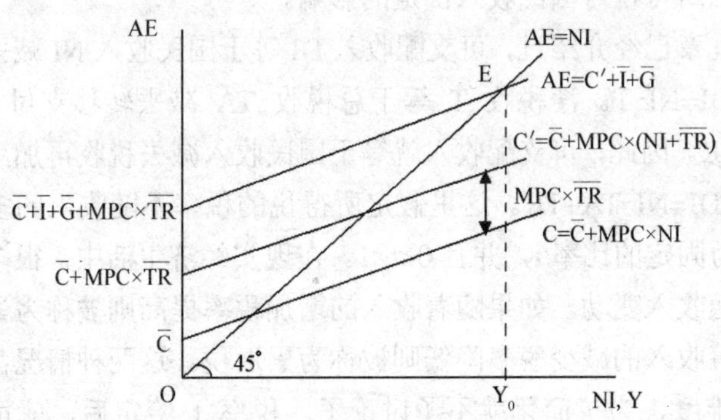

图 10-15　引入转移支付的国民收入决定模型

图 10-15 中，由于引入了转移支付，所以消费函数向上移动了，从 $C=\overline{C}+MPC\times NI$ 变为 $C'=\overline{C}+MPC\times(NI+\overline{TR})$，其移动的垂直距离为 $MPC\times\overline{TR}$ 。消费函数上移使得总支出也随之上移，从 $AE=C+\overline{I}+\overline{G}$ 变为 $AE=C'+\overline{I}+\overline{G}$ ，其移动的垂直距离也为 $MPC\times\overline{TR}$ 。因此，总支出 $AE=C'+\overline{I}+\overline{G}$ 与 45° 线相交于 E 点，决定的均衡产出 Y_0 必然大于原来没有转移支付时候的均衡产出。

（三）税收对国民收入决定的影响

政府的税收可以分为两种：一种是定量税，即税收量不随收入的变动而变动，是一个固定的数额；另一种是所得税，即税收量随收入的增加而增加，它通常是按照规定的税率将收入中的一定比例征为税收。定量税的影响和转移支付类似，只不过效果相反。转移支付是在国民收入中加上一部分，增大了可支配收入；而定量税则是在国民收入中减去一部分，减小了可支配收入。因此，转移支付使得消费函数扩大，进而使得总支出也扩大，确定的均衡产出也就随之变大了。与此相反，定量税使得消费函数缩小，进而使得总支出也缩小了，当然确定的均衡产出也就随之变小了。由于定量税对国民收入决定的影响很好理解，所以这里就不重复介绍了。而且在现实经济生活中，大多数的税收都是与收入挂钩的，属于所得税的性质。因此，下面我们就主要介绍所得税对国民收入决定的影响。

第九章已经介绍过，可支配收入 DI 等于国民收入 NI 减去净税收 T，即 DI=NI−T。净税收 T 等于总税收 TA 减去转移支付 TR，即 T=TA−TR。因此，可支配收入就等于国民收入减去税收再加上转移支付，即 DI=NI−TA+TR。这里假定所得税的税率不随收入的多少而变动，它为固定的比率 t，并且 $0<t<1$。在现实经济生活中，很多的时候税率是随收入变动，如果随着收入的增加税率提高则被称为累进税，如果随着收入的减少税率降低则被称为累退税。这两种情况都增大了分析的难度，为了简化就不予讨论了。税率 t 给定后，就可以得到 $TA=t\cdot NI$ 。可支配收入就为 DI=(1−t)NI+TR。因为消费是可支配收入

的函数，所以消费函数就变为$C=\overline{C}+MPC\cdot[(1-t)NI+TR]$。此时的总支出依然为$AE=C+\overline{I}+\overline{G}$，并且假定转移支付为常数$\overline{TR}$。那么，联立收入支出等式和消费函数就可以求解均衡产出。

$NI=AE=C+\overline{I}+\overline{G}$　　　　（收入支出等式）

$C=\overline{C}+MPC\cdot[(1-t)NI+\overline{TR}]$　　　　（消费函数）

联立方程求解得到均衡国民收入：$NI_0=\dfrac{\overline{C}+\overline{I}+\overline{G}+MPC\times\overline{TR}}{1-MPC(1-t)}$。

又因为 Y=NI，所以均衡产出$Y_0=\dfrac{\overline{C}+\overline{I}+\overline{G}+MPC\times\overline{TR}}{1-MPC(1-t)}$。比较引入所得税前后的均衡产出可以发现，由于 0<1-t<1，所得税使得均衡产出变小了。并且 t 越小 Y_0 越大，t 越大 Y_0 越小，即税率与均衡产出负相关。这种影响还可以通过图 10-16 加以说明。

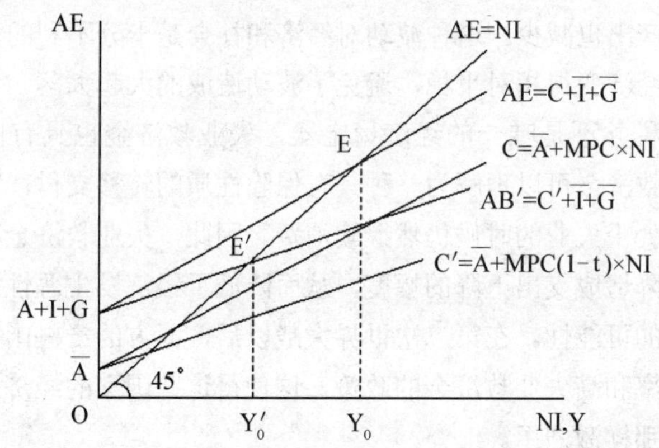

图 10-16　引入税收的国民收入决定模型

在图 10-16 中，令$\overline{A}=\overline{C}+MPC\times\overline{TR}$，则在不考虑所得税情况下的消费函数为$C=\overline{A}+MPC\times NI$，其对应的总支出$AE=C+\overline{I}+\overline{G}$与 45°线相交于 E 点，决定的均衡产出为 Y_0。在引入所得税后，消费函数变为$C'=\overline{A}+MPC(1-t)\times NI$，其截距与原来的消费函数一样，都为$\overline{A}$，但是斜率却发生了变化，从 MPC 变为 MPC(1-t)。由于 0<1-t<1，

进而 MPC(1−t)<MPC，所以引入所得税的消费函数变得更为平坦。它所对应的总支出 $AE' = C' + \bar{I} + \bar{G}$ 也就相应地变得更为平坦，并且截距 $\bar{A} + \bar{I} + \bar{G}$ 保持不变。引入所得税的总支出 $AE' = C' + \bar{I} + \bar{G}$ 与 45° 线相交于 E'点，决定的均衡产出为 Y_0'，很明显 $Y_0' < Y_0$。可见，所得税通过影响消费函数，进而影响总支出，最终使得均衡产出变小了。并且，税率越大，消费函数就会变得越平坦，均衡产出就越小。

通过以上分析可以发现，所得税可以减小支出变动对产出变动造成的影响。人们总是希望经济平稳，避免波动，由于所得税的存在，当支出发生变动的时候，政府就不必逐项加以干预了。这说明所得税是宏观经济中的"自动稳定器"。例如考虑投资变动对产出造成的波动。当人们发现生产有利可图的时候，会普遍对投资的前景抱有乐观的态度。因此，大量的投资会使得产出急剧地上升。可是，当市场饱和，供大于求的时候，人们又转为对投资的前景抱有悲观的态度，投资的减少使得产出也减少。这种波动对经济和社会是十分不利的，而所得税，使得经济变得相对平稳，避免了波动造成的大起大落。

所得税并不是唯一的经济稳定器，失业救济金也具有同样的作用。失业救济金可以理解为一种具有保险性质的转移支付，它使得人们能够在处于失业的时候仍然继续消费。因此，失业救济金减小了由于产出下降造成支出下降的幅度，从而降低了经济发生恶性循环并走向大萧条的可能性。在第二次世界大战以后，西方的一些国家采用了高所得税率和高失业救济金的政策，这使得这些国家的经济周期波动没有以往那样激烈了。

至此，我们已经将政府部门的三种经济行为，即政府采购、转移支付和税收（所得税）都引入到分析之中，得到了完整的三部门国民收入决定模型。其中，政府采购和转移支付可以使得总支出增加，而所得税则会让总支出变小。

二、三部门的国民收入决定模型中的一些乘数

（一）政府采购乘数

政府采购乘数是指政府采购变动所引起的国民收入变动的倍数，通常用 α_G 来表示，即 $\alpha_G = \frac{\Delta NI}{\Delta G}$。

下面通过定义来推导政府采购乘数。假定上一期的政府采购为 G_{t-1}，本期的政府采购为 G_t，那么 $\Delta G = G_t - G_{t-1}$。同时，假定上一期的国民收入为 NI_{t-1}，本期的国民收入为 NI_t，那么 $\Delta NI = NI_t - NI_{t-1}$。在引入政府部门后的总支出为 $AE = C + \overline{I} + \overline{G}$。消费函数为 $C = \overline{C} + MPC \cdot [(1-t)NI + \overline{TR}]$。根据 NI=AE，联立总支出函数与消费函数就可以求得均衡国民收入 $NI_0 = \frac{\overline{C} + \overline{I} + \overline{G} + MPC \times \overline{TR}}{1 - MPC(1-t)}$。将 G_{t-1} 和 G_t 分别代入上式就可以求得各期的均衡国民收入，即 $NI_{t-1} = \frac{\overline{C} + \overline{I} + G_{t-1} + MPC \times \overline{TR}}{1 - MPC(1-t)}$ 和 $NI_t = \frac{\overline{C} + \overline{I} + G_t + MPC \times \overline{TR}}{1 - MPC(1-t)}$。用 NI_t 减去 NI_{t-1} 就可以求出 $\Delta NI = \frac{G_t - G_{t-1}}{1 - MPC(1-t)} = \frac{\Delta G}{1 - MPC(1-t)}$。再将上式变形为 $\frac{\Delta NI}{\Delta G} = \frac{1}{1 - MPC(1-t)}$，就可以求得 $\alpha_G = \frac{1}{1 - MPC(1-t)}$。因为 $0 < MPC < 1$ 和 $0 < t < 1$，所以政府采购乘数 α_G 为正数。

（二）转移支付乘数

转移支付乘数是指转移支付变动所引起的国民收入变动的倍数，

通常用α_{TR}来表示，即$\alpha_{TR}=\dfrac{\Delta NI}{\Delta TR}$。

下面通过定义来推导转移支付乘数。假定上一期的转移支付为TR_{t-1}，本期的转移支付为TR_t，那么$\Delta TR=TR_t-TR_{t-1}$。同时，假定上一期的国民收入为NI_{t-1}，本期的国民收入为NI_t，那么$\Delta NI=NI_t-NI_{t-1}$。引入政府部门后的均衡国民收入为$NI_0=\dfrac{\overline{C}+\overline{I}+\overline{G}+MPC\times\overline{TR}}{1-MPC(1-t)}$。将$TR_{t-1}$和$TR_t$分别代入上式就可以求得上一期和本期的均衡国民收入，即$NI_{t-1}=\dfrac{\overline{C}+\overline{I}+\overline{G}+MPC\times TR_{t-1}}{1-MPC(1-t)}$和$NI_t=\dfrac{\overline{C}+\overline{I}+\overline{G}+MPC\times TR_t}{1-MPC(1-t)}$。用$NI_t$减去$NI_{t-1}$就可以求出$\Delta NI=\dfrac{MPC(TR_t-TR_{t-1})}{1-MPC(1-t)}=\dfrac{MPC\times\Delta TR}{1-MPC(1-t)}$。再将上式变形为$\dfrac{\Delta NI}{\Delta TR}=\dfrac{MPC}{1-MPC(1-t)}$，就可以求得$\alpha_{TR}=\dfrac{MPC}{1-MPC(1-t)}$。很明显，转移支付乘数$\alpha_{TR}$大于0，因为$0<MPC<1$，所以转移支付乘数小于政府采购乘数，即$\alpha_{TR}<\alpha_G$。

（三）税收乘数

税收乘数是指定量税变动所引起的国民收入变动的倍数，通常用α_{TB}来表示，即$\alpha_{TB}=\dfrac{\Delta NI}{\Delta TB}$。其中，TB 表示定量税，ΔTB 表示定量税的变动额。在前文我们已经介绍过，政府的税收分为定量税和所得税两种。税收乘数中的税收只是指定量税，而不考虑所得税。这是因为定量税的变动可以量化，而所得税的变动只是税率的调整，它随收入的变化而变化。值得注意的是虽然税收乘数中的税收是指定量税，但是所得税依然征收。

下面通过定义来推导税收乘数。假定上一期的定量税为TB_{t-1}，本期的定量税为TB_t，那么$\Delta TB=TB_t-TR_{t-1}$。同时，假定上一期的国民收入为NI_{t-1}，本期的国民收入为NI_t，那么$\Delta NI=NI_t-NI_{t-1}$。因为可支配收入等于国民收入减去净税收，即 DI=NI−T，又因为净税收等于总税收减去转移支付，即 T=TA−TR，所以得到可支配收入 DI=NI−TA+TR。总税收又等于定量税和所得税之和，假定所得税的税率为 t，就可以得到总税收 TA=t×NI+TB。将总税收 TA=t×NI+TB 代入到可支配收入中，就得到 DI=(1−t)NI−TB+TR，进而得到消费函数 $C=\overline{C}+MPC\cdot[(1-t)NI-\overline{TB}+\overline{TR}]$。总支出依然为 $AE=C+\overline{I}+\overline{G}$，根据 NI=AE，联立收入支出等式和消费函数就可以求得均衡国民收入 $NI_0=\dfrac{\overline{C}+\overline{I}+\overline{G}-MPC(\overline{TB}-\overline{TR})}{1-MPC(1-t)}$。将 TB_{t-1} 和 TB_t 分别代入上式就可以求得上一期和本期的均衡国民收入，即

$$NI_{t-1}=\frac{\overline{C}+\overline{I}+\overline{G}+MPC\cdot\overline{TR}-MPC\times TB_{t-1}}{1-MPC(1-t)}$$ 和

$$NI_t=\frac{\overline{C}+\overline{I}+\overline{G}+MPC\times\overline{TR}-MPC\times TB_t}{1-MPC(1-t)}$$。用 NI_t 减去 NI_{t-1} 就可以求出 $\Delta NI=\dfrac{-MPC(TB_t-TB_{t-1})}{1-MPC(1-t)}=\dfrac{-MPC\times\Delta TB}{1-MPC(1-t)}$。再将上式变形为 $\dfrac{\Delta NI}{\Delta TB}=\dfrac{-MPC}{1-MPC(1-t)}$，就可以求得 $\alpha_{TB}=\dfrac{-MPC}{1-MPC(1-t)}$。很明显，税收乘数等于负的转移支付乘数，即 $\alpha_{TB}=-\alpha_{TR}$，并且 $\alpha_{TB}<0$。这说明减少定量税和增加转移支付会带来同样的政策效果。

比较政府采购乘数、转移支付乘数和税收乘数，可以得到如下关系，即 $\alpha_{TB}<0<\alpha_{TR}<\alpha_G$。可见，增加政府采购会比增加转移支付和减少定量税所增加的总产出更大。这是因为增加 1 元政府采购就会使得总支出也增加 1 元，而增加 1 元转移支付或减少 1 元定量税只会引起总支出增加 MPC 元。改变政府采购对宏观经济活动的效果要大于改变转移支付和税收的效果，因此改变政府采购水平是财政政策中最有效的手段。

（四）预算与平衡预算乘数

1．预算的概念

在介绍平衡预算乘数之前首先来介绍一些关于预算的知识。所谓

预算就是指政府对其收入与支出的计划，通常用 BS 来表示。如果政府的税收收入超过了政府采购和转移支付支出，就称为预算盈余；反之，如果政府支出超过了收入，就称为预算赤字。根据定义有：

$$BS=TA-G-TR \tag{10.18}$$

如果 TA>G+TR，则 BS>0，为预算盈余；如果 TA<G+TR，则 BS<0，为预算赤字。总税收由定量税和所得税构成，即 $TA = TB + t \times NI$。将其代入公式（10.18），可以得到

$$BS = t \times NI + TB - G - TR \tag{10.19}$$

通过公式（10.19）可以发现，预算是盈余还是赤字主要受五个变量的影响，即税率 t、国民收入 NI、定量税 TB、政府采购 G 和转移支付 TR。预算 BS 还可以用图 10-17 来说明。

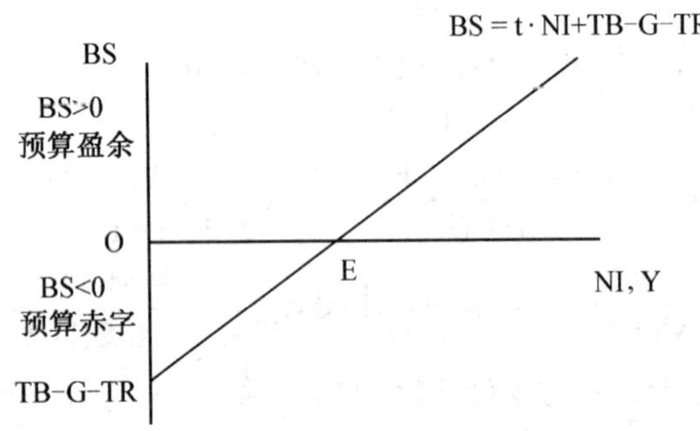

图 10-17 预算与国民收入的关系

图 10-17 中的横轴表示国民收入或产出，纵轴表示预算，斜线表示预算函数。预算函数的自变量为国民收入，因变量为预算，函数的斜率为税率 t，截距为 TB−G−TR。这里，我们将定量税、政府采购和转移支付都视为常数了。E 点为平衡预算点，即 BS=0。此时政府收入等于政府支出，即 TA=G+TR。在 E 点的左侧为预算赤字，即 BS<0，在 E 点的右侧为预算盈余，即 BS>0。

2．政府采购和所得税变化对预算的影响

政府采购由于其变动对总产出变动的影响较大，所以是一项非常重要的财政政策。转移支付一般是固定不变的，因此可以将其视为常

数。税收中所得税更为常见，因此这里不考虑定量税。下面，我们就具体分析政府采购和所得税变动对预算的影响。

首先来分析政府采购对预算的影响。如果政府采购增加了，那么直观的感受就是政府支出加大了，预算盈余减少。这种想法是不全面的，只说对了一半。政府采购的增加使得总支出增加了，而总支出的增加又会促使国民收入增加，国民收入增加使得税收增加，进而使得政府收入增加。可见，政府采购的增加会带来两方面的影响，一方面增加了政府支出，另一方面又增加了政府收入。那么政府采购的增加到底会对预算产生怎样的影响呢？接下来，我们运用前面介绍过的政府采购乘数加以分析。

假定定量税和转移支付都为常数，那么预算盈余的变动就只受政府采购所引起的两方面影响，即 $\Delta BS=\Delta TA-\Delta\overline{G}$ 。由于定量税为常数，没有变动，因此总税收 ΔTA 就只取决于 $t\Delta NI$。而 ΔNI 又等于政府采购乘数乘以政府采购的变动量，即 $\Delta NI=\alpha_G\cdot\Delta\overline{G}$ 。至此，我们就计算出因政府采购变动所引起的预算的变动，即 $\Delta BS=t\alpha_G\cdot\Delta\overline{G}-\Delta\overline{G}=\left[\frac{t}{1-MPC(1-t)}-1\right]\Delta\overline{G}=-\frac{(1-MPC)(1-t)}{1-MPC(1-t)}\Delta\overline{G}$ 。由 $0<MPC<1$ 和 $0<t<1$ 可知，政府采购的变动会使得预算发生反向的变动，即增加政府采购会减少预算盈余，减少政府采购会增加预算盈余。

其次，我们分析税收对预算的影响。因为不考虑定量税，所以税收的变动就是指所得税的税率变动。所得税的税率变动和政府采购一样，也会对预算造成两方面的影响。以提高税率为例，一方面提高税率会使得政府获得了国民收入中的更高比例，另一方面提高税率降低了家庭部门的可支配收入，进而减少了消费和总支出，使得国民收入减少。在税率提高的同时国民收入减少，此时的预算变化就无法直观地判断了。下面，我们通过推导来判断税率变动对预算的影响。

因为政府采购和转移支付都不发生变化，所以预算变动就只取决于所得税的变动，即 $\Delta BS=\Delta tNI$ 。假定上一期的税率和国民收入分别为 t_{t-1} 和 NI_{t-1}，本期的税率和国民收入分别为 t_t 和 NI_t。当税率为 t_{t-1}

时，在其他条件不变的情况下，$NI_{t-1}=\frac{\overline{C}+\overline{I}+\overline{G}+MPC\times\overline{TR}}{1-MPC(1-t_{t-1})}$。当税率为 t_t 时，在其他条件不变的情况下，$NI_t=\frac{\overline{C}+\overline{I}+\overline{G}+MPC\times\overline{TR}}{1-MPC(1-t_t)}$。令 $\overline{C}+\overline{I}+\overline{G}+MPC\times\overline{TR}=A$，则本期和上一期的所得税分别为 $\frac{t_tA}{1-MPC(1-t_t)}$ 和 $\frac{t_{t-1}A}{1-MPC(1-t_{t-1})}$。二者相减就可以得到预算的变动，即：

$$\begin{aligned}\Delta BS&=\frac{t_tA}{1-MPC(1-t_t)}-\frac{t_{t-1}A}{1-MPC(1-t_{t-1})}\\&=\frac{(t_t-t_{t-1})(1-MPC)A}{[1-MPC(1-t_t)]\cdot[1-MPC(1-t_{t-1})]}\end{aligned}$$

最终得到的结论是：如果所得税的税率提高了，即 $t_t>t_{t-1}$，则预算盈余增加，即 $\Delta BS>0$；如果所得税的税率降低了，即 $t_t<t_{t-1}$，则预算盈余减少，即 $\Delta BS<0$。

需要注意的是在上述分析中，我们并没有考虑到税率对人们工作行为的激励作用。当税率提高到一定程度后，如果继续提高，那么人们就会认为自己的劳动所得大部分都被政府拿走了。这时，人们宁愿休息也不愿意继续工作，这会使得产出和国民收入下降，政府收入减少。因此，提高税率能够增加预算盈余的结论只在一定的税率范围内才有效。图 10-18 说明了上述分析。

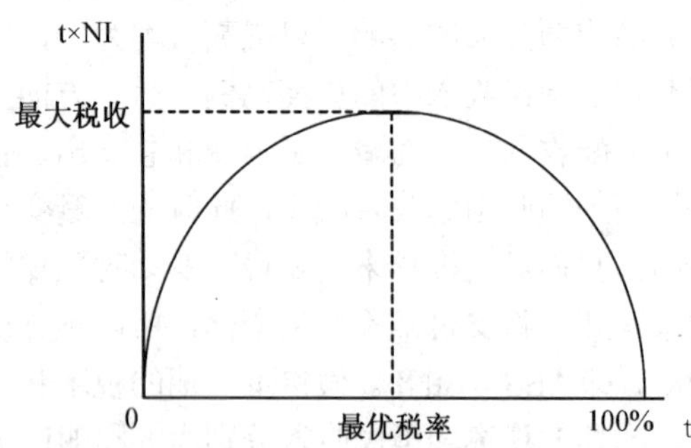

图 10-18　税率与税收的关系

图 10-18 中的横轴表示所得税的税率 t，纵轴表示所得税的税收 t×NI。可见，当税率为最优税率的时候，税收达到最大值。再考虑两种极端情况，当税率为 0 和 100%的时候，税收都为 0。在最优税率的左侧，税率还处于可以被人们接受的水平，因此，提高税率会使得税收提高。在最优税率的右侧，税率水平就不能被人们接受了，人们开始逐渐放弃工作，因此，随着税率的提高，税收也逐渐减少。前文推导的提高税率可以增加预算盈余的结论只适用于最优税率的左侧。

3．平衡预算乘数

平衡预算乘数是指净税收与政府采购同时以相等的数量变动所引起的国民收入变动的倍数。用ΔT 表示净税收的变动量，用ΔG 表示政府采购的变动量，并且二者相等，即ΔT=ΔG。用α_{BS} 表示平衡预算乘数，用ΔNI 表示国民收入的变动，则得到$\alpha_{BS}=\frac{\Delta NI}{\Delta T}=\frac{\Delta NI}{\Delta G}$。

因为国民收入等于总支出，即 NI=AE，所以国民收入总的变动量ΔNI 等于政府采购的变动量ΔG 加上由净税收变动量所引起的消费变动量ΔC，即ΔNI=ΔG+ΔC。消费的变动量又为 MPC(ΔNI−ΔT)，所以得到ΔNI =ΔG + MPC(ΔNI−ΔT)。根据ΔT=ΔG，可以将上式变形为(1−MPC)ΔNI=(1−MPC)ΔG，则$\alpha_{BS}=\frac{\Delta NI}{\Delta G}=\frac{1-MPC}{1-MPC}=1$，即平衡预算乘数等于 1。

另外，我们还可以利用税收乘数α_{TB} 和政府采购乘数α_{G} 来推导平衡预算乘数。净税收变动量引起的国民收入变动量为$\alpha_{TB}\cdot\Delta T$，政府采购变动量引起的国民收入变动量为$\alpha_{G}\cdot\Delta G$。二者之和就构成国民收入总的变动量，即$\Delta NI=\alpha_{TB}\cdot\Delta T+\alpha_{G}\cdot\Delta G$。由于我们分析的是净税收的变动，因此税收乘数和政府采购乘数中就没有所得税的问题了，即$\alpha_{TB}=\frac{-MPC}{1-MPC}$和$\alpha_{G}=\frac{1}{1-MPC}$。结合$\Delta T=\Delta G$，便可推导出平衡预算乘数$\alpha_{BS}=1$。

三、四部门的国民收入决定模型及其乘数

（一）四部门的国民收入决定模型

在将政府部门引入国民收入决定模型之后，我们进一步引入对外贸易，进而得到完整的四部门国民收入模型。

在开放经济中，总支出由消费、投资、政府采购和净出口四个部分构成，即 AE=C+I+G+NX。其中净出口 NX 等于出口 X 减去进口 M，即 NX=X−M。出口是将本国生产的物品和劳务卖给外国，因此出口量的大小取决于外国的国民收入。因为外国的国民收入是一个本国无法控制的外生变量，所以出口 X 在分析中就视为一个常量 $\overline{X}$ 。进口是用本国的国民收入去购买外国的物品和劳务，因此进口是本国国民收入的函数。进口和消费类似，同样也是由两部分构成。一部分是不受国民收入变动影响的自主进口 $\overline{M}$ ；另一部分是受国民收入变动影响的引致进口 $MPM \times NI$ 。其中，MPM 为边际进口倾向，并且 0<MPM<1，它表示国民收入 NI 中用于进口的比例，并且我们假定其不随国民收入的变动而变动。这样，进口函数就为 $M = \overline{M} + MPM \times NI$ 。

此时，联立收入支出等式、消费函数和进口函数就可以求解均衡国民收入和产出。

$NI=AE=C+I+G+(X-M)$ （收入支出等式）

$C = \overline{C} + MPC \cdot [(1-t)NI - \overline{TB} + \overline{TR}]$ （消费函数）

$M = \overline{M} + MPM \times NI$ （进口函数）

联立方程求解得到均衡国民收入：$NI_0 = \dfrac{\overline{C} + \overline{I} + \overline{G} - MPC(\overline{TB} - \overline{TR}) + \overline{X} - \overline{M}}{1 - MPC(1-t) + MPM}$。又因为 Y=NI，所以均衡产出 $Y_0 = \dfrac{\overline{C} + \overline{I} + \overline{G} - MPC(\overline{TB} - \overline{TR}) + \overline{X} - \overline{M}}{1 - MPC(1-t) + MPM}$。

（二）四部门国民收入决定模型的乘数

四部门国民收入决定模型中的乘数依然是指总支出增加后所引起的国民收入增加的倍数，通常用α表示，即 $\alpha = \dfrac{\Delta NI}{\Delta AE}$ 。根据定义，

我们可以推导出$\alpha=\frac{1}{1-MPC(1-t)+MPM}$。它说明了总支出变动对国民收入变动的影响。由于它引入了对外贸易，因此四部门国民收入决定模型中的乘数也被称为对外贸易乘数。其实，不单是对外贸易的变动，投资和政府采购的变动在四部门模型中也会产生同样的影响。

比较两部门模型、三部门模型和四部门模型中的乘数，由于$0<MPC<1$，$0<t<1$ 和 $0<MPM<1$，可以得到如下结论：$\frac{1}{1-MPC}>\frac{1}{1-MPC(1-t)}>\frac{1}{1-MPC(1-t)+MPM}$。这说明随着模型的完善，总支出变动给国民收入带来的影响越来越小。

四、加速原理

乘数原理说明了本期投资的变动与本期收入之间的数量关系，相应的，本期收入的变动又会对下一期投资的变动产生影响。在宏观经济当中，这种产量水平的变动和投资支出之间的数量关系被称为加速原理。用 W 表示加速数，ΔK 表示资本存量的增加量，其定义公式为：

$$W=\frac{\Delta K}{\Delta Y}$$

根据ΔK 的定义，我们有：

$$I=\Delta K$$

当引入时期的概念，并且存在自主投资时，投资与国民收入变动之间的关系可以表述为：

$$I_t=\bar{I}+W\cdot(Y_{t-1}-Y_{t-2})$$

这就是加速理论的一个基本公式，该式表明本期投资是上一期实际国民收入增量的函数。

五、国民收入决定模型的作用

国民收入决定模型的核心思想就是总支出对均衡国民收入和均衡产出的决定性作用。当我们理解这一点后，就可以通过改变总支出来调控宏观经济。下面，我们就具体介绍当经济中存在失业或通货膨胀时，政府调控的方法。

（一）充分就业与总需求变动的影响

在介绍政府调控的方法之前，首先要了解一点关于总供给和总需求的知识。这将构成我们判断总支出变动后是引起产出变动还是引起价格水平变动的理论基础。

举例说明，假设某国的汽车生产力为年产 100 万辆，这里的生产能力是由就业量决定的，因此该国只有在达到充分就业的时候才能年产 100 万辆汽车。假定现在经济处于均衡状态，供求相等，可是均衡产出只有 90 万辆，虽然存在 10%的失业率，但是经济却无法自动调整。假设由于某种原因汽车需求增大，则在利益的驱动下企业会增加产出，同时失业率下降。更为重要的是由于社会上还存在剩余劳动力，因此劳动力的价格不会上升，汽车的价格也不会上升。因为生产能力的限制，当总需求超过了 100 万辆后，产出就无法增长了。这时如果总需求继续加大，则企业依然会加大生产。可是已经达到充分就业了，企业要想雇佣更多的劳动力，就必须付给工人更高的工资。企业间的相互竞争会导致劳动力成本上升，而这种成本又必然加到汽车的销售价格中。这样，需求增长导致的后果为产出不变，价格上涨。以上分析如图 10-19 所示。

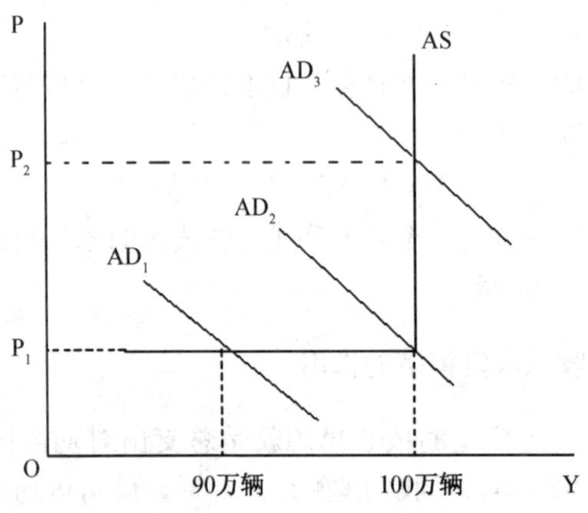

图 10-19 总供给与总需求

图 10-19 中的横轴表示产出 Y，纵轴表示价格 P，AD 表示总需求，AS 表示总供给。当总需求为 AD_1 的时候，AD_1 与 AS 确定的汽车产量为 90 万辆，其价格为 P_1，但是经济并没有达到充分就业。此时需求加大，由 AD_1 变为 AD_2，因为经济存在失业，所以产出增加的同时价格并不上涨。AD_2 与 AS 确定的汽车产量为 100 万辆，其价格仍然为 P_1，经济达到充分就业。如果需求继续加大，由 AD_2 变为 AD_3，由于生产能力的限制，汽车产量不会再增加，维持在 100 万辆的水平，可是价格却由 P_1 上升到 P_2。

综上所述，可以得到如下结论：当经济没有达到充分就业时，增加总需求会使产出增加，同时价格水平不变；当经济达到了充分就业，增加总需求后，产出受生产能力的限制不再继续增加，而价格水平却持续上涨。关于总供给与总需求的内容在以后的章节还会详细讨论。

（二）失业状态下的调控方法

存在失业的时候，宏观调控的目的就是提高就业率。我们运用简单的国民收入决定模型来说明提高就业率的调控方法。假定消费函数为 $C = 1000 + 0.8 \times NI$，投资 $\bar{I}$ 为 400，则均衡产出 Y_0 为 7000。再假定此时失业率为 5%，并且产出 Y 与就业率同比例变动。那么与 Y_0=7000 对应的就业率就为 95%。为了使剩余 5%的工人就业，产出 Y 也必须再增长 5%，即 Y_0'=7000×（1+5%）=7350。根据乘数的公式 $\alpha = \dfrac{1}{1-MPC}$，可以求出乘数为 5。因此要获得$\Delta$NI=350，只需要总支出增长 $\Delta AE = \dfrac{\Delta NI}{\alpha} = \dfrac{350}{5} = 70$。这 70 的总支出变动量就被称为“失业缺口”。以上分析还可以通过图 10-20 来说明。

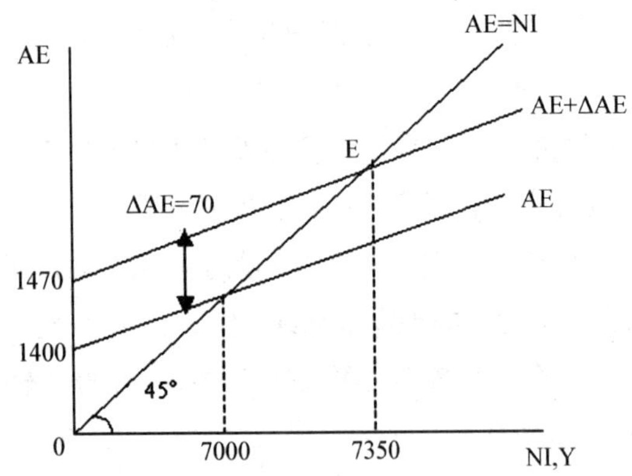

图 10-20 对失业的调整

图 10-20 中的横轴表示国民收入 NI 或产出 Y，纵轴表示总支出 AE，45° 线表示 NI=AE。下方的斜线表示原来的总支出 AE，其斜率为 0.8，截距为 $\overline{C}+\overline{I}=1400$。总支出 AE 与 45° 线相交后确定的均衡产出为 7000。此时存在 5%的失业率，失业缺口ΔAE=70。上方的斜线表示增加后的总支出 AE+ΔAE，其斜率也为 0.8，截距为 $\overline{C}+\overline{I}$+70=1470。增加后的总支出 AE+ΔAE 与 45° 线相交后确定的均衡产出为 7350，此时经济恰好达到充分就业。

总之，当经济没有达到充分就业时，政府要设法加大总支出。用 x%表示失业率，用 Y_0 表示存在失业的均衡产出，用ΔAE 表示政府需要增加的支出，则 $\Delta AE=\dfrac{Y_0 \cdot x\%}{\alpha}$。

（三）通货膨胀状态下的调控方法

存在通货膨胀的时候，宏观调控的目的就是降低物价水平。我们同样运用简单的国民收入决定模型来说明降低物价水平的调控方法。假定消费函数为 $C=1000+0.8\times NI$，投资 $\overline{I}$ 为 400。则均衡产出 Y_0 为 7000。再假定此时的通货膨胀率为 5%，可见，此时的经济已经达到充分就业，并且总需求处于了一个过高的水平。为了消除 5%的通货膨胀率，必须使产出 Y 减少 5%，即 Y_0'=7000×（1−5%）=6650。根据乘数的公式$\alpha=\dfrac{1}{1-MPC}$，可以求出乘数为 5。因此要获得ΔNI=−350，只需要总支出变动$\Delta AE=\dfrac{\Delta NI}{\alpha}=\dfrac{-350}{5}=-70$。这−70 的总支出变动量就被称为通货膨胀缺口。以上分析还可以通过图 10-21 来说明。

图 10-21 中的横轴表示国民收入 NI 或产出 Y，纵轴表示总支出 AE，45° 线表示 NI=AE。上方的斜线表示原来的总支出 AE，其斜率为 0.8，截距为$\overline{C}+\overline{I}$=1400。总支出 AE 与 45° 线相交后确定的均衡产出为 7000。此时存在 5%的通货膨胀率，通货膨胀缺口ΔAE=−70。下方的斜线表示减少后的总支出 AE+ΔAE，其斜率也为 0.8，截距为$\overline{C}+\overline{I}$−70=1330。减少后的总支出 AE+ΔAE 与 45° 线相交后确定的均衡产出为 6650。此时经济恰好消除了通货膨胀，物价平稳。

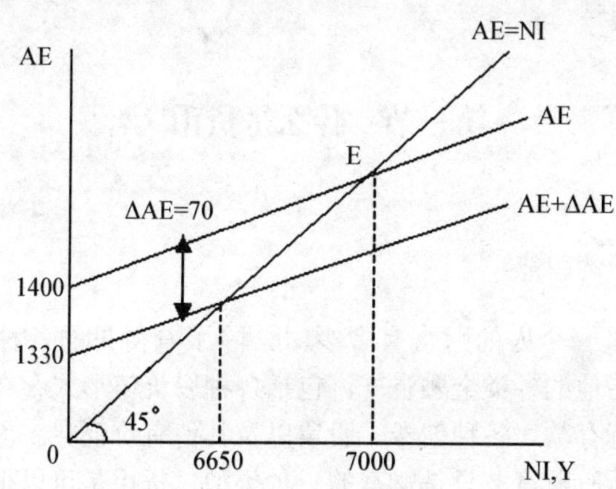

图 10-21　对通货膨胀的调整

总之，当经济处于通货膨胀状态时，政府要设法减少总支出。用 z%表示通货膨胀率，用 Y_0 表示存在通货膨胀的均衡产出，用ΔAE 表示政府需要减少的支出，则$\Delta AE=\dfrac{Y_0\cdot z\%}{\alpha}$。

第十一章　货币市场

货币的供求对研究宏观经济的许多问题都是至关重要的。在了解了简单国民收入决定模型之后，本章主要研究货币需求的各种理论、货币供给以及货币市场均衡和利率的关系。什么是货币，银行可以创造货币么，人们为什么愿意持有货币，人们对货币和其他有价证券将会作出怎样的取舍，利率在其中又扮演了怎样的角色，这些都是本章所要解答的问题。

第一节　什么是货币

一、货币的职能

我们衡量一个人的财富有多少时，除了看得见的各种实物财产外，主要是指他的各类金融资产，包括各种以价值形式存在的财产，如货币、银行存款、各种债券、股票以及其他有价证券。因此，货币并不能代表所有财富，只是财富的一种类型，货币是可以很容易地用于交易的资产存量。

货币具有三种职能，即交换媒介、储藏手段和计价单位。

作为一种交换媒介，货币是我们用以购买物品和劳务的中间物。一位农民如果想买一辆汽车，他就会提供一定的货币给汽车制造商，而后者很乐意接受这些货币，因为他确信可以用这些货币换取任何他所需要的在其价值以内的物品和劳务。我们把货币可以转换成物品和劳务的容易程度称为货币的流动性。

作为一种财富的储藏手段，货币是一种把现在的购买力变成未来购买力的方法。你今天得到了一笔500美元的报酬，你就可以持有它，即储藏财富，在将来的一个月或更久的时间之后花它。货币的这个职能具有一定的有限性，联系前面提到的通货膨胀的概念，如果物价上涨，那么你用任何一个既定的货币量所能购买的物品量就会减少。尽管如此，人们还是需要持有一定量的货币以便在未来的某个时间换取物品和劳务。

作为一种计价单位，货币提供了可以表示价格和记录债务的能力。一个电脑销售商告诉你一台电脑值1000美元而不是值几头奶牛，后者既不精确也不方便。同样，大多数的债务都要求债务人在未来提供一定数量的货币而不是实物。货币是我们衡量经济交易的尺度。

二、货币的划分

我们手中有各种货币资产，可以按照不同的发行国家分成不同种类，也可以按照不同的材料分成纸币和铸币等。在经济学中通常怎么划分呢？了解了货币的职能之后，根据资产流动性的程度，即货币转化为现金所需要的时间和成本，在经济学中可以把货币划分为以下几个层次：

第一层次的货币称为M_0，是在银行以外流通的现金，也就是人们手中持有的通货，即未偿清的纸币和铸币之和。这些由各国政府和中央银行发行的钞票，具有完全的流动性，随时可以作为流通手段和支付手段投入流通，因而被排在第一层次。公式表示为：

M_0 = 铸币 + 纸币 = 通货

第二层次的货币称为M_1，是狭义的货币，也是最基础的货币计量形式，它包括全部现金和可随时开支票提取或转账的银行存款，一般为活期存款。这种可开支票的活期存款，不必通过提取现金，而是通过开支票来直接进行商品交换，它与现金起完全相同的作用。所有经营金融业务的机构中的以支票账户存在的活期存款都被看作是与现金等同的货币。公式表示为：

$M_1 = M_0$ + 活期存款 + 其他支票账户存款

第三层次的货币称为 M_2，是广义的货币，它是在狭义货币的基础上加上货币市场共同基金余额、储蓄存款（包括货币市场存款账户）以及小额定期存款。货币市场共同基金是指商业银行之间的准备金贷款。储蓄存款和定期存款比 M_1 的流动性要低，不能像活期存款那样作为支付手段，但随着现代金融技术的发展，这种存款实际上很容易转变为活期存款而成为支付手段。例如，美国商业银行在 20 世纪 70 年代开办了自动转账账户，存户可以在商业银行同时开启活期账户和储蓄账户，前者无利息、可开支票，后者有利息、不可开支票。这样，存户可以在活期账户上保留很少的余额，要开支票时，银行会自动将金额从储蓄账户转到活期账户，这样既能有利息收入又能开支票。因此货币的狭义和广义是相对而言的。广义货币用公式表示为：

$M_2 = M_1 +$ 货币市场共同基金 + 储蓄存款 + 小额定期存款

第四个层次的货币称为 M_3，它通常是在 M_2 的基础上再加上长期大额定期储蓄和其他一些流动性较差的金融资产，主要指的是个人及厂商所持有的债券等，它们也具有一定的流动性。用公式表示为：

$M_3 = M_2 +$ 大额定期存款 +其他流动资产

在上述的 4 种形式中，M_2 和 M_3 所代表的意义在各个不同的国家略有不同，在经济运行中也不易控制，因此在经济学中我们谈到的货币计量形式主要是指 M_1。

第二节　古典的货币需求

在了解了货币的职能和划分之后，我们可以探讨货币量的变动和整个宏观经济的其他变量之间有什么关系，是什么动机使人们愿意放弃可以生息的资产而在手中持有不可生息的货币。我们综合经济史上的关于各种货币需求的理论，大概可以将之分为以货币数量论为基础的传统的货币需求理论和凯恩斯的建立在流动性偏好基础上的货币需求理论以及弗里德曼的现代货币数量论。而传统的货币理论又根据不同的认识角度可以划分为以交易方程式为基础的现金交易说和以剑桥方程式为基础的现金余额说。下面我们就从上述的几个方面讨论货币的需求理论。

一、交易方程式

人们持有货币是为了购买物品和劳务。他们进行这种交易所需要的货币越多，他们持有的货币就越多。因此，经济中的货币量与交易需要的货币量密切相关。现金交易说应该从货币的交换媒介的职能来理解，货币是社会经济生活中的一种交易工具，当全社会货币交易总额等于全部卖出的商品和劳务的总价格时，货币的供需就达到了均衡的状态。

费雪在《货币的购买力》一书中建立了费雪交易方程，主要说明货币数量变动是物价变动的原因。

交易方程式的表达式为：

$$MV = PY \tag{11.1}$$

在上式中，M 代表流通中的货币数量，V代表货币流通速度，P代表商品和劳务的一般价格水平，Y 代表实际的商品和劳务的总量，也就是总产出，实际 GDP 的数值。PY 就是产出的货币价值，名义 GDP 的值。在费雪看来，公式中的 P 是个完全被动的量；Y 所代表的实际商品和劳务的数量总能保持在充分就业的水平上，因而是稳定的量；V 所代表的货币流通速度也是外生量，它主要受到社会支付习惯和交易制度等因素的影响，因而在短期内也是固定不变的。这样看来，上述交易方程式就体现了货币流通量和一般商品价格之间的正比例关系。

货币学派的代表人物弗里德曼也认为，货币流通速度是稳定的。货币供应量的变动将全部转化为名义国内生产总值的变动。所以，当货币供应量增加时，不管利息率作何变动，总需求以及国内生产总值都会以相同的数量增加。实际产量的增长率是受生产力水平限制的，在可以利用的资源数量及其生产效率的约束下，能够生产出来的最大产量就是该生产力条件下的产量极限。因此，货币供给量要与产量的增长需要相适应，不能超过产量增长的极限，否则不但不会带来实际产出的增长，反而会带来通货膨胀，因为超出的货币供给量会直接转化为物价水平的提高。

二、剑桥方程式

剑桥方程式最早的提出者是英国著名经济学家马歇尔，后经过剑桥学派的其他几位经济学家的发展，形成了剑桥学派的货币数量说。它的公式表达为：

$$M = kPY \tag{11.2}$$

其中，M 为货币供给量，P 为社会的一般价格水平，Y 表示总产量或实际国民收入。k 是一个比例系数，如果把方程两边同除以价格 P，我们把 M/P 称为实际货币余额，那么 k 就代表实际货币余额在实际国民收入中所占的比例。剑桥学派用边际效用的理论和人们对于商品价格的预期来衡量这个比例的大小。他们认为，人们是否愿意持有某一数量的货币，或者把多少数量的货币投入到生产中去，取决于“使得他们的收入的最后一个单位的货币用于生产或者用于留在手中给人们带来的效用是否相同”。另外，影响这一比例的因素是人们对价格的预期，当人们预期价格将下降时，人们就愿意持有更多的货币，以便在将来可以购买更多的物品；当人们预期将会出现通货膨胀时，人们就会减少手中的货币持有量，提前购物，以免货币贬值。

现在我们来看看交易方程式和剑桥方程式有什么异同。

从形式上看，$MV = PY$ 可以变形为 $M = \frac{1}{V}PY$，对比公式 $M = kPY$，有 V 和 k 互为倒数。用 k 代替 $\frac{1}{V}$，交易方程式就转化为剑桥方程式。

这两个理论的结果和基本思想是一致的，是古典货币数量论的不同表达形式。古典经济学家对于货币数量论作了三个重要的假定：第一个假定是货币流通速度近似为一个常数，正是这个重要的假设，使得数量方程式成为一种有关货币效应的理论，如同很多经济学的其他假设一样，货币流通速度不变的假设只是近似于现实。如果货币需求函数变动，货币流通速度也变动。例如，在没有使用自动取款机之前，人们倾向于在手中持有相对多的货币量用于日常的交易，在使用了自动提款机以后，人们就可以减少他们的货币持有量，这就意味着货币需求参数 k 的下降和货币流通速度 V 的增大。但是，经验表明，货币流通速度不变的假设在大多数情况下是一个有用的假设，它有助于我们研究货币供给量和其他经济总量之间的关系。第二个假定是物价对于供求关系具有完全的弹性，可以立即作出相应调整。第三个假定是实际产量总能够保持在充分就业的水平上。有了这三个假定作保证，古典的货币数量论就可以说明它的重要结论：货币存量的任何变化都会带来价格水平同等比例的变化。因而引出他们的货币政策观点，即控制货币供给的中央银行最终控制通货膨胀率。如果中央银行保持货币供给稳定，物价水平也会保持稳定，如果中央银行肆意提高货币供给量，就会引起物价水平的迅速上升，造成通货膨胀。因此，中央银行如何合理地控制货币供给量成为货币政策的关键。

两者的不同点在于考虑货币需求的角度不同，费雪交易方程式关心的是一个经济整体为了实现一定交易量所必需的货币量；而剑桥方程式关心的是假定必须实现的交易额是一定的，人们愿意把多少货币留在手中。

第三节　凯恩斯的货币需求理论

一、理论前提

在古典的经济理论中，名义变量是指用货币表示的变量，如一个人的工资水平、物价等，它们和实际产出水平等实际变量是分开的。经济学家把这种实际变量和名义变量的区分称为古典二分法。这种分析方法大大简化了经济理论，使我们可以只考虑我们所关心的实际变量，而不考虑名义变量。古典二分法的产生是由于在古典经济理论中，货币供给的变动并不影响实际变量。这种货币对于实际变量的无关特性称为货币中性。我们现在知道，货币中性的假定对于长期经济来说是接近于正确的，但是对于短期的经济波动，我们必须放弃这一假设，在短期，货币呈现出非中性的特点，使得经济变量之间的关系更为复杂。

20 世纪 30 年代大萧条期间，货币供给量和价格水平同时下降，这似乎可以用古典的货币数量论来解释，但是对于货币流通速度的下降却无法解释，它打破了古典理论关于货币流通速度稳定不变的假定。与此同时，实际产量也大大下降了，并不是保持在充分就业的水平上。古典理论对此束手无策，凯恩斯的理论就在这样的环境下产生了。

在《就业、利息和货币通论》中，凯恩斯系统地提出了自己的货币需求理论，他把货币看成一种不可生息的资产，并且是流动性最大的资产，具有使用方便的特点，持有货币可以满足人们的交易、预防和投机三个基本动机，从而使人们对货币的流动性产生偏好，也就有了货币需求。

二、货币需求的三个动机

1．交易动机

交易动机是指为了进行日常交易而产生的持有货币的动机。这一点很容易理解，人们为了购买自己需要的商品和劳务，必须在手中持有一定量的货币，但是持有多少呢？用于交易的货币数量取决于人们交易数量和交易数额，这些都与人们收入有直接的关系。收入较多的人，他用于交易的货币持有量也比较多，因为比起收入少的人，他会有更多可选择的交易。举个简单的例子，一个高收入的人和一个低收入的人都去某地旅游，考虑路途的远近，后者可能会持有 500 元的现金作为来回的火车费，而前者可能会为此留有 2000 元，因为他可能会考虑坐飞机。所以，为了交易动机而保留的货币额是收入的增函数。

2．预防动机

预防动机是指人们为应付意外的事故或者紧急情况而保留的一部分货币，也叫做谨慎动机。这种动机的产生起因于人们对于未来的不确定性预期。企业、家庭和个人都倾向于保留一部分货币用于不时之需，这一部分货币量的大小也与持有者的收入直接相关，大的企业和高收入的个人为了预防意外事件而保留的货币要多一些，小的企业和低收入的个人保留的就要少一些。同交易动机一样，为了预防动机而保留的货币量也是收入的增函数。

交易动机和预防动机具有一些共同的特征，它们所导致的货币持有都是企业和个人在经济生活中必需的，对于利率不是很敏感，用于这两种动机的货币，虽然也有利率弹性，但在现实中，它们的利率弹性非常小，可以看作对于利率是无弹性的，机会成本再大也要保留。它们都是实际收入的增函数。我们可以把这两种货币需求放在一起，用公式表示为：

$$L_1 = kY \tag{11.3}$$

其中，L_1 表示实际货币需求量，也就是具有不变购买力的货币需求；Y 是实际收入，k 是一个比例系数，表示实际国民收入中有多少用于交易和预防动机。

3．投机动机

投机动机是指由于未来利率的不确定性，人们需要及时调整资产结构，来避免损失或者增加收益，因而在可以生息的资产和货币之间进行选择，引起货币持有量的增加或减少。正是这个动机使得凯恩斯的货币理论与古典学派发生了根本的区别。在古典货币理论中，非交易的货币持有本身是一种不合理的经济行为，凯恩斯要使得这种投机需求的理论成立，就必须回答这样一个问题，即人们为什么要放弃持有可生息的资产（如债券），而去持有不能生息的货币呢？

要了解这个问题，我们首先来看凯恩斯是怎样对人们的金融资产进行划分的。凯恩斯认为利息率的决定主要取决于货币供求的均衡，为了简化分析，他把所有的金融资产划分为货币和非货币资产两类，后者主要用债券来代表。货币资产就是 M_1，即现金加活期存款加支票账户存款，也就是现有的货币存量。债券代表除货币以外的其他所有金融资产，主要包括政府发行的债券，公司发行的债券和股票。凯恩斯这样划分的主要依据就是资产能否生息。就严格的定义来说，货币是不能给持有者带来任何利息收入的资产，而持有债券可以为所有者带来直接的利息收入。此外，为了研究方便，我们这里谈到的债券都假定是一种具有固定利息的永久性债券，并且不考虑到期还本的问题，它只能在债券市场上按照市场价格进行交易。

债券的市场价格计算公式为：

$$B=\frac{R}{r}$$

其中，B 代表债券价格，R 代表债券持有者到期可以得到的按照固定利息率支付的收益，r 代表市场利息率。

假定一种一年期债券，它的票面价格是 100 美元，到期可获得固定利息收入 10 美元，即按照 10%的年利来支付利息，这个时候如果市场利息率也是 10%，那么根据债券的计算公式，这种债券的市场价格（也就是它的票面价格）100 美元。如果现在由于某种原因，市场利息率提高了，变成了 20%，那么此时这种债券的市场流通价格就是 $\frac{10}{20\%}=50$ 美元，这个时候如果持有这种债券，即使到期可以获得固定利息 10 美元，但是人们的实际资产却会减少，资产净损失为 100 – 50 – 10 = 40 美元。在这种情况下，如果人们预期市场利息率会从 10%上升到 20%，那么谁也不愿意购买债券，而宁愿把货币留在手中，以避免因利率上升而带来的资产损失。另一种情况，如果市场利息率由于某种原因从 10%下降到了 5%，那么这时债券的市场价格就是 $\frac{10}{5\%}=200$ 美元。如果人们能够预期到市场利息率的下降，那么人们就会倾向于把手中的货币全部用来购买债券，以期获得利率下降以后，债券升值所带来的收益。

由此可见，在收益一定的情况下，债券的价格随着利率的变动而上下波动。正是由于债券价格的这种不确定性，人们才会产生对于利率的预期，从而产生投机的动机。凡是预期利率下降的人也就是预期债券价格即将升高的人将会提前把手中的货币用来购买债券，以便将来用更高的价格出售获得收益；凡是预期利率上升的人也就是预期债券价格将会下降的人就会提前把手中的债券全部卖掉，即把货币留在手中，以免债券价格下降给自己带来损失。而后一种把货币留在手中的情况就构成了凯恩斯所说的对于货币的投机需求。

容易看出，投机的货币需求量是利率的减函数。虽然从微观层面上讲，每个人的心中都会有一个正常的利息率水平，如果某个人认为当前的利息率低于正常的利息率水平，即认为当前的债券价格高于正常水平时，那么他将预期利率会升高而债券价格会下降，从而他会卖掉所有的债券而以货币的形式保留在手中。反之，如果他认为当前的利息率高于正常的水平，债券价格低于正常水平，那么他将把所有的货币购买债券，等待升值。对于个人来讲，要么全部购买债券，要么全部以货币的形式留在手中，因此对于货币的投机需求曲线是不连续的。但是从宏观层面来讲，每个人对于利率高低和债券价格高低的认识都不会完全相同。比如现在利率 10%，有些人认为利率已经很高了，他就会购买自己认为将要升值的债券进行投机，而另外一些人则认为这个利率仍比较低，还有上升的空间，这时他会认为债券还会贬值，他更愿意卖出债券保留货币。这样，在整个宏观经济中，投机的货币需求对于利率的反应就是连续性的。随着利率的不断降低，在原先认为利率水平还比较高而愿意持有债券的人中，有一些人转变看法，认为现在的利率已经低于正常的水平，利率将上升，债券价格将下降，这时他也愿意卖掉债券，保留货币了。因此，对于整个货币市场来说，投机的货币需求量是利率的减函数。如图 11-1 所示。

用公式表示为：$L_2 = -hr$　　(11.4)

其中，r 为利息率，h 为系数。

投机的货币需求有两种极端的形式：一种情况是利率很高，高到人们认为不可能再有上升的空间，也就是说债券价格低到极点，只能上升，这样人们都会购买债券，从而货币的投机需求为零。另一种情况是利率很低，低到人们认为不可能再低，从而认为债券的价格只能下降，这时人们不管手中有多少货币都不会去购买债券，愿意把货币留在手中，货币的投机需求趋于无限大，这个时候政府就很难运用货币政策来调节经济，无论中央银行发行多大的货币量，都会被人们持有，这种现象被称为流动偏好陷阱或凯恩斯陷阱。

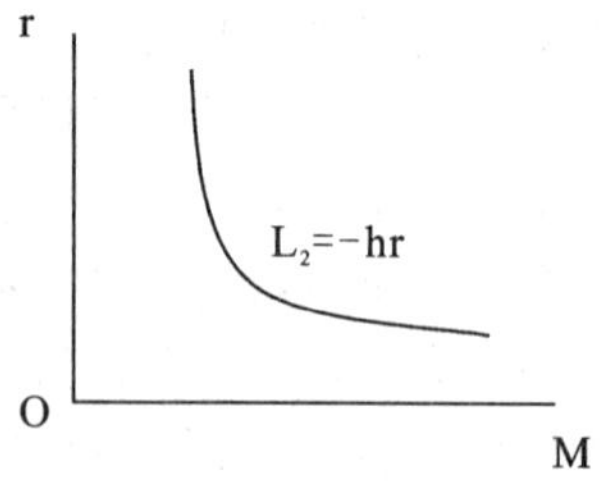

图 11-1 货币的投机需求

三、货币需求曲线

以上所说的交易动机、预防动机和投机动机所构成的货币需求就是凯恩斯的货币需求理论。把这三个需求函数加总就得到了凯恩斯的货币总需求函数，用 L 表示货币总需求，货币需求公式为：

$$L = L_1(Y) + L_2(r) = kY - hr \tag{11.5}$$

公式表明，货币总需求由交易预防需求 $L_1(Y)$和投机需求 $L_2(r)$两部分组成，其中交易预防需求是收入水平的函数，投机需求是利息率的函数。从图 11-2 中，我们可以更加直观地理解货币总需求的含义。

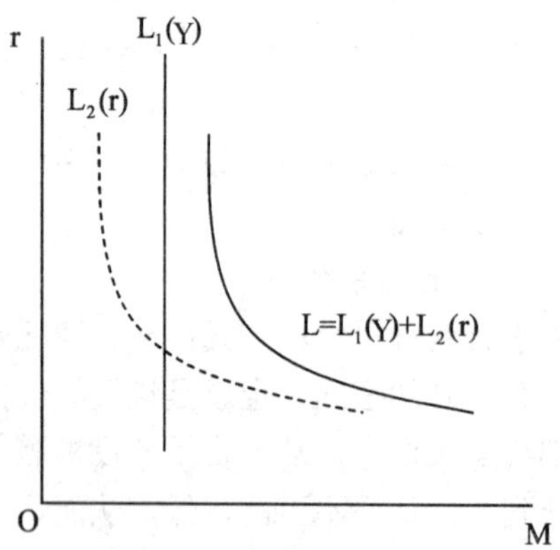

图 11-2 货币的总需求曲线

其中，$L_1(Y)$表示货币的交易和预防需求，它与利息率无关，因此垂直于横轴。$L_2(r)$是一条向下倾斜的曲线，它表示货币的投机需求随着利息率的下降而增加，当利率下降到一定程度时，曲线变成了水平线，这就是流动偏好陷阱，低于该利率水平时，货币的投机需求为无限大。L 表示总的货币需求曲线，它是前两者的加总，因为交易预防需求曲线是一条垂线，所以总需求曲线就是投机需求曲线向右的平移，平移量的大小等于 $L_1(Y)$。

对于一定收入水平下的货币总需求与利率的关系，从上图中也可以看出，随着利率的降低，货币总需求量不断增加。同样，到达流动偏好陷阱之后，货币总需求量变得无限大。此外，对于不同收入水平对货币总需求的影响如图 11-3 所示。

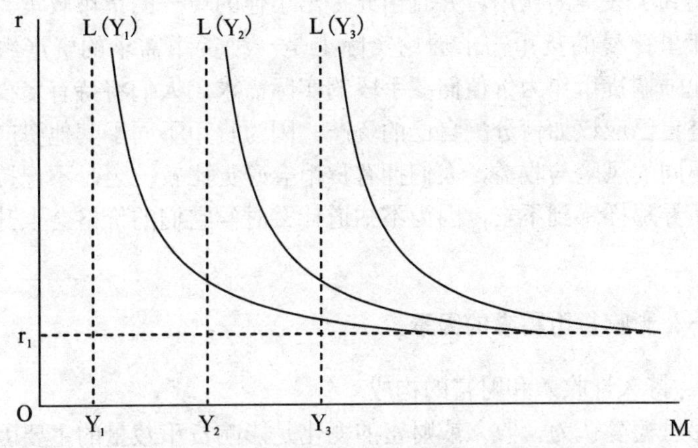

图 11-3　不同收入水平对货币总需求的影响

在图 11-3 中，$L(Y_1)$、$L(Y_2)$和 $L(Y_3)$分别对应收入水平是 Y_1、Y_2 和 Y_3 时的货币总需求，图中可以看出，收入水平的变化并不影响货币投机需求，它对货币需求的影响是通过货币需求曲线的向右移动来实现的。收入水平越高，所需要的交易和预防的货币就越多，曲线的右移量就越大。对于高于 r_1 的利率水平，同一利率所对应的货币需求在收入较多时，货币需求量较大，当利率降到 r_1 时，货币需求量受收入的影响已经很小，因为这时出现流动性陷阱，货币需求无限大。

第四节 现代货币数量论

在我们了解了传统的货币需求理论和凯恩斯的货币需求理论之后，我们再来学习现代货币数量论。现代货币数量论是由货币学派的代表人物弗里德曼提出来的，他在吸收和继承前人观点的基础上，在1956年发表的《货币数量论》中，提出了自己的货币需求理论。其基本原理与传统货币数量论相同，都认为货币数量的变动在整个经济运行中起到了关键的作用，并且由此提出了他的单一的货币政策。

弗里德曼的货币需求理论实际上是一种货币需求的资产组合理论，他强调货币作为价值储藏手段的实际需求。人们将持有多少货币看作是自己应该如何分配自己的资产。因为货币不同于其他资产，有自身不同的风险与收益，人们拥有货币会感觉比较安全，不像持有股票和债券那样感到不安，因为不知道什么时候它们的价格会上升或者下降。

一、影响货币需求的因素

1．持久性收入和财富的构成

弗里德曼认为，收入或财富的变化是影响货币数量的主要因素之一。财富总额是包括货币资产在内的各种资产的总和。实际中财富总额难以直接计量，他便用收入变量来替代。为此，弗里德曼提出了持久性收入的概念。持久性收入表示一个人的所有财富在相当长的一个时期内获得的收入流量，相当于过去、现在和未来的加权平均数，可以理解为预期未来收入的折现值或预期的长期平均收入，货币需求与它正相关。

弗里德曼进一步把财富分成两种，人力财富和非人力财富。人力财富指的是一个人靠自己的劳动获得财富的能力；非人力财富指的是靠资本所有权所取得的财富，是物质性财富。人力财富不容易转化为货币。所以在总财富中人力财富所占的比例越大，用于谨慎动机的货币需求也就越大；而非人力财富所占的比例越大，则货币需求相对越小。这样，非人力财富占个人总财富的比例与货币需求负相关。

2．资产预期收益

人们持有资产是为了带来收益，对于各种不同资产组合可能带来的预期收益在人们决定持有更多或更少的货币时，成为一个重要因素。当货币以通货方式出现时，没有利息收益。实际上，如果遇上通货膨胀，货币还会贬值，这时的货币预期收益一般小于零。当货币以收取服务费为条件的活期存款方式出现时，预期收益也小于零。当货币以有利息的活期存款和定期存款形式出现时，预期收益为正。其他可以生息的金融资产，比如股票和债券等，预期收益一般也大于零。如果这些非货币资产的预期收益提高，那么人们就会减少货币的持有量。反之，就会增加货币的持有量，从而影响货币的需求。考虑预期收益的时候需要和通货膨胀联系起来，通货膨胀使得货币贬值，但是房屋和土地等物质资产的价格会随之上升，可以取得收益。因此，通货膨胀的变动，也会影响货币需求。

3．货币的效用

和选择商品一样，选择资产的种类也要看各种资产能给人们带来多少效用。这里，货币的效用主要是指货币的流动性，即人们持有货币可以用来进行日常支付，可以用来应付不时之需，还可以投机获利。这种效用无法准确地衡量，但是它确实存在，并且和其他一些灵活的因素，比如个人嗜好和兴趣等一起影响货币的需求。

二、弗里德曼的货币需求函数

了解了影响货币需求的各种因素，我们来看弗里德曼的货币需求函数：

$$\frac{M_d}{P} = f(r_m, r_b, r_e, \frac{1}{p} \cdot \frac{dp}{dt}, Y, w, u) \qquad (11.6)$$

下面我们按照弗里德曼的假设来分析上式，P 是一般价格水平。r_m 是预期的货币收益率，假定它的值为零，可以忽略不计；r_b 是预期的债券收益率；r_e 是预期的股票收益率；而对于这三者的影响，弗里德曼为了研究方便，都将它们最终归结为市场利率 r 的作用。$\frac{1}{p}\cdot\frac{dp}{dt}$ 是预期物价变动率，即预期的真实资产收益率，它的值相对稳定，因为物价的变动率在短期内变化不大，对货币需求影响可以忽略不计。Y 是实际的持久性收入。w 是非人力财富在总财富中所占的比例，可以把它假定为一个常量，因为在一定的时期内财富的构成比例相对稳定，不会引起货币需求的极大波动。最后，u 是除了收入以外的其他任何可能影响货币效用的变量，它也是比较稳定的量，因为在短期内人们的嗜好和兴趣等不会发生大的变化，对货币的流动性偏好及货币效用本身都不会产生大的影响。

有了以上的假定分析，弗里德曼的货币需求函数就可以简化为：

$$\frac{M_d}{P}=f(Y,r) \tag{11.7}$$

即货币需求最终由人们的收入和市场利率决定，这与凯恩斯的理论相似。但是，在对此函数进一步的分析论证中，弗里德曼认为，该货币需求函数的重要特性是其稳定性。他通过研究认为，货币需求的利率弹性非常小，可以近似为零，利率对于人们的货币需求的影响非常小，这与凯恩斯的理论大相径庭。另外，他用持久收入代替了现期收入，这必然减少了收入的波动性，从而使得货币需求函数更加稳定。这一切都为弗里德曼的单一货币政策奠定了基础。按照他的具体计算，中央银行一般以 4%到 5%的幅度增加货币供给量，国民经济就能顺利的运行。

三、几种货币需求理论的比较

我们现在来比较学过的三种货币需求理论。弗里德曼的现代货币数量论的基本原则与传统货币数量论相同，都强调了货币供给量的重要作用。回想传统的货币数量公式 MV = PY 和 M =kPY。我们可以看出，如果把其中的 k 和 V 看作是由 r_m、r_b、r_e、$\frac{1}{p}\cdot\frac{dp}{dt}$ 以及 w 等因素共同作用的结果，则现代货币数量论与剑桥方程式或者交易方程式都极其相似。这说明它们的理论逻辑是一致的。不同之处在于：首先，虽然它们都将 k 和 V 看作是不变的常数，但是传统的货币需求理论认为两者是由制度决定的常数，而弗里德曼则把货币流通速度看作是几个可观察的变量 r_m、r_b、r_e、$\frac{1}{p}\cdot\frac{dp}{dt}$共同决定的函数。因为这些变量是稳定的，所以 V 才是稳定的。其次，在传统的货币数量论中，Y 是现期交易水平的代表，而在现代货币数量论中，Y 是持久性收入的代表，后者具有更稳定的特点。最后，传统的货币数量论认为，货币流通速度和商品以及劳务总量在短期内都不会发生变动，所以物价水平 P 就直接决定于货币的数量。而弗里德曼则认为，货币供给量的变动不但可以影响物价总水平，还可以对总的国民收入水平和总的就业水平产生影响。如果经济处于严重衰退时期，增加货币供给量可以在一定程度上提高产量，增加就业。如果经济已经处于充分就业状态，增加货币供给量只会带来通货膨胀。货币供给量究竟给经济带来怎样的影响，完全取决于经济处于什么样的状态。总之，从短期来看变动货币供给量影响的是总产量，从长期来看则是影响物价水平。

弗里德曼的货币需求理论和凯恩斯的货币需求理论的主要区别体现在对利率作用的理解上，弗里德曼认为货币需求对利率的弹性非常小，可以忽略不计。而凯恩斯则强调利率的变动直接影响就业和国民收入的变动，最终必然影响货币需求量。弗里德曼认为货币供应量直接影响国民收入，影响物价，而货币供应量是稳定的可以预测的，因而提倡单一的货币政策。而凯恩斯坚持利率的传导机制，改变货币供应量只不过是通过影响利率的升降来影响经济的运行，货币需求受未来利率不确定性的影响，因而也不稳定，货币供应量的增减也要随之改变。

第五节　货币供给

本节我们来了解货币供给的机制。先回想一下货币供给的概念，它既包括公众手中的通货，又包括家庭在银行中可用于交易需求的存款，比如支票账户，即货币供给 = 通货 + 活期存款。为了理解货币供给，我们必须理解在现代银行制度下通货和活期存款之间的相互关系。中央银行通过公开市场业务（在二级市场买卖债券）增加或减少流通中的货币量来控制货币供给量，但中央银行并不是按照经济中所需的货币增加量直接增加同样数量的货币量，而是通过银行系统自身的货币创造过程，增减相应的基础货币量来实现的。要理解这一点，我们首先来了解现代银行制度。

一、现代银行制度

现代银行体系由中央银行和商业银行组成。中央银行是一个国家的金融（管理）机关，其主要职能是借助各种工具执行国家的货币金融政策而不是在资金融通中经营获利。英国的中央银行是英格兰银行，日本的中央银行是日本银行，美国的中央银行是联邦储备体系，我国的中央银行是中国人民银行。

一般来说，中央银行的职能主要有三种：一是垄断发行一国的法定货币，并负责管理全国的货币制度，控制货币供给与信用状况，故称发行的银行；二是接受并集中保管各商业银行缴存的存款准备金，在必要时向各银行提供贷款或再贴现（对商业银行的贴现票据进行再次贴现）以支持商业银行，还为各商业银行集中办理全国的结算业务并向其提供有关的金融信息，故称银行的银行；三是代理政府发行公债，代理国库，管理国家的外汇，代表政府与外国发生金融业务关系，制定和推行国家的货币金融政策，监管全国金融市场活动，故又称政府的银行。

商业银行的称呼源于向银行借款的人都从事商业活动，但后来工业、农业、建筑业、消费者也都日益依赖商业银行融通资金，故其客户遍及经济各部门，业务也多种多样，只是商业银行的旧称仍沿用至今。商业银行以追逐最大利益为目标，其主要业务是负债业务、资产业务和中间业务。负债业务主要是吸收存款，包括活期存款、定期存款和储蓄存款。资产业务主要是指贷款和投资，贷款业务是为企业提供贷款（主要为短期），包括票据贴现、抵押贷款等。投资业务就是购买有价证券以取得利息收入。中间业务是指代理客户办理支付事项和其他委托事项并从中收取手续费的业务。

二、法定准备金制度

公众把手中的货币存入商业银行之后，商业银行对所吸收的存款负有随时支付的义务。但是银行接收当日的存款不一定能够应付当日的提款，这就要求银行不能把以前所有的存款全部贷出去，必须留有一定数量的货币，以备储户随时来提取。法定准备金制度就是商业银行必须将全部存款的一定百分比保持为现金形态以应付公众提取现金的需要，其余部分才可用于贷款或投资。

存款准备金制度能确保银行应付提款，预防银行产生信用危机而倒闭，还能控制银行的贷款速度和规模，从而控制货币供给量。各国中央银行对商业银行和其他金融机构所吸收的存款，规定了一个必须达到的准备金额度，我们称之为法定准备金。法定准备金占存款总额的比率我们称之为法定准备金率，用 rr 来表示。若 rr = 10%，则表示银行每吸收 100 美元的存款，必须保有的准备金是 10 美元。除了保留法定的准备金外，出于安全考虑，如宏观经济形势所趋、手头资金暂时没有可贷的对象或者缺少投资机会等，大多数银行都会另外自愿保留一定数量的超过法定准备金数额的准备金，我们称之为超额准备金，或者超额储备。相应的有超额准备金率或超额储备率，用 e 来表示。如果银行吸收了 100 美元的存款，法定准备金率 rr = 10%，银行保留的准备金为 12 美元，则 e = 2%，超额准备金是 2 美元。对于存款准备金，银行有自己的库存现金，以应付零星提款的需要，或者将准备金存入中央银行。在普遍使用支票的社会里，银行的存款准备金大部分是存放在中央银行，只有少部分留存在自己手中。中央银行按照法律规定可以在一定的范围内调整法定存款准备金率。商业银行必须按照中央银行规定的准备金率提取准备金并将其存入中央银行，扣除准备金之后的存款才能贷放出去。这一点将在以后有关货币政策的章节中作更加具体的解释。

三、货币创造

在法定准备金制度下，当中央银行新发行一笔通货C并流入银行后，就意味着银行体系增加了一笔存款准备金，经过银行体系一连串的存款—贷款—再存款—再贷款，即所谓的存款创造机制，由此引发的新增存款总额将是新发行通货的若干倍。这里所讨论的银行存款创造有两个前提条件，即存款法定准备金制度和实行非现金结算制度。非现金结算制度是指客户将所有收入的现金都存入银行，银行对外放款不需要支付现金而只需进行转账即可。下面举例说明商业银行存款创造的过程，先作三条假定：（1）每家银行只保留法定准备金，其余部分全部贷出，超额准备金为零。这样银行每增加一笔存款时，只是法定存款准备金相应地增加。（2）客户收入的一切款项全部存入银行，而且不提取现金。（3）假定银行存款只有活期存款，没有定期存款。

现在假定中央银行为了增加货币供给量向某人购买国库券 10000 美元，他把货币存进银行 A，我们称为第一级银行，假定法定存款准备金率是 20%，则第一级银行把 10000 美元存款中的 2000 美元作为准备金，并贷出其余的 8000 美元。需要注意的是，当第一级银行贷出这笔存款时，它就增加了货币供给 8000 美元。在发放贷款之前，货币供给是 10000 美元，等于该银行的存款。在发放贷款之后，货币供给是 18000 美元。因为此时存款人仍然有 10000 美元的活期存款，而借款人则持有 8000 美元的通货。所以，在银行准备金制度下，银行体系创造了货币。

如表 11.1 所示，货币创造的过程并没有停止，借款者会将这 8000 美元存在另外一家银行，即第二级银行，或者借款人用这 8000 美元向他人支付，他人又把这笔钱存入银行，这 8000 美元的存款又叫作派生存款，是由贷款派生出来的。第二级银行同样会按照 20%的存款准备金率留存准备金 1600 美元，然后贷出 6400 美元。这笔贷款同样被借款者存进第三级银行，第三级银行留存 1280 美元，贷出剩下的 5120 美元……如此反复，存款—贷款—再存款—再贷款……每一轮贷款金额及派生存款都比上一轮递减 20%，最后直到减为零，存款创造过程结束。

表 11.1　货币创造过程

银行	存款	贷款	准备金
第一级银行	10000	8000	2000
第二级银行	8000	6400	1600
第三级银行	6400	5120	1280
……	…	…	…
合计	50000	40000	10000

原来的 10000 美元创造的货币量是：

$$10000+8000+6400+5120+\cdots$$
$$=10000[1+(1\text{-}20\%)+(1\text{-}20\%)^2+(1\text{-}20\%)^3+\cdots+(1\text{-}20\%)^n+\cdots]$$
$$=\frac{10000}{1-0.8}=50000\text{ 美元}$$

从上例可以看出，存款总额 D 同原始存款 R 以及法定准备金率 rr 之间的关系为：

$$D=\frac{1}{rr}\cdot R \tag{11.8}$$

由此我们知道，当中央银行增加的一笔货币供应量流入公众手中时，通过银行的货币创造过程，货币供应量即活期存款总和将扩大为新增货币量的 $\frac{1}{rr}$ 倍。这个 $\frac{1}{rr}$ 就是假定条件下的货币创造乘数，它是法定准备金率的倒数。上例中 rr=20%，则存款创造乘数为 5，初始存款为 10000 美元，银行活期存款总额为 50000 元。若 rr=10%，则存款创造乘数为 10，初始存款为 10000 美元，银行活期存款总额为 100000 美元。可见，法定准备率在银行存款创造中起着控制器的作用。较低的法定准备金率对应着一个较大的存款创造乘数，活期存款总额就较多；较高的法定准备金率则对应着一个较小的存款创造乘数，活期存款总额就较少。这是因为 rr 值越大，每一轮可用于贷款的金额越少，每一轮“漏出”的金额越多，因而每一轮由存款创造的金额越小，从而各轮派生存款之和越小，所以乘数也就越小。

我们还要注意两种特殊的情况：一种情况是 rr=100%，这就是说银行必须留存的存款准备金等于它吸收的存款，此时存款创造乘数等于 1。也就意味着在这种情况下，由于银行新增存款全部用于准备金，因而没有新的贷款，从而没有派生存款。另一种极端情况是法定准备金为零，即银行新增存款可以全部贷出，每一轮贷款所“漏出”的金额为零，在这种情况下，存款创造乘数为无穷大，即派生存款将无限扩大。好在现实的生活中不可能发生这种情况，人们出于各种目的而需要持有现金，从银行贷出的货币也不会再全部存回银行，银行的法定准备金率也不可能为零，所以银行不可能创造出无穷大的货币供给。

上面的货币创造作了一些假定，因而得到的货币乘数较为简单。现在我们放弃这些假定，引入货币创造过程中一些“漏出”的量，来更加接近现实地了解货币乘数。

1. 银行超额准备金的影响。事实上，银行可能为了应付各种意外的情况而持有少量的超额准备金。由于银行持有超额准备金，银行用于放款的资金就会减少，银行存款创造的能力就会削弱，从而引起存款创造乘数的变动。用 e 表示超额准备金率（e=超额准备金/活期存款总额），则存款总额为 $D=\frac{R}{rr+e}$，存款创造乘数相应地变为 $K=\frac{1}{rr+e}$。

2. 现金漏出的影响。假如客户将得到的贷款不全部存入银行，而抽出一定比例现金，这也是一种漏出。这种银行存款总额减少的情况和上一种类似。假设现金占存款的比率 $c=\frac{C}{D}$，则存款总额为：

$D=\frac{R}{rr+e+c}$，存款乘数为 $K=\frac{1}{rr+e+c}$。

四、影响货币供给的因素

从以上的分析我们知道，公众把手中持有的货币存入银行以后，银行的超额准备金就会增加，这就为存款扩张和货币创造提供了基础。基础货币包括公众与商业银行持有的现金以及商业银行在中央银行的存款，即基础货币 = 流通中的现金 + 商业银行库存现金（超额准备金 ER）+商业银行在中央银行的存款（法定准备金 RR），用公式表示为：$B = C + ER + RR$ 。基础货币也叫货币基础，是一种高能量的货币，每增加一定量的基础货币，在货币乘数的作用下，将导致数倍的货币供给的增加，因此又称为高能货币。

我们仅对狭义的货币 M_1 进行考察，$M = C + D$，则有货币乘数：

$$K = \frac{M}{B} = \frac{C + D}{C + ER + RR}$$

再将分子分母同除以 D，得到：

$$K = \frac{M}{B} = \frac{\frac{C}{D} + 1}{\frac{C}{D} + \frac{ER}{D} + \frac{RR}{D}} = \frac{c + 1}{c + e + rr}$$

由此，我们得到狭义的货币供给函数：$M = \frac{c + 1}{c + e + rr} \times B$ 。

现在，我们可以清楚地看到，货币供给量由货币乘数和基础货币共同来决定，从而不难找出影响货币供给量的因素：

1．基础货币的增加引起货币供给量按照同样的百分比增加。

2．法定准备金率越低，银行进行的贷款就越多，从而可以创造的货币也越多，所以法定准备金率的下降提高了货币乘数，增加了货币供给。

3．同法定准备金率一样，超额准备金率的下降也提高了货币乘数，增加了货币供给。

4．现金存款比率越低，公众作为通货持有的基础货币越少，银行作为准备金持有的基础货币越多，也就能够创造出更多的货币，所以现金存款比率下降也能增加货币供给。

最后，需要注意的是，尽管现代银行体系可以创造货币，但是它并不能给社会带来实际财富的增加。当银行把一些人的存款贷给另外一些人时，借款人获得了用这些贷款进行交易的能力，从而创造了货币供给。但是同时，借款人也承担了对银行的还款义务，所以，借贷款本身并不能使一些人变富或者变穷。货币创造的本身不创造财富，但是却大大增加了经济的流动性。

第六节 货币市场的均衡和均衡利率

一、均衡利率的决定

每个市场都有一个均衡状态，在产品市场上，当某种商品的供给等于需求时，商品的价格就被唯一地确定下来，价格调节产品市场的供求。同样，在货币市场上，当货币的需求和供给达到均衡状态时，市场利率就被确定下来，利率就相当于货币的市场价格。这种使得货币需求与货币供给相等的利率，称为均衡利率。和普通商品均衡价格实现的不同之处在于：在普通商品市场上，价格的变动同时引起供给和需求的变动，并最终达到供求平衡。而在货币市场中，货币的供给是由中央银行给定的，我们通常假定货币供给是一个外生变量，因此货币的供给一定时，供求由失衡趋向平衡只是通过货币的需求一方的变动来实现的。下面我们用凯恩斯的理论来分析货币市场的均衡。均衡条件用公式表示为：

$$M_d = M_s = M_0 \tag{11.9}$$

$$\frac{M_d}{P} = \frac{M_s}{P} = kY - hr \tag{11.10}$$

其中，M_d 和 M_s 分别表示货币需求、货币供给。M_0 代表由中央银行决定的某个货币供给量。当实际的货币供求相等时，货币市场达到了均衡。均衡状态如图 11-4 所示。

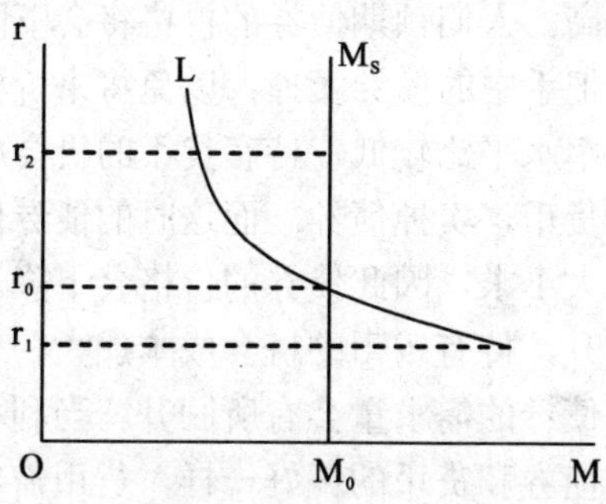

图 11-4　均衡利率的决定

在一定的国民收入水平和价格条件下，货币需求曲线是一条向右下方倾斜的曲线，即货币需求随着利率的降低而升高。货币供给由于是外生给定的，它是一条垂直于横坐标的直线，不受利率改变的影响。货币供给曲线 M_S 和货币需求曲线 L 的交点，即为货币市场的均衡点，在这一点上中央银行所提供的货币供给量正好等于公众所愿意持有的货币量。这时的利率水平 r_0 就是均衡利率。

现在我们来讨论利率是怎样调节货币市场，使得货币市场达到均衡状态的。如图 11-4 所示，首先我们来看利率水平等于 r_2 的状态，这时货币供给量是给定量 M_0，而货币需求量小于供给量。因为这时的利率水平比较高，人们持有不能生息的货币的机会成本就比较大。同时债券的价格与利率水平成反比，价格相对较低，人们都预期债券会在将来某个时期升值，于是人们都不愿意持有货币，纷纷购买债券以求得利益最大化。而债券的数量有限，大家都去买债券，这样做的后果使得债券的价格上升，而利率的水平就会下降。随着利率水平的下降，人们持有货币的机会成本就会减小。这样，买债券的人就会越来越少，愿意把货币留在手中的人越来越多，货币需求量上升，直到利率下降到 r_0 的水平，人们对持有债券和货币的偏好一样，货币需求等于供给，货币市场重新达到均衡。

再来看相反的情况，在利率等于 r_1 时，这时货币供给量不变，货币需求量大于货币供给量。因为这时的利率水平低于正常水平，债券的价格就相对比较高。人们预期债券的价格将会下降，所以谁都不愿意去买债券，都想把手中的债券卖掉，以免将来价格下跌给自己造成损失。同时由于利率水平比较低，持有货币的机会成本就比较小，所以人们都愿意持有货币，卖掉债券。而这时的债券价格又比较高，债券市场上必定是供大于求，因此债券的价格会下降。随着债券价格的下降，利率就会上升，持有货币的机会成本加大，这样人们的货币需求就会有所下降，债券的需求量会有所回升。当利率上升到均衡利率 r_0 时，人们对持有债券和货币的偏好一样，货币需求等于供给，货币市场重新达到均衡。

二、货币市场均衡的变动

均衡利率并不是固定不变的。当货币供给、收入水平发生变动时，货币市场的均衡状态也将随之发生变动，由旧的均衡调整至新的均衡，均衡利率也将调整至新的均衡利率。

1．货币供给量变动的影响

当货币供给量增加时，均衡利率下降；当货币供给量减少时，均衡利率上升。如图 11-5 所示，最初的货币供给量为 M_0，与货币需求曲线交于 E 点，则 E 为均衡点，r_0 为均衡利率。假设这时中央银行采取紧缩政策，货币供给量减少至 M_1，也就是货币供给曲线由 M_0 移动到 M_1。在初始利率 r_0 下新的货币供给小于货币需求，货币市场的自动均衡机制将会起作用。于是，人们抛售债券换回货币，这将使债券价格下降，利率上升。利率的上升会使货币投机需求下降，从而使货币的总需求下降,沿着货币需求曲线向左上方移动。这一过程将持续到 E_1 点，此时均衡利率上升为 r_1，货币市场实现新的均衡。

当中央银行增加货币供给量时，假设货币供给量增加至 M_2，也就是货币供给曲线由 M_0 移动到 M_2。在初始利率 r_0 下新的货币供给量大于货币需求量，货币市场的自动均衡机制将会起作用。于是，人们增加债券的购买，导致债券价格上涨。债券价格上涨又会使利率下降，利率的下降使货币投机需求上升，从而使货币的总需求上升,沿着货币需求曲线向右下方移动。这一过程将持续到 E_2 点，此时均衡利率降为

r_2，货币市场实现新的均衡。

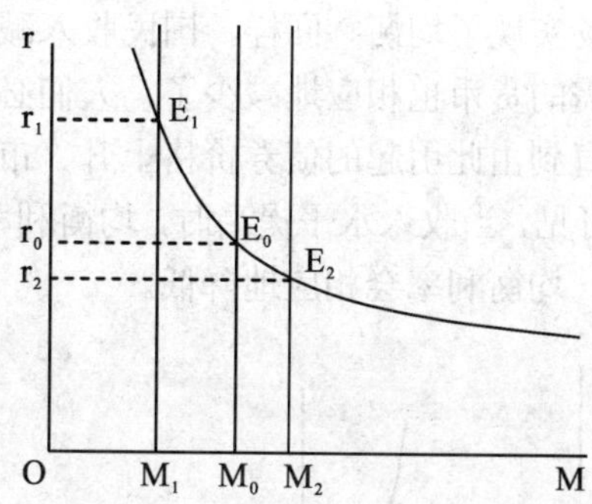

图 11-5　货币供给量变动对均衡利率的影响

这里需要指出的是，当中央银行一直加大货币供给量，到达货币需求曲线的水平状态时，就是凯恩斯所说的流动偏好陷阱。在这种状态下，不管政府增加多少货币，使得货币供给曲线向右移动多少，都不可能使利率下降。因为这时人们预期利率已经下降到了不能再下降的程度，债券的价格达到最高，所以谁都不愿意再去买债券，有再多的货币也愿意留在手中，货币需求无限大，均衡利率不变。

2．一般价格水平的影响

当货币市场处于均衡状态，需求供给都不变，如果这时价格水平发生变化，就会影响实际货币供给量。价格水平下降，则实际货币供给量增加，供给曲线向右移动，通过类似分析，最终形成低于原均衡利率水平的新的均衡利率。价格水平上升，则实际货币供给量下降，供给曲线向左移动，最终形成高于原均衡利率水平的新的均衡利率。

3．实际收入水平变动的影响

当货币市场达到均衡状态时，如果原先假定不变的实际国民收入水平发生了变化，也会影响货币市场的均衡。如图 11-6 所示，假设原先的货币需求曲线为 L_0，现假设收入水平提高了，人们有了更多的钱，这样出于交易动机的货币需求相应增加了。由于货币供给保持不变，因此人们必须抛售债券换取货币，以应付新增的货币交易需求。人们抛售债券换取货币的活动迫使债券价格下跌，利率上升，直至货币市场再次达到均衡。在图中表现为货币需求曲线向上移动至 L_1，此时的利率为 r_1，货币市场实现了均衡。同样，国民收入减少的情况就意味着出于交易动机所需的货币也相应地减少了，人们必然会用多余的货币来购买债券，一直到由此引起的债券价格上升、市场利率下降到均衡利率为止。由此可见，当收入水平提高时，均衡利率会相应地提高；当收入水平下降时，均衡利率会相应地降低。

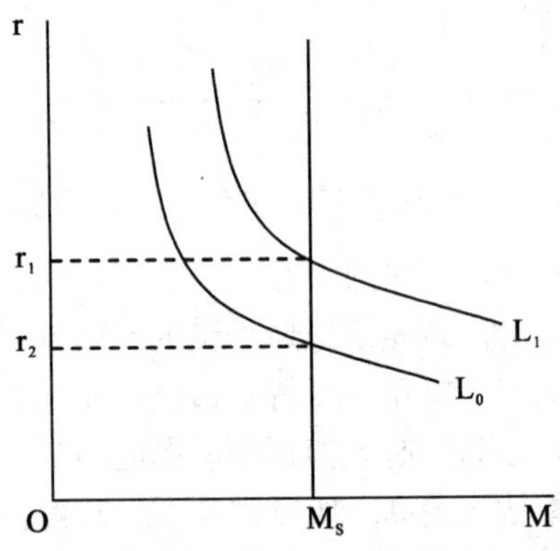

图 11-6　实际收入水平提高对均衡利率的影响

第十二章　产品市场和货币市场的一般均衡分析

在第十和十一章中我们分别讨论了产品市场和货币市场，但并没有考虑两个市场之间的联系。本章将考察这两个市场相互作用的情况。这种相互作用是通过利率、投资、货币需求与收入等变量之间的关系来实现的。基于此目的，我们介绍一个经典模型，即 IS－LM 模型，并运用该模型分析宏观经济的运行。IS－LM 模型是短期宏观经济学的核心，是宏观经济分析的基本工具。

第一节　产品市场与 IS 曲线

在本节，我们利用收入支出模型推导出 IS 曲线，IS 曲线表示使收入（表现为产品供给）等于支出（表现为产品需求）的利率与收入水平的各个组合，并讨论 IS 曲线的斜率及 IS 曲线的移动。

一、IS 曲线的推导

首先让我们回顾第十章曾经讨论过的投资函数，其代数形式为：

$$I = \bar{I} - bi \qquad b>0 \qquad (12.1)$$

其中，i 是利率，系数 b 表示计划投资支出对利率的反映程度，对于相同的利率水平，如果 b 越大，则计划投资支出越少；反之，如果 b 越小，则计划投资支出越多。$\bar{I}$ 表示自主投资，即不取决于利率的投资。方程（12.1）说明了利率对计划投资支出的影响，即利率越低，计划投资支出越高；利率越高，则计划投资支出越少。

如图 12-1 所示，图中斜线表示在每一利率水平上，计划投资的支出量。曲线斜率为负，表示投资与利率负相关。其经济意义是，降低利率会引起更大计划投资的可能性。

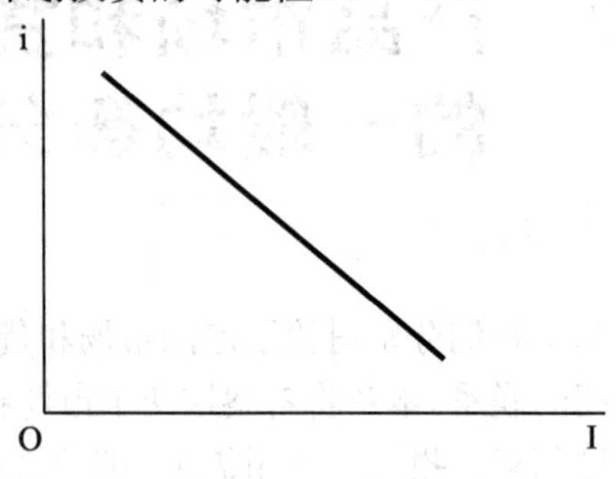

图 12-1 投资曲线

投资曲线的位置取决于斜率与自主投资 $\bar{I}$ 的大小。如果斜率的绝对值越大，则表明计划投资支出受利率变化的影响越小，曲线越陡峭；反之如果斜率的绝对值越小，则表明计划投资支出受利率变化的影响越大，曲线越平坦。自主投资 $\bar{I}$ 的变化，使投资曲线左右移动。自主投资 $\bar{I}$ 越大，则在同一利率水平上的投资支出越大，表现为曲线离原点越远。

接下来我们把上述投资函数引入总需求函数，从而建立总需求与利率的关系。由第十章的讨论我们知道，总需求包含消费、投资、政府支出和净出口，其中只有投资取决于利率，则：

$$
\begin{aligned}
AD &= C+I+G+NX \\
&= [\overline{C} + c\overline{TR} + c(1-t)Y] + (\bar{I} - bi) + \overline{G} + \overline{NX} \\
&= \overline{A} + c(1-t)Y - bi \qquad (12.2)
\end{aligned}
$$

其中 C 表示边际消费倾向，且

$$\overline{A} = \overline{C} + c\overline{TR} + \bar{I} + \overline{G} + \overline{NX} \qquad (12.3)$$

从方程（12.2）可以看出，在收入及其他因素既定的情况下，利率的变化影响总需求。根据前面的讨论，利率提高，计划投资支出相应减少，从而使总需求减少。应注意 $\overline{A}$ 是总需求中既不受收入水平影响，又不受利率水平影响的部分。

根据第十章的收入支出模型，我们可以计算出均衡收入。在任何给定的利率水平，我们仍然能够根据前述的收入支出模型，计算出相应的均衡收入水平。当利率变动时，均衡收入也发生相应变动。这里，我们利用图 12-2 来推导出 IS 曲线。

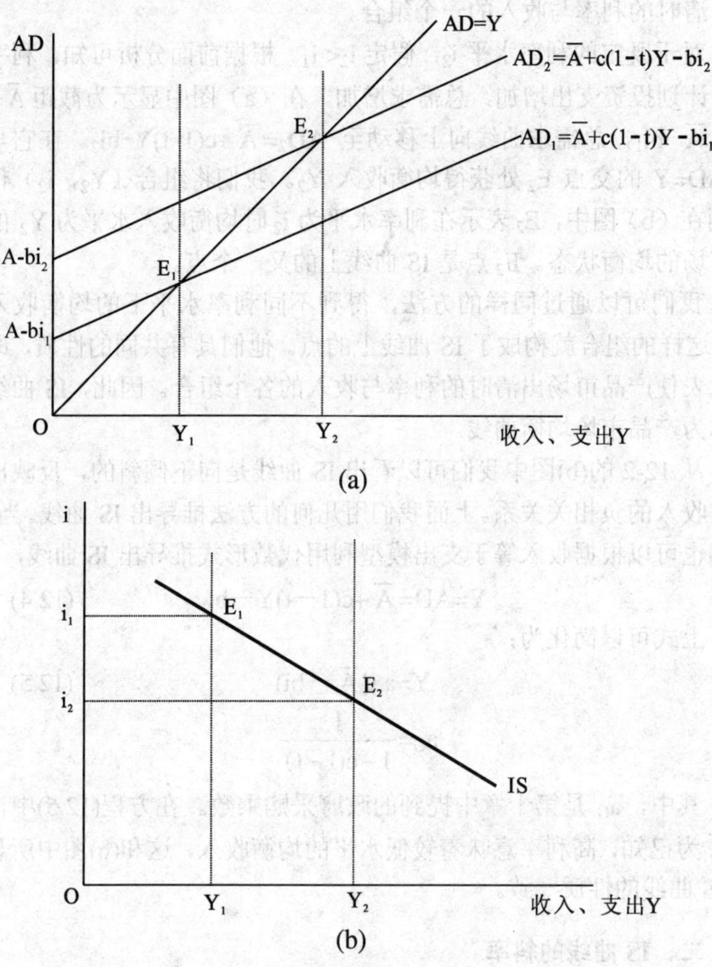

图 12-2　IS 曲线的推导

若给定利率水平 i_1，在图 12-2（a）中，可以画出总需求函数

$AD_1=\overline{A}+c(1-t)Y-bi_1$，其截距为常数项$\overline{A}-bi_1$。在总需求曲线 AD_1 与直线 AD=Y 的交点 E_1 处获得均衡收入水平 Y_1。因为均衡收入水平 Y_1 是由给定的利率水平 i_1 推导而来，所以我们将该组合（Y_1，i_1）作为点 E_1 画在（b）图上，从而获得 IS 曲线上的一点 E_1——这就是产品市场出清时的利率与收入的一个组合。

对于既定的利率水平 i_2，假定 $i_2< i_1$。根据前面分析可知，利率降低，计划投资支出增加，总需求增加。在（a）图中显示为截距$\overline{A}-bi_2$大于$\overline{A}-bi_1$，总需求曲线向上移动至 $AD_2=\overline{A}+c(1-t)Y-bi_2$。在它与直线 AD=Y 的交点 E_2 处获得均衡收入 Y_2。我们将组合（Y_2，i_2）作为 E_2 画在（b）图中，E_2 表示在利率水平为 i_2 时均衡收入水平为 Y_2 的产品市场的均衡状态。E_2 点是 IS 曲线上的又一个点。

我们可以通过同样的方法，得到不同利率水平下的均衡收入水平，这样的组合就构成了 IS 曲线上的点。他们具有共同的性质，即它们代表使产品市场出清时的利率与收入的各个组合。因此，IS 曲线也被称为产品市场均衡曲线。

从 12-2 的(b)图中我们可以看出 IS 曲线是向下倾斜的，反映出利率与收入的负相关关系。上面我们用几何的方法推导出 IS 曲线。当然，我们也可以根据收入等于支出模型利用代数形式推导出 IS 曲线，即：

$$Y=AD=\overline{A}+c(1-t)Y-bi \tag{12.4}$$

上式可以简化为：

$$Y=a_G(\overline{A}-bi) \tag{12.5}$$

$$a_G=\frac{1}{1-c(1-t)}$$

其中，a_G 是第十章中提到的政府采购乘数。在方程(12.5)中，如果$\overline{A}$为已知，高利率意味着较低水平的均衡收入，这和(b)图中所显示的 IS 曲线的性质一致。

二、IS 曲线的斜率

从上面的推导结果可以看出 IS 曲线的斜率为负。这是因为利率与计划投资支出负相关，而计划投资支出与总需求正相关，因此利率与总需求和均衡收入负相关。IS 曲线的斜率反映了均衡收入对利率变动的敏感程度。如果 IS 曲线的斜率较大，则表示利率变动引起的均衡收入的变化较小；反之，如果 IS 曲线的斜率较小，则利率的变动引起均衡收入的变化较大。我们可以通过图 12-3 来说明。

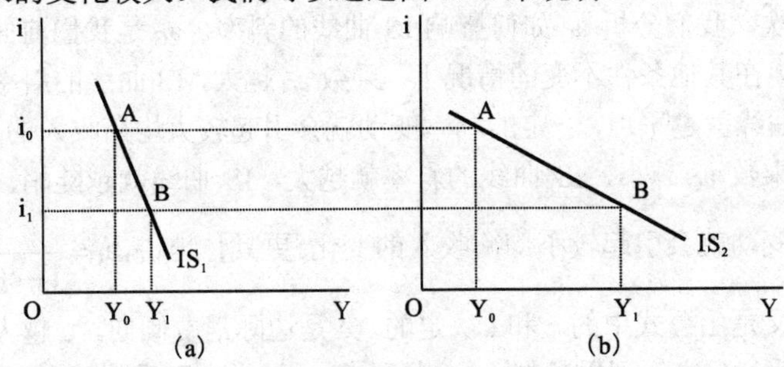

图 12-3　IS 曲线的斜率

在图 12-3 的(a)和(b)中，IS 曲线具有不同的斜率。IS_1 曲线的斜率比 IS_2 曲线的斜率大，因此 IS_1 曲线比 IS_2 曲线陡峭。当利率发生变动时，比如利率从 i_0 下降到 i_1 时，虽然二者的利率变化相同，但相应引起的均衡收入的变化却不同。(b)图中均衡收入的变化大于(a)图中均衡收入的变化。这说明，当 IS 曲线的斜率较大时，利率的变动引起的均衡收入的变化较小；当 IS 曲线的斜率较小时，利率的变动引起的均衡收入的变化较大。

那么 IS 曲线的斜率是由哪些因素决定的呢？我们变形方程(12.5)，将利率表示为均衡收入的函数：

$$i=\frac{\overline{A}}{b}-\frac{Y}{a_G b} \qquad (12.5a)$$

其中，Y 的系数 $\frac{1}{a_G b}$ 就是 IS 曲线的斜率，IS 曲线的斜率取决于 b 和 a_G 两个因素。

首先，我们分析 b 如何决定 IS 曲线的斜率。b 是投资函数 $I=\bar{I}-bi$ 的系数，表示计划投资支出对利率变动的敏感程度。在其他条件不变的情况下，b 越大，IS 曲线的斜率就越小，IS 曲线就越平坦，一定的利率变动就会引起较大的计划投资支出变化，根据加速原理会进一步引起总需求及均衡收入的较大变化；反之，b 越小，IS 曲线的斜率越大，IS 曲线就越陡峭，一定的利率变动就会引起较小的计划投资支出变化，根据加速原理会进一步引起总需求及均衡收入的较小变化。

其次，我们分析 a_G 如何影响 IS 曲线的斜率。a_G 是我们前面所讲的乘数，在其他条件不变的情况下，乘数 a_G 越大，IS 曲线的斜率就越小，IS 曲线就越平坦，一定的利率变动就会引起较大均衡收入的变化；反之，乘数 a_G 越小，IS 曲线的斜率就越大，IS 曲线就越陡峭，一定的利率变动就会引起较小均衡收入的变化。更具体地讲，$a_G=\dfrac{1}{1-c(1-t)}$ 的大小又是由公式中的 c 和 t 决定的。c 是边际消费倾向，c 越大，则乘数越大；反之，则乘数越小。t 是税率，t 越大，则乘数越小；反之，则乘数越大。

因此，我们可以看出乘数对 IS 曲线斜率的影响最终是通过边际消费倾向 c 和税率 t 实现的。而一般情况下，在较短的时期内，边际消费倾向 c 和税率 t 是比较稳定的，因此 IS 曲线的斜率主要取决于投资函数的系数 b。

三、IS 曲线的移动

在上文中，我们推导 IS 曲线时，假定 $\overline{A}$ 是不变的。如果 $\overline{A}$ 发生变动，就会导致 IS 曲线的移动。当 $\overline{A}$ 增加时，IS 曲线向右移动；反之，则向左移动。如图 12-4 所示。

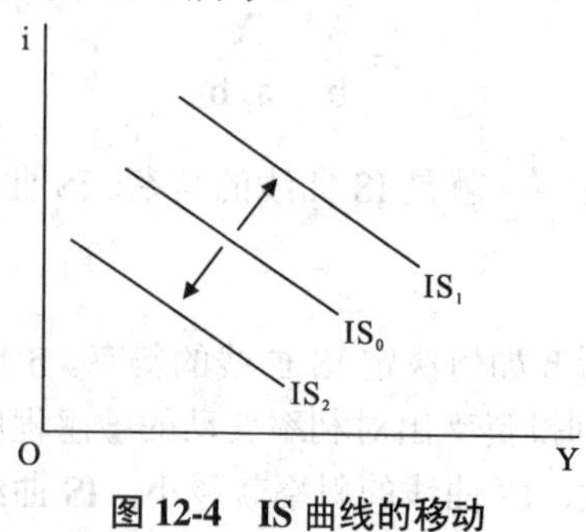

图 12-4 IS 曲线的移动

我们知道总需求中的自主部分 $\overline{A}$ 包括五项，即 $\overline{C}$ 、$c\overline{TR}$ 、$\overline{I}$ 、$\overline{G}$ 和 $\overline{NX}$ 。它们各自的变化都会影响 IS 曲线的位置。下面我们具体分析导致曲线移动的几个因素：

1．自主性消费需求 $\overline{C}$ 的变动。当消费者对未来经济前景感到乐观时，会减少储蓄，增加消费，那么在每一个利率水平上，自主性的消费需求都会增加，在乘数作用下，均衡收入会进一步增加，则 IS 曲线就会平行地向右上方移动；反之，当消费者对未来经济前景感到悲观时，会增加储蓄减少消费，那么在每一个利率水平上，自主性消费需求都会减少，在乘数作用下，均衡收入会进一步减少，则 IS 曲线就会平行地向左下方移动。

2．自主性投资支出 $\overline{I}$ 的变动。当厂商对未来经济前景感到乐观时，会增加自主性投资支出，那么在每一利率水平上，投资需求都会增加，并通过乘数作用引起均衡收入的相应增加，则 IS 曲线就会平行地向右上方移动；反之，当厂商对未来经济前景感到悲观时，会减少自主性投资支出，那么在每一利率水平上，投资需求都会减少，并通过乘数作用引起均衡收入的相应减少，则 IS 曲线就会平行地向左下方移动。

3. 政府支出的变动。政府支出包括政府转移支付 $\overline{TR}$ 和政府采购 $\overline{G}$ 。当经济衰退时，政府往往扩大政府支出，以增加总需求，并通过乘数作用进一步引起均衡收入的相应增加，则 IS 曲线就会平行地向右上方移动；反之，当经济过热时，政府往往缩减政府支出，以减少总需求，并通过乘数作用进一步引起均衡收入的相应减少，则 IS 曲线就会平行地向左下方移动。

4．净出口 $\overline{NX}$ 的变动。当净出口增加时，总需求增加，并通过乘数作用进一步引起均衡收入的相应增加，则 IS 曲线就会平行地向右上方移动；反之，当净出口减少时，总需求减少，并通过乘数作用进一步引起均衡收入的相应减少，则 IS 曲线就会平行地向左下方移动。

上述各因素的变动均导致 IS 曲线移动，通过方程（12.5）我们很容易发现移动的距离为 $\Delta Y= a_G \times \Delta \overline{A}$ 。

四、产品市场的失衡与自动调节

IS 曲线是产品市场均衡线，IS 曲线上任何一点都满足产品市场的均衡条件。相应地，IS 曲线以外的点则不能满足产品市场的均衡条件，产品市场处于失衡状态。如图 12-5 所示。

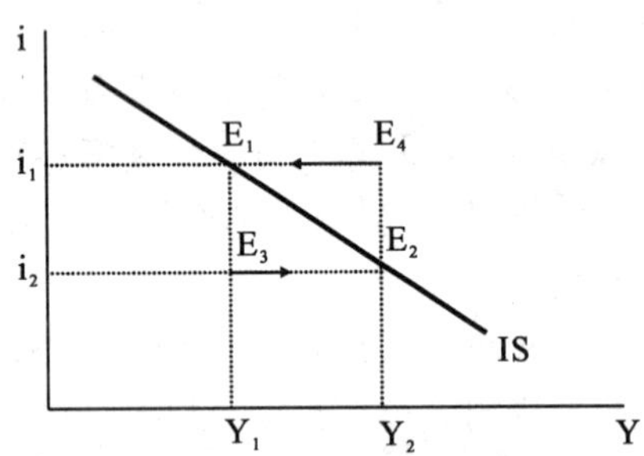

图 12-5 产品市场的失衡与调节

在图 12-5 中，IS 曲线把平面分成左右两个失衡区域。由于 IS 曲线上任何一点都能实现产品市场的均衡，因此，E_1 和 E_2 点都是产品市场的均衡点，满足收入等于支出。IS 曲线左下方任一点 E_3 是产品市场的失衡点，与 E_1 点相比，其对应的收入水平相同，但其利率 i_2 低于 E_1 点对应的利率 i_1，因此 E_3 点的意愿投资和消费需求会高于 E_1 点的意愿投资和消费需求，即支出意愿大于收入。同理，在 IS 曲线的右上方，E_4 点与 E_2 点相比，其对应的收入与 E_2 点相同，但其对应的利率 i_1 高于 E_2 点对应的 i_2，因此 E_4 的意愿投资和消费需求会低于 E_2 点的意愿投资和消费需求，即支出意愿小于收入。

显然，在 IS 曲线以外的点，产品市场处于失衡状态，但在市场机制的作用下，产品市场的均衡会自动实现。如图 12-5 中的 E_3 点，处于失衡状态，但因为它对应的利率低于 E_1 点对应的利率，从而刺激了投资和消费需求，使收入提高。这种调整过程持续到总需求和收入相等时为止。

第二节　货币市场与LM曲线

在本节我们利用第十一章的货币需求与货币供给理论推导出 LM 曲线，LM 曲线表示使货币需求等于货币供给时的利率与收入的各个组合。并讨论 LM 曲线的斜率及 LM 曲线的移动。

另外，有必要指出的是，本节所讲的货币需求与供给，如无特别说明，都是指实际的需求与供给。

一、LM 曲线的推导

通过上一章的学习，我们已经知道货币需求由货币的交易需求、预防需求和投机需求三个部分组成。其中货币的交易需求和预防需求主要取决于收入水平，是收入的增函数。货币的投机需求主要取决于利率水平，是利率水平的减函数。因此货币需求可以表示为：

$$L=kY-hi \quad （k、h>0） \tag{12.6}$$

其中，参数 k 与 h 分别表示货币需求对收入水平与利率变动的敏感程度。

为了研究问题的方便，我们常常假定货币的供给是由中央银行控制的。假定价格水平保持在 $\overline{P}$ 不变，名义货币供给给定为 $\overline{M}$ 水平，因此，实际货币供给处于 $\overline{M}/\overline{P}$ 水平。

货币市场的均衡就是指货币需求等于货币供给的状态。下面我们就利用均衡理论，用几何方法推导出 LM 曲线。

图 12-6 直观地描述了 LM 曲线推导的过程。在图 12-6 的（a）图中，纵轴表示利率，横轴表示实际货币，图中垂线表示货币供给，是既定的，用 $\overline{M}/\overline{P}$ 表示。L_1、L_2 表示不同收入水平 Y_1、Y_2 时的货币需求曲线。假定收入水平为 Y_1，这时货币需求函数为 $L_1=kY_1-hi$，是利率的减函数，在图中显示为向下的直线 L_1，它与货币供给曲线的交点为 E_1，因为这时货币市场处于均衡状态，因此我们得到货币市场的一个均衡利率 i_1，（Y_1，i_1）的组合正是 LM 曲线上的一点，即(b)图中的

E_1 点。

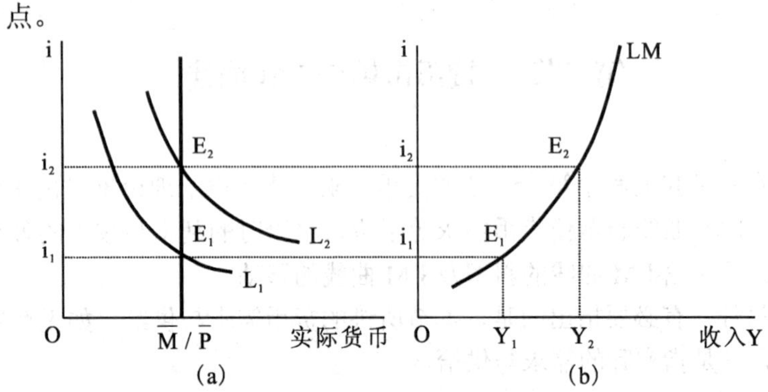

图 12-6 LM 曲线的推导

假定收入增加到 Y_2 ，这时货币需求曲线变为 $L_2=kY_2-hi$，与 L_1 不同的是常数项，又因为 $Y_2> Y_1$，所以 L_2 在 L_1 的右上方。给定货币供给是不变的，因此在收入水平为 Y_2 时，货币市场的均衡利率为 i_2，而且 $i_2> i_1$。（Y_2，i_2）的组合是 LM 曲线上的另一点 E_2。我们可以对所有不同的收入水平以同样的方法找出对应的利率，然后描绘在(b)图中，这样就得到了 LM 曲线。

LM 曲线上的点表示能使货币需求等于货币供给的所有利率与收入水平的组合，在曲线上，货币市场总是处于均衡状态。因此，LM 曲线也被称作货币市场均衡线。

我们也可以通过代数方式直接推导出 LM 曲线，货币市场均衡时，货币供给等于货币需求，因此有：

$$\overline{M}/\overline{P}=kY-hi$$

解得利率为：

$$i=\frac{1}{h}\left(kY-\frac{\overline{M}}{\overline{P}}\right) \qquad (12.7)$$

公式（12.7）就是 LM 曲线的函数表达式。

二、LM 曲线的斜率

从 LM 曲线的推导过程我们可以看出，LM 曲线的斜率为正。利率提高，会使货币需求减少，为了维持货币需求等于货币供给，收入水平必须增加。因此货币市场均衡意味着利率上升，收入水平也同时上升，表明了收入水平和利率的正相关关系。LM 曲线的斜率反映了收入对利率变动的敏感程度。如果 LM 曲线的斜率较大，则利率的变动引起收入水平的变化较小；反之，如果 LM 曲线的斜率较小，则利率的变动引起收入水平的变化较大。如图 12-7 所示。

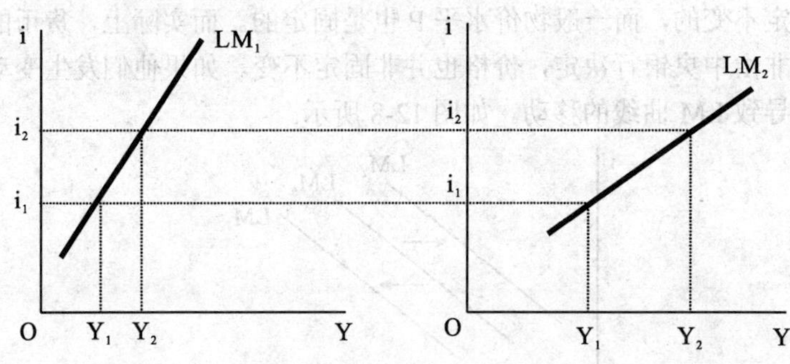

图 12-7　LM 曲线的斜率

那么 LM 曲线的斜率是由哪些因素决定的呢？从公式（12.7）可以看出，LM 曲线的斜率是由 k、h 两个因素决定的。

k 表示货币需求对收入的敏感程度，k 越大，一定的收入水平的变动，为了保持货币市场的均衡，则利率的变动也就越大，LM 曲线的斜率越大，LM 曲线越陡峭；反之，k 越小，一定的收入水平的变动，为了保持货币市场的均衡，则利率的变动也就越小，LM 曲线的斜率越小，LM 曲线越平坦。

h 表示货币需求对利率的敏感程度，如图 12-7 所示，h 越小，一定的利率水平的变动，为了保持货币市场的均衡，则收入水平的变化就越小，LM 曲线的斜率越大，LM 曲线越陡峭。特别地，当 h 趋向于 0 时，LM 曲线的斜率趋向于无穷大，LM 曲线近于垂直，在这种情况下，利率的变动对收入几乎没有影响；反之，h 越大，一定的利率水平的变动，为了保持货币市场的均衡，则收入水平的变化也就越大，LM 曲线的斜率越小，LM 曲线越平坦，特别地，当 h 趋向于+∞

时，LM 曲线的斜率趋向于 0，LM 曲线近于水平，在这种情况下，为了保持货币市场的均衡，利率的少量变动，收入水平必须相应进行较大的变动。

三、LM 曲线的移动

在推导 LM 曲线时，我们假定货币的供给 M 是由中央银行决定的，是固定不变的，而一般物价水平 P 也是固定的。而实际上，货币的供给并非由中央银行决定，价格也并非固定不变。如果他们发生变动，就会导致 LM 曲线的移动。如图 12-8 所示。

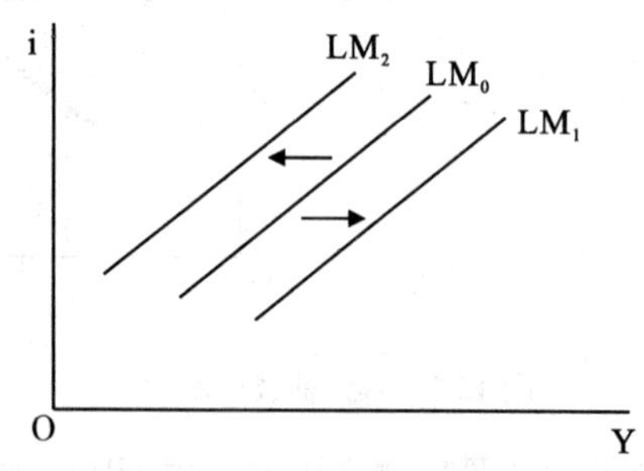

图 12-8 LM 曲线的移动

现在，我们具体分析货币的名义供给量 M 和一般物价水平 P 如何影响 LM 曲线的移动。

1. 名义货币供给量 M 的变动。若其他条件不变，名义货币供给量 M 的增加，使实际的货币供给量也相应增加，LM 曲线将会向右下方平行移动；反之，名义货币供给量 M 的减少，使实际货币供给量也相应减少，LM 曲线将会向左上方平行移动。因为市场利率是由货币需求和货币供给共同决定的，当货币需求不变时，货币供给的增加会导致利率的下降，从而刺激投资和消费，使得收入水平上升；反之，货币供给的减少会导致利率上升，从而抑制投资和消费，使得收入水平下降。

2. 物价水平的变动。物价水平会影响货币供给，从而影响 LM 曲线的位置。在名义货币供给量不变的情况下，如果物价水平下降，意味着实际货币供给增加，利率下降，从而使得 LM 曲线向右下方平行移动；反之，如果物价水平上升，意味着货币供给下降，利率提高，从而使得 LM 曲线向左上方平行移动。

四、货币市场的失衡与自动调节

LM 曲线是货币市场均衡线，LM 曲线上任何一点都满足货币市场的均衡条件。相应地，LM 曲线以外的点则不能满足货币市场的均衡条件，货币市场处于失衡状态。如图 12-9 所示。

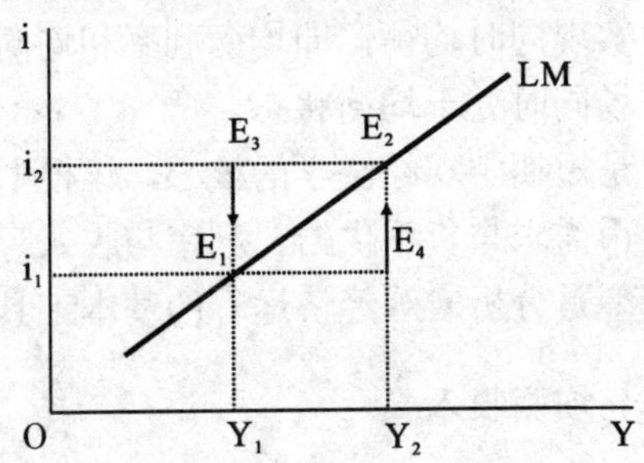

图 12-9 货币市场的失衡与调节

在图 12-9 中，LM 曲线把平面分成左右两个失衡区域。LM 曲线上任何一点都能实现货币市场的均衡，因此，E_1 和 E_2 点都是货币市场的均衡点，满足货币需求等于货币供给。LM 曲线左上方任一点 E_3 是货币市场的失衡点，与 E_1 点相比，它们对应的收入水平相同，但其利率 i_2 高于 E_1 点对应的利率 i_1，因此 E_3 点的意愿货币投机需求会低于 E_1 点，在货币交易需求不变的情况下，使得货币需求小于货币供给。同理，在 LM 曲线的右下方，E_4 点与 E_2 点相比，其对应的收入与 E_2 点对应的收入相同，但其对应的利率 i_1 低于 E_2 点对应的利率 i_2，因此 E_4 的意愿货币投机需求会高于 E_2 点，在货币交易需求不变的情况下，使得货币需求大于货币供给。

显然在 LM 曲线以外的点，货币市场处于失衡状态，但在市场机制的作用下，货币市场的均衡会自动实现。如图中 E_3 点，货币市场处于失衡状态，因为它对应的利率高于 E_1 点，使意愿的货币投机需求下降，则货币需求小于货币供给，从而使利率下降，这种调整过程持续到货币需求和供给相等时为止。

第三节 双重市场的均衡：IS–LM 模型

前两节我们分别讨论了产品市场均衡和货币市场均衡，推导出它们各自处于均衡状态必须满足的条件。本节我们把两个市场结合起来，分析两个市场如何实现同时均衡，即均衡利率和均衡收入水平必须使产品市场和货币市场同时处于均衡状态。

IS－LM 模型是短期宏观经济学的核心，该模型反映了宏观经济中投资与消费、货币需求与货币供给、利率与收入等经济变量之间的关系。因此，该模型是分析宏观经济运行的基本工具之一。

一、均衡利率与均衡收入

IS 曲线表示产品市场处于均衡状态时利率与收入的组合，LM 曲线表示货币市场处于均衡状态时利率与收入的组合，因此，我们可以在同一坐标轴上把它们之间的关系表示出来。又由于在 IS 曲线中收入和利率呈负相关关系，而在 LM 曲线中，收入与利率呈正相关关系，所以两条曲线必然相交，交点 E 表示两市场同时均衡的状态，这就是 IS－LM 模型。如图 12-10 所示。E 点对应的利率 i_0 和收入 Y_0 是使产品市场和货币市场同时均衡的均衡利率与均衡收入。

我们也可以通过两市场的均衡公式联立解出均衡利率 i_0 和均衡收入 Y_0。让我们回顾前面的内容，IS 曲线方程为：

$$i=\frac{\overline{A}}{b}-\frac{Y}{a_G b}$$

其中，b、$\overline{A}$、a_G 是已知的，则方程只含有 i 和 Y 两个变量。LM 曲线方程为：

$$i=\frac{1}{h}\left(kY-\frac{\overline{M}}{\overline{P}}\right)$$

其中，h、k、$\overline{M}/\overline{P}$ 是已知的，则方程也只有 i 和 Y 两个变量。把两个方程联立，解含有两个变量的方程组，就可以得出均衡利率和均衡收入。

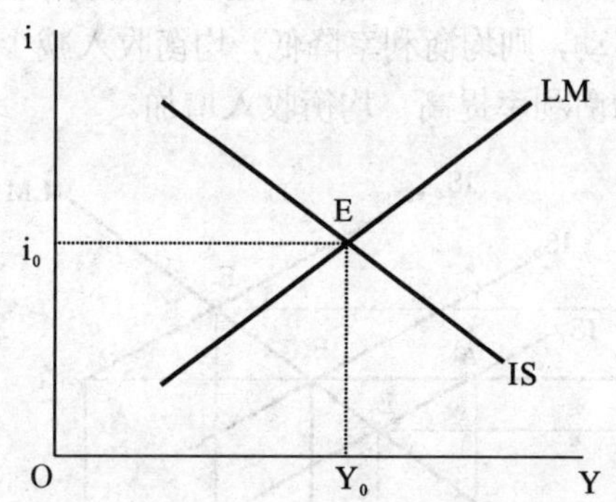

图 12-10　产品市场与货币市场的同时均衡

二、产品市场和货币市场均衡的变动

产品市场和货币市场的均衡一旦形成，并非固定不变。当产品市场或货币市场发生变化时，IS 曲线或 LM 曲线的位置就会发生相应的变化，从而引起均衡点的变动。

（一）IS 曲线的移动对均衡的影响

影响 IS 曲线移动的因素为自主支出 $\overline{A}$，包括自主性消费支出 $\overline{C}$、自主性投资支出 $\overline{I}$、政府支出以及净出口 $\overline{NX}$。下面我们以政府支出为例来说明 IS 曲线的移动是如何影响产品市场和货币市场的同时均衡的。

当政府支出增加时，总需求增加，在乘数作用下进一步引起均衡收入的相应增加，则 IS 曲线就会平行地向右上方移动；反之，政府支出减少，总需求减少，在乘数作用下进一步引起均衡收入的相应减少，则 IS 曲线就会平行地向左下方移动。在 LM 曲线不变的条件下，IS 曲线的移动就会引起均衡点的相应变动，如图 12-11 所示。IS_0 是初始状态的产品市场均衡曲线，与货币市场均衡曲线 LM 相交于 E_0 点，所对应的均衡利率为 i_0，均衡收入为 Y_0。当 IS_0 曲线向左下方移动到 IS_1 时，均衡点从 E_0 移到 E_1，所对应的均衡利率为 i_1，均衡收入为 Y_1。当 IS_0 曲线向右上方移动到 IS_2 时，均衡点从 E_0 移到 E_2，所对应的均衡利率为 i_2，均衡收入为 Y_2。因此，在 LM 曲线不变的条件下，若 IS 曲线向左下方移动，则均衡利率降低，均衡收入减少；若 IS 曲线向右上方移动，则均衡利率提高，均衡收入增加。

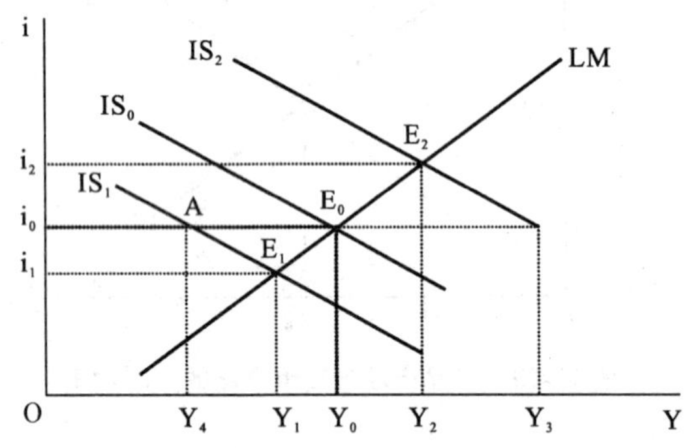

图 12-11 IS 曲线移动对均衡的影响

在仅有产品市场情况下,自主支出的增加使得收入水平提高。但在两个市场同时具备的情况下 IS 曲线的移动会导致两方面的影响。如果 LM 曲线不变，自主支出 $\overline{A}$ 增加，一方面，在乘数的作用下收入水平增加；另一方面，收入的提高使得对货币的交易需求提高，因为货币市场保持均衡状态不变，则利率提高，而利率的提高又反过来抑制了支出的增加，从而使得收入水平增加的幅度减小。同理，自主支出 $\overline{A}$ 减少，一方面，在乘数的作用下收入水平降低；另一方面，收入的降低又使得对货币的交易需求减少，因为货币市场保持均衡状态不变，则利率下降，而利率的下降又反过来刺激了了支出的增加，从而使得收入水平降低的幅度减小。如图 12-11 所示，当 IS_0 曲线向右上方移动到 IS_2 时，如果保持利率 i_0 不变，则收入水平从 Y_0 增加到 Y_3，但是由于利率从 i_0 提高到 i_2，抑制了支出的增加，从而降低了收入水平的增加幅度，实际的均衡收入为 Y_2，新的均衡点是 E_2 而不是 B 点。当 IS_0

曲线向左下方移动到 IS_1 时，如果保持利率不变，则收入水平从 Y_0 减少到 Y_4，但是由于利率从 i_0 下降到 i_1，抑制了支出的减少，从而减少了收入水平下降的幅度，实际的均衡收入为 Y_1，新的均衡点是 E_1 而不是 A 点。

（二）LM 曲线的移动对均衡的影响

影响 LM 曲线变动的因素有名义货币供给 M 和物价水平 P。下面我们就以名义货币供给为例来说明 LM 曲线的移动是如何影响产品市场和货币市场的同时均衡的。

若其他条件不变，名义货币供给量 M 的增加，使实际货币供给量也相应增加，LM 曲线将会向右下方平行移动；反之，名义货币供给量 M 的减少，使实际货币供给量也相应减少，LM 曲线将会向左上方平行移动。在 IS 曲线不变的条件下，LM 曲线的移动就会引起均衡点的相应变动，如图 12-12 所示。LM_0 是初始状态的货币市场均衡曲线，与产品市场均衡线 IS 相交于 E_0 点，其所对应的均衡利率为 i_0，均衡收入为 Y_0。当 LM_0 曲线向左上方移动到 LM_1 时，均衡点从 E_0 移动到 E_1，所对应的均衡利率为 i_1，均衡收入为 Y_1。当 LM_0 曲线向右下方移动到 LM_2 时，均衡点从 E_0 移动到 E_2，所对应的均衡利率为 i_2，均衡收入为 Y_2。因此，在 IS 曲线不变的条件下，货币供给的增加会使 LM 曲线向右下方移动，从而使得均衡利率下降，均衡收入增加；货币供给的减少会使 LM 曲线向左上方移动，从而使得均衡利率提高，均衡收入减少。

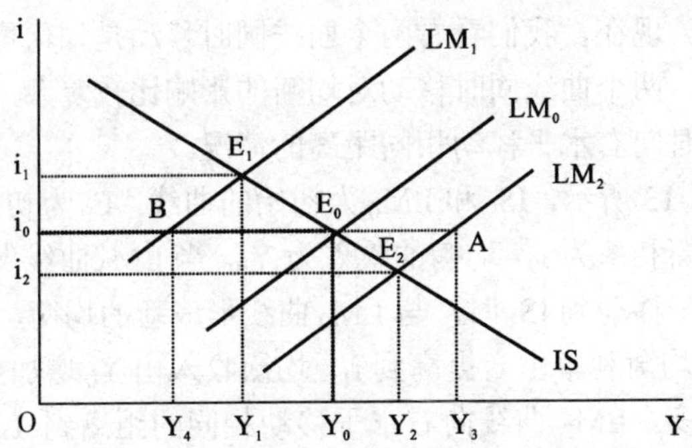

图 12-12　LM 曲线移动对均衡的影响

我们知道，在单一货币市场的情况下，假定物价水平保持不变，如果增加名义货币供给量，则实际货币供给增加，若使货币市场保持均衡状态，则利率必然下降。但是在两个市场同时具备的情况下，LM曲线的移动会导致两方面的影响。如果IS曲线和物价水平保持不变，名义货币供给量的增加使实际货币供给相应增加，则导致利率下降，而利率下降刺激了投资支出，进而在乘数的作用下引起收入增加；利率下降又会引起货币投机需求的增加，从而使货币交易和预防需求减少，进而引起资产调整和收益的减少。反之，名义货币供给量的减少使实际货币供给相应减少，则导致利率提高，而利率的提高抑制了投资支出，进而在乘数的作用下引起收入减少；利率的提高又会引起货币投机需求的下降，从而使货币交易和预防需求增加，进而引起资产调整和收益的增加。如图 12-12 所示，当 LM_0 曲线向右下方移动到 LM_2，如果利率保持不变，则 LM_2 曲线上的 A 点所对应的收入应为 Y_3，但是由于利率从 i_0 下降到 i_2，增加了货币的投机需求，减少了货币的交易需求，从而减少了收入，实际的均衡收入为 E_2 点对应的 Y_2。当 LM_0 曲线向左上方移动到 LM_1，如果利率保持不变，则 LM_1 曲线上的 B 点所对应的收入应为 Y_4，但是由于利率从 i_0 提高到 i_2，减少了货币的投机需求，增加了货币的交易需求，从而增加了收入，实际的均衡收入为 E_1 点对应的 Y_1。

（三）IS 曲线和 LM 曲线同时移动对均衡的影响

前面我们讨论了IS曲线和LM曲线单方面的移动对两个市场同时均衡的影响。现在，我们看看两个曲线同时移动是如何影响两个市场同时均衡的。两个曲线同时移动对均衡的影响比较复杂，这里仅考虑两个曲线同时向右水平移动相同距离的情况。

如图 12-13 所示，IS_0 和 LM_0 为初始的曲线，E_0 为初始的均衡点，所对应的均衡利率为 i_0，均衡的收入为 Y_0。当 LM_0 曲线保持不变，IS_0 曲线向右水平移动到 IS_1 时，与 LM_0 曲线形成新的均衡，均衡点由 E_0 移到 E_1 点，均衡利率由 i_0 提高到 i_1，均衡收入由 Y_0 增加到 Y_1；当 IS_1 曲线保持不变，LM_0 曲线向右水平移动相同的距离到 LM_1 时，LM_1 曲线与 IS_1 曲线交于 E_3 点，形成新的均衡，新的均衡点 E_3 对应的均衡

利率为 i_0，均衡收入为 Y_3。这里好像是分两步进行的，第一步移动 IS 曲线,导致利率提高，收入增加；第二步移动 LM 曲线导致利率下降，收入增加。结果是在水平移动距离相同的情况下，二者的利率升降抵消，收入叠加。其实两个曲线同时移动正好能实现这样的结果。

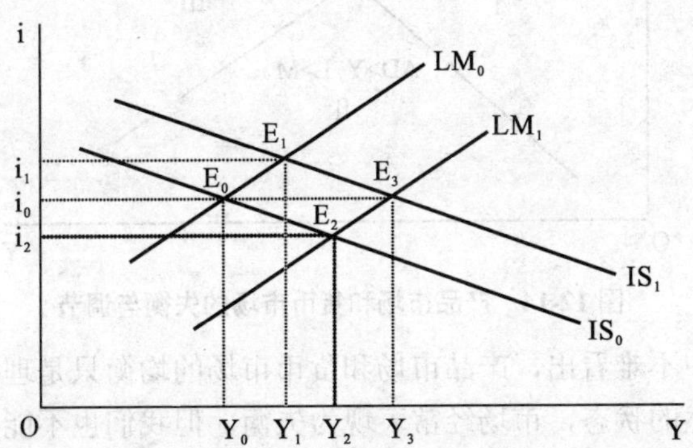

图 12-13　IS 曲线和 LM 曲线同时移动对均衡的影响

在实践中，政府通过在产品市场和货币市场上同时采取措施，以实现类似的目的。比如一方面增加自主支出，提高总需求，结果会使利率提高，收入增加；另一方面，为保持原有的利率水平，增加实际货币供给量，结果利率不变，收入增加。

有关两个曲线同时移动的其他情形，读者可以自己分析，这里就不讨论了。

三、产品市场和货币市场的失衡与调节

我们知道，IS 曲线上的任何一点表示产品市场的均衡，LM 曲线上的任何一点表示货币市场的均衡，两条曲线的交点表示产品市场和货币市场的同时均衡。因此，只要偏离了两条曲线的交点，就不能实现产品市场和货币市场的同时均衡。我们称交点以外的状态为产品市场和货币市场的失衡。根据失衡的不同表现，我们可以把 IS－LM 模型分为Ⅰ、Ⅱ、Ⅲ和Ⅳ四个区域，如图 12-14 所示。

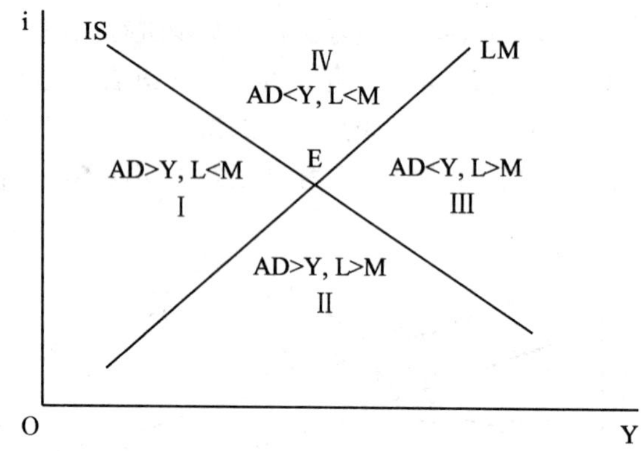

图 12-14 产品市场和货币市场的失衡与调节

从图中不难看出，产品市场和货币市场的均衡只是理想的状态或者说是偶然的状态，市场经常表现为失衡。但我们也不能因此否定讨论均衡的意义，因为在市场机制的作用下，市场能够自动进行调节，使之趋于均衡状态。

在研究两个市场失衡时，我们必须考虑两个市场中各种变量的相互影响。比如，当产品市场失衡时，市场的调整过程将是两个市场同时进行的，下面我们用图 12-15 来说明。

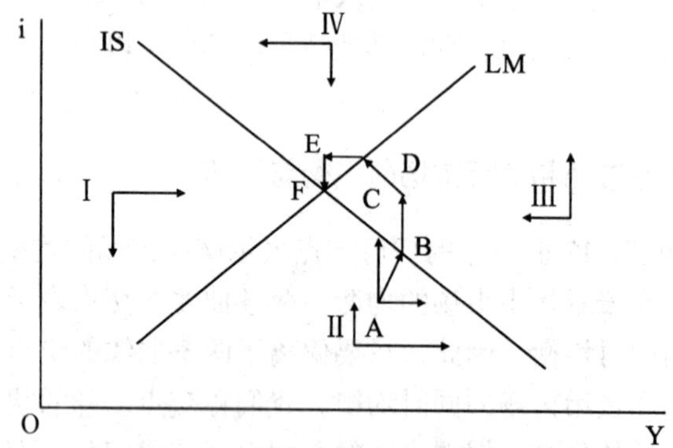

图 12-15 产品市场和货币市场的失衡与调节

如图，以 A 点为例，A 点处于图中第Ⅱ区域，失衡的表现是 AD>Y，L>M，也就是说产品市场的意愿需求大于供给，导致收入增加；同时，货币市场的货币需求大于货币供给，导致利率上升。因此，A 点在两种市场力量的共同作用下，沿着箭头的方向移动到比如 B 点，B 点在 IS 曲线上，这时，产品市场均衡；但 B 点处于 LM 曲线的右方，货币市场仍不均衡，货币需求仍大于货币供给，则利率进一步上升，B 点沿着与纵轴平行的方向继续移动到比如 C 点，C 点处于第Ⅲ区域，失衡表现为 AD<Y，L>M，产品市场出现收入大于意愿支出，货币市场继续表现为货币需求大于货币供给。产品市场的需求不足导致收入下降，货币市场利率继续上升，在两种力量的共同作用下，沿着箭头的方向移动到比如 D 点。D 点在 LM 曲线上，这时，满足货币市场的均衡，但处于 IS 曲线的右方，产品市场出现收入大于意愿支出，产品市场需求不足导致收入下降，因此，D 在收入的作用下，沿着与横轴平行的方向移动到比如 E 点，E 点在第Ⅳ区域，这时，失衡表现为 AD<Y，L<M，存在产品和货币需求不足。产品需求不足导致收入继续下降；货币需求不足导致利率下降。E 点在两种力量的共同作用下继续调整，直至市场力量把偏离均衡的点拉回到两市场同时均衡的交点 F。

在市场机制的作用下，市场的失衡虽然是经常的，但这种调整也时刻进行着，因此，图 12-14 中四个失衡区域中的任何一点，都按照上述原理自动调整直至实现两个市场的同时均衡。

第十三章 开放经济条件下的宏观经济学

前面的讨论只是局限在一个封闭的经济系统里，事实上在当今世界，一个国家或地区不可能单独地在一个封闭的环境里而不与外界联系。世界经济越来越成为一个联系紧密的整体，某一个国家特别是经济总量大、经济活跃国家的经济政策会对其他国家产生重大影响。一个与其他经济没有相互交易的经济我们称之为封闭经济，而一个与世界其他经济自由交易的经济我们称之为开放经济。在前面章节里，为了使分析问题简化，我们假设一个国家的经济是处于封闭经济条件下的，本章我们就开始研究开放经济条件下的宏观经济学。一个国家同其他国家发生经济联系的方式可以分为两大类：一是一国在世界产品市场上购买和出售物品和劳务的行为，二是一国在世界金融市场上购买和出售资本资产的行为。

第一节 国际收支和汇率

一、国际间商品和资本的流动

（一）国际间商品的流动

国际贸易对各国人民有着显而易见的好处：贸易使一国居民生产自己最擅长生产的东西，并且消费世界上其他国家生产的各种各样的物品和服务。我们将一国向外国购买物品与劳务称为进口，而将卖出物品与劳务称为出口；净出口就是出口的商品和服务减去进口的商品与服务的净值。例如，2007 年中国的出口额为 12177.8 亿美元，进口额为 9559.5 亿美元，净出口额就是 12177.8-9559.5=2618.3 亿美元。一个国家净出口额为正数时，称作贸易顺差，表明一国在国外出售的物品与劳务大于它向其他国家的购买。当进口比出口大时，净出口额为负数，这时称为贸易逆差，表明一国在国外出售的物品和劳务小于向其他国家的购买。

衡量一个国家进出口的重要指标是进出口额占 GDP 的比重。表 13.1 展示了部分国家出口占 GDP 的比率。一国的出口额似乎不可能超过其国内产出，由此判定出口比率小于 1。事实上出口比率是可以大于 1 的，因为进出口的商品中包含中间产品。例如，一个假想中的国家，进口中间产品 100 万美元，在国内进行生产，全部转化为最终产品，假设仅仅使用劳动者一项投入，工资为每年 25 万美元，利润为零。那么，最终产品的价值为 125 万美元。假设最终产品中 100 万用于出口到国外，其他商品用于本国消费，于是进口为 100 万美元，出口同样为 100 万美元，而 GDP 只是 125-100=25 万美元（最终产品与中间产品价值之差）。出口占 GDP 的比重为 100/25=4。

表 13.1　2000 年部分国家出口占 GDP 的比率

国家	出口占 GDP 的比率
美国	11.2%
日本	11%
德国	33.4%
英国	28.1%
瑞士	40%
比利时	73%
卢森堡	91%

资料来源：世界银行数据库。

由此可见，出口是可以超过本国 GDP 的，那么实际中会出现这种情况吗？答案是肯定的。例如 1997 年新加坡出口占 GDP 的比率为 180%。（思考：什么样的国家容易出现这种情况？）

图 13-1 是 1950 年～2000 年美国经济出口与进口占美国 GDP 的百分比，通过曲线我们看到在过去的 50 多年里，美国经济中国际贸易与金融的重要性一直在提高。在 20 世纪 50 年代，物品和劳务的进出口额占 GDP 的比率不到 5%，而现在它的水平增长了一倍多。那么国际贸易的增加受什么因素影响的呢？后面一节里，我们会详细分析影响产品市场进出口额的因素，例如消费者对国内和国外物品的偏好，国内和国外物品的相对价格，一国货币与其他国家货币的汇率以及政府的贸易政策，产品的运输成本等。

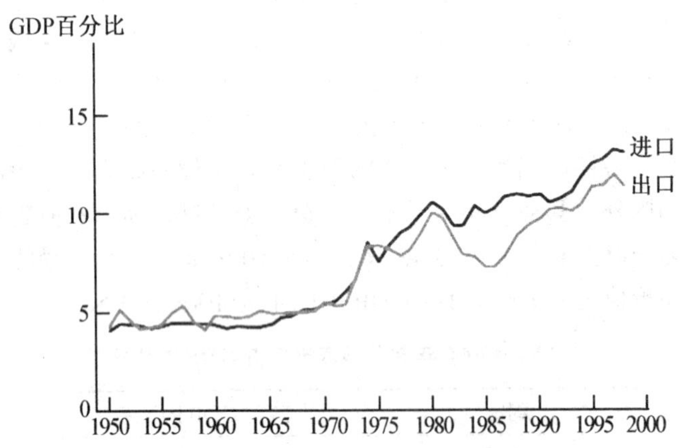

图 13-1 1950 年～2000 年美国出口与进口占 GDP 的百分比

（二）国际间资本的流动

前面我们讨论了一个开放经济下居民参与世界物品与劳务市场，现实中开放经济的居民还要参与世界金融市场。一国居民可以购买德国产奔驰轿车，也可以购买奔驰公司的股份。后一种交易代表了资本流动。

国外净投资指的是本国居民购买的外国资产减去外国居民购买的本国资产。例如，当一个美国人购买了德国奔驰公司股票时，就增加了美国的国外净投资。而一个德国居民购买美国通用公司股票时，就减少了美国的国外净投资。

国外投资一般采取两种形式，一是国外直接投资，如耐克公司在中国开了一家新的制造工厂。另一种是国外有价证券投资，如美国居民购买德国公司的股票。这两种投资方式都增加了美国的国外净投资。影响国外净投资的因素主要有：国外资产支付的实际利率，国内资产支付的实际利率，国外的经济政治风险，影响持有资产收益的政府政策等。

净出口反映了出口与进口的物品和服务的差额，国外净投资反映了本国人购买外国资产和外国人购买本国资产的差额，那么这两种差额有什么关系呢？答案是净出口和国外净投资总是相等的，即：

净出口（NX）=国外净投资（NFI） (13.1)

这是一个恒等式。举例说明为什么两端是恒等的：假设美国飞机制造商波音公司向德国某航空公司出售了一些飞机。在这个过程中，美国公司把飞机交货给德国航空公司，而德国公司则付给波音公司欧元。假设两件事同时进行。这样，美国向国外出售了飞机，增加了美国的净出口。此外，美国又得到了外国资产（欧元），于是增加了美国在国外的净投资。波音公司不大可能一直持有德国公司支付的欧元，它可以用欧元与一家想用欧元购买德国奔驰汽车公司股票的美国共同基金换成美元。在这种情况下，波音公司的飞机净出口与共同基金在奔驰股票上的国外净投资相等。因此国外净投资（NFI）与净出口（NX）增加了相等的量。当然，还有一种可能，波音公司可以用欧元以一定的比率与另一家想购买德国奔驰汽车的美国一家销售公司直接兑换成美元（虽然与现实不相符）。在这种情况下，美国汽车的进口完全与飞机的出口相抵消，波音公司和奔驰汽车公司的销售加在一起既不影响美国的净出口，也不影响国外净投资。NFI 和 NX 与进行交易之前一样。

因为每一次交易都是等价交换，于是净出口和国外净投资必然相等。当出售物品和劳务给别国时，别国要用一些资产为这种物品和劳务进行支付。这种资产的价值等于出售物品或劳务的价值。我们把每一项都加起来后，一国所售出物品与劳务的净值必然等于所获得的资产净值。

二、国际收支平衡表

一个国家和地区同世界其他地区的交易记录在国际收支平衡表中。国际收支平衡表是反映一定时期一国同外国的全部经济往来的收支流量表。它是对一个国家与其他国家进行经济技术交流过程中所发生的贸易、非贸易、资本往来以及储备资产的实际动态所作的系统记录，是国际收支核算的重要工具。通过国际收支平衡表，可以综合反映一国的国际收支平衡状况、收支结构及储备资产的增减变动情况。国际收支平衡表包括经常性项目和资本性项目。经常性项目包括贸易收支、服务收支、收入和经常性转移收支，前两项构成经常项目收支的主体。表 13.2 展示了美国 2002 年的国际收支状况。

下面详细讨论一下国际收支平衡表的构成。

表 13.2 美国 2002 年的国际收支平衡表 （单位：10 亿美元）

经常账户			
出口	1004		
进口	1352		
贸易余额（赤字=-）(1)			-348
获得的投资收入	293		
支付的投资收入	312		
净投资收入（2）			-19
净转移支付收入（3）			-50
经常账户余额（赤字=-）(1) +（2）+（3）			-417
资本账户			
外国持有的美国资产增加（4）		895	
美国持有的外国资产增加（5）		439	
外国持有美国资产的净提高/（向美国的净资本流动）(4) -（5）			456
统计误差			-39

资料来源：国际货币基金组织数据库。

表13.2中美国商品服务的出口额为10040亿美元，进口额为13520亿美元，净出口额（出口－进口）为-3480 亿美元，负数代表产品和服务贸易的赤字。经常性项目中还包括本国居民持有国外资产所获得的收入，我们称之为获得的投资收入，同样国外居民持有本国资产也要获得收入，也就是支付的投资收入。2002年美国居民从国外资产获得的投资收入为2930亿美元，向国外居民支付的投资收入为3120亿美元，差额-190亿美元为净投资收入。一个国家也会提供和获得国际援助，这一项收益的净值我们称为净转移支付收入，2002年这个数字为-500亿美元。把所有向世界其他国家支付的收益加在一起，净收益等于-3480-190-500=-4170 亿美元。这个就是经常账户余额。所以在2002年，美国的经常账户赤字为4170亿美元。

本国为了对其经常账户赤字进行融资，就必须向国外借款或者提高外国持有美国净资产（即本国从出售股票、债券、土地、银行存款以及其他资产的收入与本国购买外国资产之差）。2002 年，外国持有美国资产增加为8950亿美元，美国持有外国资产增加为4390亿美元，这样本国的净资本流动为8950-4390=4560亿美元。

前面提到，一国的经常账户出现赤字，该国必须向国外借款或者出售资本来弥补。于是资本账户出现盈余；反之，经常账户出现盈余，那么资本账户必须是赤字。

用公式表示为：

$$\text{经常性账户赤字}+\text{净资本流入}=0 \qquad (13.2)$$

统计误差：净资本流动应该等于经常账户赤字，但是经常账户和资本账户往来的数据来源是不同的，因此难免出现统计误差。2002年统计误差为-390亿美元。

我们可以把资本账户分为两个独立的部分，即本国私人资本的流动和官方储备。官方储备又可称为官方的黄金和外汇储备，是由一个国家中央银行持有。经常项目出现赤字时，本国可以通过私人出售国外资本或者向国外借款来弥补赤字，也可以由政府通过减少外汇储备提供资金弥补经常账户赤字。反之，当经常账户出现盈余时，私人可以偿还债务或购买国外资产，也可以由中央银行购买外国通货，增加央行外汇储备。中国2009年外汇储备余额突破两万亿美元，达到2.399万亿美元，领先全球各先进国家。

三、汇率

（一）名义汇率与实际汇率

如果我们对进口的国外商品（如德国原产的奔驰轿车）感兴趣，而我们手中只有本国货币（美元），我们该如何交易呢？只有先把美元换成欧元，然后用欧元买入德国轿车。这样美元与欧元之间就有一个兑换的比率。如何表示这种比率呢？这就是下面我们要探讨的汇率问题。

1．名义汇率

汇率分为名义汇率和实际汇率。名义汇率有两种表示方法：第一种是用外国货币表示本国货币的价格，即间接标价法。例如，视美国为本国，按照2010年3月份的最新汇率，用欧元表示的美元价格为：1美元=0.7343欧元。这就是美元与欧元之间的名义汇率。第二种是由本国货币表示的外国货币的价格，即直接标价法。2010年3月，用美元表示的欧元价格为：1欧元= 1.3619美元。

本书中的名义汇率默认定义为用本国货币表示的外国货币的价格。外国货币以欧元为例，汇率就是用美元表示的1单位欧元的价格。用大写E表示美元与欧元之间的名义汇率，E就是用美元表示的欧元的价格1欧元= 1.3619美元，E=1.3619。

各国货币之间的比率是不断变化的。本国货币（美元）也是在不断升值和贬值。美元的升值，就是1美元能够兑换更多的国外货币，或者说1国外货币能兑换更少的美元。按照本书对汇率（E）的定义，本国货币（美元）的升值就对应于E的下降。反之，如果本币贬值，E上升。通常所说的某国货币“坚挺”或“疲软”，通常是指名义汇率的近期变动。当一种货币升值时，说它是“坚挺”的，因为它可以兑换更多的外国通货。而当一种通货“疲软”时，就是该通货在贬值。

任何一种货币存在很多名义汇率。可以用美元来购买欧元、日元、人民币、英镑等，就是说美元同任何一种货币都存在一个名义汇率。

人们研究名义汇率时常常还用这些汇率的平均指数。汇率指数是把许多汇率变为一种国际通货价值的衡量指标。因此，当谈及美元升值或贬值时，通常是指一种考虑到许多单个汇率的汇率指数。

外汇汇率是由外汇市场决定的。外汇市场是交易不同货币并决定外汇汇率的场所。在外汇市场中，那些需要用外币购买国外商品的人们把本币（美元）兑换成外币（例如欧元），于是这就产生了美元的供给；而那些需要美元进行交易的人们把其他货币兑换成美元，这就产生了对美元的需求。

2．实际汇率

名义汇率是表示两国货币的相对价格，而实际汇率表示的是两国商品的相对价格。这里我们把实际汇率定义为用本国的产品表示外国产品的价格。和名义汇率不同的是，实际汇率是用本国的商品而不是货币表示的国外商品的价格。本书用小写希腊字母ϵ表示实际汇率。

我们用一个例子介绍一下实际汇率。假设本国只生产一种产品：A 型轿车，国外（德国）只生产另一种产品：B 型轿车。汇率为 1 欧元=1.36 美元。A 型轿车在美国售价是 40000 美元，B 型轿车在德国的售价为 50000 欧元，B 用美元表示的价格为 50000×1.36=68000 美元，于是美国和德国之间的实际汇率就是 A 表示 B 的价格 68000/40000=1.7，即 E=1.7。用公式总结一下：

$$\text{实际汇率}=\frac{\text{名义汇率}\times\text{国外价格}}{\text{国内价格}}\text{①}$$

在上例中运用公式：

$$\text{实际汇率}=\frac{\text{1欧元兑换1.36美元}\times\text{B型车在德国的售价}}{A\text{型车在美国的售价}}=\frac{1.36\times50000}{40000}=1.7$$

实际情况是美国和德国不只生产一种产品，因此我们希望建立一种实际汇率能够反映用美国所生产的所有产品表示的德国所生产的所有产品的相对价格。在计算实际汇率时可以定义一篮子物品，通过这些物品的价格和名义汇率来计算实际汇率。

① 本公式名义汇率采用直接标价法，当名义汇率采用间接标价后会引起计算的变化。

假设 E 代表名义汇率，p 代表本国（美国）的物价水平，p^*代表国外的物价水平（为了表示方便，我们把国外变量加上星号），那么实际汇率为：

$$\varepsilon = E \times \left(\frac{p^*}{p} \right) \tag{13.3}$$

因为我们把实际汇率定义为用本国产品价格形式表示外国产品的价格，这样ε的降低对应实际升值，ε的升高对应于实际贬值。这里“实际”表示产品相对价格的变化，而不是货币相对价格的变化。

一国的实际汇率是其物品与劳务净出口的关键决定因素。美国的实际汇率贬值意味着相对于国外商品而言，美国商品变得更便宜了。于是国内和国外消费者购买更多的美国商品，而购买更少的外国商品。结果是美国的出口增加而进口减少，这两种变化都增加了美国的净出口。相反，美国实际汇率升值意味着与国外商品相比，美国商品变得更昂贵了，因此，美国净出口减少。

（二）汇率的决定

下面我们用供给需求曲线来说明外汇汇率是如何决定的。货币作为一种商品，不同国家之间货币的兑换当然也是一种商品的交换，交易双方的价格也是供给和需求达到均衡时的价格。这里我们假设汇率是自由浮动的（还有一种制度是固定汇率制度，关于浮动和固定汇率制度，我们将在下一节详细介绍）。

美元的需求曲线向右下方倾斜。外汇市场对美元的需求源于国外能够用美元购买美国生产的物品与劳务或者是为了能够购买美国的资产，例如债券、股票等。在其他条件不变的情况下，如果美元的汇率升高也就是美元贬值，一单位美元只能兑换更少的外币（例如欧元），这样美国商品相对于国外商品变得更便宜，外国人就会购买更多的美国产品和服务。因此美国生产的物品与劳务越便宜，美国的出口量越大，为了购买更多美国商品，国外对于美元的需求量就越大。影响美元需求量的另一个因素是预期收益，从持有美元中预期能得到的投资收益越大，外汇市场上对美元的需求量就越大。对美元的预期收益同样取决于汇率。例如，如果美元经过长时间贬值，预测美元在短时间内能够升值，那么人们会纷纷把外币兑换成美元进行套利，于是外汇市场对于美元的需求就会增加。这同样印证了美元价值与需求数量的反比关系。因此，综上两个原因，当美元升值时，需求量下降，而美元贬值时需求量上升。图13-2 中的 D 曲线表示了美元价值与需求量之间的关系。

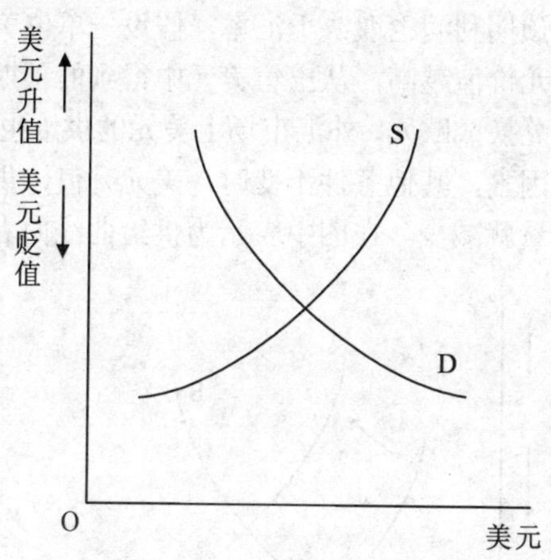

图 13-2　对美元需求的市场情况

美元需求的变化：这里有两个因素使美元需求曲线移动。第一个因素是本国（美国）和其他国家之间的利率差额。人们购买美国资产的目的是得到收益，美国与国外相比，利率水平越高，国外居民购买的美国资产就越多，这时对于美元的需求就越大。第二个因素是预期未来的汇率。同样假设在其他条件不变的情况下，预期未来的汇率越低，就是预期美元会升值，美元的需求就越大。

如图 13-3 所示，如果美元与外币利率差上升或者预期美元将要升值，那么 D 曲线将向右移动至 D'。相反，如果利率差下降或者预计美元贬值，那么 D 曲线将要向左移动。

美元的供给曲线向右上方倾斜。当美国居民购买国外产品时，他们就会供给美元。因此美国的进口越大，外汇市场上美元的供给量也就越大。相反，进口越小，外汇市场上对美元的供给也就越小。美国进口决定于汇率。如果美元的汇率升高或者说美元贬值，那么，外国（德国）商品的价格相对于美国商品上升，也就是说国外商品更贵，美国进口下降。反之，如果美元升值，外国商品的相对价格就越低，进口增加。对美元供给的另一个决定因素同样是预期收益，持有国外通货（欧元）的预期利润越高，美国人倾向于利用欧元进行套利，欧元的需求就越大。预期利润也取决于汇率，假设一单位美元能兑换更多欧元，就是说美元价值越高，从出售美元中得到的预期利润就越大，美国人会把美元兑换成欧元，外汇市场上美元的供给也就越大。因此，通过这两个决定因素，其他条件不变时，美元升值，供给量就增加，美元贬值，供给量就减少。在图中表示为供给曲线向右上方倾斜。

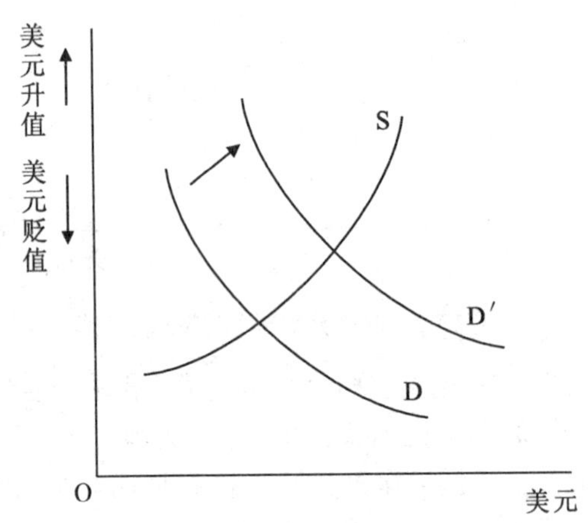

图 13-3 美元的需求曲线向右移动

美元供给的变化：美国和其他国家间的利率差越大，对国外需求越小，从而外汇市场上美元的供给就越小。而如果预测美元会升值，那么美元供给就会减少。

如图 13-4 所示，美国利率差下降或者预期未来汇率下降增加了美元供给，使供给曲线向右移动至 S'。

市场的力量最终使汇率升降到均衡点，实现供求平衡，美元的需求和供给相等。图 13-2、13-3、13-4 详细描述了汇率的决定过程。图中纵轴向上表示美元的升值，向下表示美元贬值，升值表示 E（名义汇率）的下降，贬值表示 E 的上升。这里用美元升值和贬值是为了与人们直觉上的供给需求曲线的特性相符。

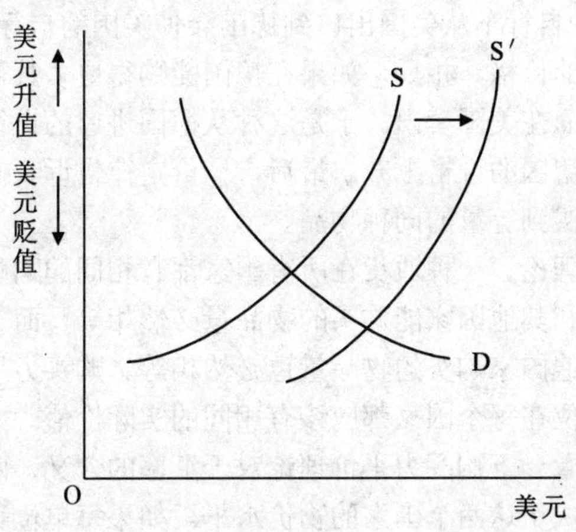

图 13-4 美元的供给曲线向右移动

四、购买力平价理论

汇率的变化长期内是很大的。例如，1990 年 1 美元可以兑换 4.78 元人民币， 2002 年 1 美元可兑换 8.28 元人民币，而到了 2010 年 1 美元可兑换 6.82 元人民币。这里我们介绍一种简单的汇率理论，即购买力平价理论，可以解释这种巨大的变化。这种理论认为任何一种货币的一单位应该能在所有国家买到等量的物品。

购买力平价所依赖的是一价定律，指的是在所有地方一种物品都应该按照同样的价格出售，否则就有获得未被得到的利润的机会，也就是利用市场上的价格差进行套利。假设在 A 城市能以 30 美元购得一辆自行车，而在另一城市自行车的售价是 50 美元，这样人们可以在 A 处以 30 美元购得而在 B 处以 50 美元售出，获得 20 美元利润，这种套利行为增加了自行车在 A 处的需求，并且增加了在 B 处的供给，自行车在 A 的售价将上升，而在 B 的售价将下降，在市场的作用下，两地的价格最终趋于相同。下面我们假设 A 和 B 不在同一国家，那么分析结果是相同的：如果同样多的美元在美国比在德国能买到更多的自行车，从事国际贸易的人们就会通过在美国买进而在德国卖出从而获得利润。这种自行车从美国出口到德国会使美国的自行车价格上升，并且压低德国的价格。相反，如果在德国能购得更多数量，那么人们会在德国买入而在美国卖出。于是这种从德国进口的自行车会使美国的价格下降而德国的价格上升。最后，一价定律告诉我们，在所有国家，一美元能买到等量的同种物品。

根据这个理论，一种通货在所有国家都有相同的购买力。就是说一美元在美国和其他国家能购买的物品量必然相等，而一欧元或一日元在美国和其他国家购买的物品量也必然相等。购买力平价意味着所有货币的一单位在每个国家都应该有相同的实际价值。

下面我们看一下购买力平价理论对于汇率的含义，两国通货之间的名义汇率取决于这两个国家的物价水平。如果每单位美元在美国和在德国能买到等量的物品，那么每单位美元的欧元数量必然能反映了该物品在美国和德国的价格。例如一磅咖啡在德国值 1 欧元，而在美国值 1.2 美元，那么名义汇率是 1 欧元对 1.2 美元。否则一美元的购买力在两个国家就不相同了。

假设 P 是美国的物价水平，P^*是德国的物价水平，E 是名义汇率（按照本书的定义是一欧元兑换美元的数量）。下面我们考虑 1 欧元可以在美国与德国购买的物品数量。在美国，1 美元的购买力是 1/P，而在德国 1 欧元可以兑换美元的数量为 E 单位，1 欧元的购买力为 $1/P^*$，所以 1 单位欧元在美国的购买力为$E\times\frac{1}{P}$。根据购买力平价理论，一单位欧元在美国和德国的购买力应该相同，所以：

$$E\times\frac{1}{P}=\frac{1}{P^*}$$

整理得到：

$$E=\frac{P}{P^*} \tag{13.4}$$

名义汇率等于国内物价水平与国外物价水平之比。各国物价水平分别用各国通货单位衡量。这样，两国货币之间的名义汇率反映了两国的物价差别。一个国家的名义汇率取决于物价水平。如果某一个国家物价持续上升，或者说相对于别国物价水平上升较快（通货膨胀率较高），那么该国名义汇率就会上升，货币贬值。

汇率在长期中，基本上还是由各国商品的相对价格决定，主要反映了各国之间通货膨胀率的差异，$\varepsilon = E\times\left(\frac{p^*}{p}\right)$，当国内价格与国外价格变动时，名义汇率会发生变化，而实际汇率倾向于不变。

购买力平价理论提供了一个汇率决定的简单模型。对理解许多经济现象都是很有用的。比如说可以解释许多长期趋势，例如美元对欧元的贬值，以及美元对日元的升值。也可以解释高通货膨胀率时汇率的重大变动。但是购买力平价理论并不是完全正确的，汇率的变动并不总能保证美元在所有国家和所有时期有同样的实际价值。这里简要列举了两个原因：一是许多物品是不易于交易的。例如巴黎的理发比纽约要贵，一些理发师可以从纽约到巴黎，但是这种套利是如此有限，以至于没有消除价格差，显然与购买力平价相背离。第二个原因是不同国家商品并不总能完全替代。例如一些消费者偏爱本地产的啤酒，即使不同国家啤酒价格不同，但是消费者并不认为它们是相同的。由于这些原因，购买力平价理论不是一种完善的汇率决定理论，实际汇率实际上一直在波动。

五、利率平价理论

投资者在选择是否持有一种资产，主要是根据这种资产的回报率，因为未来是不确定的，投资者实际的决策依据是预期回报率。在决定我们是持有本国货币还是国外货币时，我们同样是根据两国货币的预期回报率来作决策。现在我们以美国和德国的一年期债券来说明本国和国外的一年期债券之间的选择。假定一个投资者决定持有美国债券，令 i_t 表示美国的一年期名义利率，那么在美国国债中每投入 1 美元，第二年就会得到（$1+i_t$）美元；如果投资者决定持有德国债券，那么必须先购买欧元，令 E_t 为美元和欧元之间的名义汇率，1 美元就能得到（$1/E_t$）欧元。

令 i_t^* 为德国债券的一年期名义利率，到第二年的时候，投资者会得到（$1/E_t$）（$1+i_t^*$）单位的欧元。投资者把欧元换成美元的时候，假定第二年的预期汇率是 E_{t+1}^e（e 表示预期），这样第一年投入的 1 美元，预期可以得到（$1/E_t$）（$1+i_t^*$）E_{t+1}^e 单位的美元。因此在国内和国外债券选择时，投资者不能仅仅看到德国和美国的利率水平，还要估计一年之内美元和欧元之间的汇率的预期水平。如果美元和欧元之间存在套利关系，就是说美元和欧元的一年期债券的预期回报率不相同，那么外汇市场均衡就会打破，人们就会争相卖出回报率低的货币而买进回报率较高的币种，外汇市场供给需求曲线自动调节，直到两种货币的预期回报率相同为止，也就是说不存在套利机会。以公式表示如下：

$$1+i_t=(1/E_t)(1+i_t^*)E_{t+1}^e$$

整理后得到：

$$1+i_t=(1+i_t^*)\frac{E_{t+1}^e}{E_t} \tag{13.5}$$

公式（13.5）表示的就是利率平价条件。也可以重新写成：

$$1+i_t=(1+i_t^*)\left(1+\frac{E_{t+1}^e-E_t}{E_t}\right) \tag{13.6}$$

公式（13.6）表示的是本国名义利率与国外名义利率以及预期贬值率（名义汇率升高率）之间的关系。只要利率和预期贬值率不是太大，那么公式（13.6）就可以改写成如下的近似式：

$$i_t \approx i_t^*+\frac{E_{t+1}^e-E_t}{E_t} \tag{13.7}$$

套利意味着本国利率一定要近似等于国外利率加上本国货币的预期贬值率。

下面我们用图示表示利率平价理论。首先假定预期未来汇率是给定的，记作 $\overline{E^e}$，并且去掉时间下标。公式（13.7）可写成：

$$i=i^*+\frac{\overline{E^e}-E}{E} \tag{13.8}$$

进一步变形得到：

$$E=\frac{\overline{E^e}}{1+i-i^*} \tag{13.9}$$

公式（13.9）意味着国内利率和汇率之间成反比关系，给定预期未来汇率和国外利率，国内利率的提高会导致汇率的下降，即本币的升值。相反，国内利率的下降导致汇率的提高，即本币的贬值。图 13-5 显示了利率和汇率的这种关系。

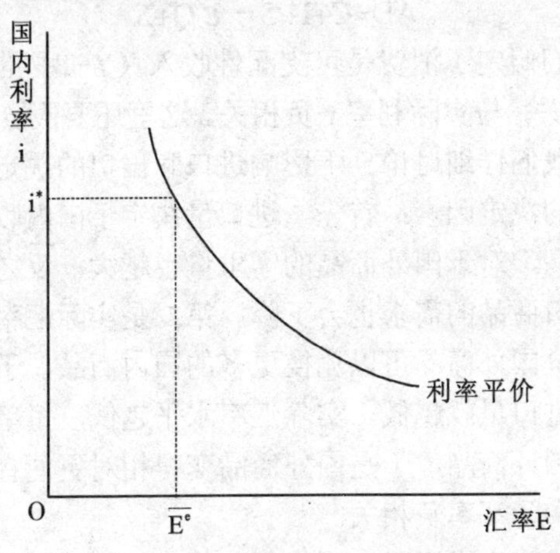

图 13-5　国内利率与汇率的关系

第二节　开放经济条件下的产品市场和货币市场的均衡

一、开放经济条件下的产品市场均衡

（一）影响总需求的决定因素

前面几章里，我们讨论了封闭经济条件下产品市场的均衡。封闭经济中的总需求：

$$AD=C+I+G \tag{13.10}$$

对于封闭条件下的总需求公式，我们要进行两次变换。首先要加上出口，也就是公式中的X，这里指的是国外对国内产品的需求量。第二，要减去进口，也就是国内对国外产品的需求量。前文提到，实际汇率ε是用国内商品表示的国外商品的价格，即一单位国外商品可兑换国内商品数量的比率，这样用进口国外商品数量Q乘以实际汇率ε，得到的结果就是国内商品表示的进口商品的价值。

在开放经济条件下，总需求满足公式

$$AD=C+I+G-\varepsilon Q+X \tag{13.11}$$

前几章我们假定了消费是可支配性收入（Y−T）的增函数，投资与产出Y正相关，与实际利率r负相关。这里还要假定政府支出G是给定的。下面我们详细讨论一下影响进口和出口的决定因素。

影响进口的决定因素：首先，进口量决定于国内收入水平。国内的收入水平越高，对于国外商品的需求量也越大，反之，国内收入水平下降，对进口商品的需求也会下降。第二是实际汇率。实际汇率水平越高，每单位国外商品可以兑换更多的国内商品，于是国外商品变得相对更贵，进口量就越低。实际汇率水平越低，每单位国内商品可以兑换更多的国外商品，于是国外商品变得相对更便宜，进口量就越大。进口量与实际汇率负相关。

影响出口的决定因素：一国的出口就是外国的进口，前面我们提到，国内收入水平越高，进口量越大，因此决定本国出口量的因素之一就是国外的收入水平，用Y^*表示。国外收入水平越高，出口越高。我们讨论的第二个因素同样是实际汇率。实际汇率越高，本国产品相对越便宜，出口量就越大。因此出口与实际汇率ε成正比。

$$AD=c(Y-T)+I(Y,r)+G-\varepsilon Q(Y,\varepsilon)+X(Y^*,\varepsilon) \tag{13.12}$$

这样我们就明确了总需求各个部分的影响因素。

产品市场达到均衡时，产出必须与国内产品的总需求相等，即：

$$Y=AD$$

于是产品市场的均衡条件为：

$$Y=c(Y-T)+I(Y,r)+G+X(Y^*,\varepsilon)-\varepsilon Q(Y,\varepsilon) \tag{13.13}$$

（二）开放经济中的储蓄和投资

一国的储蓄和投资是其长期经济增长的关键。下面我们考虑储蓄和投资与国际物品和资本流动之间的关系。

储蓄是在支付了现期消费和政府购买之后剩下的国民收入。国民储蓄（S）等于 Y−C−G。根据 Y＝C＋I+G＋NX，则有：

$$Y-C-G=I+NX$$

$$S=I+NX$$

前文提到净出口等于国外净投资（NFI），因此我们把公式（13.1）改写为：

$$S=I+NFI \qquad (13.14)$$

即：储蓄=国内投资+国外净投资

公式（13.14）表明开放经济条件下储蓄的两种用途为国内投资和国外净投资，一国的储蓄必然等于其在国内投资与国外净投资之和。也就是说，当美国公民在自己收入中为未来储蓄 1 美元时，这 1 美元既可用于为国内资本积累筹资，也可以用于为购买国外资本筹资。

（三）开放经济条件下的 NI—AE 曲线

下面我们分析一下在加入了出口和进口两个部分以后 NI—AE 曲线是如何移动的，以及 NX 曲线的推导。

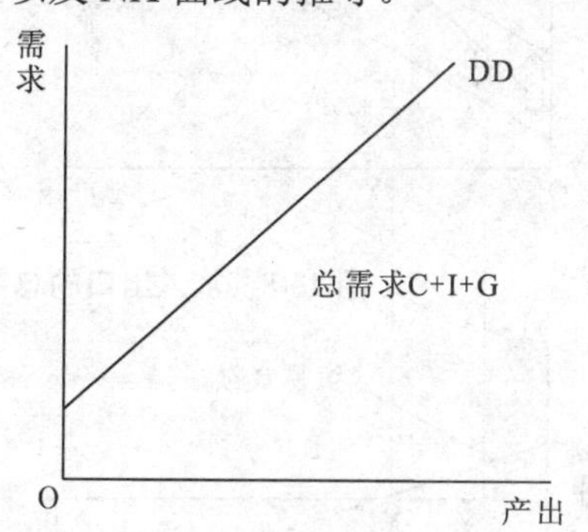

图 13-6　封闭经济条件下的总需求曲线

封闭经济中的总支出，图 13-6 中用 DD 表示，AA 表示总支出减去进口，随着国内收入的增加，进口的价值增加，也就是图 13-7 中所表示的 DD 与 AA 曲线之间的距离增加。AA 斜率比 DD 斜率小，因为收入增加时，总需求的一部分分摊到进口商品上。图 13-8 中 ZZ 曲线表示加上出口以后的最终总需求曲线。ZZ 是 AA 曲线向上平移得到的，这样，在收入为 Y 的情况下，AB 表示进口值，AC 表示出口值，则 BC 就是净出口值。由此还可以推出 NX 曲线，如图 13-9 所示。

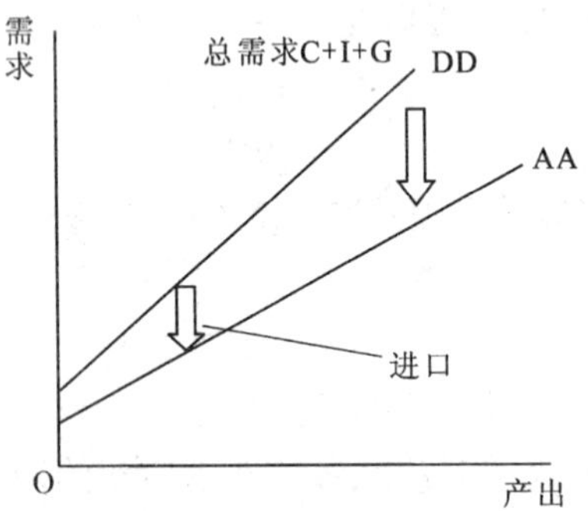

图 13-7 加入进口的总需求曲线的移动

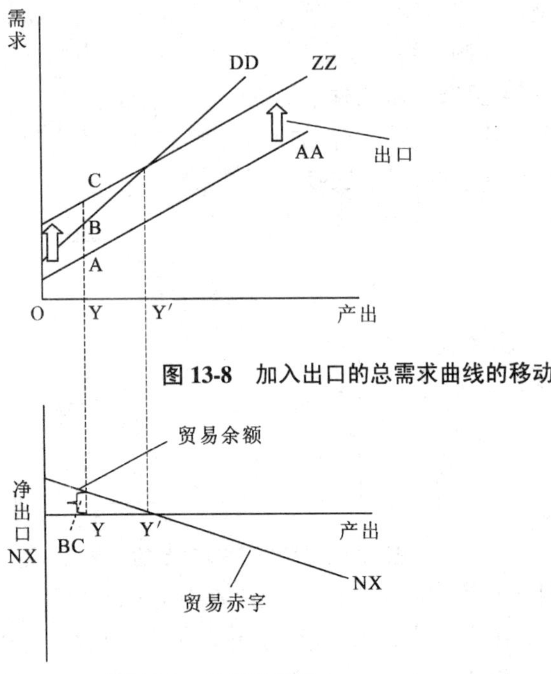

图 13-8 加入出口的总需求曲线的移动

图 13-9 净出口曲线

二、贸易余额和 NX 曲线

（一）贸易余额

NX 曲线表示了净出口与产出 Y 之间的关系，净出口与产出 Y 成反比。产出 Y 提高时，出口不变，进口递增，因此 NX 递减。在 Y' 处，DD 与 ZZ 相交，也就是说封闭条件下的总需求与开放条件下的总需求相等，从而净出口 NX 为 0，即出口和进口达到平衡。

$$NX = X(Y^{*}, \varepsilon) - \varepsilon Q(Y, \varepsilon) \qquad (13.15)$$

产品市场的均衡条件为：

$$Y = C(Y-T) + I(Y, r) + G + X(Y^{*}, \varepsilon) - \varepsilon Q(Y, \varepsilon)$$

需要说明的是，在产出的均衡水平处的贸易余额 NX 可以是赤字，可以是盈余，也可以为零。例如图 13-10 说明了产品市场均衡时，贸易余额 NX 可以是赤字。

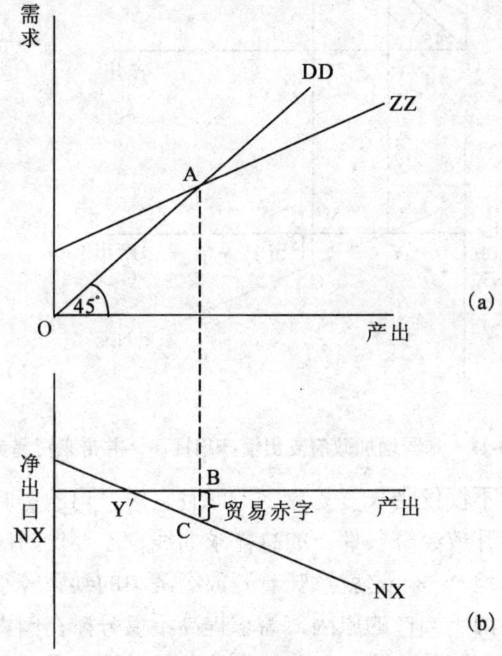

图 13-10　产品市场均衡下的贸易余额

（二）需求的变动对 NX 曲线的影响

下面我们讨论一下国内和国外需求的变动对 NX 曲线的影响：如图 13-11 所示，假设初始状态净出口额为零，当本国政府支出增加时总需求曲线 ZZ 会向上移动，产出 Y 由于乘数的存在提高到 Y'，这样国内对进口的需求加大（进口与国内收入成正比），贸易出现赤字 BC。同样，如果国外收入 Y^*提高，本国出口会提高，于是产生了贸易盈余。

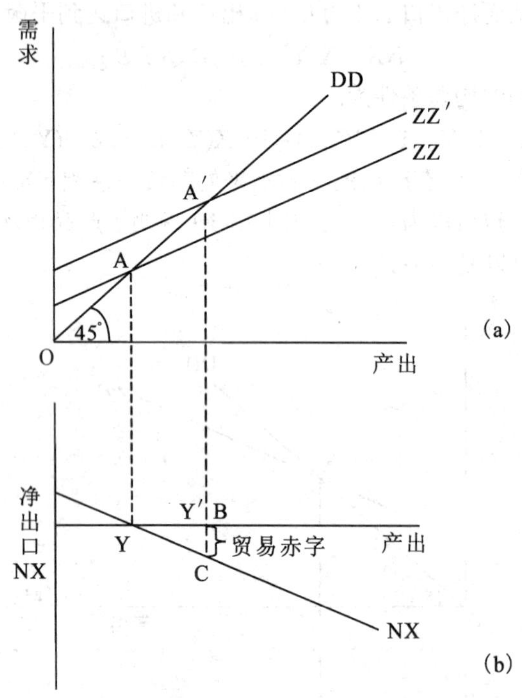

图 13-11 本国增加政府支出使产出提高，并带来贸易赤字

政府支出不仅仅带来贸易赤字，而且它对产出的影响要比封闭经济的影响小。开放经济条件下的总需求曲线 ZZ 要比封闭条件下的需求曲线 DD 平坦一些。这就意味着开放经济中的乘数较小。贸易赤字和更小的乘数源于同样的原因，需求提高不仅分摊在国内产品上，而且也包括对进口产品的需求。开放经济条件下国内需求的提高对产出的影响比封闭经济小，而且对贸易余额产生负面影响。事实上，经济越开放，对产出的影响越小，对贸易余额的负面影响越大。例如某个国家进口占 GDP 的 60%，这就意味着如果国内需求提高，大约有 60% 的需求提高由进口来满足，而只有 40%是对国内产品需求的提高。因此，如果这个国家采取提高政府支出来试图提高产出的做法会使得该国的贸易赤字有很大提高，而对产出只有很小的提高，所以对该国来说，扩大国内需求并不是一个很好的政策。即使对于进口比率占 15% 的美国来说，扩大国内需求也未必是一个很好的政策，这可能会带来贸易状况的恶化。

现在简单考虑一下国外经济活动的增长，即 Y^*提高对净出口的影响。这可能源于外国政府支出的提高，或者其他原因使国外产出增加。外国产出增加意味着外国需求提高，当然也包括对美国产品需求提高。于是美国出口增加，净出口曲线会向上移动，移动的距离等于出口增加的幅度。

（三）汇率变动的影响与马歇尔—勒纳条件

汇率对净出口 NX 的影响为（这里同样指的是实际汇率）：

$\varepsilon = E \times \left(\frac{p^*}{p} \right)$，前面提到 $NX = X(Y^*, \varepsilon) - \varepsilon Q(Y, \varepsilon)$，假设国内外价水平不变，政府通过货币政策影响名义汇率 E，进而使实际汇率 ε 以同样比率变化。假设实际汇率 ε 提高，也就是说本币贬值，那么在净出口 NX 公式中，我们可以看到三个方面的变化：首先出口上升，前面提到出口与实际汇率正相关，本币贬值使国内产品相对来说更便宜，因此出口提高。第二个是进口下降，外国商品比较昂贵，进口量下降，第三个也就是公式中的 ε 项，是指外国产品相对价格的提高，从而一定幅度地提高了进口值 $\varepsilon Q(Y, \varepsilon)$。本币贬值要想使贸易余额得到改善，那么出口必须提高足够多，进口也必须降低足够多，以抵消进口商品价格的上升。实际贬值带来净出口 NX 提高的条件也称马歇尔－勒纳条件。马歇尔－勒纳条件是由英国经济学家马歇尔和美国经济学家 A.P.勒纳揭示的关于一国货币的贬值与该国贸易收支改善程度的关系。

本币的实际贬值使净出口 NX 提高，从而国内产出 Y 提高，进而又增加了进口，从相反方向降低了净出口，但是本币贬值毕竟提高了净出口 NX，因此，我们说由产出提高引起的进口提高小于由贬值带来的净出口的增加。本币贬值同样会带来国外产品更加昂贵这个事实，于是国内在收入水平不变的情形下，国内生活水平恶化了，有时会导致十分紧张的社会局势。例如在 1994 年，墨西哥比索大幅度贬值，工人生活水平急剧下降，社会局势动荡不安，甚至引发骚乱。

三、J 曲线

到目前为止我们没有考虑动态化，下面我们将引入 J 曲线这一工具来进行动态化分析。本币贬值会使进口减少、出口增加，于是净出口额增加。但是动态地讲，这并不是瞬息间发生的，而是有个缓慢调整的过程。本国货币贬值后，最初发生的情况往往正好相反，经常项目收支状况反而会比原先恶化，进口增加而出口减少。这一变化被称为"J 曲线效应"。在最初的时间里，或许是几个星期或者是几个月的时间，由于消费和生产行为的"粘性作用"，本币的贬值会使进口产品价格上升，出口产品价格下降，而进出口产品数量的调整却是缓慢的，消费者意识到相对价格的变化需要一段时间。由于产品数量没有太大变化，在净出口公式（13.15）中，X、Q 虽然与ε相关，但是没有立即调整，而是ε起了主要作用，于是开始的时候贸易余额恶化，净出口下降。一段时间以后，出口和进口的相对价格变化的影响加大，出口增加，进口减少，也就是公式中的 X 提高，Q 减少，虽然ε是提高的，但是总体上看净出口额 NX 是增加的，最终贸易条件得到改善。这一变化过程可能会维持数月甚至一两年，根据各国不同情况而定。因此汇率变化对贸易状况的影响是具有"时滞"效应的。

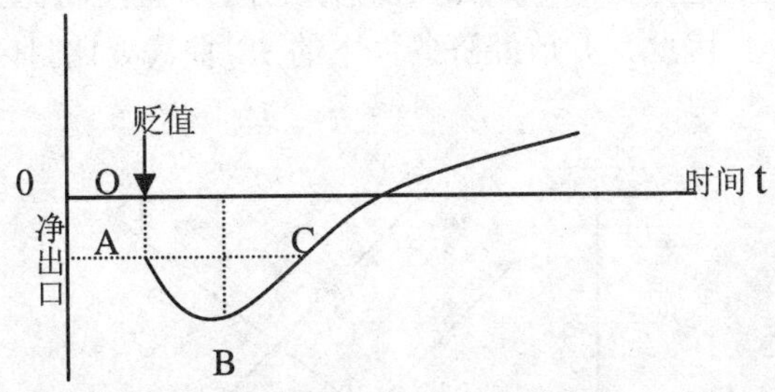

图 13-12　J 曲线

图 13-12 描述了在发生实际贬值的情况下，贸易余额随着时间的变化过程。贬值之前的贸易赤字是 OA，发生贬值之初，贸易赤字提高到 OB，这是因为ε提高了，但是 X 与 Q 都没有马上变化。一段时间之后出口增加进口减少，贸易赤字降低，最终贸易余额的改善超过初始水平，整个调整过程的曲线很像字母“J”，于是这个调整过程被称为 J 曲线。

四、开放经济条件下的 IS 曲线

前面我们得到了产品市场的均衡条件为：

$$Y=C(Y-T)+I(Y,r)+G+X(Y^*,\in)-\varepsilon Q(Y,\ \varepsilon)$$

也可以写成：

$$Y=C(Y-T)+I(Y,\ r)+G+NX(Y,\ Y^*,\varepsilon) \qquad (13.16)$$

在 IS-LM 对模型的处理中，我们假定国内、国外价格水平是给定的，从而实际汇率与名义汇率同步变动，名义贬值或者升值会带来同等程度的实际贬值或者升值。为了方便，有时我们会选择 $p^*=p=1$（因为这里的价格都是指数），那么就可以用名义汇率 E 代替实际汇率ε。

在 NI-AE 模型中，开放经济条件下的总需求曲线要比封闭经济条件下的总需求曲线平坦，因此开放经济条件下的 IS 曲线要比封闭条件下的 IS 曲线陡峭（回顾一下封闭经济条件下 IS 曲线的推导过程）。如果某种因素导致利率的下降，这时总需求增加，但是收入增加的一部分将用于购买进口产品，因此国内总产出上升幅度将比封闭条件下上升幅度要小，因此，开放经济条件下的 IS 曲线要比封闭条件下的 IS 曲线陡峭。

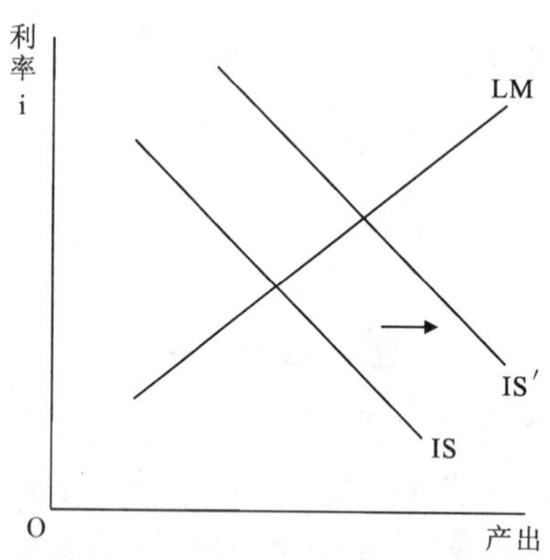

图 13-13　开放经济条件下的 IS 曲线

如果国外收入提高，如前文所述，本国的净出口 NX 将增加，从而总产出水平提高，图 13-13 中表现为 IS 曲线向右上方移动。

五、开放经济条件下的货币市场和 LM 曲线

前面我们得到了封闭经济中货币市场均衡的特征和 LM 曲线，这一部分我们将要介绍开放经济条件下的货币市场。

实际货币供给为 $\frac{M}{P}$，是由中央银行控制，是给定的。货币的实际需求取决于经济中的交易水平（由实际产出 Y 决定）以及持有货币而不是债券的机会成本：债券的名义利率 i。

开放经济条件下货币供给没有变化，而货币需求也没有太大变化。因为本国居民基本上仍然是持有本国货币进行交易或者购买债券。因此，我们可以用公式：

$$\frac{M}{P} = YL(i) \tag{13.17}$$

来考虑开放经济中名义利率的决定。利率必须使得对货币的供给和需求相等。货币供给的增加会导致利率的下降，货币需求的增加（例如

产出导致货币需求的增加）会导致利率的提高。

六、BP 曲线

（一）国际收支余额

不同国家的金融或者资本市场之间是高度一体化的，本国居民可以持有国外资产，国外居民也可以持有本国资产，不同国家的居民在这些资本市场里进行股票与债权交易。居民持有外国资产的目的是期望这些资产能得到更高收益。例如如果美国利率上涨，投资者会把资本投向美国。

我们假设存在一个最简单的世界：在这个世界里，汇率是永久固定不变的，各地的税负都一样，外国资产持有者不用承担本国的政治风险（比如说本国政府宣布在本国所有外国企业全部充归国有，或者颁布一项法律禁止资产在不同国家间转移）。这样资产所有者就会把资产投向收益最高的地方，于是世界各地的资本市场资产收益趋于相等，没有人能在一个国家以较低的利率得到借款。这种假设就叫做资本的完全流动性。任何一国的利率不可能长期高于或者低于市场利率水平，否则资本的国际流动使各国资本收益重新回到相同的水平。如果本国利率低于外国，相应的资产收益低于国外，则国内收益率低于国外，那么国内资本则会无限流出本国。

事实上，上述几种情况在现实中都不会存在。首先，各国的税负不相同，第二，汇率可能会变动，可能变动相当大从而影响外国投资的美元报酬，第三个就是各国有时候会设置资本外流的障碍。这些因素就导致了国家间的利率不一致。

但是我们假设资本在国家间完全流动或者是高度流动对于我们分析问题是很有帮助的。高度一体化的资本市场意味着任何一个国家的利率不可能脱离现行市场水平太远，否则会引起资本流动，趋于恢复世界水平的收益。

在国际收支平衡表中，我们以 BP 代表国际收支余额，贸易余额为 NX，资本账户余额为 CF：

$$BP=NX(Y,Y^*,\varepsilon)+CF(i-i_f) \tag{13.18}$$

或者表示成净出口与国外净投资的差额：

$$BP=NX(Y,Y^*,\varepsilon)-NFI(i-i_f) \tag{13.19}$$

这里我们引入一个概念：公式(13.18)和（13.19）中的 i_f 项表示世界利率，即国外资本市场利率。贸易余额是本国收入与国外收入以及实际汇率的函数，而资本账户余额决定于国内外的利率差额，如果利率上升超过世界水平，会吸引国外资本，被视为本国的金融产品的出口，因而改善了资本账户，相反，利率低于世界水平，会使资本账户值为负。在资本完全流动的假设前提下，BP＝0。

（二）内部均衡和外部均衡

外部均衡是指国际收支平衡，也就是国际收支余额为零的状态，内部平衡是指经济处于充分就业的状态。资本完全流动情形下的一个典型特征是本国利率 i 始终与世界其他国家利率（这里称作世界利率，即 i_f）相等，BP=0 与横轴平行，如图 13-14 所示。高于 BP=0 的点相当于国际收支盈余，低于曲线的点相当于赤字。在 Y^0 处就是经济处于充分就业时的产出，在 Y^0 左边，经济处于失业，在 Y^0 右边处于过分就业，Y^0 是充分就业时的产出。这样，E 点就是内部平衡与外部平衡都能达到的均衡点。经济在 E_1 区域处于国际收支赤字和失业状态，在 E_2 区域处于国际收支赤字和过分就业状态，在 E_3 区域处于国际收支盈余和过分就业状态，在 E_4 区域处于国际收支盈余和失业状态。如何调整本国的财政政策与货币政策使内外平衡都能实现呢？这就是下一节要讨论的内容。

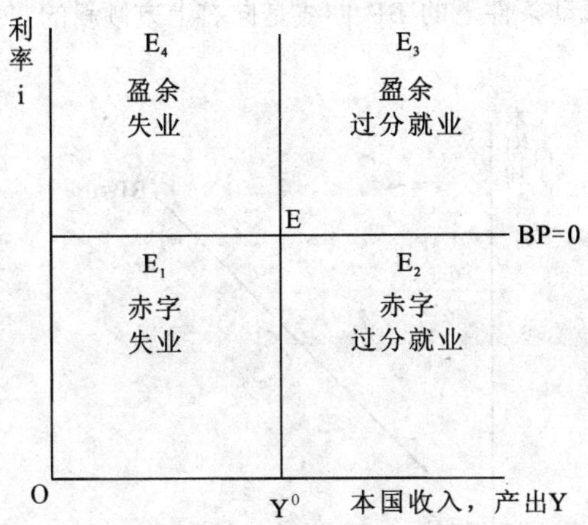

图 13-14　内部均衡和外部均衡

（三）资本完全不流动状态下的 BP 曲线

如果资本完全不流动，那么不论本国利率如何变化，资本都不会进出本国，于是对于汇率也没有影响，那么本国产出固定在一定的水平上。BP 曲线是垂直于横轴的一条直线，见图 13-15 中的左图。反之，如果资本完全流动，BP 曲线平行于横轴，见图 13-15 中的右图。

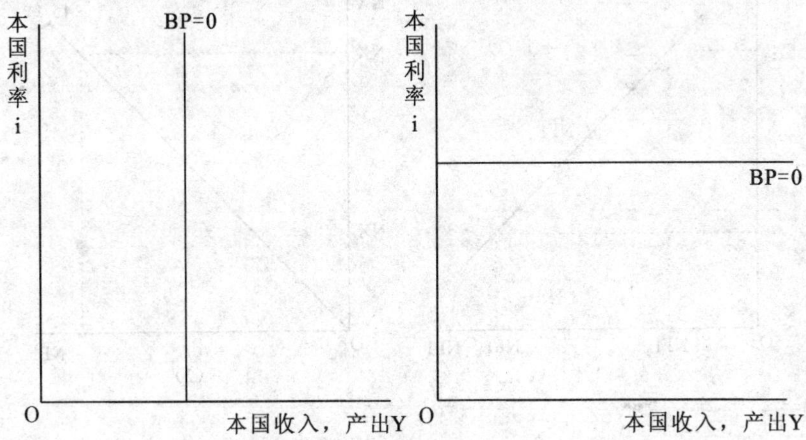

图 13-15　资本完全不流动和资本完全流动下的 BP 曲线

资本不完全流动条件下的 BP 曲线是向右上方倾斜的，如图 13-16 所示。

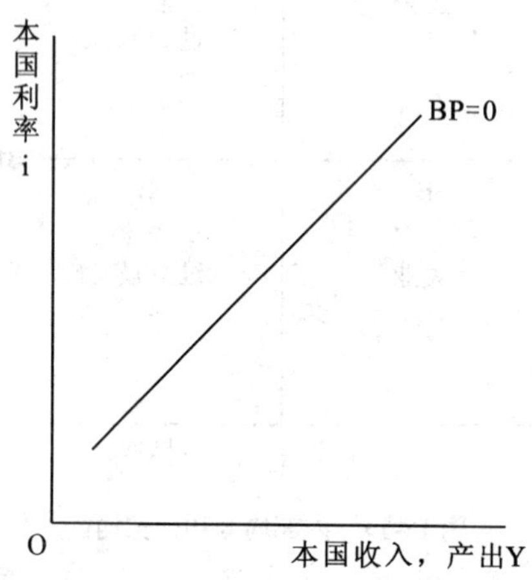

图 13-16 资本不完全流动下的 BP 曲线

下面是资本不完全流动条件下的 BP 曲线的推导，如图 13-17 所示。

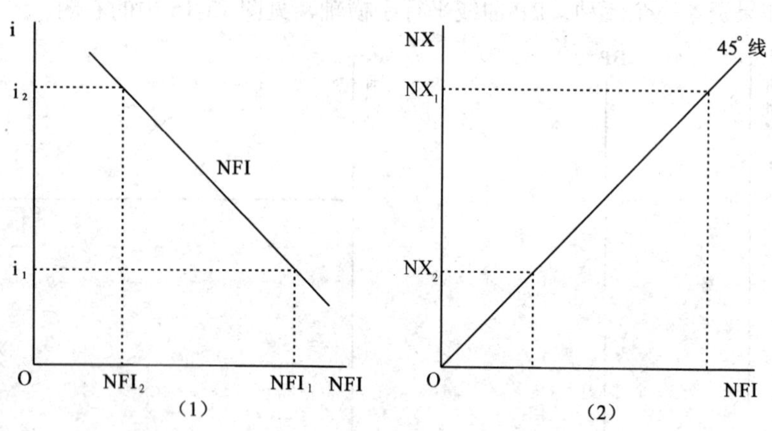

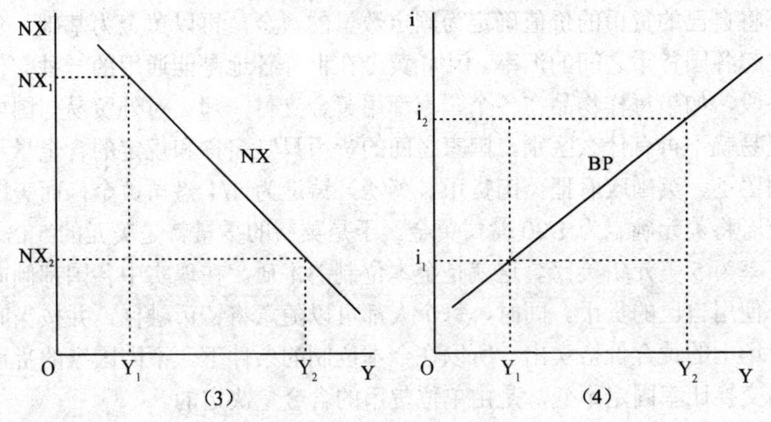

图 13-17　BP 曲线的推导过程

图（1）为国外净投资（净资本流出）曲线，向右下方倾斜。图（2）表示国外净投资与净出口额相等，国际收支达到平衡。图（3）表示净出口曲线，与收入成反方向变化。最后我们得到 BP 曲线图（4），斜率为正，向右上方倾斜。

第三节　开放经济条件下的宏观经济政策

一、固定汇率与浮动汇率

汇率制度可以分为固定汇率制度和浮动汇率制度。固定汇率制（Fixed Exchange Rates）是指汇率的制定以货币的含金量为基础，形成汇率之间的固定比值。这种情况下的汇率或是由黄金的输入输出予以调节，或是在货币当局调控之下，在法定幅度内波动，因而具有相对稳定性。固定汇率制就是由政府决定美元兑换成欧元、人民币、日元等其他货币的比率。最重要的固定汇率制是金本位制。在 1917 年到 1933 年期间，这种制度曾被各国采用。在这种汇率制度下，每个国家都将自己的货币的价值确定为固定数量的黄金，再以黄金为基础，建立起各国货币之间的汇率。例如,黄金在世界各地是能通用的一种支付手段，如果每样物品在各个国家都用黄金支付，那么对外贸易与国内贸易就不再有什么区别，国家之间的货币只是名称和规定的含金量不同罢了。英国政府把英国货币（英镑）铸造为 1/4 盎司黄金，而美国政府将美元确定为 1/20 盎司黄金。于是英镑的重量就是美元的 5 倍，汇率为 5 美元/1 英镑。这就是金本位制的本质。在现实中各国都倾向于使用自己的货币。同时，每个人都可以随意将铸币融化，并按当时市场上的黄金价格卖出。所以在金本位制的条件下，不同国家的货币的交换比率固定不变，是由单位货币的含金量决定的。

20 世纪 30～40 年代的一些大经济学家，深感二战前经济危机的严重冲击,决心避免在 30 年代大萧条时期出现的经济混乱和竞争性贬值等问题的重演，认为金本位制缺乏灵活性，会加深经济危机。于是 1944 年，在凯恩斯等人的领导下，各国在美国新罕布什尔州的布雷顿森林，达成了一个协议，即《国际货币基金组织协定》，各国同意建立一种有管理的国际金融制度，替代了金本位制，史称布雷顿森林体系。

在布雷顿森林体系下，各种货币同时以黄金和美元标价，货币间汇率的决定和金本位制大致相同。它的创新是使汇率变得既固定而又可以调整。布雷顿森林体系下的国际货币体系要求各国货币对美元保持固定汇率，把美元与黄金的比价固定为每盎司黄金 35 美元。各国官方的国际储备以黄金或者美元资产的形式持有，并且可以向美国联邦储备银行以官方价格兑换黄金。二战以后，在布雷顿森林体系的安排下，美元成为主要的国际货币。大多数国际贸易和国际支付都是通过美元进行的。

20 世纪 70 年代初，布雷顿森林体系正式瓦解。另一种汇率制度是浮动汇率制度。浮动汇率制(Floating Exchange Rates)是指一国货币的汇率并非固定，而是由自由市场的供求关系决定的制度。浮动汇率制的正式采用和普遍实行，是 20 世纪 70 年代后期美元危机进一步激化后开始的。浮动汇率制按照国家是否干预外汇市场，可分为自由浮动汇率制（又称“清洁浮动汇率制”）和管理浮动汇率制（又称“肮脏浮动汇率制”)。实际上，今天没有哪个国际实行完全的自由浮动，而主要发达国家都对外汇市场进行不同程度的干预。当前管理浮动汇率制的形式多种多样，可分为单独浮动和联合浮动，也有的实行钉住政策的浮动汇率制。在这种汇率制度下，政府既不规定汇率，也不采取任何措施去影响汇率。当今世界，浮动汇率制度在美国、欧洲、日本等国家被普遍采用。在浮动汇率制度下的政府只是一个旁观者，它听任外汇市场来决定本国货币的价值，因此在浮动汇率制度下，汇率在短时间内可能有非常大的波动。

在严格的固定和完全的浮动之间，是管理汇率制度。这种汇率制度基本上由市场力量决定，但是政府会通过买卖货币、改变货币供给等措施来影响汇率。有时候政府会顺着私人市场进行引导，而很多时候政府则确定一定的目标区间以引导其政策行为。由于各国纷纷向固定的或者浮动的汇率制度靠拢，所以这种汇率制度的重要性已经日趋减弱。

当今的汇率制度并不是一种整齐划一的汇率模式，现实情况是世界已经进入一种混合汇率模式。一些国家允许货币自由浮动，这些国家允许市场决定汇率而很少对其进行干预，美国一直以来就是实行的这种浮动汇率制度；一些国家实行管理的但是有弹性的汇率制度，包括很多发展中国家，这些国家的政府会买卖本币以降低其日常波动的多变性，或者进行整体系统的干预，以使其货币向着它所认为比较适宜的方向浮动；而实行固定汇率制度的主要是些小国，将其货币盯住一种基准货币例如美元，或者一揽子货币。

二、浮动汇率制度下的宏观经济政策

（一）资本完全流动的假设

上一节提到，BP（国际收支余额）是贸易余额与资本账户余额的和。在汇率完全可变的条件下，国际收支为零，经常账户余额和资本账户余额之和为零。在这样的条件下，名义汇率能自动调整使余额为零，中央银行不需要为了外汇而干预市场，可以按照意愿确定货币供给，国际收入与货币供给之间没有任何联系。

如果假设资本具有完全流动性，BP=0 是一条水平线，本国利率与国外利率相等，即 $i=i_f$ 时，本国达到国际收支平衡。在其他任何利率水平下，资本大量流动，以至于国际收支无法实现平衡。

1. 财政政策

假设国外实行扩张性财政政策，增加政府支出或者减税，那么国外产出增加，这样对于本国产品需求增加，在本国产品市场均衡的条件下，总需求与总产出相等，IS 曲线向右上方移动到 IS'处。显然此时国内收入增加。国内收入增加从两个方面影响净出口。第一个是收入增加，本国购买力增加，导致对更多进口产品的需求，第二个是收入的提高会增加货币需求，货币需求的增加提高了本国利率，由此国际资本流入本国，外汇市场对本币（美元）的需求增加，由此导致本币升值的压力。这样汇率下降，本币升值，使本国商品相对较贵，本国出口下降，净出口减少。如图 13-18 所示，IS'曲线左移到 IS 曲线初始位置，需要注意的是，因为货币存量没有变化，因此 LM 曲线没有移动，均衡点始终沿着 LM 曲线移动。

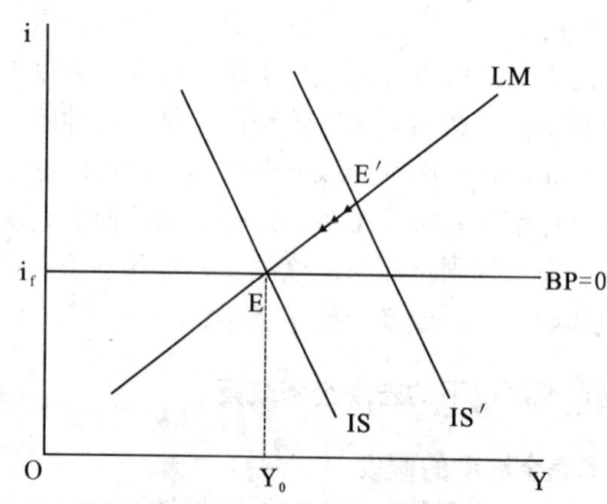

图 13-18 财政政策的影响

由此可见，在可变汇率和资本完全流动条件下，扩张性财政政策并不改变均衡产出，但导致汇率下降，本币升值。

2. 货币政策

这一章假定价格是既定的，如果名义货币存量增加ΔM，真实货币存量增加值为$\Delta M/P_0$，开放经济条件下 LM 曲线向右下方移动，短期内相应利率降低，收入增大。本国利率低于外国利率的结果就是本国资本外流，于是美元供给增加，美元贬值。资本流出引起的贬值使进口商品相对于本国商品更加昂贵，净出口 NX 增大，IS 曲线向右上方移动，直到资本流动停止为止，也就是说利率重新达到初始 i_f 水平，如图 13-19 所示。

由此可见，在可变汇率和资本完全流动条件下，扩张性货币政策将导致均衡产出的增加以及汇率的上升。

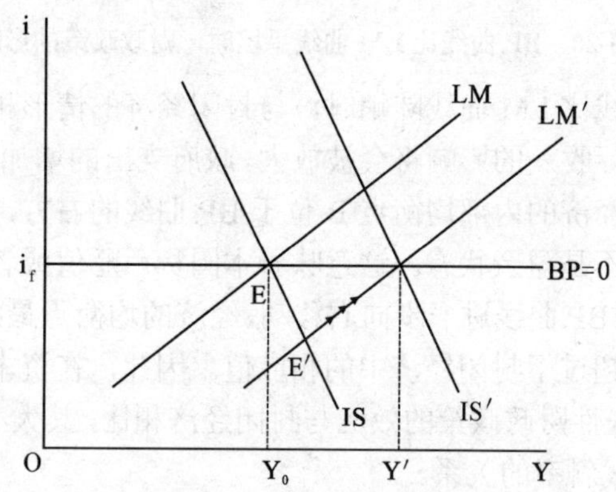

图 13-19　货币政策的影响

（二）资本不完全流动的假设

以上假设的是资本完全流动的情形，但资本完全流动的假设很多时候是不符合实际的。在资本不完全流动的假设条件下，BP 曲线向右上方倾斜。

1．财政政策

假定 LM 曲线比 BP 曲线陡，如果政府购买增加，IS 曲线将向右移动，于是经济在 C 点处达到内部均衡，但是国际部门的收支在 C 点处于盈余状态，这种情况下，本币就会升值，汇率下降，尽管不会回到原来的位置，但是 BP 曲线和 IS 曲线均会向左移动。经济新的均衡点为图 13-20 中的 B 点。从图中看到，这时收入提高的幅度与封闭经

济的情形相比要小。

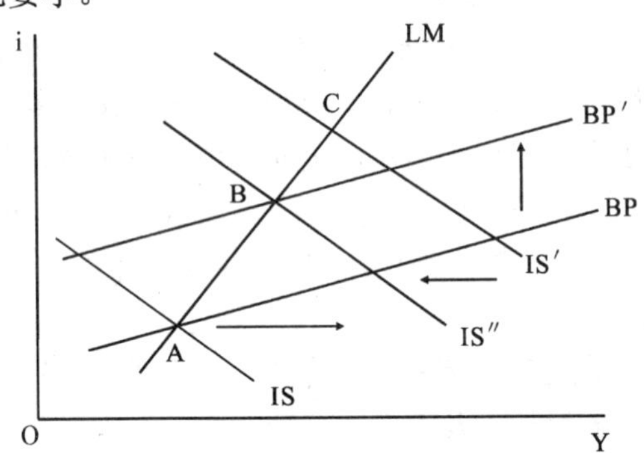

图 13-20 BP 曲线比 LM 曲线平坦时，财政政策的影响

当 BP 曲线比 LM 曲线陡峭时，与封闭经济的情形相比，扩张性财政政策对实际收入的影响将会被放大。政府支出的增加使 IS 曲线向右移动，由于经济的内部均衡点 B 位于 BP 曲线的右方，国际收支处于赤字状态而不是盈余状态。这意味着本国货币贬值或者汇率提高，于是 IS 曲线和 BP 曲线进一步向右移动，经济的均衡点最终在 C 点处，这样收入水平超过了封闭经济中的相应值。因此，在资本不完全流动的假设下，扩张性财政政策的效应与封闭经济相比，其大小依赖于 LM 曲线与 BP 曲线斜率的关系。

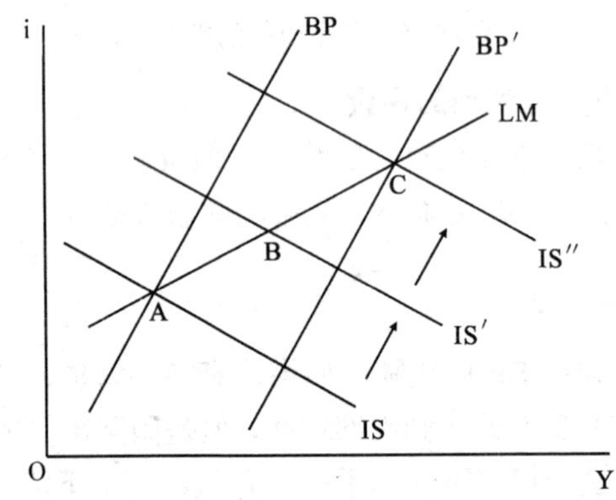

图 13-21 BP 曲线比 LM 曲线陡峭时，财政政策的影响

2．货币政策

假定LM曲线比BP曲线陡峭，如图13-22所示，最初经济在A点实现内部和外部均衡。货币扩张首先影响LM曲线，使其向右移动，并与IS曲线相交于B点。在B点经济虽然处于内部均衡，但是B点在BP曲线的右面，国际收支处于赤字状态。国际收支赤字使汇率进行调整，本国货币贬值，汇率上升，于是BP曲线和IS曲线向右移动，直到C点处，经济重新达到内部和外部均衡。货币扩张的效果是使汇率提高，收入水平提高，幅度大于封闭经济条件下的情形。利率水平影响不显著。

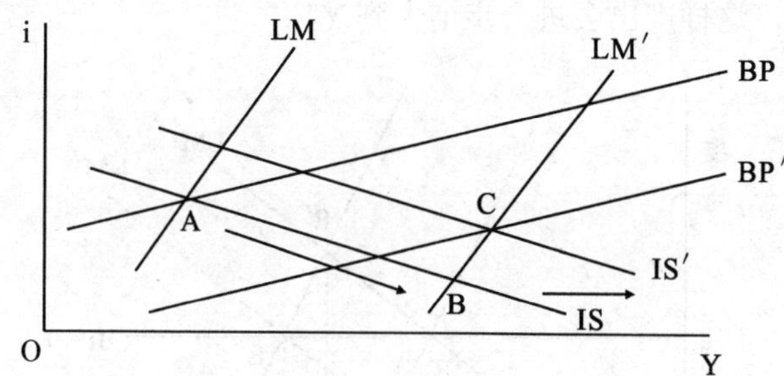

图13-22　LM曲线比BP曲线陡峭时，货币政策的影响

如果BP曲线比LM曲线陡峭，那么分析过程同上面，只是BP曲线移动的幅度要大于图13-22。收入增加水平比较大，利率水平影响较显著。

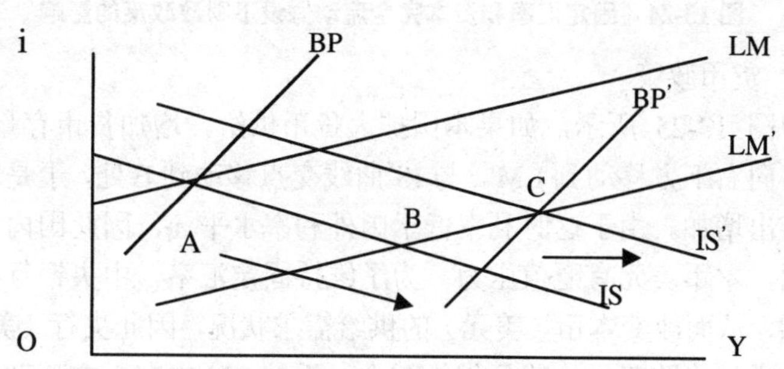

图13-23　BP曲线比LM曲线陡峭时，货币政策的影响

三、固定汇率制度下的宏观经济政策

（一）资本完全流动的假设

1．财政政策

固定汇率制度下假设实行扩张性财政政策，比如削减税收，增加政府支出等，IS 曲线将向右上方移动，在 E'点处利率与产出水平都会提高。利率高于国外利率 i_f，使资本流入本国，本币有升值压力。为了维持固定汇率，央行必须采取措施扩大货币供给，使利率下降到初始水平 i_f。这样产出会进一步增大到 Y"。

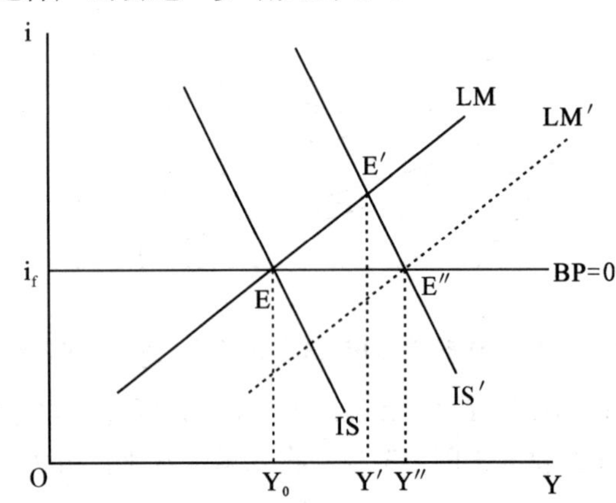

图 13-24 固定汇率和资本完全流动假设下财政政策的影响

2．货币政策

如图 13-25 所示，如果本国扩大货币供给，增加货币存量，LM 曲线将向右下方移动到 LM'，与 IS 曲线交点移动到 E'处，于是利率下降，产出增加。由于这时利率低于国外利率水平 i_f，因此国内资本流出本国，本币美元有贬值压力。为了维持固定汇率，中央银行必须进行干预，从而改变本币（美元）的供给需求状况，因此央行（美联储）售出外币，收购美元，美元供给减少，于是 LM 向左上方移动，均衡点回到 E 点。

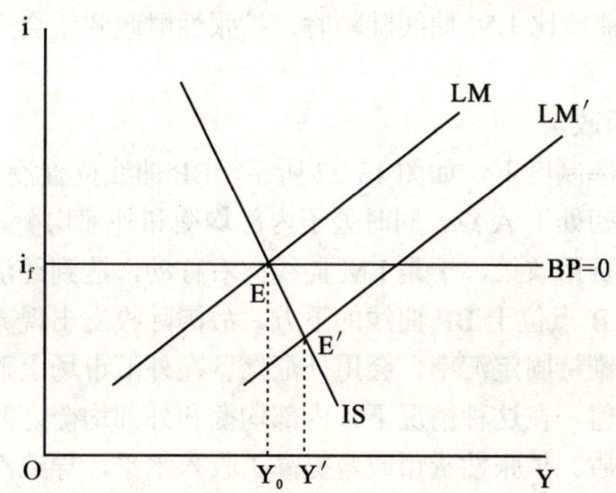

图 13-25 固定汇率制度和资本完全流动假设下货币政策的影响

（二）资本不完全流动的假设

1. 财政政策

如图 13-26 所示，假定 LM 曲线比 BP 曲线陡峭，A 点为最初的经济均衡点，如果政府实行扩张性财政政策，IS 曲线向右移动到 IS'，从而新的内部均衡点在 B 点达到。B 点位于 BP 曲线的上方，国际收支产生盈余。此时，本币升值的压力由于本国政府用本国货币购买外币而缓解。在这种情况下，尽管收入提高引起经常账户的恶化，但是国内利率大幅上升，引起更多的资本流入，于是国际收支产生盈余。

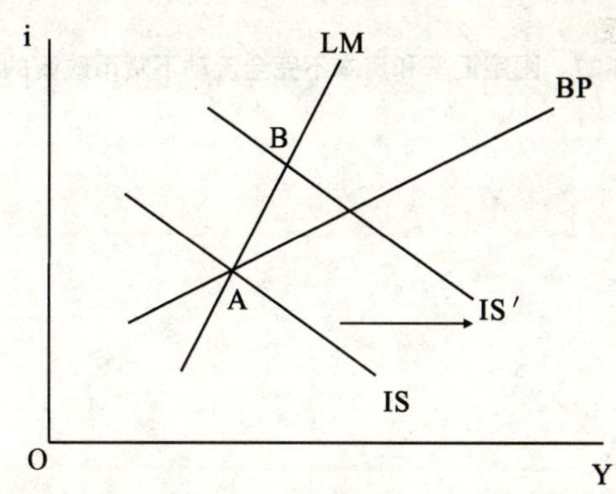

图 13-26 固定汇率制度和资本不完全流动假设下财政政策的影响

当 BP 曲线比 LM 曲线陡峭时，扩张性财政政策会产生国际收支赤字。

2. 货币政策

固定汇率制度下，如图 13-27 所示，BP 曲线位置没有发生变化，假设经济最初处于 A 点，同时处于内部均衡和外部均衡，若政府实行的是扩张性货币政策，于是 LM 曲线向右移动，达到经济新的内部均衡点 B 点。B 点位于 BP 曲线的下方，故国际收支出现赤字。于是中央银行为了维持固定汇率，会用外汇储备在外汇市场上购买本国货币以防止其贬值。在这种情况下，内部均衡和外部均衡之间就存在着不可调和的矛盾。扩张性货币政策提高了收入水平，导致净出口减少，同时利率下降使资本外流，于是导致了国际收支的赤字。

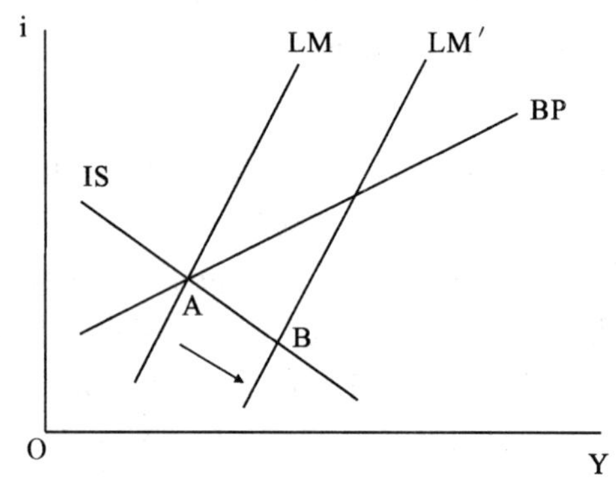

图 13-27　固定汇率和资本不完全流动下货币政策的影响

第十四章　经济周期与波动

前面我们考察的都是长期经济增长。在这章，我们开始研究短期经济波动。如果我们画一幅美国近几十年来的 GDP 增长趋势图，可以得到一条十分平滑的曲线，年平均增长约 3%。但是如果我们将其中的一部分抽出并放大，会发现它并不光滑，而是呈现锯齿状。这就是经济在短期的波动。而在波动过程中，又存在繁荣与衰退交替的周期特征。关于经济周期是否存在的问题，学者们仍有分歧。我们在这里把经济中这种微小的波浪视为经济的波动，将呈现交替性变化规律的大的波浪视为经济周期。我们通常用总供给总需求模型来分析经济的波动。

第一节　总需求曲线

总需求曲线（Aggregate-Demand Curve）表示在一定的价格水平下，家庭、企业和政府对商品和劳务总的需求量。如图 14-1 所示，横

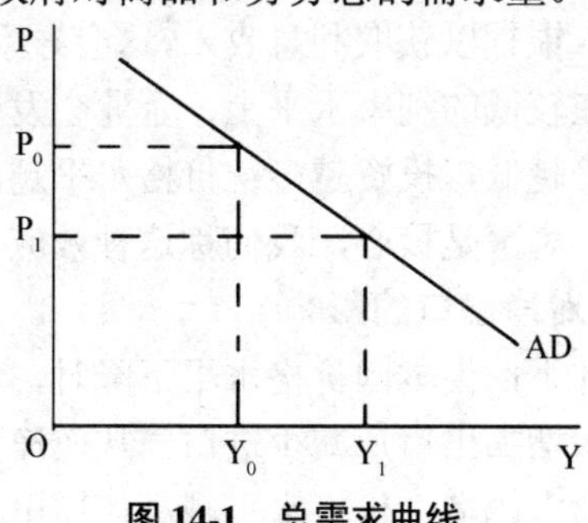

图 14-1　总需求曲线

轴表示商品与劳务的数量，纵轴表示价格水平。价格水平越高，对商品和劳务的总需求量越少。因此总需求曲线向右下方倾斜。

在这一节中我们将分析为什么总需求曲线是向右下方倾斜的，以及哪些因素会影响它的移动。

一、总需求曲线的推导

为什么总需求曲线是向右下方倾斜的呢？在这里，我们分别考察决定商品和劳务需求量的几个因素与价格水平的关系。在第九章，我们知道 GDP（这里用 Y 表示）是由消费（C）、投资（I）、政府购买（G）以及净出口（NX）加总而成。即：Y=C+I+G+NX。这里，由于我们考察的目标之一是在实际政府支出的每一水平上国民收入的变化，所以我们假设政府购买是由政策决定的而不考虑这一项。现在我们分别考察价格水平对其他三项的影响。

（一）价格水平对消费的影响

假定你拥有 100 元，这是你拥有货币的名义值，它是固定不变的。而这 100 元的实际值是随价格的变动而变化的。当价格水平下降时，你会发现你用现有货币能够买到的商品变多了，你变得比以前“富有”了。这时你会增加支出，从而增加了商品和劳务的需求。因此，价格水平越低，消费越多；价格水平越高，消费越少。我们称这种效应为真实余额效应。

（二）价格水平对投资的影响

当价格水平下降时，你的 100 元现金有所剩余，你可以用剩余的部分购买债券或存入银行以获取利息收入，这会导致货币供给的增加，从而利率降低。而在较低的利率水平上，企业会发现投资更具有吸引力。因此，价格水平越低，投资越多；价格水平越高，投资越少。在这种机制的传导中，利率是核心，我们称这种效应为利率效应。

（三）价格水平对净出口的影响

在开放经济条件下，当本国价格水平下降时，利率降低，因而本币贬值，这将使本国增加出口，减少进口，从而净出口增加。因此，价格水平越低，净出口越多；价格水平越高，净出口越少。我们称这种效应为汇率效应。

通过上面的分析，我们知道，当价格水平下降时，消费、投资和净出口都增加。因此由这三项和固定不变的政府支出加总而得到的总产出也增加。即价格水平与产出呈反向变动的关系。在图 14-1 中，当价格水平从 P_0 下降到 P_1 时，产出 Y 由 Y_0 增加到 Y_1，从而我们得到向右下方倾斜的总需求曲线。

将上面所涉及的四种要素汇总，我们就可以推导出总需求曲线。我们在前面的 NI-AE 模型中知道，NI 是国民收入或总收入，在这里我们也可以视为总产出，用 Y 来表示。AE 是最终产品市场的总支出。我们可以得到完整的总支出曲线。

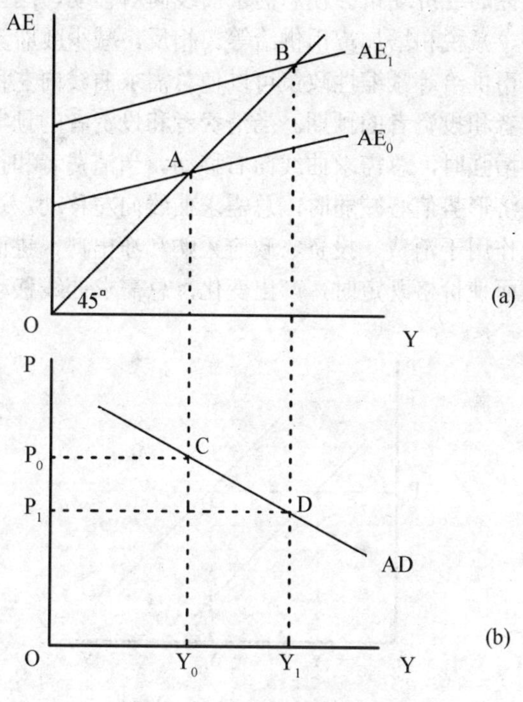

图 14-2　总需求曲线的推导

如图 14-2 所示，图（a）中横轴表示总收入 Y，纵轴表示总支出

AE。AE_0是初始的总支出曲线。AE_0与图中的45°线交于A点，表示总收入与总支出相等时的收入与支出情况。这时产出为 Y_0，价格为 P_0，这样就决定了均衡点C。当价格水平下降时，对应图（b）中，价格由 P_0 下降到 P_1，这时在相同收入的情况下，总支出曲线向上移动到 AE_1，这时产出上升到 Y_1，在图（b）中价格 P_1 与产出 Y_1 决定了均衡点D。我们不断调整价格，就可以得到一系列的点，从而就得到了总需求曲线AD。

二、总需求曲线的移动

影响总需求曲线移动的因素主要有两个。第一个因素是宏观经济政策。扩张性的经济政策会使总需求曲线向右移动，这些政策包括增加政府支出、减税和增加货币供给等。相反，减少政府支出、增加税收和减少货币供给等紧缩性政策可以使总需求曲线向左移动。第二个因素是消费者和投资者的预期。当消费者和投资者的预期乐观，对经济形势信心增强时，总需求曲线向右移动。当消费者和投资者的预期悲观，对经济形势信心减弱时，总需求曲线向左移动。这两种因素会不同程度地作用于消费、投资、政府采购和净出口，进而引起总产出的变化，从而使价格既定时，产出变化，总需求曲线移动。如图14-3所示。

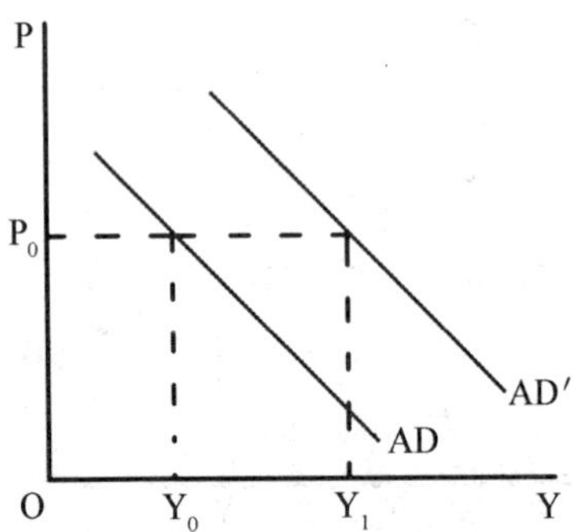

图14-3 总需求曲线的移动

下面我们分别分析在价格水平既定时，消费、投资、政府采购和净出口变动所引起的总需求曲线的移动。

（一）消费

当政府实行扩张性政策，如减税时，消费者收入增加，消费也会增加。当人们对未来持乐观预期时，也会增加当期消费，从而增加总产出，总需求曲线向右移动。相反，当政府实行紧缩性政策，如增税时，消费者收入减少，消费减少。当人们对未来持悲观预期时，也会减少当期消费，从而减少总产出，总需求曲线向左移动。

（二）投资

与消费者的消费行为类似，减税以及企业对未来经济的乐观预期可以增加投资。此外，我们在第十一章已经知道货币供给增加会带来利率的下降，这会减少企业的借款成本，从而刺激投资，进而引起总需求曲线向右移动。相反，投资的减少会引起总需求曲线向左移动。

（三）政府购买

政府购买是财政政策的主要工具之一，也是影响总产出最直接的方法。当政府购买增加时，在既定的价格水平上商品和劳务的需求量增加，从而引起总需求曲线向右移动。当政府购买减少时，在既定的价格水平上商品和劳务的需求量减少，从而引起总需求曲线向左移动。关于这点，我们将在第十五章详细讨论。

（四）净出口

当本国货币贬值时，可以刺激出口，抑制进口，从而增加净出口，总需求曲线向右移动。反之，当本国货币升值时，净出口的减少将使总需求曲线向左移动。

第二节 长期总供给曲线

总供给曲线（Aggregate-Supply Curve）就是在每一既定的价格水平上企业生产并销售的产量。在这里，我们需要区分长期和短期。在长期中，我们以古典二分法和货币中性为基础。宏观经济学将变量分为名义变量和实际变量。名义变量是按货币衡量的变量，如名义 GDP。实际变量是衡量数量或相对价格的变量，如产量、就业量和实际利率。这种对变量实际和名义的区分就是古典二分法。货币中性是指货币供给变动只影响名义变量而不影响实际变量的现象。在长期经济分析中，货币变动对于名义变量，如价格水平，有重要的影响，但是对于实际变量，如失业、实际 GDP，几乎没有影响。

而在短期经济中，这种假设是不适用的。在短期，名义和实际变量是高度相关的。因此，基于不同假设前提的长期总供给曲线与短期总供给曲线是不同的。本节我们研究长期总供给曲线，短期总供给曲线放在第三节讨论。

一、长期总供给曲线的推导

长期总供给曲线是古典二分法和货币中性的一种运用。在这里，我们不考虑名义变量而只考虑实际变量，因此在长期中，产出与价格水平无关，而只取决于资本、劳动、生产技术以及自然资源的变动。在这些因素既定的前提下，自然失业率水平上的产出是固定的，不随价格的变化而变化。

长期经济是充分就业的经济，当价格水平降低时，实际工资提高，劳动市场上劳动的供给就会增加。当劳动的供给大于需求时，实际工资就会相应下降。同理，当价格水平上升时，实际工资下降，劳动市场上劳动的供给就会下降。当劳动的供给小于需求时，工资成比例上升，使劳动市场恢复均衡。这时的就业量仍为充分就业下的就业量，相应的产量也是充分就业下的产量。因此，在任意一个价格水平上，工资都会调整到充分就业的实际工资，产量都是充分就业的产量。因此，长期总供给曲线是一条垂线。如图 14-4 所示，Y^*是固定的自然产出量，它独立于价格水平。

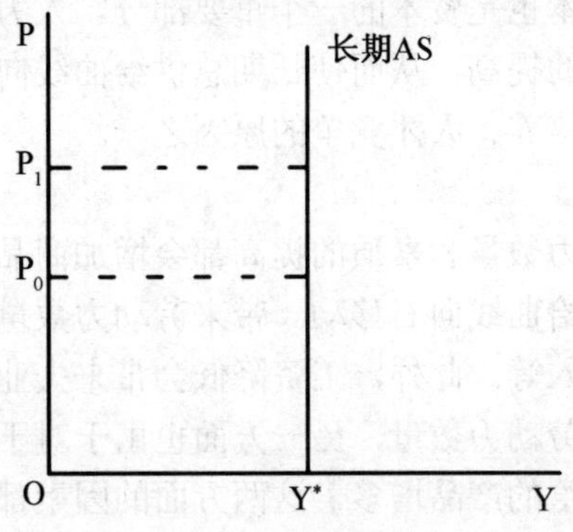

图 14-4　长期总供给曲线

二、长期总供给曲线的移动

这里我们分别考察资本、劳动、生产技术和自然资源对长期总供给曲线的影响。

（一）资本

经济中资本存量的增加能够提高生产率，从而增加商品和劳务的供给量，引起长期总供给曲线的右移。如图 14-5 所示，产出由 Y_0 增加到 Y_1，长期总供给曲线由 AS_0 右移到 AS_1。反之，经济中资本存量降低时会带来生产率的降低，进而减少了商品与劳务的供给，使长期总供给曲线左移。

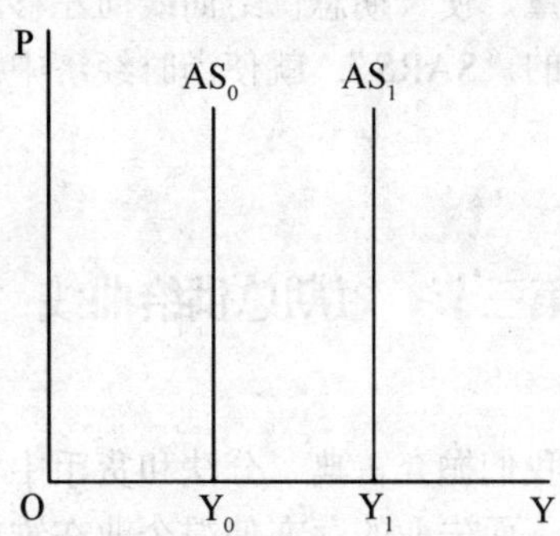

图 14-5　长期总供给曲线的移动

此外，人力资本也是资本的一个重要部分。人力资本水平的提高将大大促进生产率的提高，从而使长期总供给曲线向右移动，这也是各个国家重视人才培养、人才竞争的原因之一。

（二）劳动

一个国家劳动力数量和素质的提高都会增加商品和劳务的产出，从而引起长期总供给曲线向右移动。带来劳动力数量增加的因素包括移民增加，劳务输入等。此外，工资降低会带来失业率下降，这一方面增加了经济中的劳动力数量，另一方面也由于对于任意给定的价格水平，企业愿意供给的产品增多，这两方面的因素都会推动长期总供给曲线向右移动。

（三）生产技术

生产技术的进步往往能够极大地提高生产率，提高资源的利用率，从而增加商品和劳务的生产，推动长期总供给曲线向右移动。上世纪末互联网技术的发明和迅速推广就极大地减少了经济中交易的成本，提高了经济运行的效率，带来生产的进步。

（四）自然资源

自然资源是一个国家经济发展的重要禀赋，产出与自然资源息息相关。资源的优势往往能带来产出的增加。如新矿藏的发现和开采、农业中良好的气候环境等，都会提高商品和劳务的产出而引起长期总供给曲线向右移动。相反，一些自然灾害，如洪水、地震、干旱等会减少经济中资本的数量，使长期总供给曲线向左移动。2003 年 4 月，我国遭遇了突如其来的“SARS”，就使当时经济中总供给减少，GDP 降低。

第三节　短期总供给曲线

在短期分析中，我们抛弃古典二分法和货币中性的假设，认为经济并不是充分就业的，而失业的存在使得企业在维持原工资或仅仅增加少量工资时就可以获得所需要的劳动。所以这时价格水平的变化会对产出有所影响。当短期内价格总水平上升时，商品和劳务的产量也上升，而价格总水平下降时，产出也会下降。因此我们可以得到一条向右上方倾斜的短期总供给曲线。如图 14-6 所示。

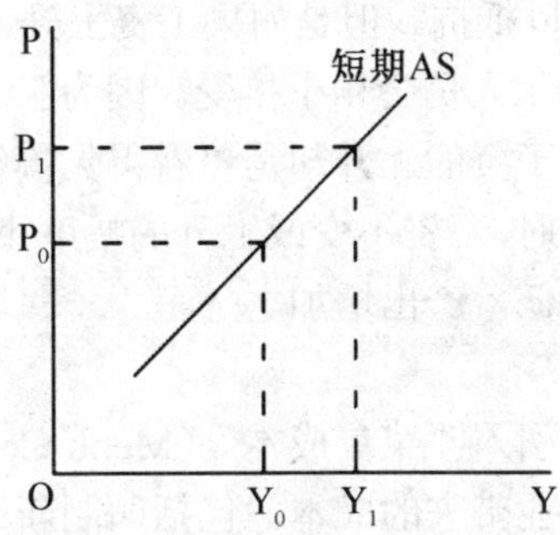

图 14-6　短期总供给曲线

一、短期总供给曲线的推导

价格水平与产出的正相关关系可以从以下三个角度来解释。

（一）粘性工资

在劳动市场，工人会对货币工资的下降进行抵抗，从而使货币工资只能上升而不能下降。我们将短期内工资不能根据价格水平调整而迅速调整的这种现象称为粘性工资。它可能是由于合同的存在造成的。由于工人和企业之间往往会签订针对名义工资的长期合约，所以短期内工资在一定程度上是被固定的。另一种原因可能是政府对于工资的控制，如规定最低工资等，都降低了企业下调工资的幅度。

当价格水平降低时，名义工资不变，所以实际工资上升，导致企业成本上升。为了降低成本，企业会进行裁员，这就减少了商品和劳务的生产，从而造成总产出的减少。当价格水平上升时，名义工资通常也不会立即上调，这时工人的实际工资下降，企业生产成本也下降。这时企业会增加劳动力的使用，进而带来总产出的增加。

（二）货币幻觉

另一个相关的概念是货币幻觉。工人往往会存在对货币的“幻觉”，他们只注意名义货币工资而不考虑货币工资的实际购买力。因此工人会抵抗价格水平不变情况下的货币工资的下降，但却不会抵抗货币工资不变情况下价格水平的提高。例如，对于价格和工资同时下降10%，工人可能会予以抵抗。但是如果工资上升 10%，价格水平也上升 10%，甚至 20%，工人仍会乐于接受。因为工人在短期无法准确了解实际价格水平，而工资的上升却是“看得见摸得着”的收入增加。因此当价格水平上升时，工资不变或上升的幅度小于价格上升的幅度，这时企业实际成本降低，产出增加。

（三）粘性价格

这里，我们需要引入“菜单成本”（Menu Cost）的概念。菜单成本是指价格变动给企业带来的成本。包括印制新清单、标签的成本，把这些新清单和标签送到中间商和顾客的成本，为新价格做广告的成本以及决定新价格的成本等。这些都会在一定程度上减缓价格的调整速度。因此我们说在短期中，价格也具有粘性。

与此相联系的是由于市场上的不确定性带来的企业的不完全预期。当企业面临经济状况变动时，如供给上升，价格下降时，一部分企业可能会立即调整价格，而另一部分企业并不能很快判断出这种供给的上升是暂时的现象还是长期现象。如果是长期现象，就需要调整价格。而如果是暂时现象，调整价格带来了不必要的成本。为防止价格频繁变动带来的菜单成本上升，这些企业会选择维持原价格不变，其价格高于长期价格水平，从而销售量减少。这样，就引起这些企业生产的下降，从而在总体上减少了总产出。

因此，由于粘性工资、货币幻觉和粘性价格的存在，价格水平与产出同向变动。价格水平降低会使企业减少商品和劳务的供给，相反，则增加供给。

二、短期总供给曲线的移动

影响短期总供给曲线移动的核心因素是人们对价格水平的预期。现在我们固定价格，分析价格水平既定时预期使产出如何变化。

当人们预期价格水平将提高时，工资会上升，这就加大了企业生产的成本，企业会减少商品和劳务的生产，从而产出减少，短期总供给曲线向左移动，如图 14-7 所示，短期总供给曲线由 AS_0 左移到 AS_1。相反，当人们预期价格水平下降时，工资下降，企业的成本降低，商品和劳务的产量增加，从而短期总供给曲线向右移动。

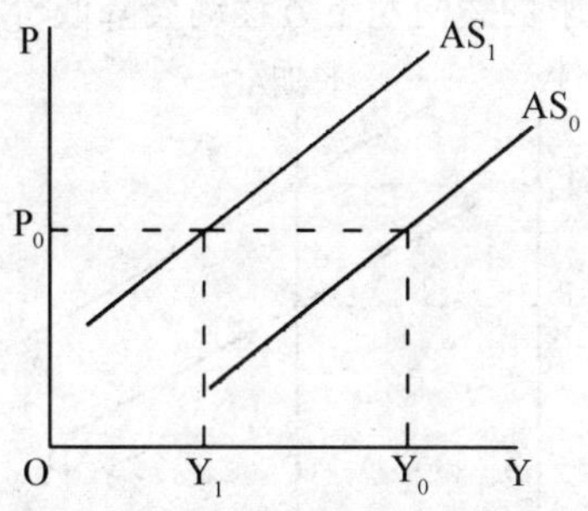

图 14-7　短期总供给曲线的移动

第四节　总供给总需求模型与经济波动

一、长期总供给和总需求变化对经济的影响

我们现在将总供给曲线与总需求曲线放在一起，如图 14-8 所示。长期总供给曲线与总需求曲线交于一点，其均衡产出为 Y_0，价格水平为 P_0。

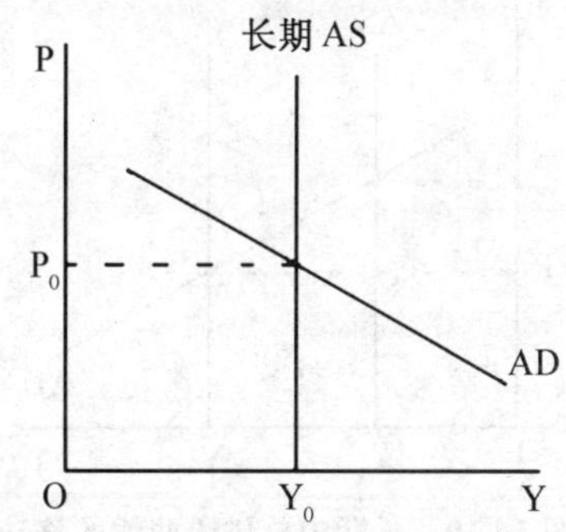

图 14-8　长期总供给曲线和总需求曲线

首先，我们固定长期总供给曲线，移动总需求曲线。如图 14-9 所示，当总需求增加，总需求曲线向右上方移动时，由于长期总供给不变，因此产出没有变化，仍为 Y_0。价格由 P_0 上升到 P_1。因此，在长期中，总需求曲线移动只影响价格水平。总需求曲线向右上方移动会提高价格水平，总需求曲线向左下方移动会降低价格水平，而产出不变。

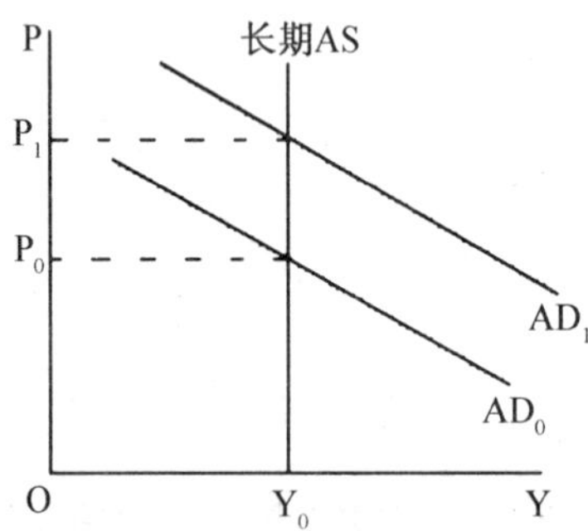

图 14-9 长期中总需求曲线的移动

现在我们固定总需求曲线，移动长期总供给曲线。如图 14-10 所示，当长期总供给曲线向左移动时，AS_0 左移至 AS_1，这时总产出从 Y_0 下降到 Y_1，价格水平从 P_0 上升为 P_1。经济表现为停滞和通货膨胀。相反，当长期总供给曲线向右移动时，产出增加，价格水平下降。因此，长期总供给曲线的左移会引起产出减少，价格上升，而长期总供给曲线的右移则会带来产出增加，价格下降的繁荣局面。

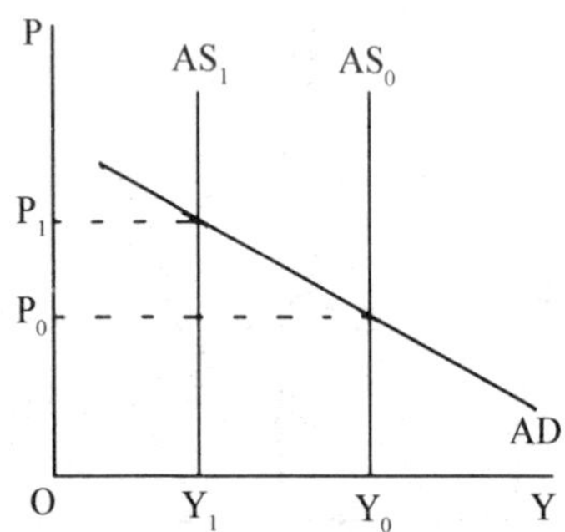

图 14-10 长期中总供给曲线的移动

二、短期总供给和总需求变化对经济的影响

我们现在来分析短期总供给和总需求变化对于经济的影响。和前面的分析方法相同，我们首先固定短期总供给曲线，移动总需求曲线。如图 14-11 所示，当总需求减少，总需求曲线向左下方移动时，产出由 Y_0减少到 Y_1，而价格水平由 P_0下降到 P_1。相反，当总需求增加，总需求曲线向右上方移动时，产出增加的同时价格上升。因此在短期，总需求的变化会引起价格和商品与劳务产量的波动。而同时，由于产量的增加伴随着价格的上升，因而经济的上涨总是伴随着通货膨胀，而抑制通货膨胀又会带来产出的萎缩。这成为短期调整中的一个两难问题。

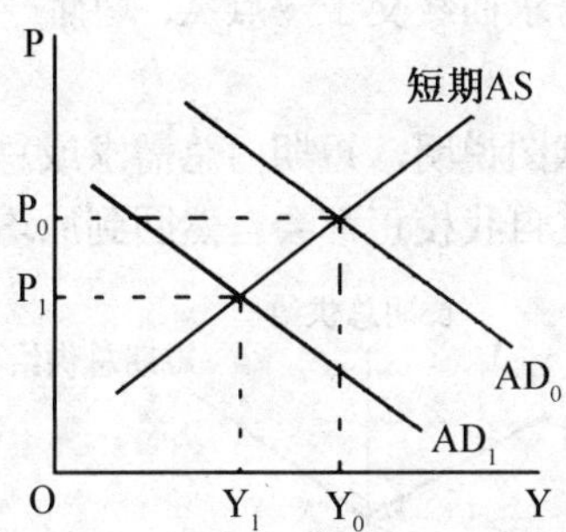

图 14-11　短期中总需求曲线的移动

接下来我们分析在短期内，总需求不变的前提下总供给变化对经济的影响。如图 14-12 所示，当总供给减少，短期总供给曲线向左上方移动时，产出由 Y_0减少到 Y_1，价格水平由 P_0上升到 P_1。即通货膨胀和经济停滞以及失业同时并存，这就是滞胀（stagflation）。相反，当总供给增加时，短期总供给曲线向右下方移动，则会带来产出增加与价格下降。

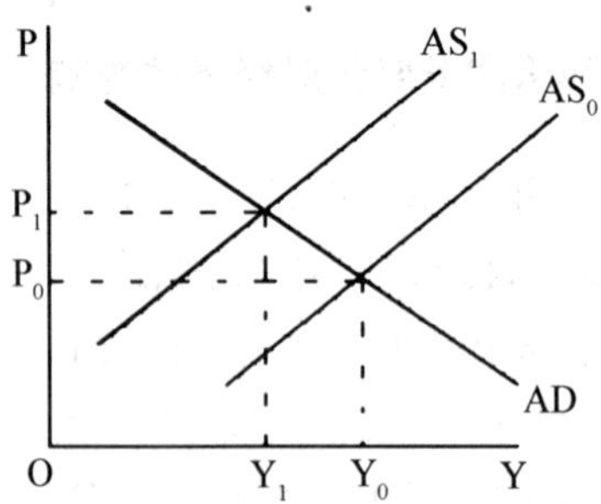

图 14-12 短期中总供给曲线的移动

三、总供给总需求模型的长期均衡

图 14-13 为我们展示了经济的长期均衡。这时，长期总供给曲线、短期总供给曲线与总需求曲线交于一点 A，均衡产量为 Y^*，均衡价格为 P^*。

我们下面的分析试图说明，短期内总需求或总供给的调整在没有人为干预的情况下经过自我校正都会自然回到原均衡点。

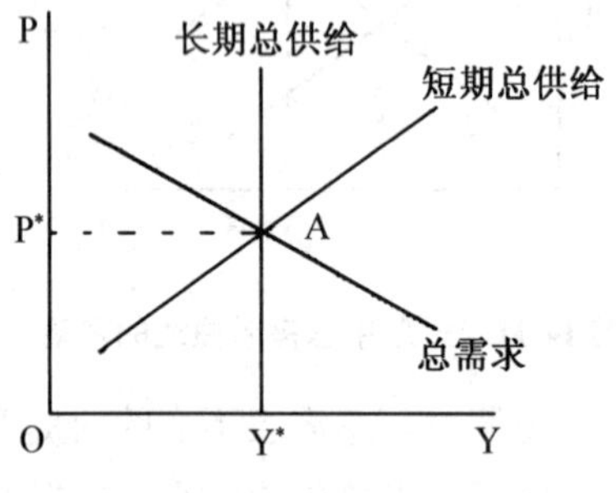

图 14-13 长期均衡

（一）总需求的移动

如图 14-14 所示，假设某种原因减少了总需求，总需求曲线由 AD_0 向左下方移动到 AD_1。这时均衡点由 A 点移动到 B 点，总产出由 Y_0 下降到 Y_1，价格水平由 P_0 下降到 P_1，引起了经济的衰退。

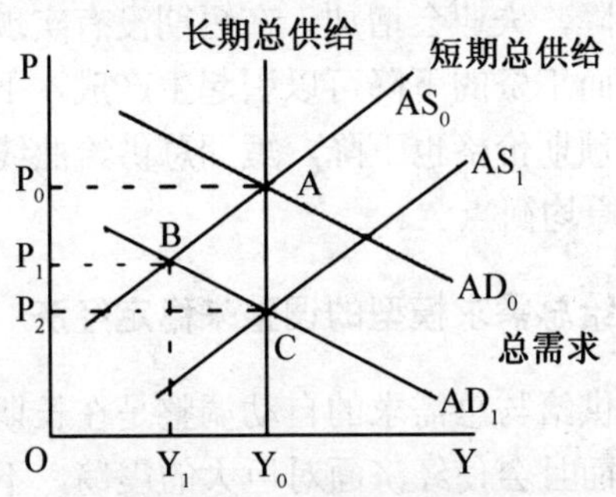

图 14-14　总需求的移动

而由于总需求减少，价格水平下降，人们的预期价格水平也会下降。我们在第三节曾经分析，预期价格水平的下降会引起短期总供给曲线右移。因此 AS_0 会逐渐移动到 AS_1，AS_1、AD_1 和长期总供给曲线重新交于一点，从而形成新的均衡点 C。这时的总产出回到 Y_0，而价格进一步下降到 P_2。

因此，在长期中总需求曲线的移动只反映在价格水平上，而产出不变，这与我们前面的分析是一致的。

（二）总供给的移动

如图 14-15 所示，假设某种原因减少了总供给，短期总供给曲线由 AS_0 向左移动到 AS_1，这时 AS_1 与 AD 形成新的均衡，均衡点由 A 点移动到 B 点，总产出由 Y_0 下降到 Y_1，价格水平由 P_0 上升到 P_1，引起滞胀。

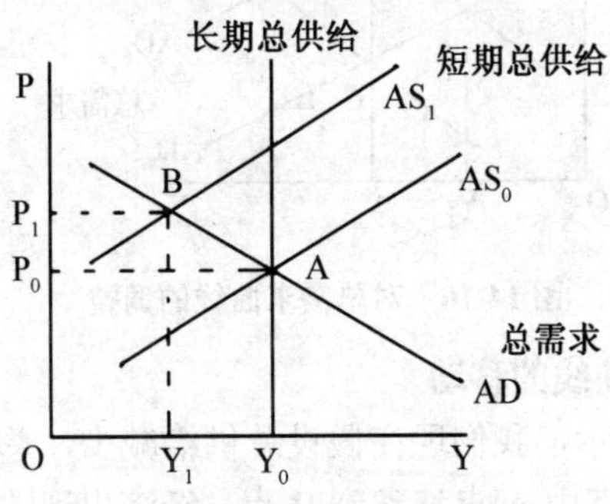

图 14-15　总供给的移动

而由于产量下降，失业会增加，在短期没有实现充分就业的情况下，工资会下降。而工资的下降可以引起生产成本下降，从而增加产品的生产和销售，预期价格也下降，短期总供给曲线会由 AS_1 逐渐移回 AS_0，从而回到原均衡点 A。

四、通过总供给总需求模型的调整来稳定经济

前面分析的总供给与总需求的自动调整是在长期实现的，然而这种调整过于缓慢，而且会使经济面对巨大的震荡，不利于经济的稳定与持续发展。我们在这部分分析通过货币政策与财政政策的调整移动总供给与总需求曲线所带来的政策效果。我们将在第十五章对货币政策与财政政策的传导进行具体的分析。

（一）总需求曲线的移动

当总需求减少，总需求曲线向左移动引起经济衰退时，如图 14-16 所示，政策的制定者一方面可以采取措施增加总需求，拉动 AD_1 曲线右移回 AD_0，这时均衡点会从 B 点回到原来的 A 点。另一种方法也可以人为地增加总供给，拉动短期总供给曲线向右移动。在图中表示就是将 AS_0 移动到 AS_1。

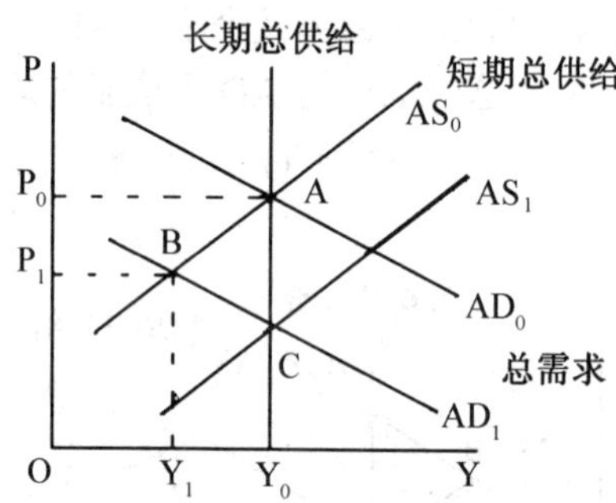

图 14-16 对总需求曲线的调整

（二）总供给曲线的移动

如图 14-17 所示，我们现在假设总供给减少，总供给曲线由 AS_0 移动到 AS_1，均衡点由 A 点移动到 B 点，经济出现滞胀。这时决策者

一方面可以采取政策措施增加总供给，使短期总供给曲线从 AS_1 回到 AS_0，从而回到原来的均衡点 A。另一方面，也可以增加总需求，使总需求曲线由 AD_0 右移到 AD_1，AD_1 与 AS_1 形成新的均衡点 C。这时的产量水平回到原 Y_0 水平，而价格由 P_0 上升到 P_2。

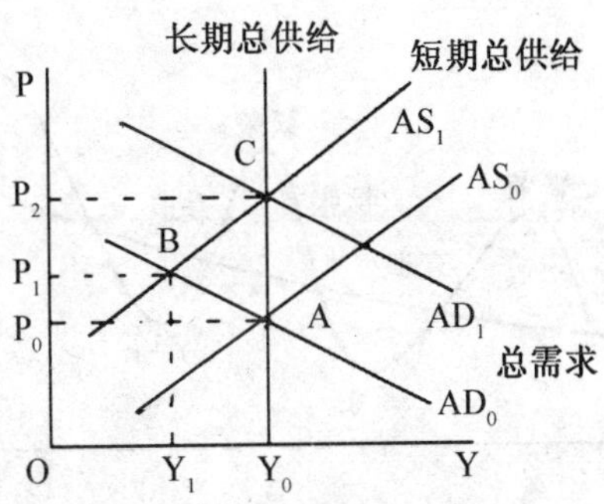

图 14-17　对总供给曲线的调整

第五节　经济周期

在前面的四节中，我们以总供给总需求模型分析了经济的短期波动，我们知道，产出曲线不会平滑地增长，经济的发展是波浪式的，经济总会有起伏。在有些年份表现为快速增长，在有些年份则可能是负增长。而在这种经济的小的波浪中，又蕴藏着具有一定规律性的上升与下降趋势的大的波浪。我们就将这种规律性的波动称为经济周期。

一、经济周期的定义

经济周期是在经济活动的增长过程中，经济水平有规律性的扩张与衰退的一种形式。当然，这种所谓的规律并不精确，而只是一种上升与下降交替进行的大致形式。我们可以把经济周期视为一次危机到下一次危机，也可以视为一次高涨到另一次高涨。如图 14-18 所示，我们将经济周期划分为四个阶段：扩张（Expansion）、繁荣（Prosperity）、衰退（Recession）和萧条（Depression）。扩张是经济中需求和供给增加的时期，从而使经济走向波峰，即繁荣时期，这是经济发展的一个极值。经过极值点后随即带来的是衰退，这时需求和供给下降，经济形势变差，以至达到谷底，形成萧条局面。

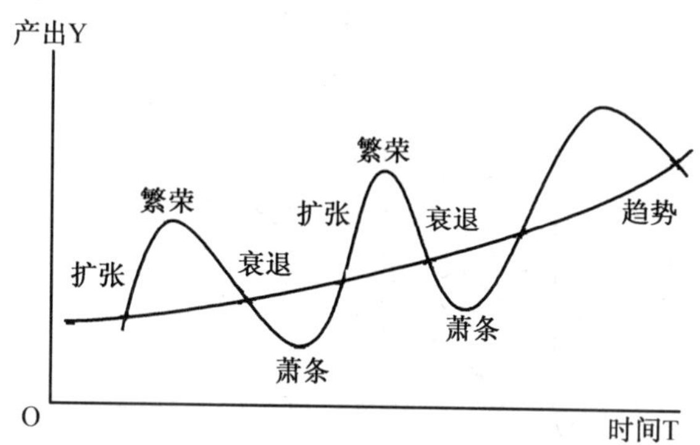

图 14-18　经济周期

需要说明的是，经济的这种周期变化并不是简单的经济的重复，而是“波浪式前进”，经济在总体上体现为一种上升的趋势。

衡量经济周期最主要的指标是 GDP 或国民收入。此外，工业总产值、失业率、工资率、对外贸易额、价格水平、销售量、存货变动、投资变动、利息率、银行存款余额、利润率以及股票价格指数、期货指数、汇率等都是反映经济周期的重要指标。在衰退期，往往表现为低投资，低产出，低价格，高失业率，大量的闲置机器设备，低销售额，可贷资金增加导致的低利率等。而繁荣时期则相反。

二、经济周期的类型

按照经济周期时间的长短，不同的经济学家把经济周期分为不同的类型。

（一）40 个月的周期

美国经济学家基钦（J. Kitchen）提出存在一种 40 个月左右的经济周期。这是一种小周期，也叫做基钦周期。

（二）9～10 年的周期

法国经济学家朱格拉（C. Juglar）提出存在 9-10 年左右的经济周期。这个周期的长度属于中等，被称为中周期或朱格拉周期。

（三）20 年的周期

美国经济学家库兹涅茨（S. Kuznets）提出了 20 年左右的经济周期现象。这也是一种中等长度的周期，被称为库兹涅茨周期。

（四）50～60 年的周期

前苏联经济学家康德拉季耶夫（N.D. Kondratieff）认为存在 50-60 年的经济周期。这是一种长周期，也叫康德拉季耶夫周期。

三、经济周期产生的原因

对于经济周期产生的原因，经济学家的研究得出了各种不同的结论，主要集中在以下几个方面的成果。

（一）太阳黑子学说

19 世纪末，经济学家杰文斯（S. Jevons）用太阳黑子的运动来解释周期。他认为太阳黑子的变化带来气候的变化，气候的变化引起农业上产量的变化，从而带来经济周期。

（二）突发事件引起经济周期

有一些经济学家认为，某些非人为的突发因素会带来经济的周期变动。如政治事件、战争、人口增长甚至某些矿藏的发现等，都是造成经济周期的因素。

（三）创新带来的经济周期

创新理论由熊彼特（J. Schumpeter）提出。这里的"创新"不仅仅包括技术创新，还包括新产品的引进，新市场的开辟，新材料、新能源的采用以及新的企业组织的创立等。由于创新的过程不是持续的，而是阶段性地进行，因此带来了经济的周期性波动。企业的创新汇集起来就会引起产业的创新，进而带来经济的创新。创新的规模越大，经济周期的时间也就越长。

（四）三大心理规律作用下的经济周期

边际消费倾向递减、货币的灵活偏好以及资本的边际收益递减是西方经济学中的三大心理规律。当实际利率变化时，企业对未来利润的预期就会变化，预期的未来产出越高，预期的未来利润就越高，这将增加当前资本的边际收益。在经济的繁荣阶段，即使资本存量上升，利息率提高，但由于人们对未来持乐观预期，因而会持续投资。但经济对投资的吸纳能力有限，一旦突破极限，资本边际收益降低，人们的预期会急转直下，灵活偏好大增，利率上涨，投资减少，从而引起衰退。而随着资本存量的减少，资本的边际收益上升，投资进而提高，经济重新回到繁荣局面。

（五）投资支出调整引起的经济周期——乘数加速模型

这个模型假设企业根据过去的产出增长来推测未来的产出和利润。产出增长的稳定可以决定投资水平的稳定，投资水平的增加会加速产出的增长。现在我们假设乘数规模为 2，即投资每增加一个单位，收入与产出就会增加 2 个单位。同时，企业的投资取决于前一期产出的增加量。我们假设当期投资增加对上期产出增加量的系数是 0.5，即上一期产出增加 2 单位时，本期投资将增加一单位。我们假设投资为 50 的时候，产出为 100，这时的投资恰好弥补折旧等损耗，从而使产出保持在 100 的水平上。我们令时期为 t，投资为 I_t，产出为 Y_t，根据加速原理，投资增加额为 $\Delta I_t = I_t - I_1 = \frac{1}{2}\Delta Y_{t-1} = \frac{1}{2}(Y_{t-1} - Y_{t-2})$。根据乘数原理由投资变化引致的产出变化为 $2\Delta I_t$，产出增加额为 $\Delta Y_t = Y_t - Y_{t-1} = 2\Delta I_t$。

见表 14.1，在第 1 期，投资为 50，产出为 100。假设第 2 期投资因为某种外生因素增加了 10，成为 60，这使产出增加 20，成为 120。第 2 期比第 1 期产出增加 20，因此第 3 期投资增加 10，仍为 60，产出也是 120，第 3 期比第 2 期产出没有增加。因此第 4 期投资不增加，回到 50，产出也回到 100，第 4 期比第 3 期产出减少 20，因此第 5 期投资减少 10，下降为 40，产出也相应下降到 80，以此类推，我们就得到了产出的周期性变化规律。如图 14-19 所示。

表 14.1　乘数加速模型举例

时期 t	投资增加额 $\Delta I_t=I_t-I_1=\frac{1}{2}\Delta Y_{t-1}$	投资额 I_t	投资引致的产出变化 $2\Delta I_t$	产出额 Y_t	产出增加额 $\Delta Y_t=Y_t-Y_{t-1}$
t=1	0	50	0	100	0
t=2	10	60	20	120	20
t=3	10	60	20	120	0
t=4	0	50	0	100	−20
t=5	−10	40	−20	80	−20
t=6	−10	40	−20	80	0
t=7	0	50	0	100	20
t=8	10	60	20	120	20
t=9	10	60	20	120	0
t=10	0	50	0	100	−20

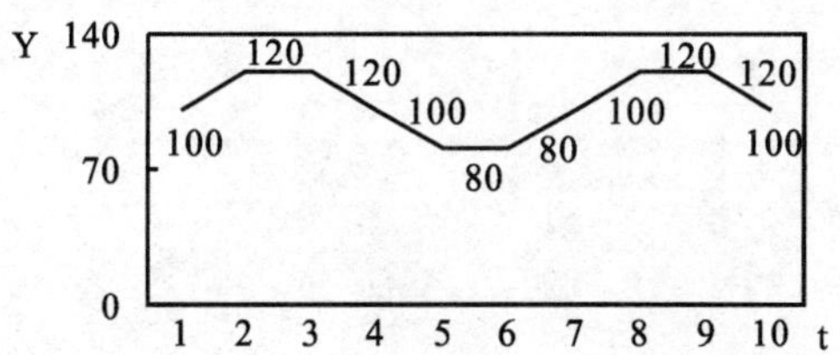

图 14-19　产出的周期性变化规律

乘数加速模型通过抽象掉了经济中诸多因素来考察投资与产出之间的变化关系。即使这样，也让我们认识到经济对各种冲击的反应并非线性的，有时它的反应缓慢，有时又具有很大的加速度。因此经济的惯性如此之大，我们必须花费较长时间才能令其启动或停止。而在现实中，经济中的变量如此之多，相互间的关系纷繁复杂，甚至有“牵一发而动全身”之嫌。这就是政策制定者面对的巨大难题。如何在经济达到理想状态之前就给之以相反的动力，使其加速度变小，就是所谓的防止经济过热。同时，又如何在“软着陆”的同时防止经济走入低谷而一蹶不振，就成为政策制定者要解决的问题。这也是我们在第十五章所要研究的问题。

第十五章　货币政策与财政政策

货币政策与财政政策是政府宏观调控的两大工具。在这一章中，我们运用总供给总需求模型来分析货币政策与财政政策。这是政府用来努力维持合理的经济增长率，防止经济过冷或过热，并抑制通货膨胀和失业的两大主要宏观经济政策工具。政策的运用主要是通过影响总需求曲线，以实现对价格和产出的调整。在前两节，我们分别讨论货币政策与财政政策的传导机制，在第三节，我们引入 IS－LM 模型来分析两种政策各自的缺陷以及如何搭配使用。

第一节　货币政策

各个国家的中央银行通过货币政策的制定和执行来实现经济政策目标。货币政策的核心是控制货币的供给，这种对货币供给的控制是间接地通过控制银行的超额储备来实现。我们将能够引起银行体系信用扩张的货币政策称为扩张性货币政策；将引起银行体系信用紧缩的货币政策称为紧缩性货币政策。

一、货币政策的主要工具

（一）一般性货币政策工具

1．法定存款准备金率

法定存款准备金率是中央银行规定商业银行根据其存款额所应持有的最低量准备金的比率。中央银行可以通过调整法定存款准备金率影响商业银行的法定准备金，进而影响货币供给。当法定存款准备金率提高时，商业银行就要提存更多的准备金，因而可用于贷款的货币量减少，从而收缩货币供给。同时，在第九章，我们知道货币乘数与法定存款准备金率负相关，因此提高法定存款准备金率会降低货币乘数，这意味着银行用每一单位货币创造出的货币量减少，进一步减少了货币供给量。这种过程如图 15-1 所示。

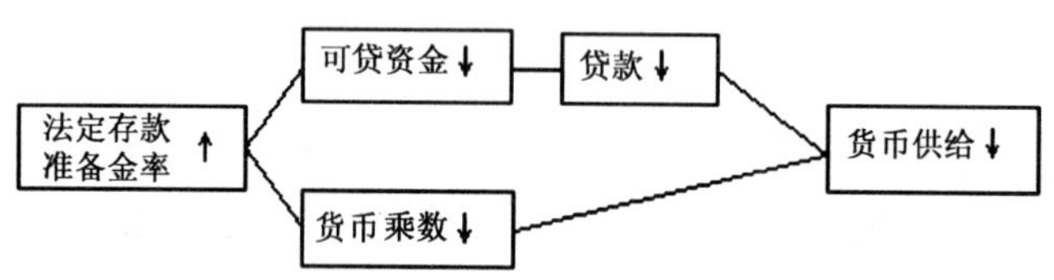

图 15-1 法定存款准备金率的调整对货币供给的影响

相反，当中央银行下调法定存款准备金率时，银行必须提存的准备金减少，可用于贷款的货币量增多。而同时，货币乘数变大，银行用每一单位货币创造出的货币量增多。在这两种作用之下，信用扩张，货币供给量增加。

法定存款准备金率一方面可以直接影响贷款数量，另一方面会影响货币乘数的大小，因此它对于货币供给量的影响非常大，往往会使货币供给量成倍的变化，是中央银行控制货币供给量的有力工具。但是也正是由于其影响过大，频繁调整法定存款准备金率会对银行的正常业务产生过大的干扰，不利于货币供给和经济的稳定。因此中央银行平时较少采用这个工具，只是在必要时偶尔为之。

2. 再贴现率

由于在早期，商业银行通常是以其二级储备或其他有价证券向中央银行贴现以获得贷款，因此称之为贴现率。当商业银行由于贷款过多或提款过多，准备金达不到法定存款准备金要求时，就会出现资金缺口。这时就必须向中央银行借款以弥补缺口。再贴现率就是中央银行向商业银行发放贷款的利率。现代许多国家中央银行都把再贴现作为控制信用的一项主要的货币政策工具。再贴现是指商业银行或其他金融机构将贴现所获得的未到期票据，向中央银行转让。对中央银行来说，再贴现是买进商业银行持有的票据，流出现实货币，扩大货币供应量。对商业银行来说，再贴现是出让已贴现的票据，解决一时资金短缺。整个再贴现过程，实际上就是商业银行和中央银行之间的票据买卖和资金让渡的过程。所谓再贴现政策，就是中央银行通过制定或调整再贴现利率来干预和影响市场利率及货币市场的供应与需求，从而调节市场货币供应量的一种金融政策。

中央银行可以通过调整贴现率来控制货币供给。当贴现率提高时，就会增加银行潜在资金来源的成本。也就是说，当银行贷款过多，准备金达不到法定存款准备金要求时，必须付出高成本来获得中央银行的贷款。因此，当贴现率提高时，商业银行减少向中央银行的贷款从而减少了银行的准备金，减少银行贷款量，货币供给减少。反之，当贴现率降低时，商业银行会更多地向中央银行借入准备金，从而增加贷款量，货币供给增加。

在利率自由化的西方发达市场经济国家，贴现率往往是唯一由中央银行直接决定的利率，而其他利率则往往是由货币市场供求决定的。2001 年，美国经济出现衰退，经济下滑，美联储就曾 11 次下调贴现率以刺激经济的复苏。

需要说明的是，从中央银行获得贴现贷款并不是银行弥补准备金缺口的唯一来源。商业银行往往更倾向于通过银行间同业拆借市场获得资金，也就是向有超额储备的其他银行借款。银行同业拆借市场是指银行业同业之间短期资金的拆借市场。各银行在日常经营活动中会经常发生头寸不足或盈余的情况，银行同业间为了互相支持对方业务的正常开展，并使多余资金产生短期收益，就会自然产生银行同业之间的资金拆借交易。在美国，联邦储备银行通常将这种准备金视为商业银行储备金的最后一个来源，只用来拯救那些因准备金不足而濒临倒闭的银行。比如，1984 年美国的伊利诺伊大陆国民银行由于受到挤兑而面临破产，就是当时的美联储起到了最后贷款人的作用而使其起死回生。

因此，商业银行出于自身信誉的考虑，为避免客户误认为自己财务状况有问题，会尽可能地避免向中央银行借款，而宁可选择利息率更高的同业拆借贷款。因此，从传统意义上理解贴现率对货币供给的调节作用恐怕并不确切。但是贴现率确实是经济中的一个重要指标。它能够影响其他商业银行贷款利率，是市场利率上升与下降的调控器。

3．公开市场业务

公开市场业务就是中央银行在公开市场上买卖政府债券的活动。当中央银行在公开市场上买入债券时，流通中就会增加相应的货币量。如果增加的货币以现金形式持有，则会增加相应数额的货币供给。如果增加的货币以储蓄的形式存入银行，由于货币乘数效应，货币量会成倍增长，从而增加了货币供给量。

相反，当中央银行在债券市场上卖出债券时，流通中的货币量减少。如果人们用手中的现金来支付债券，则会引起相应数额的货币供给量的减少。如果人们用银行存款来支付债券，那么银行存款减少，货币供给量成倍的减少。

公开市场业务是中央银行最常用的一项货币政策工具。第一，它便于操作，形式灵活。中央银行可以随时进行政府债券的买卖。第二，它对货币供给的影响比起法定存款准备金率要缓和一些。中央银行买进债券，则信用扩张；中央银行卖出债券，则信用紧缩，从而实现对货币供给的调整。第三，这项活动对货币供给的影响可以比较准确地进行预测。只要确定购买或抛出的债券额度，就可以运用货币乘数大致上得出货币供给的变化额。

上述各种货币政策工具往往不是孤立的，需要相互配合使用。例如，当中央银行试图扩张信用时，往往会在买入政府债券的同时降低贴现率，因为如果贴现率较低，尽管商业银行准备金减少，也可以通过向中央银行借款而维持原信贷量，而提高贴现率就可以抑制这种行为。

（二）其他货币政策工具

上述三种一般性货币政策工具是传统意义上货币政策的最主要的工具。除此之外，还有选择性货币政策工具。选择性货币政策工具是指中央银行针对某些特殊的经济领域或特殊用途的信贷，主要为实现结构性的控制目标而采用的信用调节工具。它包括证券市场信用控制、消费者信用控制、不动产信用控制、优惠利率和预缴进口保证金制度等几种形式。

除了上述一般性的货币政策工具和选择性的货币政策工具以外，中央银行还可根据本国的情况和不同时期的具体需要，运用一些其他的货币政策工具。这其中，既有直接的信用控制，也有间接的信用控制。直接信用控制是中央银行以行政命令方式或其他方式，直接对商业银行的信用活动进行控制。常见的手段有：利率控制、信用配额管理、流动性比率、直接干预和特别存款。间接信用控制是指中央银行采用道义劝告、窗口指导等方式对信用活动实施间接的干预。我们这里主要介绍道义劝告和窗口指导。

所谓道义劝告是指中央银行利用其特殊的声望和地位，对商业银行和其他金融机构经常发出通告、指示或与各金融机构的负责人进行面谈，劝告其遵守和贯彻中央银行政策。这类措施在我国较多采用，如各种工作会议、“吹风会议”等。从 1998 年 3 月开始，中央银行还每月与各商业银行一起召开经济金融形势分析会。这对于各金融机构正确理解中央银行的货币政策意图，正确贯彻和实施货币政策都具有积极意义。

窗口指导指中央银行通过劝告和建议来影响商业银行的信贷行为，属于温和的、非强制性的货币政策工具。这个概念来自于日本，日本中央银行根据产业行情、物价走势和金融市场动向，规定商业银行每季度贷款的增减额，并要求其执行。如果商业银行不按照规定的额度贷款，中央银行会削减向该行的贷款额度，甚至采取停止提供信用等制裁措施。我国在取消贷款规模控制以后，更加注重窗口指导的作用，例如，在 1998 年颁布了产业投资指导政策，以引导商业银行的贷款方向；针对 2004 年上半年信贷投放明显偏快的势头，人民银行、银监会多次对商业银行进行窗口指导，对控制贷款总量过快增长、优化信贷结构起到了积极作用。

二、货币政策对总需求的影响

货币政策可以通过改变货币供给而影响利率，进而调节总需求。在这个调节过程中，利息率是核心。

（一）利息率的决定——流动偏好理论

利息率是货币的价格，它由货币的供给和需求共同决定。我们在前面的分析中已经知道货币供给是由中央银行通过货币政策工具来控制的。因此在这里，我们将它设为固定值，如图 15-2 所示，货币供给曲线是垂直的。

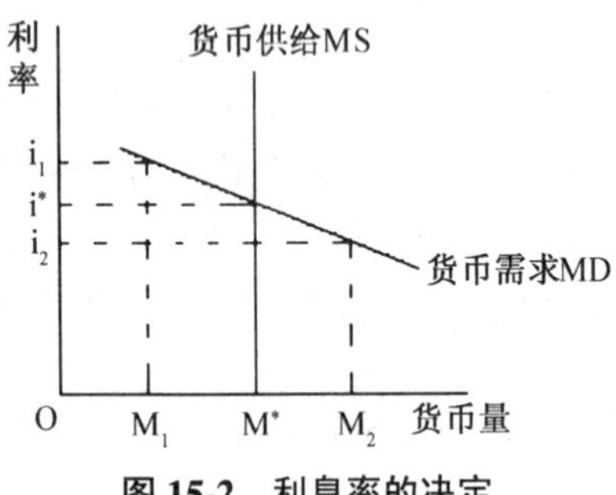

图 15-2 利息率的决定

再来看货币需求。利息率是人们持有货币的机会成本，利息率越高，人们越愿意将手中现金用于购买债券，因为这时能够获得更多的利息收入。因此这时货币需求减少。相反，利息率越低，人们越倾向于减少债券的持有而保留更多的现金，从而使货币需求增加。因此，利息率与货币需求呈反向关系。利息率越高，货币需求越少；利息率越低，货币需求越多。在图 15-2 中货币需求曲线就是向右下方倾斜的。

货币供给曲线和货币需求曲线的交点决定了均衡利率 i^*和均衡的货币量 M^*。当利率高于均衡利率时，货币需求小于货币供给，这时人们更愿意持有能够生息的债券，这时债券需求增大，因而利息率下降，直至达到均衡利率。相反，当利率低于均衡利率时，人们更愿意持有货币。债券的出售者必须提高债券利率以吸引人们来购买。这样就使利率逐渐上升，直至达到均衡利率。

（二）利息率变动对总需求的影响

前面我们用流动偏好理论解释了经济的均衡利率，现在我们来分析利率变动对总需求的影响。

首先我们来分析利息率对市场上物品和劳务需求量的影响。我们仍然沿用第十四章的方法，分别从消费、投资和净出口三个方面来分析。

1．消费

当利率提高时，人们更愿意将现金用于购买债券或存入银行，因而会减少消费。此外，利率提高的一个明显影响是会抑制信贷消费。比如人们会发现贷款购房时，在相同数额房款条件下，现在需要付出更多的月供金，这就会减少这类贷款的数量。我国在 2005 年 3 月就曾将住房贷款平均利率上调 0.20 个百分点，从而在一定程度上抑制了房地产市场过热的问题。

相反，当利率下降时，人们会更多的持有货币并倾向于当期消费，因此消费会增加。

2．投资

当利息率提高时，企业投资的机会成本增加，企业需要用更多的钱来偿还贷款，因此投资会减少。反之，当利息率下降时，可以鼓励企业增加投资。

3．净出口

在开放经济条件下，当一国利率上升时，会引起外币大量涌入本国，兑换本币来购买本国债券，因而本币需求增加，引起本币升值，从而减少了本国商品出口，增加了进口，净出口减少。反之，当本国利率下降时，本币贬值，净出口增加。

综上所述，当利息率提高时，消费、投资和净出口都减少，因此物品和劳务的需求量减少。而当利息率降低时，消费、投资和净出口都增加，因此物品和劳务的需求量增加。

得到了这样一个结果，我们就可以把货币市场均衡与总需求曲线联系起来。见图 15-3，当价格由 P_1 上升为 P_2 时，流通中的货币需求增加，货币需求曲线由 MD_1 右移到 MD_2，这时利息率由 i_1 上升为 i_2，物品和劳务的需求量由 Y_1 减少到 Y_2。

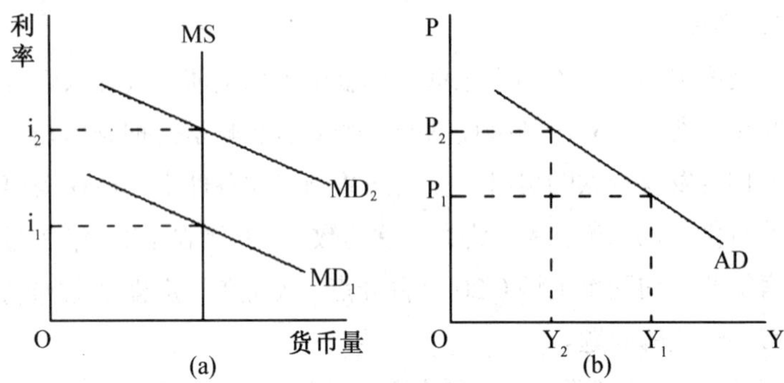

图 15-3　货币市场均衡与总需求曲线

（三）货币供给变动对总需求的影响

前面我们已经分析了中央银行会通过各种货币政策工具来影响货币供给。而货币供给并不是中央银行政策调节的目标，而只是一种手段，是一个中间环节。现在我们就来分析货币供给变动对于总需求的影响。

假定价格水平既定，中央银行运用政策增加货币供给，如图 15-4，这时货币供给曲线由 MS_1 向右移动到 MS_2，利息率由 i_1 下降到 i_2。在价格水平不变的情况下，利率的下降会带来物品和劳务需求量的增加，在图中，由 Y_1 右移到 Y_2，从而使总需求曲线由 AD_1 向右移动到 AD_2。

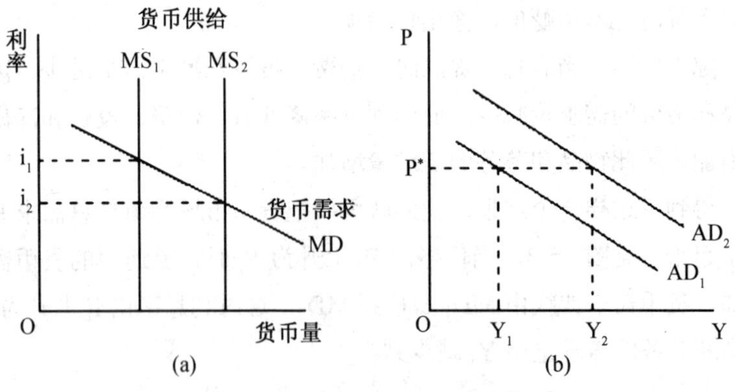

图 15-4　货币供给变动对总需求的影响

因此，当中央银行采取扩张性政策时，货币供给增加，利息率降低，总需求曲线向右移动。当中央银行采取紧缩性政策使货币供给减少时，利息率升高，总需求曲线向左移动。

三、货币政策的传导机制

我们已经通过前面的分析知道，货币供给增加能够使总需求曲线向右移动。现在我们来分析在这个传导过程中核心的传导器——利息率。利息率的变动是货币供求变动的信号。如果利息率上升，就表明货币需求相对于货币供给来讲有所上升。如果利息率下降，则意味着货币需求相对于货币供给下降了。因此，中央银行可以通过利息率传递的信息对货币供给进行调整，进而调节产量和价格。

（一）长期总供给条件下的货币政策

我们假设中央银行购买政府债券引起货币供给增加。这时利息率降低，引起总需求曲线向右移动。在古典供给条件下，总供给曲线是垂直的，总需求上涨的同时总供给没有变化，因此只会带来价格上涨，而产出没有变化。如图 15-5 所示，货币供给曲线由 MS_1 向右移动到 MS_2，利息率由 i_1 下降到 i_2，总需求曲线由 AD_1 向右移动到 AD_2，价格由 P_1 上升为 P_2，而产出仍为 Y^*。因此，在古典供给条件下，扩张性的货币政策只会引起价格的上涨而对产出没有影响。相反，紧缩性货币政策会引起总需求曲线左移，价格下降，产出不变。

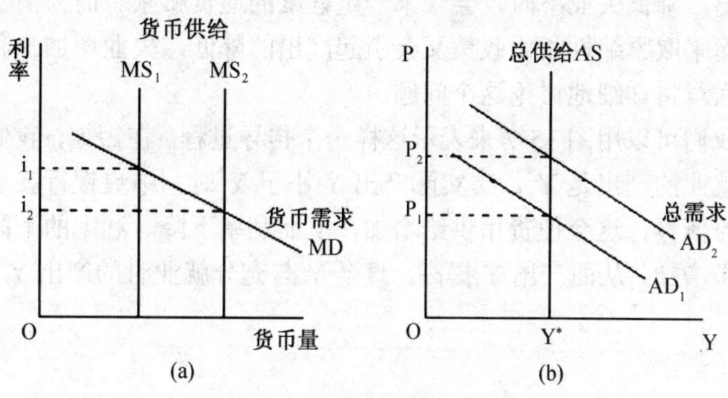

图 15-5　长期中总需求的移动

（二）短期总供给条件下的货币政策

在短期，当中央银行采取扩张性货币政策使货币供给增加时，总需求曲线向右移动。如图 15-6 所示，当货币供给曲线由 MS_1 向右移动到 MS_2 时，总需求曲线由 AD_1 向右移动到 AD_2。由于短期总供给曲线是向右上方倾斜的，因而这时的均衡点由 A 点向右上方移动到 B 点，这时价格由 P_1 上升到 P_2，产量由 Y_1 上升到 Y_2。

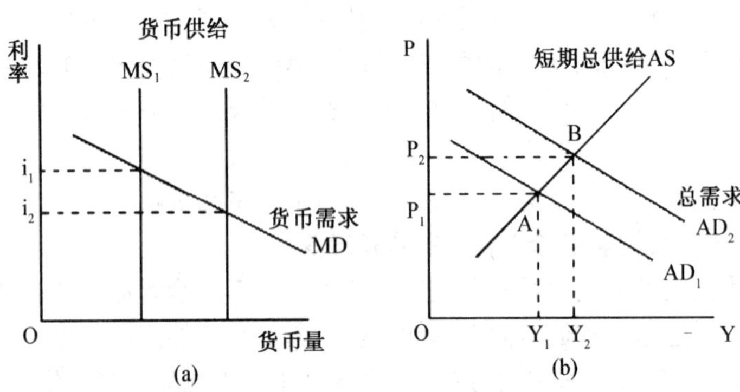

图 15-6 短期中总需求的移动

因此，在短期，扩张性的货币政策会引起价格和产量同时上升，而紧缩性货币政策则会带来价格和产量同时的下降。由于产量的高低与就业率密切相关，产量降低，失业率会上升，所以在这个时候，通货膨胀和失业就成为一个两难选择。当中央银行试图使用货币政策提高产出，降低失业率时，会带来一定程度的通货膨胀。而为消除通货膨胀而采取紧缩性货币政策又会引起产出的降低，失业增加。我们在第十六章将详细地讨论这个问题。

我们可以用图 15-7 来表示这样一个传导过程。在短期，我们假设充分就业的产出是 Y^*，当实际产出 Y 小于 Y^* 时，中央银行就可以买入政府债券，这会使货币供给增加，从而利率下降。利率的下降引起总需求增加，从而产出 Y 提高，直至 Y 与充分就业时的产出 Y^* 相等。

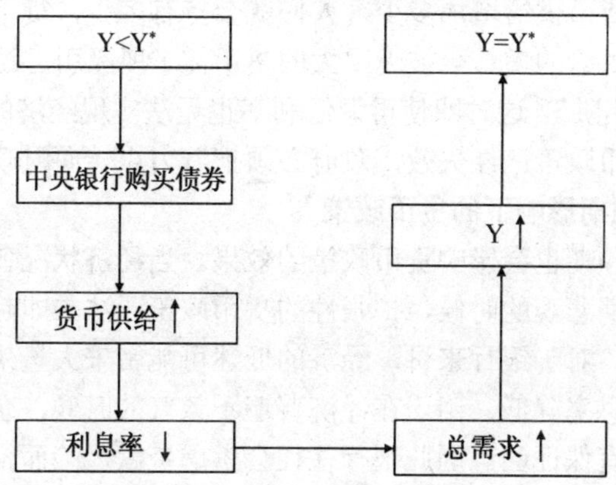

图 15-7　扩张性货币政策的传导机制

四、货币政策的主要缺陷

（一）货币政策的流动性陷阱

如图 15-8 所示，货币需求曲线出现了一个拐点 A，在经历向下倾斜的一段后呈水平形状。这时即使货币供给增加，如图中货币供给曲线由 MS_1 向右移动到 MS_2，利息率仍维持在 i^* 水平。

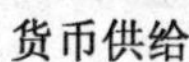

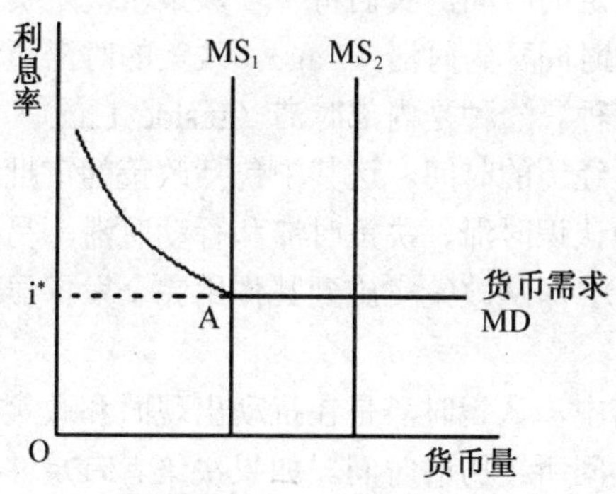

图 15-8　流动性陷阱

当利息率变得很低的时候，持有债券所获得的利息收入并不能抵偿它的风险，即持有货币的机会成本大大降低。这时候人们更倾向于持有货币。货币供给增加多少，人们就会持有多少，货币需求变得无限大，货币供给的增长会被无限大的货币需求所吸引。这种现象被称为“流动性陷阱”。这时即使再调低利率也无法实现经济的扩张。这种情况下，货币政策已经失效，政府必须把着力点转向财政政策。

（二）预期影响下的货币政策

人们的预期也会影响货币政策的效果。当经济状况普遍较差，人们对未来预期悲观的时候，扩张性的货币政策无法立即起到拉动经济发展的作用。对于银行来讲，经济的低迷可能带来大量呆账、坏账。这时即使利息率降低，由于在经济普遍不景气的时候，企业的投资回报往往是没有保证的。因此银行往往会考虑贷款风险而拒绝贷款给那些可能存在还款风险的借款人。在这种情况下，利率作为货币政策传导机制的核心就无法起到调节总需求的作用。直观地讲，就是在货币政策传导链条中，在利率这一关键环节产生了断裂，货币政策也就无法进一步向总需求传导。这时单纯的货币政策就无力影响总产出，而必须求助于财政政策的配合。

（三）货币政策的时滞

1．时滞的概念

一项政策决定以后往往不会立即实施，而在实施过程中，对经济的调节也需要一定的时间。我们将一项政策从决定实行到它的效果完全发挥所经历的时间称为时滞（Lag）。政策的时滞通常可以按照时间前后顺序分为两种。一种是内部时滞（Inside Lag），它是指从政策决定到实际实施所经历的时间。这其中包括政策的审批、修改等。内部时滞又可以分为认识时滞、决策时滞和行动时滞。另一种就是外部时滞（Outside Lag），即从政策实施到其作用完全发挥显现这个过程所经历的时间。

在内部时滞中，认识时滞是在扰动出现时和政策制定者意识到要采取行动两者之间所经历的时间。如果决策者有足够的能力来预测到经济波动，就能够在经济产生波动之前采取必要的行动，这时就不存在时滞了。但是在大多数情况下，这种预测是非常困难的，因此这个时间往往比较长。有学者曾经测算到认识时滞的平均时间是 5 个月。

决策时滞是从决策者认识到需要采取行动到正式出台政策所经历的时间。货币政策的决策时滞通常较之财政政策要短很多，往往在数日内即可完成。

行动时滞则是从政策出台到付诸实施之间所经历的时间间隔。货币政策的行动时滞非常短，几乎是零。而财政政策则没有那么迅速。

2．货币政策的时滞

通常货币政策的内部时滞相对比较短，它的时滞主要表现为外部时滞。我们在前面的分析中已经知道，中央银行通过货币政策工具调整货币供给，再通过利率影响总需求，进而影响产出和就业，这其中的每一个环节都不是在短时间内就可以完成的。比如，我们知道企业的投资，尤其是固定资产投资，是有沉淀成本的。当利率上升时，企业要减少投资，缩减生产规模，就会带来巨大的损失，而要为削减支出而大规模裁员也会面临相当大的阻力。因此，货币政策往往要经历一个相当漫长的过程，可能是几个月，甚至几年。这就是政策的执行者面临的难题。可能在实行了扩张性货币政策后，经济并没有起色。这时决策者就必须判断这种情况是因为政策时滞引起的，还是政策力度不够引起的。如果是前者，则可静观其变。而如果是后者，就必须加大力度继续实行扩张性货币政策。如果判断失误，可能起到反作用。比如在衰退期，实行扩张性的货币政策后经济会在经历一段时间后走向繁荣。而在这个漫长的过程中，决策者误认为是扩张力度不足而加大了扩张的力度，就可能是经济反而走上另一个极端，货币政策为加剧通货膨胀起到了推波助澜的作用。

另外一种可能是经济仅仅是暂时的下降，不需要采取措施，可以自动恢复到原水平，如果这时采取扩张性政策，就会使得经济走向通货膨胀。我们可以用图 15-9 来表示这种过程。

假设经济在点 t_0 处于均衡产出。这时经济产生波动，政府实行扩张性政策，经济会经过 t_2 以后回到原有水平。但是由于时滞存在，在 t_1 时政策的效果并没有显现，决策者误认为政策的力度不够，继续采取扩张性政策，这就会使总需求扩张过为剧烈，以致在达到 t_2 时，经济超出了充分就业的水平，引起经济过热。这反而加剧了经济的波动。

这点类似于物理学中的惯性作用，使货币政策的制定和执行颇具技巧性。

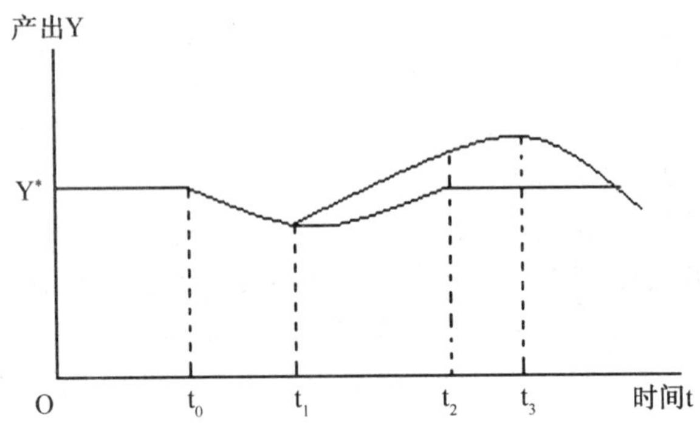

图 15-9 货币政策的时滞

第二节 财政政策

财政政策就是政府通过调整开支和税收等手段来影响国民经济，以期实现经济目标的一种调节政策。相对于货币政策，财政政策往往对经济的影响更为直接，是政府直接参与经济活动的主要方式。我们将能够增加社会总需求的财政政策称为扩张性的财政政策，将会引起社会总需求萎缩的财政政策称为紧缩性的财政政策。

一、财政政策的主要工具

（一）改变政府支出

1．政府购买

让我们来回忆第十四章第一节所学的内容。我们在总需求曲线的推导中，曾经把构成总需求的政府购买假设为固定值，分析另外三项的影响。现在我们来分析政府购买。

政府购买是指政府对商品和劳务的购买。包括政府购买军需品、办公用品、支付政府公务员薪酬、公共项目工程所需开支等。政府购买是一种真实经济的商品和劳务交易，会直接形成社会需求和购买力，对于整个社会总需求具有重要的调节作用。当政府购买支出增加时，总需求也相应增加，可以起到拉动需求，抑制衰退的作用。而当政府支出减少时，会引起总需求的减少，从而抑制通货膨胀。因此，政府购买是财政政策的一个最直接而有力的工具。

2．转移支付

转移支付是指政府在社会福利保险、贫困救济和补助等方面的支出。在实施过程中，政府会以货币的形式发放给个人，而并没有政府和个人之间商品和劳务的直接交易。转移支付只是把收入从个人A转移到个人B，它并不会改变社会的总收入，是通过政府将收入在不同社会成员之间进行重新分配。通常是将收入从富人手中转移到穷人手中，以缓解社会分配不均的问题，拉动总需求增长。这就会涉及到收入分配和福利经济学的问题，这已经超出了我们宏观经济学研究的范围，有兴趣的同学可以参考第七章的内容加以思考。

3．投资补贴

投资补贴是政府用加速折旧或直接补贴的方法给私人投资一定的补偿，以刺激私人投资，增加产出和就业的方法。当实行补贴或补贴幅度增加时，可以刺激总需求增长。

（二）改变政府收入——税收

上述三种工具都属于政府支出变化，而税收是政府财政收入中的最主要部分。我国目前根据课征对象，税收可以分为收益税、流转税、资源税和行为税四类。收益税是对个人和企业收入征收的税。流转税是对流通中商品和劳务交易征收的税。资源税是以自然和某些社会资源为课征对象的税种。行为税是国家为了实现某种特定的目的，以纳税人的某些特定行为为课税对象的税种。

政府改变税率和调整税收总额都会对总需求产生影响。调整税率是税收政策的主要手段，通常政府降低税率可以使总需求增加，而提高税率则使总需求减少。此外，政府还可以针对特定企业实行税收补贴或一次性减税等，来刺激总需求。

二、财政政策对总需求的影响

相对于货币政策来讲，财政政策对于总需求的影响更为直接。

（一）财政政策影响下的总需求曲线移动

财政政策对于总需求的影响是比较直接的。当政府增加支出时，比如，增加政府购买，扩大转移支付或增加投资补贴，可以增加总需求，总需求曲线向右移动。相反，当政府减少支出时，总需求减少，总需求曲线向左移动。

在税收方面，当政府提高税率或扩大税收总额时，对于企业来讲，净利润会减少；对于私人消费者来讲，手中的现金减少。因此这时投资和消费都受到抑制，总需求减少，总需求曲线向左移动。反之，当政府降低税率或减少税收总额时，企业和个人就更有积极性去投资和消费，使总需求增加，总需求曲线向右移动。

（二）财政政策的乘数效应

1．财政支出的乘数效应

假设政府向 A 企业采购 100 亿元商品，这是不是说总需求恰好增加 100 亿呢？我们来看这种过程。当政府向 A 企业购买 100 亿元商品时，就可以直接增加 A 企业的就业和收入，这时总需求增加 100 亿元。而此后，由于A企业工人收入增加和企业利润的增加，工人消费支出增加。假定他们购买了更多 B 企业的生活用品，这样 B 企业收入增加，B 企业扩大生产，雇佣更多的工人，而 B 企业工人收入的增加又进一步提高了消费需求，B 企业工人可能会购买更多 C 企业的劳务服务。如此循环往复，就使最初政府采购所支出的 100 亿元对总需求的影响远远超出 100 亿元。这就是乘数效应的结果。

我们可以用图 15-10 来说明这种乘数效应。当政府采购增加 100 亿元时，总需求首先增加 100 亿，总需求曲线也相应由 AD_1 右移到 AD_2。而此后，由于这种投资和消费的循环结果，会使总需求曲线进一步右移至 AD_3。至于总需求曲线移动的幅度，则取决于乘数的大小。乘数越大，总需求曲线移动的幅度就越大。

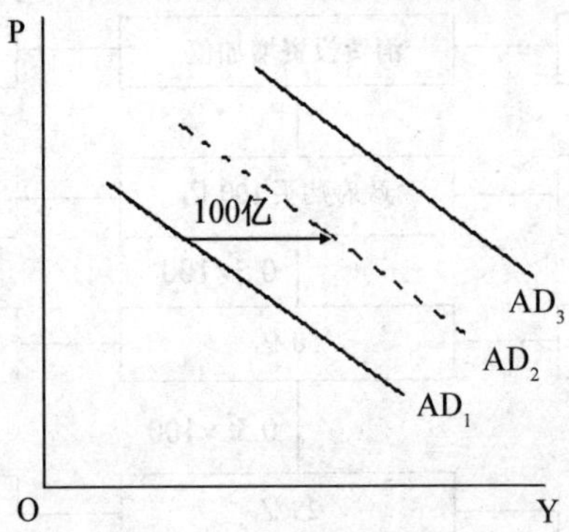

图 15-10　财政支出的乘数效应

2．税收的乘数效应

税收的乘数效应与财政支出的乘数效应在原理上是相同的。当政府实行减税政策时，消费支出增加。消费的增加进一步会促进企业利润和就业的增加，从而循环往复。因此，减税带来的总需求增加不仅仅局限在税收减少的那部分，而且会高于税收变化额。相反，增加税收引起的总需求减少也会受乘数效应的影响而有较大幅度的变动。

3．乘数的推导

既然在财政政策中乘数效应影响如此之大，那么如何度量乘数的大小就是决定政策力度的关键。现在我们以政府支出为例，来推导支出乘数。首先我们来看图 15-11 这个例子。

最开始，政府支出 100 亿元，总需求也增长 100 亿元。我们假设边际消费倾向（MPC）为 0.5。则在第 2 期，消费增加0.5×100，即 50 亿元，总需求也会再增加 50 亿元。在第 3 期，第 2 期增加的 50 亿会进一步增加$0.5^2\times100$，即 25 亿元，总需求也会再增加 25 亿元。以此类推，当 t=n 时，我们就可以用等比数列求和公式计算出总需求总的增加额为 200 亿元。我们可以得到政府支出乘数的公式：

$$M=\sum_{k=1}^{n}MPC^{k-1}=1+MPC+MPC^2+MPC^3+\cdots+MPC^{n-1}=\frac{1}{1-MPC}$$

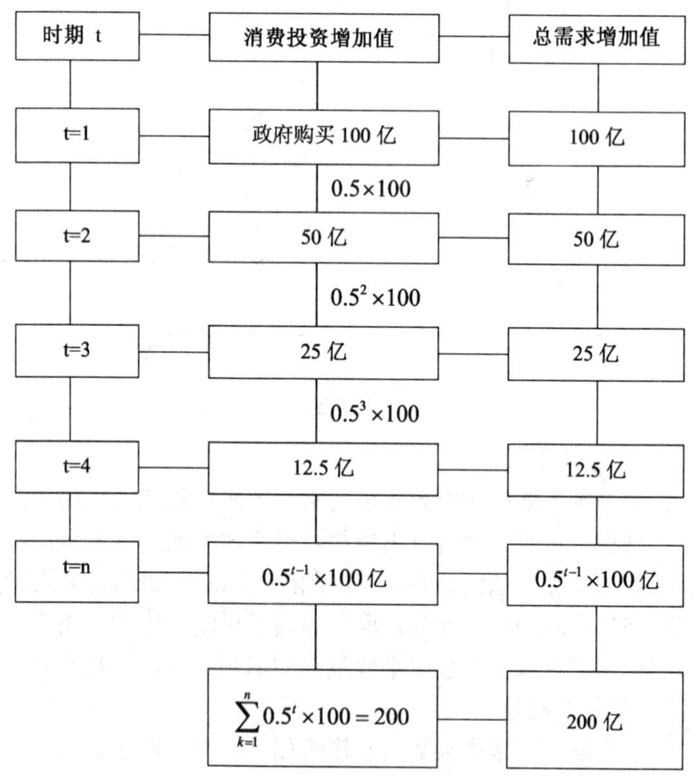

图 15-11 财政支出的乘数效应推导

因此，我们可以看到在乘数效应中，边际消费倾向起到了决定性的作用。边际消费倾向越大，乘数越大，对消费的引致效应越大，总需求曲线的移动幅度也越大。相反，边际消费倾向越小，乘数也越小。极端的情况是边际消费倾向为零时，即增加的收入完全留在人们手中而没有任何新增消费时，这时政府支出的增加只能带来相应同等幅度总需求的增长。

三、财政政策对总供给的影响

财政政策对经济的影响主要体现在对总需求的影响上。相对来讲，对总供给的影响比较微弱，但是也会有所影响。当税率降低时，可以鼓励人们更积极的工作，这时在既定的价格水平下，商品和劳务的供给量就会增多，总供给曲线向右移动。相反，增税会使人们获得每一单位货币时要付出更多的税金，这无疑是一种对工作积极性的打击。因此这时总供给减少，总供给曲线向左移动。当然，这种效果并不显著。因为当税率提高时，人们可能会为了保持原收入额而更加努力的工作。比如，当税率是 10%时，我们假设一个人每天工作 8 小时，每小时收入 10 元。这样，他工作一天的总收入是 80 元。扣除 10%的税金后还有 72 元的实际收入。如果这时税率提高到 20%，若仍然每天工作 8 小时，扣除 20%的税金后他只能获得 64 元。这样，为了维持原 72 元的收入，他必须将工作时间提高到 9 小时，这样 90 元的收入扣除 20%税金后的实际收入才能与以前持平。从这个简单的例子中我们可以看到，增税也有使总供给增加的因素存在。同样道理，减税时也有一种使总供给减少的动力。因此这种情况比较复杂。

此外，政府购买变动也会潜在地影响总供给。比如，政府对基础设施投资，使企业获得更多便利，提高了生产效率，也会使总供给曲线向右移动。

四、财政政策的传导机制

财政政策根据其作用机制的不同可以分为相机抉择的财政政策和自动的财政政策两类。

（一）相机抉择的财政政策

相机抉择的财政政策，是指政府根据对经济情况的判断而作出财政收支调整的财政政策。这是西方发达市场经济国家对经济进行干预的主要方式。

1. 长期条件下的财政政策

如图 15-12 所示，我们现在假设政府为消除失业实行扩张性财政政策，使总需求增加，总需求曲线由 AD_0 向右移动到 AD_1。在古典条件下，总供给曲线是垂直的，而扩张性财政政策几乎不影响总供给，即使影响，也是对总供给曲线的微调。我们假设总供给曲线由 AS_0 向右移动到 AS_1。在两条曲线共同移动的影响下，均衡点由 A 点移动到 B 点。在 B 点，价格由 P_0 上升为 P_1，产出由 Y_0 略升为 Y_1。而这种产出的变化如此微弱，我们可以将它忽略不计。

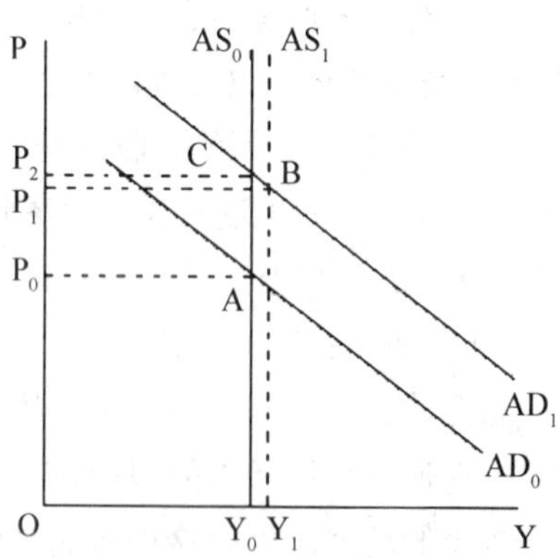

图 15-12　长期条件下的财政政策

因此，在长期，扩张性的财政政策会引起价格的增加，而产出不变。

2．短期条件下的财政政策

如图 15-13 所示，与长期条件类似，在短期，财政扩张会引起总需求曲线向右移动，总供给曲线略微右移。因而结果是产出增加的同时价格也会上升。相反，紧缩性的财政政策会使产出减少，价格下降。

（二）自动的财政政策——自动稳定器

自动稳定器（Automatic Stabilizers）是指经济系统本身存在的一种能够保持经济稳定，抵制各种冲击的机制，使经济在繁荣时期自动抑制膨胀，在萧条时期能自动防止衰退，而不需采取任何行动的机制。适当的财政制度就可以充分发挥自动稳定器的作用，减轻经济的震荡，平抑经济的波动。我们下面分析财政政策的三个主要的自动稳定器。

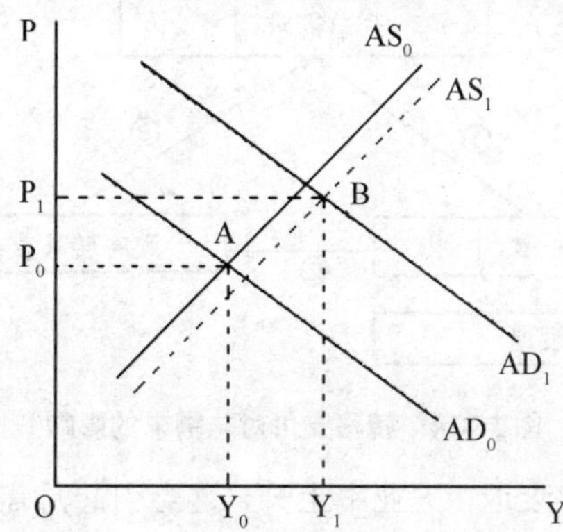

图 15-13　短期条件下的财政政策

1．税制

税制是财政政策最重要的自动稳定器。当经济进入衰退时，产出水平下降，个人收入减少。而当税率既定时，税金也会相应减少，这就减轻了个人的纳税负担，所以消费和总需求不会下降过多，从而在一定程度上对衰退起到抑制作用。相反，在经济繁荣时，失业率下降，产出增加，个人收入也增加。这时税金也增加，减少了个人税金扣税后收入的上涨幅度，消费和总需求不会上涨过多，因而对经济过度膨胀也起到了一定的抑制作用。因此，合理的税制可以降低经济波动的程度，发挥自动稳定器的作用。

2．转移支付

转移支付也是财政政策一种重要的自动稳定器，它包括政府的失业救济以及各种其他社会福利支出。

当经济陷入衰退时，失业率提高，总需求不足，这时政府在失业救济金等各种福利支出方面开支增加。这就可以在一定程度上刺激总需求，防止需求进一步下降。相反，当经济走向繁荣时，失业减少，失业救济金会自动减少，各种社会福利支出也减少，这就可以抑制收入和消费的增长，防止总需求过度膨胀。

我们可以用图 15-14 来表示这种传导过程。

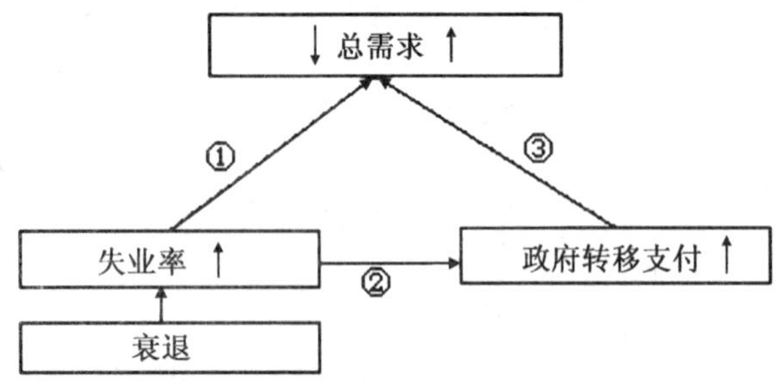

图 15-14 转移支付对总需求的影响

假设经济陷入衰退，失业率上升，这会引起总需求下降，如图中①所示。而同时，失业率上升后，政府在失业救济等各种福利方面的支出会增加，即政府的转移支付增加，如图中②所示。政府的转移支付又在一定程度上刺激了总需求，使总需求有所上升，如③所示。因此，总需求在下降和上升两种合力下并不会产生剧烈波动。

3．农产品价格维持制度

这也是财政政策中一个重要的自动稳定器。它是指政府以统一价格收购农产品，从而维持农产品价格稳定，避免其价格过度波动的财政制度。当经济衰退时，收入下降，农产品价格也下降。这时政府按照支持价格收购农产品，从而确保了农民的收入和消费水平。而当经济繁荣时，收入上升，农产品价格也上升，这时政府减少对农产品的收购并对农产品进行适量抛售，使该市场供给增加，就可以限制价格上升，从而减少农民收入，避免总需求过度增长。在这里，政府通过这种价格维持制度起到了调节供求平衡，维持价格稳定的作用。

当然，自动稳定器的作用毕竟是有限的，它的作用并未大到足以防止衰退或避免通货膨胀，而只能在一定程度上减小振幅。此外，在经济健康正常的增长时期，收入的增长也会使税收增加，而这时的税制对于正常的经济增长也具有一定的抑制作用。这时，自动稳定器显然就产生了不利的影响。

五、财政政策的主要缺陷

（一）财政政策的挤出效应

1．挤出效应的含义

扩张性的财政政策可以扩大总需求，但同时，财政政策本身还存在一种相反作用的效应，这就是挤出效应（Crowding Out Effect）。挤出效应是指政府支出增加所引起的私人消费下降或投资降低的现象。

当政府增加政府购买时，乘数效应可以引起数倍于财政支出的总需求的扩张，这时工人收入增加，私人消费支出和企业投资增加。但是这时人们会更多地选择以流动性形式来持有自己的财富，即选择持有货币，从而提高了货币需求。

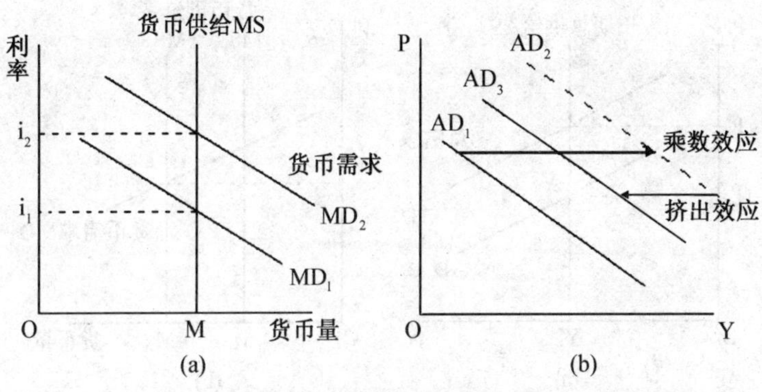

图 15-15　财政政策的挤出效应

如图 15-15（a）所示，当财政扩张引起货币需求增加时，由于货币供给没有变化，因而货币需求曲线的右移引起利率由 i_1 上升到 i_2。我们在本章第一节的分析中已经知道，利息率的上升会引起总需求的降低。因为一方面，这时持有货币的机会成本升高，人们更愿意用手中的货币购买债券或存入银行以获得利息收入。另一方面，投资和信贷消费量都会减少。因此这时就会“挤出”消费和投资，总需求减少。在图 15-15（b）中，在财政扩张的乘数效应下，AD_1 向右移动到 AD_2。但是挤出效应又使 AD_2 向左移回 AD_3。至于 AD_3 的位置，则要视“挤出”的强弱程度而定。下面我们就分别分析不同条件下挤出效应的强度。

2．存在完全的挤出效应的情况

回忆一下我们前面所学的内容，我们知道，财政扩张会引起总需求曲线向右移动，而总供给曲线基本不动，如图 15-16（a）所示。假定在 A 点经济处于充分就业水平，这时总需求的增加使企业无法通过扩大对劳动力的雇佣而扩大产量，而只能提高价格。这时产出没有变化，而只是价格的上涨。这样，在名义货币供给不变的情况下，实际货币供给下降。如图 15-16（b）所示，货币供给曲线由 MS_0 向左移动到 MS_1，因此利息率由 i_0 上升到 i_1。利息率的上升会使消费和投资减少，因此政府支出增加挤出了私人消费和投资。

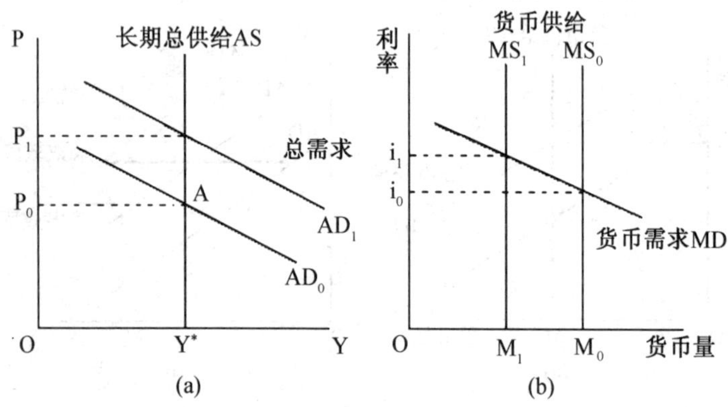

图 15-16　完全的挤出效应

也就是说，在充分就业水平，产量 Y^*不变，但政府支出却提高了，这时真实货币供给减少，利率上升，这就意味着私人部门的支出会相应减少，而且其下降的数量与政府支出增加的数量相等，政府支出的增加就具有完全的挤出效应。

3．存在部分的挤出效应的情况

在短期，政府支出增加也会使总需求水平提高，价格上升，货币需求增加，货币供给相对减少，因而利率上升，引起投资和消费水平的下降。但是由于经济是非充分就业的，政府支出的增加使产出也提高，人们的收入也会提高。因此这时的挤出效应是不完全的，而只是部分的挤出。

4．不存在挤出效应的情况

本章第一节在讨论货币政策的主要缺陷时，曾经涉及凯恩斯的流动性陷阱。在那种情况下，货币政策是失效的。如图15-8所示，当利率足够低的时候，货币需求曲线的斜率就成为零，这时货币供给变化不会影响利率。同理，在那种情况下货币需求增加也不会引起利率的上升。因而由于财政扩张引起的货币需求上升不会使利率提高，也就不会引起消费和总需求减少。即在这种情况下，政府支出的挤出效应为零，财政政策的效果比较好。

（二）财政政策的时滞

相对货币政策来讲，财政政策的外部时滞比较短，它对于收入和总需求的影响比较迅速。但是财政政策的内部时滞比较长。我们在前面对时滞的介绍中曾经提到，内部时滞包括认识时滞、决策时滞和行动时滞。由于对宏观经济波动的预测比较困难，财政政策往往会有一个比较长的认识时滞。而由于财政政策的执行必须通过严格的立法程序，这种审批、修改的过程也增加了决策时滞和行动时滞的时间。因此，财政政策的实施需要时间，这种较长的内部时滞使得财政政策对于经济的稳定作用大打折扣，决策者在运用时也会相对谨慎。而时滞的存在和对经济预测的困难也使决策者在把握政策的力度和时机上左右为难。

六、政府预算

（一）政府预算平衡、赤字与盈余

政府预算反映了政府财政的收支情况。如果政府支出等于收入，就是预算平衡。如果政府支出大于收入，就意味着预算赤字。相反，当政府支出小于收入时，则是预算盈余。通常认为，当政府有预算赤字时，公共储蓄就是负的，这就降低了国民储蓄，它把当代人的负担转移给了子孙后代，减少了后代人的收入。而预算盈余和预算平衡则意味着更大的国民储蓄、投资和经济增长。在实际的宏观经济政策中，预算赤字仍比较常见，可见它具有一定的正确性和合理性。因此，要不要赤字，赤字的规模要多大，就是政府预算的核心问题。

（二）赤字产生的原因

当政府支出大于收入时，就会产生赤字，因此赤字产生的原因一方面是政府支出增加，也就是政府购买或各种转移支付和补贴增加。另一个可能的原因就是收入减少，也就是税收减少。税收的减少可能是由于经济衰退，国民收入减少，也可能是政府采取减税政策引起。因此扩张性财政政策都会造成财政赤字。而减税的扩张性财政政策比增加政府购买支出的扩张性政策所造成的赤字要稍大，因为减税增加的收入要有一部分用于储蓄，不会全部转化为消费支出。

（三）赤字的利与弊

在产生政府预算赤字时，国家就要靠发行公债来弥补赤字。政府债务是要还本付息的，当期的债务必须用下一期的国民收入来偿还，因而政府债务意味着对后代人的税收负担。政府实行赤字财政的关键在于它的用途，应该用于有利于国民经济成长的方向，应该投入国民经济最需要的产业、部门，比如教育。当国民收入低于充分就业的收入水平时，政府就有必要实行增加支出或减少税收的扩张性财政政策，以此来推动经济增长，而不应一味追求预算平衡。

国家的债务会对本国人民形成一定的负担，但是只要政府债务的增长率不超过名义 GDP 的增长率，这种负担就能够被控制在安全范围内而不会形成过重的负担。因为一方面，公债是长期存在的，可以用发新债还旧债的方法进行弥补。另一方面，如果这种债务用于合适的渠道，促进了资本形成，增加了消费和国民收入，增加的部分就能够弥补甚至超过后代人的负担。因此，财政预算赤字有其理论上和实践中的合理性。

正如前面所分析的，用公债来弥补赤字会加重后代人的税收负担，降低国民储蓄，引起实际利率上升，消费和投资减少。这就是公债的发行对于私人消费和投资的挤出效应。而过多的政府债务也对未来债务的偿还提出挑战，有可能使政府陷入偿付危机。因此，即使经济中出现非充分就业下的收入降低情况，有必要实行财政扩张，引起预算赤字，也应把赤字控制在一个安全的范围内。我们通常以国债负担率来衡量债务的相对规模，它是政府债务余额占当年 GDP 的百分比。国际公认的国债负担率的警戒性指标为60%。

（四）政府平衡预算的实践

1992年美国克林顿政府执政时，美国预算赤字高达2930亿美元。克林顿政府的一系列宏观经济调控措施之一，旨在削减预算赤字，预防通货膨胀。经过8年的努力，美国联邦政府连续4年预算盈余，2000年财政年度盈余达2560亿美元，创历史新高。大量的预算盈余为美国政府削减国债提供了宽松的环境。与此同时，美国政府平均欠每个美国人2万美元。政府每年支付国债的利息高达2000亿美元，占联邦预算总支出的12%左右。

第三节　宏观经济政策的搭配和实践

一、宏观经济政策的目标

宏观经济政策是一国政府为了增进社会福利，实现社会发展而制定的能够解决经济问题，保持经济稳定，平抑经济波动的指导原则和措施。它是政府为了达到一定的经济目的对经济有意识的干预。不同的国家，在不同的发展阶段可能有不同的宏观经济政策目标。比如美国往往在总统大选前，会倾向于消除失业，促进经济繁荣的目标。而在选举年过后又采取紧缩政策。但是，从长期趋势看，各国的经济政策目标主要是在防止经济剧烈波动的同时促进经济成长，具体内容包括：充分就业、价格稳定、经济持续均衡增长和国际收支平衡。

（一）充分就业

充分就业是宏观经济政策的一个重要目标，它关系到居民的福利和社会的稳定。充分就业并不是百分之百就业，而是指消除了由于需求不足引起的失业，是一切生产要素都有机会以自己愿意的报酬参加生产的状态。充分就业不是消除所有的失业，而只是排除掉“非自愿失业”，而摩擦性失业和结构性失业仍然存在。

这里，摩擦性失业是指那些具有某种熟练技术的工人的短期失业，这可能是因为工人自愿转换工作引起，也可能是由于某种产品的市场供求变化而引起的工人在不同企业、部门或地区之间的转换。在工人寻找工作的过程中会暂时处于失业状态，但是他们所掌握的技术仍有市场，失业只是短暂的现象。

结构性失业则是由于某个行业的衰落或某种技术的废弃而产生的失业。这些工人所掌握的技术由于科技进步和产业结构的变换已经被废弃，他们必须经过再学习和再培训才能重新寻找工作，因而他们会在一个比较长的时间里失业。

摩擦性失业和结构性失业都属于自愿的失业，它们可以通过加强工人的再教育和技术能力更新等措施来减少，但是无法从根本上消除。而非自愿失业主要指需求不足的失业，即由于在产品市场上需求量相对于产量不足或减少而造成的失业。这种非自愿失业可以通过政府的宏观经济政策刺激需求来消除。因此，政府宏观经济政策的目标之一就是消除非自愿失业，从而实现充分就业。

（二）价格稳定

价格稳定是指价格总水平的稳定，具体来讲，就是指价格指数的相对稳定，即不出现严重的通货膨胀。价格的稳定情况通常用价格指数来表示。我们在第九章曾经学过消费物价指数（CPI）和生产价格指数（PPI），这都是衡量价格水平的重要指数。过高的通货膨胀率或通货紧缩都会给经济带来严重的打击，因而各国政府都把抑制通货膨胀作为经济政策的重要目标。在实践中，通货膨胀往往是无法完全消除的，而轻微的通货膨胀有利于抑制衰退。因此我们在这里支持低通货膨胀的目标。

（三）经济持续均衡增长

经济的增长主要指产量和个人收入的增长，它涵盖了各产业、各经济部门以及各个经济主体的协调发展。比较常用的衡量经济增长的指标是 GDP、GNP 等。要使经济能够维持在一个较高的增长率上，而不引起经济的大起大落，同时，经济中的各个产业部门能够相互支撑，比例协调，就是宏观经济政策所追求的目标之一。

（四）国际收支平衡

在开放经济条件下，国际收支状况反映了一个国家经济的稳定程度，它对于国内的价格水平、居民收入等都有重要影响。因而平衡国际收支也成为宏观经济政策的一个重要目标。

二、货币政策与财政政策的搭配

要实现既定的经济政策目标，政府所采用的各种工具必须相互配合，协调一致。我们知道，货币政策和财政政策具有不同的作用机理，对经济产生的效果不同。而同时，两者又具有各自的缺陷。因此政府在制定政策时，不应仅仅追求单一目标，而放弃其他目标，不能仅仅运用一种政策而忽略了不同政策之间的互补性，更不能片面追求经济目标而不考虑各种目标之间的冲突。我们在这里暂不考虑经济处于流动性陷阱或古典主义的情况，认为无论是货币政策还是财政政策都可以影响产出和收入水平。那么在货币政策和财政政策之间到底选择哪一个作为稳定政策的工具呢？还是两种政策一起使用？这就需要具体问题具体分析。我们认为，决策的灵活性和速度是政策的基础，而政策的协调性、时机以及力度则是政府决策的关键。

（一）IS－LM 均衡下的宏观政策

在前两节的分析中，我们都是以总供给总需求模型作为分析依据。它反映了价格水平和产出的调整过程中，总供给和总需求的平衡。我们知道，货币政策在传导过程中的关键因素是利率，财政政策也会对利率产生影响。而总供给总需求模型反映的是价格水平和产出之间的调整关系，不能直接表现利率的变动情况。因此在分析两种政策的搭配运用之前，我们引入 IS－LM 模型来分析货币政策与财政政策如何影响产出水平和利率。

首先我们来回忆在第十二章学过的 IS－LM 模型。如图 15-17 所示，IS 曲线表示产品市场的均衡，LM 曲线表示货币市场的均衡，两条曲线的交点 E 决定了短期的产出和利率。

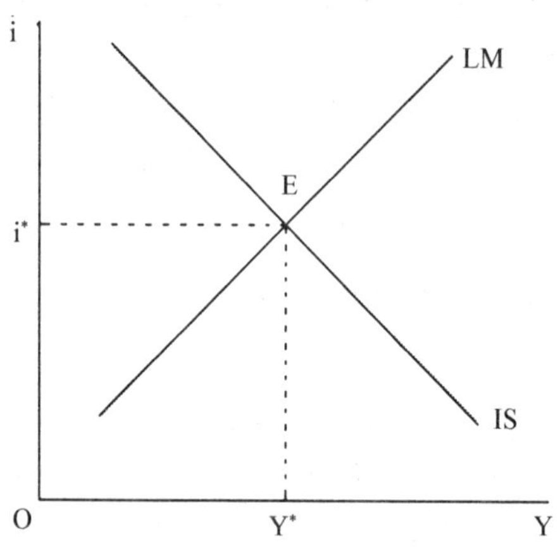

图 15-17 IS—LM 模型

财政政策最初冲击的是产品市场。当价格水平既定时，扩张性的财政政策使 IS 曲线向右移动，使收入和利率都提高。而紧缩性的财政政策使 IS 曲线向左移动，在降低了收入的同时也降低了利率。

货币政策最初冲击的是货币市场。当价格水平既定时，扩张性的货币政策使 LM 曲线向右移动，提高了收入，降低了利率。而紧缩性的货币政策使 LM 曲线向左移动，在使收入降低的同时，使利率上升。

1．货币政策效果

如图 15-18 所示，我们假定中央银行在公开市场买入债券，这使 LM 曲线向右移动到 LM_1，均衡点由 E_0 变动到 E_1，利率由 i_0 下降到 i_1，产出由 Y_0 上升到 Y_1，即公开市场买入债券的这种扩张性的货币政策降低了利率，而利率的降低可以增加投资和消费，因而产出提高。

而货币政策的效果与 IS 和 LM 曲线的斜率相关。我们首先固定 LM 曲线的斜率，来分析不同的 IS 曲线斜率影响下的货币政策效果。如图 15-19 所示，图 15-19（a）中的 IS 曲线比较陡峭，（b）中的 IS 曲线比较平缓。我们假设在（a）和（b）中的初始利率 i_0 和均衡收入 Y_0 都相同。这时中央银行实行扩张性的货币政策使 LM 曲线向右移动相同的距离 E_0E_2，它表示利率不变时因货币供给增加而增加的国民收入。但由于 LM 曲线移动的同时利率会降低，因而只有一部分增加的货币能用来满足增加的交易需求。而这时这个增量的大小就与 IS 曲线的斜率相关。比较（a）和（b）可以知道，$Y_0Y_2>Y_0Y_1$，即在 LM 曲线移动相同的位置之后，IS 曲线较陡峭时，产出增加比较少，货币政策的效果就比较小。而 IS 曲线较平缓时，产出增加量比较多，即货币政策的效果就比较大。

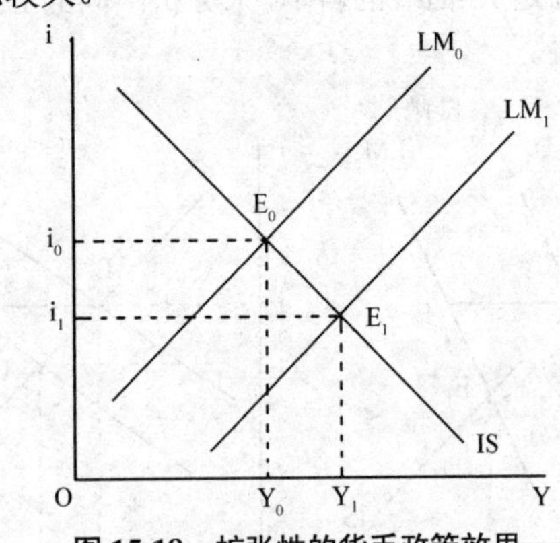

图 15-18　扩张性的货币政策效果

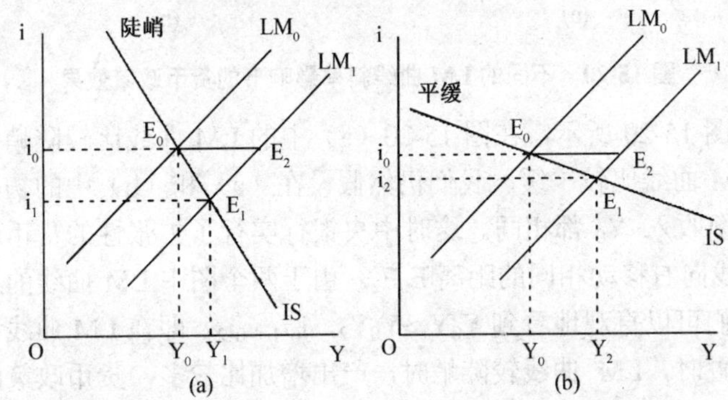

图 15-19　不同的 IS 曲线斜率影响下的货币政策效果

这个结论是我们从图形上得到的直观的结果。如果从理论上分析，则要分析 IS 曲线斜率所反映的现象。IS 曲线的斜率主要决定于投资的利率弹性，即相同的利息率变化对于投资影响程度的大小。如果投资的利率弹性较大，那么利率变化会对投资有比较大的影响，这时 IS 曲线也就比较平缓。当货币供给增加引起利率下降时，投资会大幅增加，从而使总产出也有大幅增加。相反，当投资利率弹性较小时，利率变化对投资的影响也比较小，IS 曲线变得比较陡峭。当货币供给增加引起利率下降时，投资增加的幅度相对也比较小，因此总产出增加值也比较小。

接下来我们固定 IS 曲线的斜率，来分析不同的 LM 曲线斜率影响下的货币政策效果。

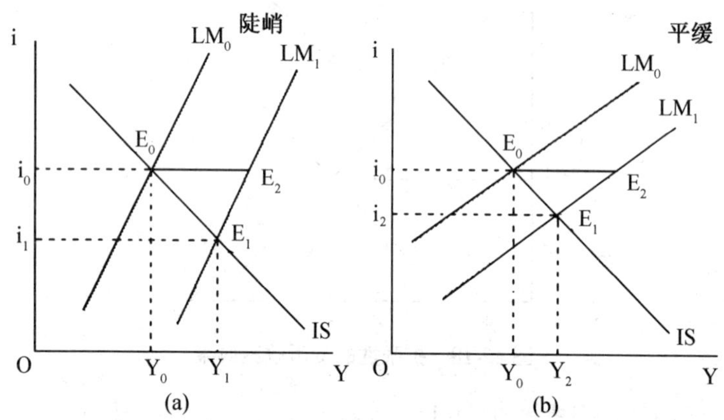

图 15-20 不同的 LM 曲线斜率影响下的货币政策效果

如图 15-20 所示，在图 15-20（a）中的 LM 曲线比较陡峭，（b）中的 LM 曲线比较平缓。我们仍然假设在（a）和（b）中的初始利率 i_0 和均衡收入 Y_0 都相同。这时中央银行实行了扩张性的货币政策使 LM 曲线向右移动相同的距离 E_0E_2。由于两个图中 LM 曲线的斜率不同，我们可以直观地看到 $Y_0Y_1>Y_0Y_2$，$i_0i_1>i_0i_2$。即在 LM 曲线移动相同的位置时，LM 曲线较陡峭时，产出增加比较多，货币政策的效果比较大。而 LM 曲线较平缓时，产出增加量较少，即货币政策的效果比较小。

由于 LM 曲线反映了货币需求关于利率的弹性大小，当货币需求的弹性较大时，即利率稍有变动就会使货币需求有大幅变动时，货币供给变动对利率、投资和产出影响就比较小，LM 曲线就比较平缓。

相反，当货币需求的弹性较小时，利率的变化对货币需求的影响比较小，货币供给对于利率、投资和产出的影响就比较大，LM 曲线就比较陡峭。

综上所述，当 LM 曲线较陡峭或 IS 曲线较平缓时，即同等程度的扩张性货币政策能使利率下降较多，进而对投资、消费有较强的刺激作用时，表明货币政策的效果比较好。相反，当 LM 曲线较平缓或 IS 曲线较陡峭时，货币政策的效果就相对比较弱。

2. 财政政策效果

如图 15-21 所示，假设政府增加了政府购买，使 IS 曲线由 IS_0 向右移动到 IS_1，这时均衡点由 E_0 向右移动到 E_1，产出由 Y_0 增加到 Y_1，利率由 i_0 上升到 i_1。从这里我们可以看到，扩张性的财政政策使利率和产出都提高。

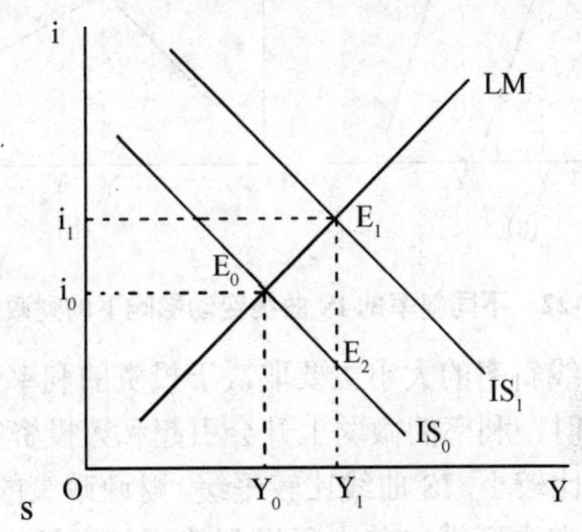

图 15-21 扩张性财政政策的效果

财政政策的效果也与 IS 和 LM 曲线的斜率有关。我们仍然沿用前面的分析方法。首先，我们固定 LM 曲线的斜率，分析不同斜率的 IS 曲线变动影响下的财政政策。

如图 15-22 所示，在图 15-22（a）中 IS 曲线比较陡峭，（b）中的 IS 曲线比较平缓。我们假设在（a）和（b）中的初始利率 i_0 和均衡收入 Y_0 都相同。这时政府采取了扩张性的财政政策使 IS 曲线向右移动

相同的距离 E_0E_2，这是在利率不变时，考虑的乘数作用之后的国民收入的增加额。但是由于利率会因为 IS 曲线的移动而有所改变，因而扩张性财政政策会使利率上升，从而“挤出”私人投资，E_1 就成为新的均衡点。在比较（a）和（b）后，我们会发现，$Y_0Y_1>Y_0Y_2$，即在 IS 曲线移动了相同的位置后，当 IS 曲线较陡峭时，产出的增加比较多，这时财政政策的效果比较好。而当 IS 曲线比较平缓时，产出的增加就比较少，财政政策的效果就比较弱。

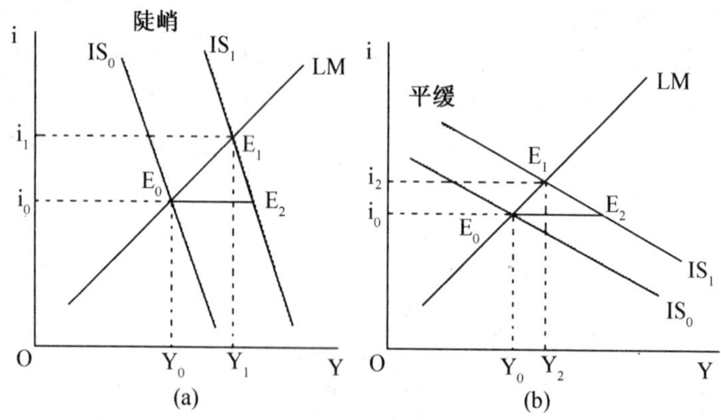

图 15-22 不同斜率的 IS 曲线变动影响下的财政政策

这里，IS 曲线斜率的大小主要取决于投资的利率弹性，当投资的利率弹性比较大时，利率的微弱上升会引起私人投资的大幅减少，因而产出增加额也比较小，IS 曲线比较平缓，财政政策的效果就比较小。

这就是我们在本章第二节中所提到的“挤出效应”。我们曾经分析了“挤出效应”的两种极端情况，即完全的挤出效应和不存在挤出效应的情况。这里具体分析存在部分挤出效应情况下的影响“挤出”程度大小的因素。

在图 15-22（a）中，IS 曲线比较陡峭，这时“挤出效应”比较小，因而产出的增加额也较大，即这时的财政政策比较好。而在（b）中，IS 曲线比较平缓，这时扩张性财政政策引起的利率上升会大幅挤出私人投资，因而产出的增加额较小，财政政策的效果也比较小。

接下来我们分析 IS 曲线的斜率不变时，LM 曲线斜率对财政政策效果的影响。

如图 15-23 所示，在图 15-23（a）中的 LM 曲线比较陡峭，（b）中的 LM 曲线比较平缓。同样，我们假设两幅图中的初始利率 i_0 和均衡收入 Y_0 都相等。假设政府采取了扩张性的财政政策使 IS 曲线向右移动相同的距离 E_0E_2，这时我们会发现新的均衡点 E_1 在两个图中引起的产出变化额不同。显然，$Y_0Y_1<Y_0Y_2$。这就意味着在 LM 曲线移动相同的距离时，当 LM 曲线较陡峭时，产出的增加比较少，财政政策的效果也比较小。而当 LM 曲线比较平缓时，产出的增加比较多，财政政策的效果也比较大。

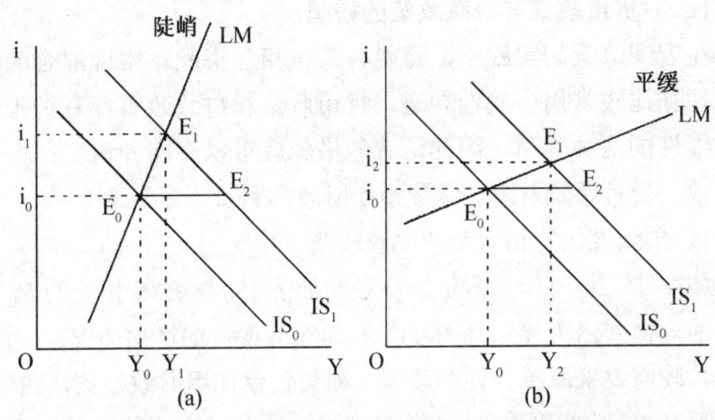

图 15-23　LM 曲线的斜率对财政政策效果的影响

进一步讲，LM 曲线较陡峭时，表明货币需求的利率弹性较小，即货币需求对利率的反应不灵敏，因此货币需求增加会引起利率的大幅上升，从而对私人投资产生较大的挤出作用。财政政策的效果也就不太显著。相反，当 LM 曲线较为平缓时，表明货币需求的利率弹性比较大，即货币需求对利率的反映比较灵敏。因此货币需求增加只会对利率有微弱影响，对私人部门投资的挤出效应也比较小，财政政策的效果就比较好。

综上所述，当 LM 曲线比较平缓或 IS 曲线比较陡峭时，相同的财政扩张力度会使收入有较大变化，即这时财政政策的效果比较显著。而在 LM 曲线比较陡峭或 IS 曲线比较平缓时，财政政策的效果就比较小。

我们可以回忆前面学习挤出效应时分析的两种极端情况，实际上也可以认为是这个结论的特例。当经济处于古典主义情况下时，LM 曲线已经成为一条垂线，IS 曲线呈水平，因此这时存在完全的挤出效应，财政政策完全失效。而在极端的凯恩斯流动性陷阱中，LM 曲线已经成为水平的，这时货币政策完全失效，而挤出效应为零，因而财政政策效果最强。

（二）货币政策与财政政策的搭配

在宏观政策的实践中，将两种政策相互搭配，实现混合的政策效应往往比较常用。我们知道，货币政策和财政政策都有扩张性的和紧缩性的两种类型，因此两者的搭配就可以有四种情况：松货币松财政、松货币紧财政、紧货币松财政和紧货币紧财政。

1．扩张性的货币政策和财政政策

如图 15-24 所示，假定经济最初处于 IS_0 与 LM_0 相交的 E_0 点，这时的均衡产出为 Y_0，利率为 i_0，而充分就业的产出为 Y_1。为克服萧条，政府要采取扩张性的政策。如果仅仅使用财政政策，在图中，就要移动 IS_0 曲线到 IS_2，这样 IS_2 与 LM_0 相交于 E_2 点，均衡产出达到 Y_1。但这时利率会大幅上升到 i_1，反而增加了经济的波动性。而如果在实行扩张性的财政政策的同时实行扩张性的货币政策，就可以在增加产出的同时避免利率过度提高。如图中，IS 曲线由 IS_0 向右移动到 IS_1，同时使用扩张性的货币政策使 LM 曲线由 LM_0 向右移动到 LM_1，这样产生新的均衡点 E_1，就使产出提高到 Y_1，而利率仍维持在 i_0 的水平上。

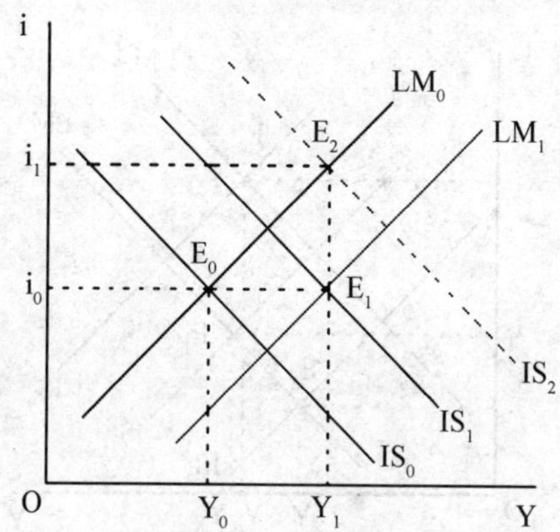

图 15-24　扩张性货币政策和扩张性财政政策

这种“双松”的组合适用于经济处于严重萧条时的情况，在用扩张性财政政策来增加总需求的同时用扩张性的货币政策来克服挤出效应。

在实践中，由于政策力度不同，IS 和 LM 曲线移动的幅度也不同，因此实际的利率有可能高于或低于 i_0。如果 IS 曲线移动的幅度更大，那么利率就会上升。而如果 LM 曲线移动的幅度更大一些，利率就下降，但是无论利率上升还是下降，产出都会增加。

2．扩张性的货币政策与紧缩性的财政政策

如图 15-25 所示，我们仍假定初始的均衡点为 E_0，均衡产出为 Y_0，利率为 i_0。这时采取了扩张性的货币政策使 LM 曲线移动到 LM_1，同时采取了紧缩性的财政政策使 IS 曲线向左移动到 IS_1。这时利率下降到 i_1，产出上升到 Y_1。如果进一步实行紧缩性的财政政策，让 IS 曲线继续向左移动到 IS_2，这样利率就下降到 i_2，产出减少到 Y_2。由此可见，这样松货币紧财政的搭配会使利率降低，而产出的升降将取决于政策力度的大小。

这样的搭配适用于经济出现轻微的通货膨胀的情况，可以用紧缩的财政政策适当地控制总需求，同时又降低利率，避免过度紧缩引起的衰退。

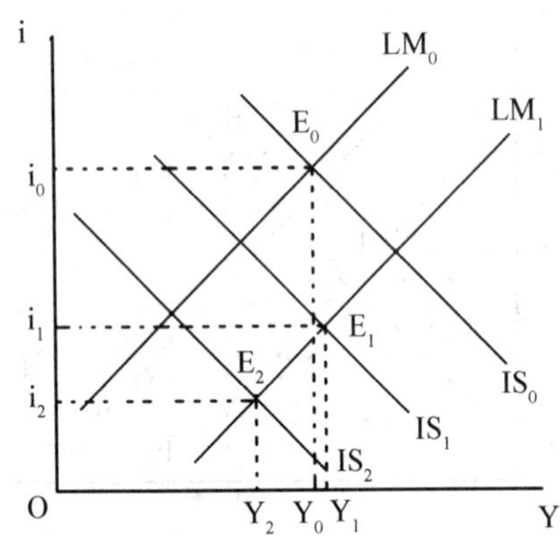

图 15-25 扩张性货币政策与紧缩性财政政策

3．紧缩性的货币政策与扩张性的财政政策

如图 15-26 所示，实行扩张性的财政政策后，IS 曲线由 IS_0 向右移动到 IS_1。这时采取紧缩性的货币政策使 LM 曲线由 LM_0 向左移动到 LM_1，产生新的均衡点 E_1，这时利率上升到 i_1，产出上升为 Y_1。如果加大货币政策的力度，使 LM 曲线移动较大的距离到 LM_2，新的均衡点 E_2 对应的利率就上升到 i_2，而产出会下降到 Y_2。因此这样紧货币松财政的政策组合会使利率上升，产出的上升与下降不确定。

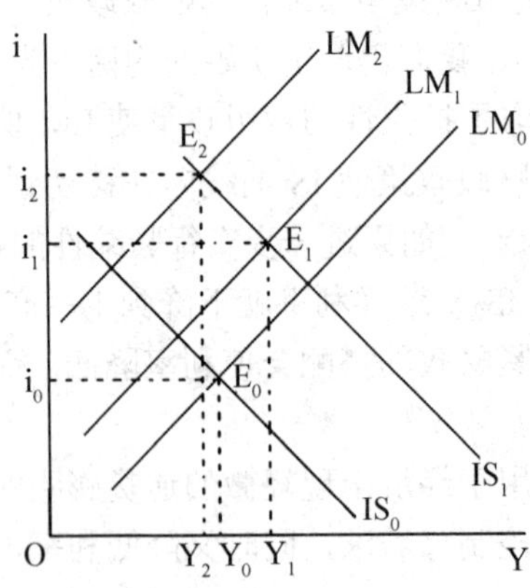

图 15-26 紧缩性货币政策与扩张性货币政策

这种组合适用于经济处于轻微萧条的情况。这样可以用扩张性的财政政策刺激总需求，又用紧缩性的货币政策抑制通货膨胀。

4．紧缩性的货币政策与紧缩性的财政政策

如图 15-27 所示，当采取这种“双紧”的搭配形式时，IS 曲线和 LM 曲线都向左移动，IS_1 和 LM_1 相交于均衡点 E_1，这时产出下降到 Y_1，利率略有下降。如果 LM 曲线移动的幅度较大，则利率会有所上升。因此，紧货币紧财政的政策搭配会使产出减少，利率的变动情况取决于两种政策力度的大小。

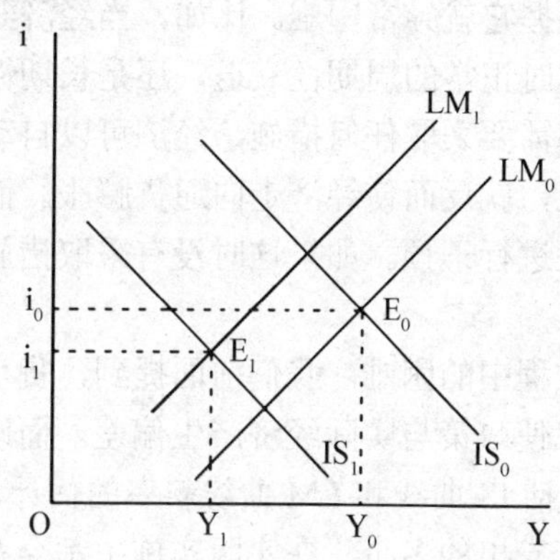

图 15-27　紧缩性货币政策与紧缩性财政政策

这种组合适用于经济发生严重的通货膨胀的情况，可以用紧缩性的财政政策控制总需求水平，又防止利率过高。

综合前面所讲的四种政策的搭配，我们用表 15.1 来给出清晰的梳理。

表 15.1　财政政策与货币政策的搭配

经济形势	政策组合	产出	利率
严重萧条	扩张性的货币政策与扩张性的财政政策	增加	不确定
轻度萧条	紧缩性的货币政策与扩张性的财政政策	不确定	上升
轻度通货膨胀	扩张性的货币政策与紧缩性的财政政策	不确定	降低
严重通货膨胀	紧缩性的货币政策与紧缩性的财政政策	减少	不确定

三、宏观经济政策的实践

我们前面从理论上分析了货币政策与财政政策对经济的影响，然而在宏观经济的实践中，由于经济形势错综复杂，宏观经济政策本身又存在种种矛盾，因而政策效果大受影响，运用政策干预经济也非常难于把握。

第一，决策者对经济形势的判断非常困难。经济系统如此庞大复杂，尽管我们对经济的认识越来越深入，但经济本身也在不断发展、变化，要准确地把握它就异常困难。比如，当经济开始衰落时，决策者就要判断这是暂时正常的周期性衰退，还是长期性的经济衰退。如果是暂时的，就不需要采取任何措施，经济可以自动恢复。如果这时采取了扩张性政策，就反而使经济走向通货膨胀。而如果是长期性的就要采用经济政策进行干预。如果这时没有采取措施，就可能加剧衰退。

第二，实施过程中的困难。我们前面提到，货币政策和财政政策都存在时滞，这就使政策与实际经济产生偏差。而政策实施力度的计算就更加困难。包括 IS 曲线和 LM 曲线斜率的估计，包括各种利率调整的幅度以及政府支出的多少，在实际实施中都会存在误差。

第三，预期产生的影响。对于政府的宏观政策，公众会作出理性的判断并据此作出相应的反应，这也会影响政府政策的效果。比如，当中央银行宣布增加货币供给量时，人们也会预期到价格水平会上升。如果人们预期的货币供给量与实际的货币供给量一致，那么产出和失业率就不会变化，这时人们预期到的货币供给量变动就将全部转化为价格的变动。

接下来，我们通过简单回顾来分析美国奥巴马政府应对 2007 年以来的金融危机的经济政策，分析宏观经济政策在实践中的运用。

2007 年 8 月，美国爆发次贷危机并引发金融危机，随之将美国经济带入严重的衰退期。于是，如何带领美国经济走出衰退成为美国政府的第一要务。为了应对危机，布什和奥巴马政府以及相对独立的美联储都采取了大量应对措施，并已取得初步成效。

美国的货币政策由定量宽松到适度趋紧。从短期来看，美联储的货币政策仍将以应对危机为核心，采取以降息为主的宽松货币政策，不断向金融机构注入流动性。已采取的措施包括：降低基准利率及直接贷款利率；向机构及个人提供紧急贷款；创设各类货币政策工具，向市场注入流动性；调整政策为金融市场稳定护航。而从中期来看，美联储的货币政策将会趋紧。因为此次危机中美联储极度宽松的货币政策和美国政府数万亿美元救助资金的投入，已经引起市场广泛的对通货膨胀的担忧，而美联储一向将通胀作为其重要调控目标，相信一旦美国经济摆脱衰退威胁，其货币政策必将逐步收紧。再从长期来看，一旦美国经济恢复扩张，美联储的货币政策将恢复正常，而格林斯潘时期的超宽松货币政策将很难再现。

美国的财税政策从自由放任逐步趋向公平合理。从目前来看，美国政府的财税政策也重在应对金融危机与抗经济衰退，主要措施包括减税和增加政府支出。不过，与布什政府奉行的体现共和党传统的“自由放任主义”和偏向富人的政策不同，奥巴马政府的经济政策则延续了民主党的传统，即扩大政府干预经济的职能，同时主张倚重中产阶级，反对两极分化，缓和贫富矛盾，创造共同繁荣。政策具体包括：退税或减税以刺激个人消费和企业投资；打击美国企业及个人海外避税逃税；增加联邦政府开支，加大基础设施投资；完善社会保障体系，降低医疗保健成本等。

第十六章　失业与通货膨胀

前面我们讨论过了总需求和总供给的问题，这一部分我们主要讨论总供给的两个决定因素：通货膨胀和就（失）业，它对于我们了解宏观经济的演进十分重要。正是由于总供给和总需求的相互作用决定了经济周期的波动、通货膨胀、失业、衰退和繁荣。失业和通货膨胀一直是困扰资本主义经济发展的极为重要的问题，因此，长期以来，资本主义国家把消除失业和通货膨胀，即实现充分就业和物价稳定作为其宏观经济政策的两大基本目标。按照凯恩斯经济学的分析，失业和通货膨胀存在着互为消长的替代关系，反映这种关系的曲线在经济学中被称为菲利普斯曲线。长期以来，西方国家把菲利普斯曲线看作是制定政策的依据。然而在失业与通货膨胀关系问题上，现代货币主义经济学家和理性预期学派的经济学家则反对菲利普斯曲线所代表的含义，并提出了各自流派的观点。本章将对就业、通货膨胀及其相互关系等内容做一系统性论述。

第一节　失　业

美国作家约翰·斯坦培克在《愤怒的葡萄》一书中写到："他们四处奔波寻找工作……他们在路上转来转去。四处奔波改变了他们，公路的劳累、露营的生活、对饥饿的恐惧使他们发生了变化……"毫无疑问，长期失业会对个人和家庭产生深刻的影响——最明显的损失是没有稳定的收入。此外，失业似乎与犯罪事件增多有关，与诸如心脏病、自杀和精神疾病等各种痛苦有关。失业不仅仅使个人蒙受损失，也使经济在整体上付出代价。因为失业使生产的产品和提供的服务减少了。

毫无疑问，失业是最直接且最严重影响人们的宏观问题，而且，它不仅仅是个经济问题还是个社会问题。

在本节中，我们探讨一下为什么总会有失业以及什么因素决定了失业水平。

一、失业的定义与衡量

失业是指有劳动能力、愿意接受收现行工资水平但仍然找不到工作的现象。而根据国际劳工组织的定义，失业是指某个年龄以上，在考察期内没有工作，但有工作能力，并且正在寻找工作的人。我们首先看一下美国法定的成年人口。这部分人由所有 16 岁及其以上的国民组成（当然要除去那些被投入监狱和精神病院的人口）。本章中，当我们说成年人口时，指的就是法定国民成年人口。国民一词的意思就是拥有国籍的国家主权构成者。劳动力由成年人口中正在工作及正在寻找工作的人构成。那些寻找工作的人被认为是失业人员。更为科学的提法是，经过统计部门的调查，在过去四周中那些没有工作，但至少找过一次工作的人被视为失业者。失业率测算的是失业人员在劳动力中的百分比。失业率或许是用来报道一个国家经济健康发展的尺度中应用最广泛的。

那些没有在工作的成年人中，只有一小部分被认为是失业的。因为这些成年人可能已经退休，可能选择呆在家里照顾小孩，可能是全日制的学生，可能只是不想工作，或者可能因为长期疾病或身有残疾而不能去工作，可能由于长期寻找工作而毫无结果，因此变得灰心丧气，于是在沮丧中放弃了再找工作。事实上，这些人已经退出了劳动力队伍，因此他们不被看作失业人员。成年人口、劳动力与实际就业量的关系如图 16-1 所示。

图 16-1　变量间的关系

二、失业的种类及其产生原因

失业有很多种类，根据主观愿意就业与否，分为自愿失业与非自愿失业。

所谓自愿失业是指工人所要求的实际工资超过其边际生产率，或者说不愿意接受现行的工作条件和收入水平未被雇用而造成的失业。由于这种失业是由于劳动人口主观不愿意就业而造成的，所以被称为自愿失业，无法通过经济手段和政策来消除，因此不是经济学所研究的范围。

另一种是非自愿失业，是指有劳动能力、愿意接受收现行工资水平但仍然找不到工作的现象。这种失业是由于客观原因所造成的，因而可以通过经济手段和政策来消除。经济学中的所讲的失业是指非自愿失业。按照造成失业的原因，我们通常把非自愿失业分成三种类型，即周期性失业、摩擦性失业和结构性失业。

1．周期性失业

周期性失业是指由于经济中的总需求不足引起的失业。这种失业在经济萧条时期上升，在经济繁荣时期下降。由于这种失业和经济的周期波动密切相关，所以被称为周期性失业。政府旨在稳定经济的需求管理政策就是要减少周期性失业，实现充分就业。

凯恩斯又称这种失业为非自愿失业或有效需求不足失业。如何理解这种失业呢？凯恩斯认为资本主义市场经济之所以出现失业问题，从根本上说是由于有效需求不足。周期性失业对于不同行业的影响是不同的，一般来说，需求的收入弹性越大的行业，周期性失业的影响越严重。也就是说，人们收入下降，产品需求大幅度下降的行业，周期性失业情况比较严重。通常用紧缩性缺口来说明这种失业产生的原因。紧缩性缺口是指实际总需求小于充分就业的总需求时，实际总需求与充分就业总需求之间的差额。在劳动供给过剩的情况下，也不能通过降低工资率来增加对劳动的需求，因为工资具有向下的刚性。即工人要抵制雇主降低工资的行为，工会也反对削减工资。这意味着若经济处于紧缩的缺口，它不能在短期内使自己走出缺口，如图 16-2 所示。假设现在总需求水平为 AD0，而充分就业的总需求水平为 ADf，显然 $AD_0 < AD_f$，这就是通常所说的有效需求不足。由此造成的失业缺口被称为“紧缩性缺口”。

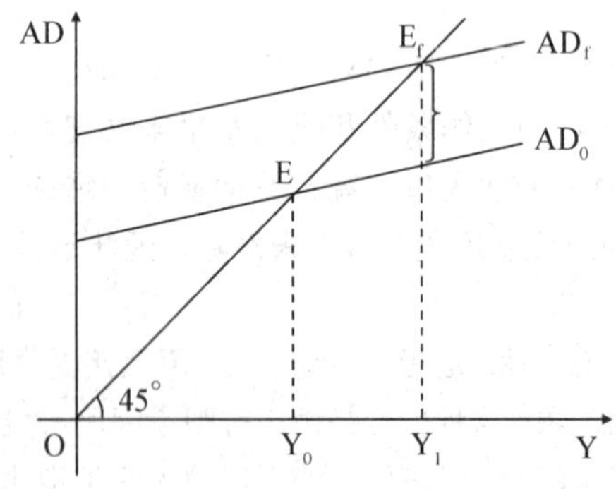

图 16-2 紧缩性缺口

2．摩擦性失业

摩擦性失业是指生产过程中难以避免的、由于转换职业等原因而造成的短期、局部失业。这种失业的性质是过渡性的或短期性的。它通常起源于劳动的供给一方，因此被看作是一种求职性失业，即一方面存在职位空缺，另一方面存在着与此数量对应的寻找工作的失业者，这是因为劳动力市场信息的不完备，厂商找到所需雇员和失业者找到合适工作都需要花费一定的时间。摩擦性失业在任何时期都存在，并将随着经济结构变化而有增大的趋势，但从经济和社会发展的角度来看，这种失业存在是正常的。劳动力市场供求信息的不完善以及劳动力在异地之间流动的成本造成摩擦性失业。例如，现有一个厂商需要一个工人。同时市场上也存在着一个失业工人。但是，由于劳动力市场上供求信息传递不畅，这个工人仍然处于失业状态。这种失业就是摩擦性失业。再如，假定A地一个厂商需要一个工人，同时在B地正好有一个能够胜任这一工作，而且处于非自愿失业状态的工人。劳动力供求双方也知道这种情况。但是，由于劳动力流动成本的障碍，这个工人仍然处于失业状态。这种失业也是摩擦性失业。

许多公共政策力图通过减少摩擦性失业来降低自然失业率。政府就业机构传播工作空位信息，以使工作岗位与求职者更有效地匹配。公共机构的再培训计划的目的也是为了使工作者更容易地从衰落行业转到新兴行业。经济中大量存在的职业介绍所等就业服务机构，人才交易市场以及招聘和求职广告等都是减少摩擦性失业的重要措施。摩擦性失业降低了，自然失业率当然也就下降了。

3．结构性失业

结构性失业最早是在20世纪60年代，美国的约翰逊政府为了解决阿巴拉迁地区（Appalachia）人民由于普遍缺乏技术和训练而导致的大量失业问题时提出来的一个失业概念。后来，宏观经济学就把由经济结构变动引起的，导致现有劳动力技能与新兴产业需要不适应而引起的失业，称为结构性失业。

例如在知识经济时代，高新技术产业的发展异常迅速，而在传统产业就业的工人若不能适时更新知识和掌握新技能，在传统产业缩小或转产的时候，很有可能因为不适应新的产业和技术的需要而失业。在结构性失业的情况下，常常是职位的空缺与失业并存。除了工人的知识和技能不适应经济的技术结构和产业结构的变化是造成失业的原因以外，市场信息的不完全、劳动流动性差以及不利于就业的制度因素等，也是造成结构性失业的重要原因。各种学校、职业培训机构等都是减少结构性失业的重要途径。一般地，结构性失业要比摩擦性失业存在的时间长，解决起来也比摩擦性失业更困难，花费的时间和资金都比较多。因此，宏观经济学也经常把结构性失业看作是失业中的“硬核”。

4．自然失业率

现代宏观经济学中经常使用的自然失业率概念中的失业是指摩擦性失业和结构性失业之和。在一个富有活力的经济中，产出的构成在不断变化，各个厂商对劳动力数量和技能的需要也就在不断变化，同时，劳动力市场上供求信息的传递不可能十分完备。因此，摩擦性失业和结构性失业是不可避免的，也就是自然的。正是在这种意义上，摩擦性失业和结构性失业才被称做自然失业，可以说，摩擦性失业和结构性失业是一个充满活力的动态经济的必要副产品。

以美国为例，二战以来的自然失业率在4%到7%之间摆动。当失业率等于自然失业率时，经济就实现了充分就业。在充分就业下，周期性失业不存在，需要注意的是，当经济学家说到“充分就业”时，他们不是指一个失业的人也没有，而是指失业的人相对来说很少。即使经济是在充分就业的情况下运行，仍然存在着某些摩擦性和结构性失业。

5．失业成本分析：奥肯定律

美国的著名经济学家奥肯提出了一个反映 GDP 的增长与就业增长（即失业减少）的关系的经济规律，即“奥肯定律”。奥肯在 1962 年的一篇题为《国民生产总值的潜力：它的测量方法和意义》的论文中指出，实际产出与潜在产出的比率与就业率变化的弹性是一个常数，大约等于 3。若失业率上升 1 个百分点，实际产量就下降 3 个百分点。这就是奥肯定律的基本内容。在这里，实际产量的下降便是造成失业增加的成本。我们可以根据奥肯定律来分析失业的成本问题。

奥肯定律为政府实现充分就业的目标提供了重要的分析工具和依据。例如，若现时的失业率为 7%，政府把实现 5%（即失业率降低 2 个百分点）的失业率作为理想目标，它就必须采取适当的宏观经济政策使实际产量（即实际 GDP）提高 6 个百分点。如果它不能使实际产量提高 6 个百分点，失业率就高于其理想的失业率，社会就总要为较高的失业率付出代价（因较高的失业率而造成实际产量的损失）。

第二节　通货膨胀

通货膨胀是西方国家另一个重要的宏观经济问题。西方经济学对通货膨胀问题作了各种解释，例如，有效需求拉动通货膨胀说，成本推进通货膨胀说，结构通货膨胀说等。与此相适应，经济学家们也提出了各种治理通货膨胀的政策措施。本小节评价了西方经济学家关于通货膨胀的各种理论观点。

一、通货膨胀的含义

通货膨胀指物价总水平普遍和持续上升。所谓“普遍”是指不是一种或几种商品的价格上升,而是所有商品和生产要素的物价均上升。所谓“持续”不是指一次性物价水平上升，而是持续一段时间的物价上升过程。现在，我们常用价格指数，即成千上万种产品的加权平均价格来衡量通货膨胀。

通货膨胀率即价格水平变动的百分比：

$$\text{通货膨胀率(第t年)}=\frac{\text{t年的价格水平}-(t-1)\text{年的价格水平}}{(t-1)\text{年的价格水平}}\times 100\% \tag{16.1}$$

二、通货膨胀的经济影响

列宁指出，摧毁资本主义制度最有效的办法就是破坏它的货币；凯恩斯也认为，没有什么手段比毁坏一个社会的通货更隐蔽、更可靠地颠覆这个社会的基础了。虽然两个人代表不同的阶级，但都肯定了通货膨胀对一个社会的破坏性作用。各国中央银行反对通货膨胀的决心是一致的，很多人也认为通货膨胀是头号经济敌人。发生通货膨胀时，所有价格和工资并不按同样的比率变动。也就是说，相对价格会发生变化。由于相对价格的不断游移，通货膨胀会产生如下两种影响：财富的再分配和经济产出、就业的扭曲。

1．对收入与财富分配的影响

通货膨胀对收入和财富分配的影响主要是由于人们所持有的资产与负债的种类有差别造成的。比如，对于债务人来说，这种价格急剧上涨就是一种意外受益。而假使你是债权人，持有固定利率的长期债券，那么你的处境就会完全相反。价格的上涨会使你比以前更穷一些，因为别人还给你的货币的价值比原来你支付的时候要小了。总的来说，通货膨胀对再分配的作用主要是通过影响人们手中财富的实际价值来实现。一般来说，不可预期的通货膨胀会将财富从债权人再分配给债务人，也就是说，通货膨胀往往有利于债务人而有害于债权人。如果通货膨胀出现不可预期的下降，那么产生的效应就正好相反。但在更多的时候，通货膨胀只是将收入和资产搅和在一起，随机地在全体居民间进行重新分配，而不会只冲击某些单个群体。凯恩斯是这样描述这种后果的：当通货膨胀来临时，货币实际价值每月都会产生巨大的波动，所有构成资本主义坚实基础的、存在于债权人和债务人之间的永恒关系，都变得混乱不堪甚至完全失去意义，获得财富的途径退化到依靠赌博和运气的境地。

2．对经济效率和总产出的影响

除了收入再分配，通货膨胀还在两个领域影响实际经济：经济效率和总产出。

通货膨胀之所以损害经济效率，是因为它会扭曲价格和价格信号。在长期价格稳定期间，人们会认为他们可以预测未来的价格，从而做出相应的计划。但是，当通货膨胀意想不到地加快，货币的购买力下降，货币未来的价值就变得不确定了。既然前景不那么明确，做计划就显得更困难了。如果通货膨胀率高达20%或30%，厂商就会频繁地变动商品的价格，以至于相对价格变得混乱无序，令人无所适从。同样地，一个家庭也要经常做出金融决策，比如多少收入用于现在的消费，多少收入用于退休储蓄，而物价水平的变动会使这种家庭和个人的金融计划变得复杂和不可预期。

另外，通货膨胀对税收还有一定的扭曲作用，它通常以税收法律制订者没有想到的方式改变个人所得税负担。税法没有考虑通货膨胀的一个例子是资本收益的税务处理。假设你现在购买了一些股票并在一年后以相同的实际价格出售了，此时看来政府不征收税收是合理的，因为你没有从这种投资中赚到实际收入。实际上也是如此，如果没有通货膨胀，这时结果就是没有税收义务。但是假设通货膨胀率是 12%，而且你最初还是每股支付 100 元。假设一年后你以其实际价格出售，即以 112 元卖出。在这种情况下，税法并没有考虑到通货膨胀的影响，而是认为你每股赚到 12 元，所以要向你征收这种资本收益税。当然，问题就在于税法是按名义资本收益而不是按实际资本收益来衡量收入。在这个例子中以及在很多其他例子中，通货膨胀扭曲了所征收的税收。

通货膨胀对总产出和整体的宏观经济活动也有一定程度的影响。以美国为例，在 20 世纪 70 年代以前，较高的通货膨胀率一直伴随着较高的就业和产出水平。当投资形式良好、工作机会很多的时候，通货膨胀就趋于上升；在通货紧缩或者通货膨胀水平趋于降低的时期，如 19 世纪 90 年代、20 世纪 30 年代、1954 年～1958 年、1982 年和 1991 年，产出下降、资本闲置、劳动呈高度失业状态。

当然，在个别时期，通货膨胀也暂时带来过某些好处。例如，通货膨胀使工人实际工资降低，企业实际利润增加会刺激经济。通货膨胀也会在税法不变的情况下，使政府税收增加。也有个别国家（如以色列）在高通货膨胀时仍保持了高增长。但从总体上看，通货膨胀，特别是不可预期的通货膨胀对经济是不利的，企图从通货膨胀中得到暂时的好处是饮鸩止渴。而且，通货膨胀一旦开始，就会由预期和惯性的影响而持续和加剧，这时，治理通货膨胀所付出的代价要远远大于从通货膨胀中获得的好处。稳定的物价是市场机制得以正常发挥作用的必要环境，也是经济持续增长的基础，各国都非常重视物价稳定，把它作为重要的宏观经济政策目标。

三、通货膨胀的分类及形成原因

1．需求拉动型通货膨胀

所谓需求拉动型通货膨胀，顾名思义，是由于需求的提高而引起的通货膨胀。由于对产品和劳务的需求超过了在现行价格条件下的供给，从而使一般物价水平上涨。关于需求拉动型通货膨胀，可以区分为两类。一类是由于实际因素的变动所引起的需求拉动型通货膨胀；另一类是由于货币因素的变动而引起的需求拉动型通货膨胀。

（1）实际因素引起的需求拉动型通货膨胀

影响通货膨胀的主要因素之一是总需求的变动。前面几章我们已经知道，投资、税收、政府支出或净出口这些实际因素的变化都可以使总需求发生变动，并推动产出增长，使其超出潜在生产能力。

如图 16-3 所示，假设最初总供求均衡于 E_1，此时价格为 P_1，产出为 Y_1。此时存在失业，需要提高总需求水平，AD_1 上升到充分就业的需求水平 AD_f。如果总需求继续扩张，由 AD_f 上升到 AD_2，价格会大幅上升到 P_2，发生典型的“需求拉动的通货膨胀”。

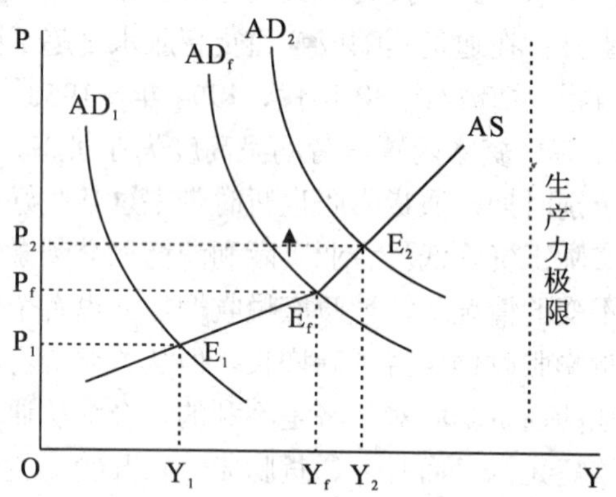

图 16-3　实际因素引起的需求拉动型通货膨胀

（2）货币因素引起的需求拉动型通货膨胀

需求拉动型通货膨胀背后的一个重要因素是货币供给的快速增加。货币供给的快速增加使总需求增长，而后者又使价格水平升高。德国中央银行在 1922～1923 年间曾印制出数万亿计马克的纸币，这些纸币涌入市场寻求面包和住房，从而使德国当时的物价水平成亿倍的上涨。这时，货币变得很不值钱也就不足为奇了。这是一种猛烈的需求拉动型通货膨胀。20 世纪 90 年代初，前苏联政府大量印刷卢布来填补其预算赤字，同样的情况便再度出现，结果每月平均通货膨胀率达到 25%。

可以应用 IS－LM 模型来说明这种由于货币因素所引起的需求拉动型通货膨胀。由于货币供给量的增加或货币需求量的减少，使 LM 曲线向右移动，由于假定实际因素不变，IS 曲线不变，变动了的 LM 曲线和不变的 IS 曲线相交便决定了较高的价格水平。

在图 16-4 中，以横轴表示产量（Y），以纵轴表示利率（i），由于假定实际因素不变，故 IS 曲线不变，当货币供给量增加时，LM 曲线向右移动到 LM'，并与不变的 IS 曲线有新交点，但由于经济在此之前已达到充分就业均衡，产量为 Y_f，因此不能使产量增加到 Y_1，仅使价格水平提高，但可借助于 Y_1 来衡量通货膨胀缺口，（$Y_1－Y_f$）即为通货膨胀缺口。

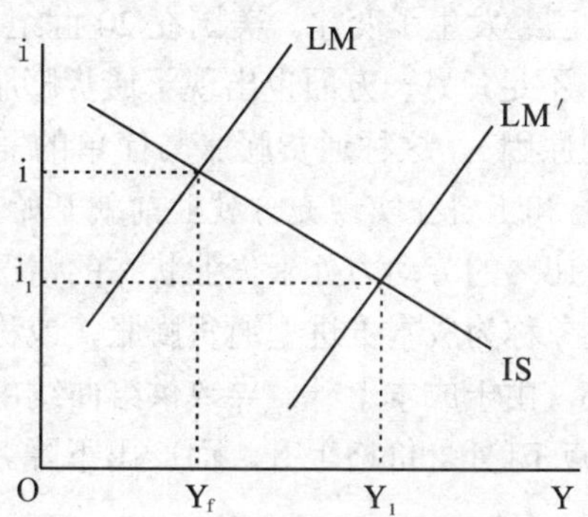

图 16-4　货币因素引起的需求拉动型通货膨胀

图 16-5 中显示了由于总需求提高而使价格水平提高的情形。纵轴表示价格水平（P），横轴表示产量（Y），AD 为与图 16-4 中 LM 相对应的总需求曲线，AD'则为与 LM'相对应的总需求曲线。AD'与总供给曲线相交于 E'，由此决定了较高的价格水平 P'。

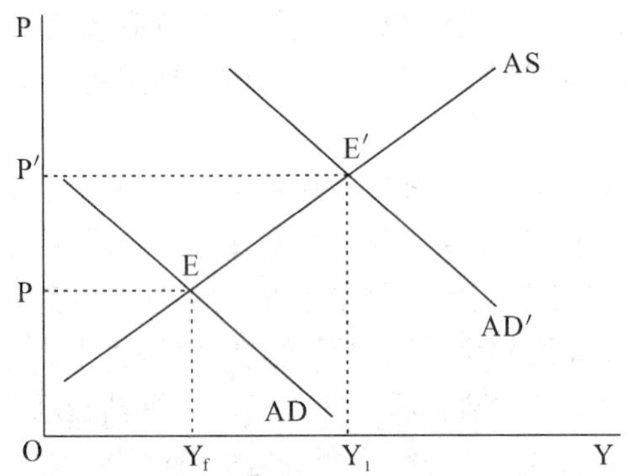

图 16-5　由货币因素引起总需求变动

2．成本推进型通货膨胀

古典经济学家不仅研究需求拉动型通货膨胀的原理，而且经常用此来解释经济史上的价格变动趋势。然而，在过去的半个世纪中，通货膨胀的发展过程已经发生了变化。美国在 20 世纪 50 年代后期，一方面总需求（AD）不足，另一方面也出现了通货膨胀（这说明通货膨胀有总需求以外的原因），这种通货膨胀与简单的需求拉动型通货膨胀的区别在于：价格和工资在实现充分就业前就开始上升。甚至在 30% 的生产能力闲置，10% 的劳动力处于失业状态的情况下，价格和工资也在上升。这种现象称为成本推进型通货膨胀，或称为供给冲击的通货膨胀。如图 16-6，由于成本上升，导致供给曲线由 AS_1 向左移动到 AS_2，在新的均衡点 E_2 处，价格上升，而产出下降。这就是由成本推进的通货膨胀。

根据不同的生产成本对通货膨胀的影响，又可以把成本推进型通货膨胀分为工资推进型通货膨胀和利润推进型通货膨胀。

（1）工资推进型通货膨胀

为了将成本推进型通货膨胀解释清楚，很多经济学家常常以工资为出发点。一般认为，之所以发生工资推进型通货膨胀，是由于劳动力市场的不完全性。也就是说，劳动力市场存在着垄断的力量——工会，在工资谈判中，工会代表工人的利益，不断提出提高工资的要求，以致使货币工资的增加超过了劳动生产率的增长。例如，若劳动生产率增长率为3%，货币工资的上涨率为4%，便会引起1%的通货膨胀率。工资成本的推进造成的通货膨胀称为螺旋式上升的通货膨胀。这里的逻辑是：工会要求增加工资，使生产成本增加，从而导致物价提高。而物价提高后，工会又会代表工人提出更高的工资要求，新一轮的提高工资，又造成新一轮的生产成本的提高和物价提高……这样，循环往复，便造成工资－物价－工资－物价螺旋式上升的工资成本推进的通货膨胀的局面。

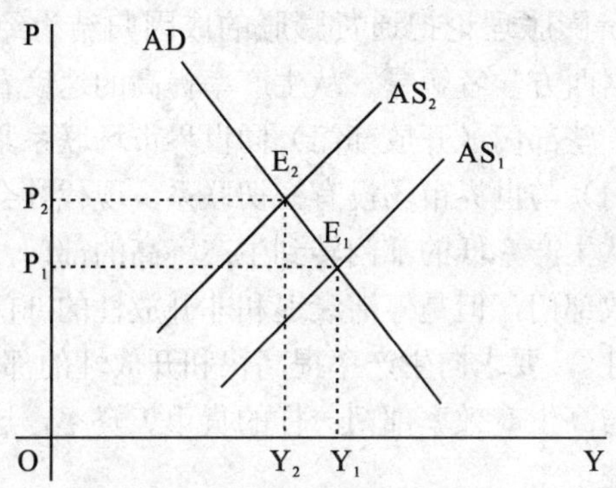

图 16-6　成本推进型通货膨胀

（2）利润推进型通货膨胀

利润推进型通货膨胀是指由于利润过高所引起的通货膨胀。造成利润推进型通货膨胀的原因是由于产品市场的寡头厂商过度地追求利润。换言之，利润推进型通货膨胀存在的条件是产品市场的不完全性，即寡头厂商对产品市场的垄断。产品市场的寡头厂商在劳动市场因提高工资而造成的损失，会在产品市场上通过提高价格而得到弥补，寡头厂商将按高于足以抵消工资成本增加额来确定其产品定价，从而获取较高的利润。

成本推进型通货膨胀，实际上是市场两大垄断力量——大公司和工会——竞相提高物价和工资的结果。因此，经济学家提出，为消除成本推进型通货膨胀，除了政府实行一定的限制物价上涨的政策，重要的是，要消除市场的不完全性，增加市场的完全性，也就是要消弱大公司和工会对物价的垄断力量。

3. 结构性通货膨胀

1959年，美国经济学家舒尔茨认为，通货膨胀是AD与AS同时发生作用，通货膨胀与“经济结构”有关，所以称为“结构性通货膨胀”。虽然从经济的总体来看，供给和需求是平衡的，但是由于经济结构方面的因素不能使供求关系得到迅速有效的调整，结果便形成结构性通货膨胀。

结构性通货膨胀理论把通货膨胀的成因归结为经济结构本身所具有的特点。据西方学者解释，从生产率提高的速度看，社会经济结构的特点是，一些部门（开放部门）同世界市场联系紧密，另一些部门（非开放部门）与世界市场没有密切联系。现代社会经济结构不容易使生产要素从生产率低的部门转到生产率高的部门，从渐趋衰落的部门转移到开放部门，但是停滞衰退和非开放性的部门在工资和价格上要求“公平性”，要求向生产率提高快和开放性的部门“看齐”，结果它们获得了与高生产效率部门一样的货币工资率，这就导致了一般价格水平的上涨。

四、通货膨胀的治理

我们的分析表明：一个国家可以利用暂时减少产出和提高失业率的办法来降低通货膨胀。但是政策的制订者在权衡反通货膨胀的时候，也深知要将通货膨胀排除到经济生活之外要付出多大的代价。有些人曾对美国的反通货膨胀进行过研究，这些研究表明，使通货膨胀每年降低1个百分点，就会使年GDP减少4%。我们应当还记得在前面讨论过的奥肯定律，可以想象，利用减少产出来降低通货膨胀，我们还要付出更大的代价——失业率的上升。

用损失产出和就业的手段去维持价格的平稳，社会要付出巨大的代价。一些经济学家认为这种结论过于悲观，他们提出了其他代价较低的经济政策手段来治理通货膨胀。比如，收入政策在早期曾被广泛地采用过，即政府采取的一种旨在直接缓和通货膨胀的行动。这些行动可以是语言劝说、公告等比较温和的方式，也可以是通过价格和工资强制管制等法律、行政手段，来控制收入和价格。还有一些经济学家推崇市场战略。这种方法依赖市场的自然法则来控制价格和工资的增长，主张加强国际竞争、解除产业的政府管制等消除不合理的妨碍市场竞争的因素。一些经济学家还提出利润共享政策，该理论提议新型的劳务合同应给予劳工一定的利润和收益分成，而不仅仅是固定工资。在这一理论下，劳工的边际成本将少于平均的补贴，所以在萧条期间，企业解雇劳工就不再像以前那样有利可图，这将降低反通货膨胀的成本。

第三节　菲利普斯曲线

在西方经济学家中，对于失业和通货膨胀之间的关系存在着不同的观点。凯恩斯主义经济学家认为在失业和通货膨胀之间存在着此消彼长的交替关系，就是说，提高失业率必使通货膨胀率下降，反之，降低失业率则使通货膨胀率提高。货币主义经济学家则认为，凯恩斯主义经济学家所说的失业和通货膨胀的交替关系只存在于短期，在长期则不存在这种交替的关系。他们认为，长期内不管价格水平如何，经济只能维持一个“自然失业率”。理性预期学派则走得更远，他们认为,不但在长期甚至在短期都不存在失业和通货膨胀之间的交替关系。

一、菲利普斯曲线的含义

菲利普斯曲线的命名来自它的发现者。1958 年，在英国工作的新西兰经济学家菲利普斯研究了 1861 年～1957 年英国失业和货币工资变动率之间的关系，发现这两者之间存在非线性的负相关关系。货币工资率变动与通货膨胀率变动是同步的，这表明通货膨胀与失业也是负相关的。这就是说，通货膨胀与失业存在着一定的交替关系（交替在英文中是 trade-off，也有权衡取舍的译法）。这就是说，当通货膨胀率高的时候，失业率低；当通货膨胀率低时，失业率高。

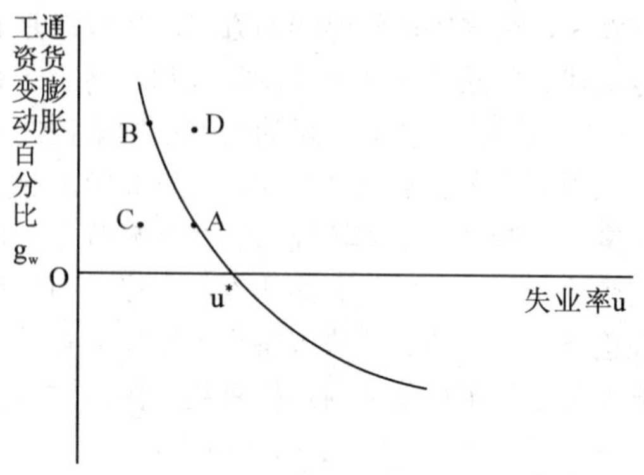

图 16-7 菲利普斯曲线

图 16-7 中的菲利普斯曲线说明了就业和通货膨胀之间的各种可能性选择。横轴代表失业率，纵轴代表通货膨胀率。我们先看 A 点，它在图中表示失业和通货膨胀的一种可能组合。可以通过财政和货币政策来刺激产出并因此降低失业，使得经济由 A 点移动到 B 点。但失业的降低伴随的是通货膨胀抬高的成本。C 点表示失业降低而不伴随通货膨胀的变动。但正如所看到的，这种情况不能出现在该曲线上。图中菲利普斯曲线用以下关系式描述：

$$g_w=-\varepsilon(u-u^*) \tag{16.2}$$

其中 g_w 为（名义）工资增长率，$g_w=(W-W_{-1})/W_{-1}$

W：本期名义工资

W_{-1}：上一期名义工资

ε：反映货币工资增长率对失业率变动的敏感程度

u^*表示自然失业率

u 表示实际失业率

式（16.2）表明失业率超过了自然失业率，工资就下降。

菲利普斯曲线揭示的通货膨胀和失业之间的反方向变动的替代关系，为政府宏观经济政策的运用提供了一个可以选择的范围：可以通过提高通货膨胀率来降低失业。所以，菲利普斯曲线一经提出，立刻被纳入凯恩斯主义的理论体系，成为凯恩斯主义的理论基础。菲利普斯曲线的实际用途，按照凯恩斯主义经济学家的分析，在于为政府采取相机抉择的宏观经济政策提供分析的工具和理论依据。换言之，政府可以根据菲利普斯曲线所显示的通货膨胀和失业之间的关系，采取不同的调节政策：当经济处于有大量失业的萧条时期，政府应实行扩张性的宏观经济政策，在财政政策方面，要进行减税和扩大政府支出。在货币政策方面，要扩大货币供给量，以降低利率。而当经济处于严重的通货膨胀时期，政府则要实行紧缩性的宏观经济政策。通过这样的政策来增加或减少社会总需求，以实现充分就业和物价稳定的目标。

二、货币主义与长、短期菲利普斯曲线

上面关于菲利普斯曲线含义的解释，是凯恩斯主义经济学家关于菲利普斯曲线的基本观点。在相当长的一段时期内作为一种政策工具，菲利普斯曲线在资本主义市场经济中发挥了重要的作用。这种情况到20世纪60年代末和70年代初发生了重大的变化。这时，资本主义国家出现了严重的“滞胀”(高失业率与高通货膨胀率并存)现象。在发生滞胀的情况下，凯恩斯主义的以管理社会总需求为基本内容的政策处方已经失灵。因为这时医治一种病症同时会加剧另一种病症。例如，为了消除高失业率，实行扩张性的财政政策和货币政策，以扩大社会总需求，而社会总需求的扩大势必使业已存在的通货膨胀问题进一步恶化。于是，许多理性预期学派的经济学家开始批评凯恩斯主义经济政策无效，指责菲利普斯曲线为虚妄，也有一些以米尔顿·弗里德曼为代表的货币主义经济学家对菲利普斯曲线做了新的解释。

图 16-8 为 1960 年以来美国通货膨胀与失业的关系。从图中我们可以看出，二者的关系并不是原始的菲利普斯曲线形状，而是形成了“菲利普斯螺旋线”的奇怪形状。为了解释菲利普斯螺旋线，货币主义学派的经济学家们将长期菲利普斯曲线和短期菲利普斯曲线区分开来，认为前面我们介绍的那种向下倾斜的菲利普斯曲线只适用于短期情况，从长期看，存在着一种与稳定的通货膨胀率相一致的最低失业率（弗里德曼称之为“自然失业率”）。

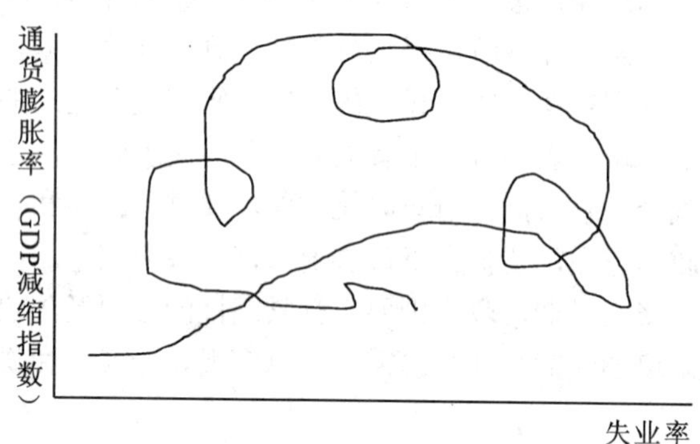

图 16-8 1960 年以来美国的通货膨胀与失业

弗里德曼在 1968 年发表的一篇题为《货币政策的作用》的论文中表明了这样一种观点，即菲利普斯曲线所显示的失业率和通货膨胀的交替关系仅仅存在于短期，而在长期，社会将会实现“自然失业率”，而不管此时的通货膨胀率究竟是多少。换言之，在长期，菲利普斯曲线是一条垂直直线。

1．短期菲利普斯曲线

货币主义者对菲利普斯曲线所提出的批评是：菲利普斯对失业和工资变化之间的分析是一个重要的和有创见的贡献。但遗憾的是，它包含着一个基本的缺陷，即未能区分名义工资和实际工资。不言而喻，菲利普斯的论文暗含着这样一个前提：在他考察的社会里，每个人预期价格是稳定的，而且不管实际上价格和工资发生了什么变化，人们对这种预期是毫不动摇和永不改变的。弗里德曼等货币主义者认为，人们的预期并不是稳定的，就对通货膨胀的预期而言，可以区分为未预料的通货膨胀和可预料的通货膨胀。假定每个人都预期通货膨胀率为 5%，且通货膨胀率每年均如人们所预料的上升 5%，那这种通货膨胀还会令人措手不及吗？这种可预期的通货膨胀对经济效率或者对收入和财富的再分配几乎没什么影响，变动的价格仅仅成为人们调整自己行为的标准。事实上，通货膨胀却往往是不可预期的，在巴西、伊拉克，人们都曾有过一夜之间自己的积蓄化为乌有的经历；在物价平稳得多的国家，如美国，不可预期的通货膨胀的影响就没那么严重，然而其本质是一样的。正是因为通货膨胀具有的不可预期性，才使它对经济造成破坏作用，这样的通货膨胀随机地重新分配财富，就好比强迫人们去玩他们本来想竭力避免的彩票赌博一样。

菲利普斯正是忽略了名义工资和实际工资的区别，从而漠视了实际通货膨胀和可预期通货膨胀的差异，结果混淆了纯粹由实物因素造成的自然失业率和由货币因素造成的名义失业率。

正是基于菲利普斯忽视了预期通货膨胀的因素，弗里德曼、费尔普斯等经济学家对原始的菲利普斯曲线进行了修正。

在新的模型中，我们引入了预期的通货膨胀（π^e），并定义为：

$$\pi^e = (P_t^e - P_{t-1}) / P_{t-1} \qquad (16.3)$$

其中 P_t^e 为在 t−1 期对 t 期价格水平的预期

此时菲利普斯曲线则写成：$\pi=\pi^e-\beta(u-u^*)$　(16.4)

我们可以根据总供给曲线对它进行简单的推导。为了说明推导，把总供给方程式写成：

$$P = P^e + (1/\alpha)(Y - \overline{Y}) \qquad (16.5)$$

通过加一项、减一项，再代入一项，我们可以用这个式子得出通货膨胀与失业之间的关系。

首先有 $(P - P_{-1}) = (P^e - P_{-1}) + (1/\alpha)(Y - \overline{Y})$ 。左边 $P - P_{-1}$ 项是现物价水平与上年物价水平的差额，即通货膨胀π。右边的 $P^e - P_{-1}$ 项是预期物价水平与上一年物价水平的差额，即预期通货膨胀π^e。因此我们可以用π代替 $P - P_{-1}$，用π^e代替 $P^e - P_{-1}$：

$$\pi = \pi^e + (1/\alpha)(Y - \overline{Y}) \qquad (16.6)$$

然后我们根据以前讲过的奥肯定律，找出产出和失业之间的关系，进行替换。由奥肯定律，用$-\beta(u-u^*)$来代替上式中的 $(1/\alpha)(Y - \overline{Y})$ 得出：

$$\pi=\pi^e-\beta(u-u^*)$$

这样，我们就从总供给方程式中得到了菲利普斯方程式。

通过上面我们可以看到，短期菲利普斯曲线方程式和短期总供给方程式在本质上是代表同样的宏观经济思想。当我们研究产出和物价水平时，总供给曲线比较方便；而当我们研究失业和通货膨胀时，菲利普斯曲线比较方便，可以这样认为：菲利普斯曲线和总供给曲线仅仅是同一枚硬币的两面。

2．长期菲利普斯曲线

我们根据图 16-9 讨论一下菲利普斯曲线在中长期的移动，大致分四个阶段来进行。

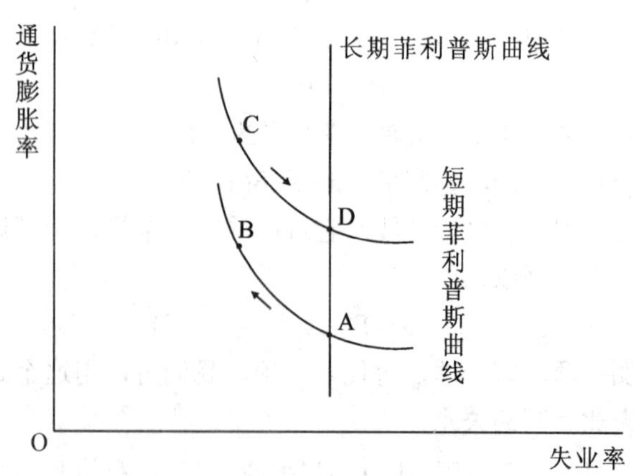

图 16-9 长期菲利普斯曲线

第一阶段：失业处于自然失业率水平，不存在意外的供给和需求冲击，经济运行于短期菲利普斯曲线上的 A 点。第二阶段：经济持续扩张，产出在经济扩张时期迅速增长，降低了失业率。随着失业率的下降，各企业倾向于积极招收新员工和增加工人工资。由于产出超过了潜在产出水平，商品价格会提高，工资和物价开始加速上升。经济向上运行并向左达到短期菲利普斯曲线上的 B 点，这时候对通货膨胀的预期还没有发生变化，即π^e没变，结合在前面推导的菲利普斯方程式$\pi=\pi^e-\beta(u-u^*)$，可以看出曲线的方程没有变化，只是在同一条曲线上由 A 点移动到 B 点。第三阶段：由于通货膨胀率上升，企业和工人都开始预期将会出现更高的通货膨胀率。由上面的菲利普斯方程可以看出，参数π^e变大，意味着曲线在纵轴的截距增大，曲线将上移，在C点达到新的均衡，新的菲利普斯曲线位于原来曲线的上方，它反映了更高的预期通货膨胀率。第四阶段：在最后这个阶段，由于经济发展放缓，经济活动的缩减使产出回复到潜在产出水平，失业率也回复到原来的自然失业率，即D点。

长期内，这种情况表现为菲利普斯曲线不断上移，斜率越来越陡（为减少一定量失业所需要的通胀的代价越来越大）。但如上分析，不管曲线怎样移动，最后的均衡一定落在潜在产出水平和自然失业率上。所以货币主义经济学家认为，凯恩斯主义的需求管理政策，试图把失业率降低到自然失业率之下，只是在短期内才有可能，或迟或早，失业率终究要恢复到自然失业率，即他们认为，自左向右倾斜的菲利普斯曲线只在短期内存在。长期内，菲利普斯曲线变成起自"自然失业率"的垂直线。1960年以来的短期菲利普斯曲线似乎印证了货币主义的这一论断。如图16-10所示。

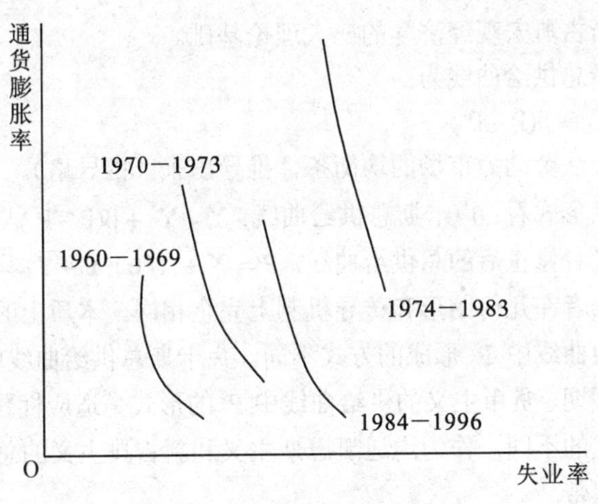

图16-10 实证的菲利普斯曲线

三、理性预期和新古典理论

1．卢卡斯总供给函数

滞胀的现实从经验上批判了占统治地位的凯恩斯主义，使各种反凯恩斯主义的学派（主要是新古典宏观经济学）得到了发展的机会。就像20世纪30年代大萧条推动了凯恩斯主义的发展一样，70年代的滞胀也促进了新古典宏观经济学的形成。在新古典宏观经济学出现之前，货币主义和其他一些非主流学派就已经对凯恩斯主义的一些方面进行了理论批判。但是，真正动摇凯恩斯主义宏观经济学大厦根基的是新古典宏观经济学，新古典宏观经济学是在70年代初发展起来的一个重要学派，这一学派因使用理性预期这一概念而被称为“理性预期革命”或“理性预期学派”。该学派的代表人物为罗伯特·卢卡斯。

新古典宏观经济学建立在以下三个假设之上：

（1）理性预期；

（2）市场持续地迅速出清；

（3）卢卡斯总供给曲线。

这是新古典宏观经济学的三大理论基础。

卢卡斯总供给曲线为：

$$Y = Y^* + \beta(P - P^e)$$

它完全从劳动力市场的均衡条件推导出来（推导略）。

单纯从形式看：卢卡斯总供给曲线：$Y = Y^* + \beta(P - P^e)$与弗里德曼等货币主义者修正后的总供给曲线：$P = P^e + (1/\alpha)(Y - \overline{Y})$只是形式上的差别。二者在几何图形和传导机制上完全相同。本质上的不同在于两条总供给曲线中P^e形成的方式不同。卢卡斯总供给曲线中P^e的形式是理性预期。货币主义的供给曲线中P^e的形式是适应性预期。以预期形成方式的不同，作为沟通凯恩斯主义和新古典主义的总供给曲线的桥梁和纽带。

2．预期形式的演变

在经济学中，预期从本质上来说就是预测与目前决策有关的经济变量的未来值。例如企业必须对它们的产品的未来价格进行预测，从而决定目前应生产多少产品，农民也要对各种谷物的未来价格进行预测以决定种植哪些农作物最为有利可图。工会的谈判代表在他们对工资的谈判中要预测未来的通货膨胀率。居民们也要对未来的价格进行大致的预测，从而决定是购买房屋、汽车，还是购买洗衣机。因此，预期就是决策者对与他的决策有关的不确定的经济变量所作出的预测或预言。预期从本质上来说是主观心理的评价——是一个特定的个人判断。它们不能与持有这种预期的人或决策者分离而独立存在。尽管我们将在以后谈到某个给定市场上的预期价格，但实际上我们是指市场上的所有经济主体预期的某种综合。

尽管预期在经济学中的重要性早已为人们所认识，但第一个使预期在其经济分析中占据首要地位的经济学家是凯恩斯，预期在凯恩斯的早期著作中就占有一定地位，而在他的《通论》中则占据了中心地位。他对就业水平、货币需求、投资水平以及贸易周期的分析都主要决定于预期。尽管凯恩斯在其著作中把预期放在主导性的地位，但他并没有真正说明预期是如何形成的。而且，由于他的论述是假设性的和零散的，而不是分析性的和有经验依据的，因此他的预期范畴与一种可运用的概念还相去甚远。在经济学中，如果说某个概念是可操作性的，那它就应以一种可观测和可度量的定量形式来表达。在预期模型化的过程中，预期形式发生了从适应性预期到理性预期的转变。

（1）适应性预期（Adaptive Expectation）

在经济学中，适应性预期形式运用得较为频繁，由卡根（Philip Cagan）提出。根据这种机制，各个主体是根据他们以前的预期的误差来修正每一时期的预期的，因此这种预期被称为“适应性预期”。

适应性预期的优点：缓慢地向真实值逼近，在稳定的经济环境，即价格水平小幅度、平稳变化的环境中，适应性预期非常适用。例如，弗里德曼用它对五、六十年代的通货膨胀的分析，与实际拟合得很好。在引入理性预期的概念之前，适应性预期还是经济学中所使用的最为普遍的预期形式。这种形式之所以流行是由于其概念的简洁性，以及它在经验运用上的便利。$P_{t-1}, \cdots, P_{t-i}$ 期的实际值容易得到，具有较好的可操作性和可计量性。

适应性预期的缺陷：由于 P_t 缓慢地收敛，其预期只能缓慢地逼近真实值，而不会相等。因此，在价格剧烈波动的时期（恶性通货膨胀时期），适应性预期是不适用的。当被预测的变量处于稳定的状态时，适应性预期是有效的，但适应性预期在趋势预测方面没有什么用处。这就是五、六十年代美国通货膨胀程度低且相对稳定，适应性预期十分流行的原因。当通货膨胀加速时，适应性预期就日益落后了。

（2）理性预期

1961 年，约翰·穆思在《理性预期与价格运动理论》一文中提出了“理性预期”假设，他说：“我认为，由于预期是对未来事件进行的有信息依据的预测，因而它们在本质上与相关的经济理论的预测是一样的……。”在穆思的原始定义中，理性预期要求主观和客观的概率分布一致，但是正如穆思所表明的那样，实际中人们关心的是这些分布的统计量，其中又主要是数学期望，因此西方学者通常给理性预期下一个更为直接了当的定义：当对经济变量的主观预期等于基于同样信息条件的数学期望时，这种预期就是理性预期。

3．理性预期与菲利普斯曲线

假设人们有理性预期。这就是说，我们可以假设，人们可以最好地利用所有可以获得的信息，包括关于现在政府政策的信息来预测未来。由于货币政策和财政政策影响通货膨胀，所以预期通货膨胀还应取决于实际的货币与财政政策。根据理性预期理论，货币或财政政策的变动将改变预期，而且，任何一种政策评价的改变都必定结合了这种对预期的影响。如果人们理性地形成预期，那么通货膨胀的影响就会小的多。

因此，理性预期的倡导者认为，短期菲利普斯曲线并没有正确代表决策者可以有的选择。他们认为，如果决策者可信的承诺降低通货膨胀，理性的人们就会理解承诺，并很快地降低他们的通货膨胀预期。这样，没有失业增加和产出减少也可以降低通货膨胀。根据理性预期理论，降低通货膨胀的成本可能比凯恩斯主义者所估算的要小的多。虽然理性预期方法仍有争论，但几乎所以的经济学家都同意，通货膨